완전한 사랑

룻 마이어즈

네비게이토 출판사
TO KNOW CHRIST AND TO MAKE HIM KNOWN

네비게이토 선교회는
국제적이며 복음적인 기독교 기관이다.
예수 그리스도께서는 자기를 따르는 자들에게
"너희는 가서 모든 족속으로 제자를 삼으라"
(마태복음 28:19)는 지상사명을 주셨다.
네비게이토 선교회는 세계 모든 국가에서
예수 그리스도의 일꾼들을 배가시켜
이 지상사명의 성취를 돕는 것을
근본 목표로 하고 있다.

네비게이토 출판사는
네비게이토 선교회의 문서 선교를 담당하고 있다.
본 출판사에서는 그리스도인의 영적 성장을 돕는
서적과 자료들을 출판하여,
그리스도인의 삶의 기초가 견고한
헌신된 제자로 성장하게 하고,
나아가 성숙한 인격과 지도력을 갖춘
일꾼이 되도록 돕고 있다.

RUTH MYERS

Translated by permission
Title originally published in English as
THE PERFECT LOVE
by WATERBROOK PRESS
ⓒ1998 by Ruth Myers
Korean Copyright ⓒ2001
by Korea NavPress

왕이신 나의 하나님께
이 책을 바칩니다.

시편 45:1

사랑하는 주님,
오직 주님께서 여기서 말씀하옵소서.
주님을 나타내 주시고,
읽는 이의 마음에 역사하사,
주님을 향한 사랑이 불타오르게 하시며,
또한 이 책을 통해 원하시는 것이 있으시면
무엇이든 행하시옵소서.

저자 소개

룻 마이어즈 여사는 부군인 워렌 마이어즈와 함께 네비게이토 선교회에서 주님을 섬기고 있으며, 오랫동안 아시아 지역에서 선교사로서 일해 왔습니다. 룻 여사는 개인적으로 일대일 사역을 할 뿐만 아니라, 각처의 수양회 등에서 말씀을 전하기도 합니다. 그는 선교사로서, 아내와 어머니로서, 할머니로서, 다양한 상황에서 하나님의 사랑을 경험해 왔으며, 혼자서, 혹은 부군과 함께 기도, 찬양, 하나님과의 교제 등에 관한 여러 책을 썼습니다.

차 례

추천의 말-"가장 매정한 일" / 11
머리말-쓰면서 누렸던 기쁨 / 13

제 I 부 : 하나님의 완전한 사랑

1 "나는 사랑이 있어야 하겠나이다" / 19
2 사랑은 여기 있으니 / 29
3 나는 하나님의 영원한 열망의 실현 / 67
4 우리를 가까이 이끄시는 하나님 / 83
5 놀랍고 위대하신 하나님 / 125
6 완전한 왕이신 하나님 / 151
7 완전한 기쁨을 주는 사랑 / 183
8 값으로 따질 수 없는 특권 / 221
9 하나님의 완전한 사랑의 능력 / 259

제 II 부 : 하나님의 완전한 사랑 안에서

10 나는 참된 생명이 있다 / 295
11 나는 참으로 자유롭다 / 337
12 나는 안전하다 / 389
13 나는 중요한 존재다 / 427
14 나는 존귀하다 / 465
15 나는 만족을 누린다 / 477

추천의 말

"가장 매정한 일"

300여 년 전 위대한 청교도 신학자 존 오웬은 이런 말을 한 적이 있습니다. "당신이 하나님 아버지께 안겨 드릴 수 있는 가장 큰 슬픔과 짐, 하나님께 할 수 있는 가장 매정한 일, 그것은 바로 하나님께서 당신을 사랑하신다는 것을 믿지 않는 것이다."

불행하게도 오늘날 많은 그리스도인들이 하나님께서 자신을 사랑하신다는 것을 잘 믿지 못하고 있습니다. 한 가지 이유는, 누가 말해 주지 않아도 자신이 하나님의 사랑을 받을 만한 자격이 없다는 것을 직관적으로 알기 때문입니다. '어떻게 거룩하신 하나님께서 나 같은 죄인을 사랑하실 수가 있겠는가?' 그들은 이렇게 생각합니다. 하나님을 아버지로 여기기보다는 재판관으로 여기고 있는 것입니다.

두 번째 이유는 경험 부족입니다. 하나님께서 자신들이 기대하거나 바라는 것을 이루어 주시는 것을 경험하지 못했기 때문에 하나님의 사랑을 의심하는 것입니다. 그들은 막연하기는 하지만, 자신들이 원하는 것을 하나님께서 늘 해주셔야 한다는 생각을 가지고 있습니다. 그래서 그 기대대로 되지 않으면, 하나님은 사랑도 없고 무관심하신 분, 자신들의 요청에 늘 거부만 하시는 분으로 생각해 버립니다.

하나님의 사랑을 더 많이 경험하지 못하고 있는 세 번째 이유이자 아마도 가장 보편적인 이유는, 시간을 내어 하나님과의 관계의 깊이를 발전시켜야 하는데, 그렇게 하지 않고 있는 것입니다. 사랑에는 시간을 들여 깊이를 더해 가는 것이 필요한데 말입니다. 그들은 하나님을, 삶을 살아가는 데 필요한 신적(神的) 자원 정도로만 여기며, 하나님과 사랑의 관계를 발전시켜 나가는 면에는 우선 순위를 두지 않고 있습니다.

저자는 이 세 가지 문제를 다루면서 우리에게 도전과 격려를 줍니다. 더구나 이 글은 현실과 동떨어진 것이 아닙니다. 저자는 이 세 가지 문제를 다루되, 자신의 경험을 토대로 하고 있으며, 자신의 승리와 더불어 실패까지도 솔직하게 나누고 있습니다.

이 책은 하루 저녁에 가볍게 읽고 넘어갈 그런 책이 아닙니다. 깊이 생각하면서, 무엇보다도 기도하는 마음으로 읽어 보십시오. 틀림없이 하나님의 완전한 사랑을 경험하는 면에서 더욱 성장해 갈 것입니다.

제리 브릿지즈

머리말

쓰면서 누렸던 기쁨

이 책을 읽을 때 큰 즐거움을 누리리라 믿습니다. 이 책을 쓸 때 내가 누렸던 즐거움만큼 말입니다. 주옥과 같은 많은 진리들을 다시 살펴볼 때 기쁨을 억누를 수 없었습니다. 그 진리들을 사용하여 성령께서는 오랫동안 내 마음을 사로잡았으며, 그 진리들은 내 삶의 뼈대가 되었고, 나를 붙들어 주었으며, 하나님의 사랑의 품에 안기도록 동기를 부여해 주었고, 또한 파도처럼 밀려오고 또 밀려와 끊임없이 내 영혼을 새롭게 해주었습니다.

찬송가 가사, 믿음의 사람들의 고백이나 시 등은 다시 한번 내 마음을 사로잡았으며, 이전보다 더 감동적으로 다가온 적도 많았습니다. 현재의 삶에 비추어 볼 때, 그것들은 더 새로운 의미로 다가왔습니다. 허드슨 테일러의 시를 예로 들어 보겠습니다.

주 예수님,
제게 살아 있고 분명한 실체가 되소서…
이땅의 가장 달콤한 관계보다
더 소중하고, 더 친밀하고 가까운 관계로 이끄소서.

이 시를 오래 전 처음으로 알았을 때는, 미래를 바라보면서 기도했습니다. 앞으로 날이 가고 달이 가고 해가 갈수록 그러한 경험을 점점 더 많이 하게 해달라고 기도한 것입니다. 요즘은 이 시를 가지고 현재를 위해 기도합니다. "주님, 바로 오늘, 현재의 제 필요와 상황 속에서, 저를 위해 이 기도와 같이 되소서."

지난 밤, 한 시간 가량 잠을 이루지 못하고 뒤척이고 있을 때, 찬송가 하나가 떠올라 가슴을 뭉클하게 했습니다. "선하신 뜻을 가지신 하나님, 나를 더 한층 꼭 품어 주소서. 주님 안에서 내가 완전히 사라질 때까지"라는 찬송가였습니다. 그래서 다시 한 번 주님께 기도했습니다. 매일 매순간 이 노래처럼 되게 해달라고 말입니다.

그 시간을 통해, 하나님을 더 잘 알고 하나님의 사랑을 늘 새롭게 경험하고자 하는 열망을 과거 어느 때보다 더 느꼈습니다.

이 책을 쓰는 것이 한층 더 즐거운 일이 되었던 것은, 워터브룩 출판사에 있는 친구들의 도움 때문이었습니다. 특히 토머스 워맥에게 감사를 표합니다. 그는 나의 여러 자료들(내가 쓴 편지, 기고한 글, 모임 등에서 인쇄물로 배부한 것, 성경공부를 한 것 등)과 오랜 세월에 걸쳐 내가 전했던 수많은 메시지의 녹음 테이프들을 정리하여, 거기서 하나님을 알고 하나님의 사랑을 경험하는 것과 관계된 내용들을 뽑아 초벌 정리를 해주었습니다. 그 일은 중요했지만, 내가 하려고 했으면 요즘의 일정과 책임들, 그리고 나의 능력(요즘은 복잡한 내용을 체계화하는 일이 과거 어느 때보다 더 어렵게 느껴짐) 때문에 힘들게, 어쩌면, 불가능하게 느껴졌을 것입니다. 그의 수고에 힘입어 한 묶음의 자료가 나왔는데, 그 자료의 내용들을 토대로 최선을 다해 하나님의 놀라운 사랑을 설명하기 위해 다시 쓰고, 요즘 상황에 맞추고, 보충하고, 다

들었습니다.

워렌(나의 남편) 또한 이 책을 쓰는 데 많은 기여를 했습니다. 우리 두 사람 중 한 사람이 책을 쓰다 보면 늘 그것은 결국은 두 사람이 같이 하는 일이 되곤 했습니다. 남편과 토머스는 이 책의 내용에 대해 뜨거운 반응을 보여 주어 격려가 많이 되었습니다. 토머스는 얼마 전의 편지에서 이렇게 말했습니다. "이 책을 만들면서 줄곧 책의 내용을 통해 격려를 받았으며, 하나님의 사랑을 더 깊이 이해하게 되었습니다. 나는 이 책이 많은 사람들에게 같은 유익을 끼치리라 굳게 믿고 있으며, 그렇게 되도록 다시 기도합니다."

책을 쓰는 것은 늘 마라톤처럼 길고 힘든 과정인데, 이 책의 경우도 마찬가지였습니다. 그러나 그 일은 또한 계속 마음을 새롭게 해주었으며, 늘 마음속 깊은 곳에는, 완전하고, 흘러 넘치고, 끝이 없는 하나님의 사랑에 대한 감사가 있었습니다.

본서를 읽음으로 당신이 하나님의 사랑을 더 많이 경험하게 되고, 날이 가고 달이 가고 해가 갈 때 하나님의 사랑을 점점 더 풍성하게 경험하게 되기를 기도합니다.

말씀 하나를 가지고 당신을 위해 기도합니다. 하나님을 더 깊이 경험하는 삶을 추구하도록 지난 수십 년 동안 내게 동기를 부여해 주었던 말씀입니다.

… 네가 만일 나의 말을 받으며,
나의 계명을 네게 간직하며,
네 귀를 지혜에 기울이며,
네 마음을 명철에 두며,
지식을 불러 구하며,

명철을 얻으려고 소리를 높이며,
은을 구하는 것같이 그것을 구하며,
감추인 보배를 찾는 것같이 그것을 찾으면,
여호와 경외하기를 깨달으며,
하나님을 알게 되리니. (잠언 2:1-5)

제 1 부

하나님의 완전한 사랑

제 1 장

"나는 사랑이 있어야 하겠나이다"

내가 십대였을 때, 하나님께서는 "그 크신 하나님 사랑"으로 시작되는 찬송가를 통해 하나님의 사랑에 대한 감사가 깊어지게 하셨습니다. 이 찬송가는, 하나님의 사랑은 너무나 커서 말로 다 형용 못하며, 붓으로 다 쓸 수가 없다고 노래합니다. 그리고 나서 다음과 같이 이어집니다. "바다를 먹물 삼고 하늘을 두루마리 삼아도, 세상의 모든 풀줄기 붓으로 삼아도, 우리 향한 하나님의 사랑 다 기록할 수 없겠네. 하늘에도 다 기록하지 못하겠네. 바닷물도 다 떨어지겠네."

　이 찬송을 부를 때 가사를 통해 진정으로 하나님의 사랑을 느꼈습니다. 나는 알고 있었습니다. 하나님께서는 이해심이 많으시며, 보살펴 주시며, 긍휼히 여기신다는 사실을 말입니다. 이 사실은 그 당시에도 알 필요가 있었고, 지금도 날마다 알아야 합니다. 나는 하나님의 사랑에 깊이 뿌리를 내려 그 사랑이 줄곧 내 삶에 영향을 미치게 해야 하나, 당시까지 그런 면에서 부족했습니다. 그때부터 시작하여 오랜 세월에 걸쳐 하나님께서는 자신이 얼마나 아낌없이 나를(그리고 우리 모두를) 사랑하시는지, 얼마나 간절히 우리 각 사람이 그 사랑을 경험하기 바라시는지를 나의 삶을 통해 점점 더 분명하게 알게 해주셨습니다. 나는 신나는 사실을 발견하고 또 발견했으며, 그러한 발견으로 말미암아 더 큰 만족을 느끼고, 하나님 안에서 쉬게 되었으며, 주님의 사랑 안에서 더욱 활기 찬 삶을 살게 되었고, 더욱 자유와 안전을 느꼈습니다.

이 책은 그러한 놀라운 발견 가운데 많은 것을 소개하고 있는데, 그런 모든 발견은 하나님을 더 잘 알기를 정말로 바라는 사람들은 누구나 할 수 있습니다.

A. W. 토저는, 하나님에 대한 지식은 드넓은 바다와 같이 우리 앞에 펼쳐져 있는데, 당신과 나는 바닷가에 놀고 있는 아이들과 같다고 했습니다. (나는 우리가 가끔 그 물에 우리 발가락을 적시기도 한다고 덧붙이고 싶습니다.) 이 놀랍고 사랑 많으신 하나님을 알고 경험할 것이 무진장하게 있으며, 우리는 겨우 시작을 했을 뿐입니다.

인도에서 주님을 섬긴 아일랜드 선교사 에이미 카마이클은 하나님의 사랑을 깊이 경험한 사람입니다. 그는 다음 시에서 하나님의 사랑을 더 드러내 주시도록 간절히 구하고 있습니다.

> 내 마음의 사랑이시여, 나의 시내가 말라 가나이다.
> 오 천국 동산의 샘이시여,
> 사랑이시여, 복된 사랑이시여, 당신께 부르짖나이다.
> 나의 내밀하고 숨겨진 모든 시내를 채워 주소서.
> 사랑의 강이시여, 나를 통해 굽이쳐 흐르소서.
> 나는 사랑이 있어야 하겠나이다.
> 나는 당신이 있어야 하겠나이다.

당신이 이 책을 읽기 시작한 것은 이와 똑같은 열망을 나처럼 마음속 깊이 가지고 있기 때문이라 믿습니다. 사랑이 있어야 하겠다는 열망 말입니다. 우리는 하나님의 사랑이 있어야 합니다. 우리는 하나님이 있어야 합니다. 완전하고 다함이 없는 사랑의 유일한 원천이 있어야 하는 것입니다. 내가 확신하건대, 하나님께서는 절대 주권 가운데 당신과 내가 지금 이 책을 통해 만나게 하셨을 것이며, 우리에게 복을 주사 우리 영혼의 갈망을 채워 주실 것입니다. 그렇게 하시도록만 해드린다면 말입니다.

우리 못지않게 하나님께서도 우리가 그분 자신을 잘 알고 자신의 사랑을 경험하기를 마음 깊이 원하십니다. 더없이 간절한 마음으로, 하나님께서는 있는 모습 그대로의 그분을 우리가 알기 원하십니다. 하나님께서는 이미 성경 말씀을 통해서 우리에게 초청장을 보내 주셨습니다. 하나님을 알아 가도록 초청해 주신 것입니다. 그리고 말씀 안에서 우리는 하나님의 모습을 세세하게 모두 그린 초상화를 보게 되는데, 그 초상화는 하나님의 사랑을 가장 완전하게 알 수 있게 해주며, 우리가 묵상하고 경험하도록 그곳에서 기다리고 있습니다. 처음부터 끝까지, 성경은 놀랍고 마음을 뜨겁게 해주는 방법으로, 어떤 사랑에 대해 보여 주고 있는데, 그 사랑은 우리 안에 계신 성령으로 말미암아 점점 더 강력한 힘으로 우리 마음속을 채우고 넘치게까지 할 수 있는 사랑입니다. 그것은 완전한 만족을 주는 사랑이요, 참된 행복과 내적 성장을 가져오는 사랑입니다. 그것은 우리의 생각의 지평을 넓혀 주고, 생각을 바로잡아 주어, 우리를 완전히 변화시키는 사랑입니다.

정도 차이는 있지만 누구나 하나님과 하나님의 사랑에 대해 거짓되거나 불완전한 개념을 가지고 있으며, 하나님에 대한 이러한 잘못된 생각이 우리가 가지고 있는 많은 문제의 밑바닥에 깔려 있습니다. 그러므로 성경으로 나아가 우리가 가지고 있는 잘못된 생각들을 물리치고, 실제로 하나님이 어떠한 분이신지를 알아야 합니다. 우리의 영적인 눈을 떠감에 따라, 성경의 페이지마다 빛을 발하고 있는, 하나님에 관한 진리들을 이해하게 됩니다. 성경을 통해, 놀라우신 우리 하나님을 알아 가게 되며, 하나님의 사랑을 우리의 머리와, 우리의 가슴과, 우리의 성품을 통해 날마다 실제로 경험하게 됩니다. 그렇게 되면, 우리는 하나님을 사랑하고 신뢰하게 됩니다. 하나님을 알면 그렇게 될 수밖에 없습니다. 하나님을 진정으로 아는 것이 그분을 사랑하는 것입니다.

하나님의 사랑을 경험하기 위한 이 기나긴 탐구를 시작하면서, 몇 가지 질문을 해보는 것이 도움이 될 것입니다. 하나님의 사랑에 대한 나의 개념은 정확한가? 나는 실제로 하나님의 사랑을 얼마나 경험하고 있는가? 하나님의 사랑은 내가 하나님과 삶에 대해 나타내는 반응에 어떻게 영향을 끼치고 있는가? 나의 감정, 내가 날마다 하는 선택, 일상적인 책임을 수행하는 나의 효율성에는 어떻게 영향을 끼치고 있는가? 특히 사람들을 향한 나의 태도에는 어떻게 영향을 미치고 있는가? 내가 인간 관계에서 갈등, 환멸 등을 겪고 있는 것은 혹시 하나님의 사랑을 진정으로 경험하지 못한 탓이 아닌가?

우리는 하나님의 사랑을 자신이 경험한 사람들의 사랑과 비슷할 것으로 생각하는 경향이 있는데, 이는 잘못입니다. 지금까지 사람들은 종종 우리의 기대를 저버렸고, 그러다 보니 하나님께서도 어떤 식으로든 우리의 기대를 저버리지 않으실까 두려워합니다. 하나님의 사랑도 변덕스럽고, 종잡을 수 없는 것이라고 생각합니다. 우리 마음속에 있는 한 가닥 생각은(혹은 그 이상으로)

하나님의 사랑은, 따뜻하고 넘쳐흐르는 사랑이라기보다는 조건적이거나 계산적이거나 인색한 사랑이라는 것입니다. 하나님께서 사랑을 베푸실 때 오로지 우리가 얼마나 사랑받을 만한 자격이 있는지를 기준으로 하실 것으로 생각합니다. '우리가 제대로 못 살면 우리를 거부하시거나 우리의 소중한 것을 앗아가실 거야'라고 생각하는 것입니다. 하나님께 모든 것을 내맡기기를 두려워하는 이유도, 내맡기게 되면 틀림없이 인생에서 가장 좋은 것을 가져가 버리실 것으로 생각하기 때문입니다.

또는 하나님의 사랑을, 부드럽기만 하고 제멋대로 하도록 내버려두는 사랑, 도덕적인 요구는 전혀 하지 않고 위아래도 없고 우리 쪽에서 아무 책임도 질 필요가 없는 사랑으로 여기기도 합니다. 하나님께서는 천국의 흔들의자에 앉아 계시는 마음씨 좋은 할아버지, "애들은 원래 그래…" 식으로 말하는 할아버지와 같아서, 우리 죄를 눈감아 주실 것이라고 생각합니다. 우리는 하나님께서 사랑이 많으실 뿐만 아니라 공의로운 분이라는 사실을 무시하거나 가볍게 여깁니다.

이런 식으로 혹은 저런 식으로, 우리는 흔히 하나님께서 우리와 같을 것으로 짐작합니다. 우리는 자신의 형상을 따라, 또는 자신이 알고 있는 불완전한 사람들의 형상을 따라 하나님을 만듭니다.

때때로 우리의 잘못된 개념은, 부모, 가족 중의 연장자, 교사, 목사 등과 같이 권위를 가지고 있는 사람들과 함께하면서 얻었던 결론에 근거를 두고 있기도 합니다. 이러한 잘못된 결론은 지금 우리의 마음 깊숙한 곳에 새겨져 있습니다. 그들이 너무 방임적이었다면(특히 우리의 어린 시절, 성장기에) 우리는 하나님께 순종하는 것이 얼마나 중요한지를 제대로 이해하지 못할 수 있습니다. 그들이 엄한 사람들이었다면, 하나님을 지나치게 요구만 하는 분으로 여길 것이고, 결코 하나님에 대해 포근함을 느끼지 못할 것입니다. 만약 그들이 믿을 수 없는 사람들이었다면, 하나님을 신뢰할 만한 분으로 여기지 못할 것입니다.

현실적으로 살기 위해서는, 그릇된 생각을 바로잡아야 하며, 이를 위해서는 지속적으로 하나님에 관한 진리를 섭취하여 그 진리가 점점 더 우리 마음을 붙잡도록 해야 합니다. 머리 속에 하나님에 관한 올바른 개념을 가지고 있어도 아직도 감정을 사로잡을 정도로 되지는 않을지도 모릅니다. 그리하여 여전히 우리는 그릇된 생각들, 오래 전에 우리 마음속에 녹음된 생각들이 계속 반복 재생되면서 우리를 유혹하면, 그 유혹에 넘어가기 쉽습니다.

신체적인 면에서는 대개 현실적으로 삽니다. 걸어가다 앞에 큰 나무가 서 있으면 돌아서 가지, 뚫고 지나가지는 않습니다. 3층에서 내려올 때는 계단으로 내려오지, 창문을 열고 뛰어내리지 않습니다. 우리는 자연 법칙을 존중하며, 그것을 어기면 어떻게 되는지 압니다. 식생활이나 운동을 제대로 하지 않을 수도 있습니다. 그러나 그에 따른 결과에 대해 대개는 놀라지 않습니다. 우리는 무슨 일이 왜 일어나는지 압니다.

그러나 영적인 면과 정신적인 면에서는 흔히 매우 비현실적입니다. 그리하여 원인은 모르고 결과를 감수하게 됩니다. 우리는 그릇된 생각과 잘못된 신념, 부정적인 감정, 깨어진 인간 관계 등과 더불어 살아가는데, 이와 같은 수많은 요소가 우리 삶을 불만족스럽게 합니다. 우리가 삶의 대부분을 영적 극빈자로서, 가난뱅이로서 살아가는 것은, 하나님의 사랑을 즐기는 법을 제대로 배우지 않았기 때문입니다.

현실적으로 살아가기 위해 가장 중요한 것은 하나님에 관해 올바른 관점을 갖는 것입니다. 하나님은 궁극적인 실체이십니다. 그분은 모든 참된 것에서 가장 중요한 요소입니다. 하나님에 관한 진리가 우리에게 영적 영양분을 공급하고, 우리 생각을 새롭게 할 때, 우리 삶에는 혁명이 일어납니다.

아침에 우리를 만족케 하사

시편 90편은 모세의 기도인데, 이스라엘 백성들을 광야에서 인도할 때 한 것입니다. 그들은 죄를 많이 범했고, 실패도 많이 했습니다. 그러나 모세는 하나님을 잘 알았고, 그래서 14절에서 "아침에 주의 인자[한결같은 사랑]로 우리를 만족케 하사 우리 평생에 즐겁고 기쁘게 하소서"라고 기도합니다. 어떤 번역에는 "주의 사랑이 우리에게 동트듯이 임하사 어둠을 몰아내소서"라고 되어 있습니다. 모세는 만족의 진정한 근원을 알고 있었습니다. 그것은 바로 우리의 어둠 속에 동트듯이 임하는 하나님의 한결같은 사랑입니다. 모세는 이것이야말로 힘든 시기에도 기쁨의 근원임을 알고 있었습니다. 그래서 그 사랑을 아침에 경험하게 해달라고 기도했던 것입니다.

기도하는 데 이 구절이 매우 도움이 되었습니다. "주님, 제게도 그리하소서. 빨리, 곧, 이 아침에, 주님의 한결같은 사랑으로 저를 만족케 해주셔서 하루 종일 기쁘고 즐거워할 수 있게 해주소서." 그리고 나서는 같은 내용으로 남편을 위해서, 그리고 우리 부부를 위해서도 기도합니다. "주님의 사랑으로 아침에 우리를 만족케 하소서." 그리고 더 나아가, 다른 사람들을 위해서도 기도합니다. "주님의 한결같은 사랑으로 이 아침에 그(혹은 그들)를 만족케 하소서. 주님의 사랑이 이 아침에 동트듯이 그들에게 임하게 되어, 그들이 오늘 주님 안에서 기뻐하게 하소서."

하나님께서는 성경을 통해 우리에게 아름다운 그림을 주셨습니다. 자신의 한결같은 사랑을 그린 그림 말입니다. 하나님께서는 우리 마음에, 개인적으로, 다정하게, 자신의 사랑을 들려주시기 원하십니다. 하나님께서는, 당신이 시간을 내어, 그분 자신의 사랑의 고백을 들으며, 그 말이 마치 동트듯이 당신에게서 어둠을 몰아내고, 그리하여 당신이 곧 만족을 얻게 되고… 평생 동안 기쁨을 누리기 원하십니다.

하나님, 제가 주님의 것이며, 주님께서 저를 완전히 아시고, 제가 이 책을 읽게 된 것도 우연이 아니라는 사실로 인해 감사드립니다.

하나님 아버지, 지금까지 저는 삶에서 주님의 사랑을 맛보았습니다. 그리고 주님께서 저에 대해 진정으로 어떻게 느끼시는지 경험을 통해 더 깊이 알고 싶은 맘 간절합니다. 하루 하루의 삶에서 주님의 무한한 사랑이 얼마나 강력하고 얼마나 경이로운지 알고 싶습니다. 그것은 주님을 찾는 사람들에게 값없이 베푸시는 사랑입니다.

제가 주님의 사랑에 대한 잘못된 개념들에서 벗어나게 하시며, 주님에 대해 무관심하거나 냉담한 태도를 갖지 않게 하시고, 눈코 뜰 새 없이 바쁜 활동에서 벗어나게 해주셔서, 허둥대며 주님과의 시간을 갖지 않게 도와주소서. 성경을 통해 주님의 사랑에 대해 말씀해 주소서.

저에 대해 어떻게 느끼시며, 얼마나 제게 마음을 쏟고 계시는지, 성령께서 깨닫게 해주시고, 그 깨달음으로 말미암아 제 가슴이 벅차게 해주소서. 저를 향한 주님의 사랑은 너무나 개인적인 사랑이요, 넘치는 사랑이요, 끝이 없는 사랑이요, 오직 하나뿐인 완전한 사랑임을, 신선하고 새로운 방법으로 확신시켜 주소서.

예수님의 이름으로 기도드립니다.

제 2 장

사랑은 여기 있으니

"사랑은 여기 있으니." 이렇게 요한일서 4:10이 시작됩니다. 그리고 다음과 같이 이어집니다. "우리가 하나님을 사랑한 것이 아니요, 오직 하나님이 우리를 사랑하사 우리 죄를 위하여 화목제로 그 아들을 보내셨음이니라." 여기에 참된 사랑이 있습니다. 여기서 우리가 가장 절실히 필요로 하는 그런 사랑을 발견합니다. 인간 관계에서가 아니라 하나님 안에서 말입니다. 만약 참된 사랑, 이상적인 사랑, 완전한 사랑을 원한다면, 하나님의 가슴속에서 바로 그런 사랑을 찾을 수 있습니다. 그 사랑만이 당신과 나의 삶에 있는, 하나님만한 크기의 필요를 채울 수 있을 만큼 큽니다.

실로 하나님께서는 단지 그토록 엄청난 필요를 채워 주시는 것 그 이상을 하실 수 있고, 또 하실 것입니다. A. W. 토저는 이렇게 말했습니다. "하나님께서는 지극히 놀라운 분이요, 완전하면서도 완벽하게 기쁨을 주는 분이기 때문에, 다른 어떤 것의 도움 없이 오직 그분 자신만으로, 우리 인간 본성 깊숙한 곳의 요구들을 만족시키고 흘러 넘치게까지 하실 수 있다. 비록 그 본성이란 이해하기 어렵고 깊은 곳에 감추어져 있을지라도." 이 말을 되새겨 본 적이 한두 번이 아닙니다. 그 말이 사실임을 알았기 때문입니다. 지금까지 살아오면서 인생의 여러 계절을 거치고, 엄청나게 다양한 환경을 거쳐 왔지만, 그때마다 하나님께서는 내 마음을 만족시키는 것 그 이상을 하실 수 있다는 것을 보여 주셨습니다. 그렇게 하실 수 있게 해드릴 때 말입니다.

하나님께서는 우리의 온갖 필요를 다 채우실 수 있습니다. 완전하고 넘치는 사랑을 가지고 계시기 때문입니다. 그 사랑은 한계가 없습니다. 하나님의 사랑을 묘사하려고 하면, 어디서 시작해야 할지 모르겠습니다. 처음부터 끝까지 성경은 하나님께서 우리에 대해 어떻게 느끼고 계시는지를 보여 주고 있습니다. 많은 구절이 하나님의 사랑을 구체적으로 설명하고 있습니다. 그리고 셀 수 없을 정도로 많은 다른 구절들에서는, 우리가 실마리를 찾으려고만 하면 하나님께서 하시는 행동이나 말씀을 통해 이 사랑을 분명히 알 수 있게 됩니다. 우리가 어떤 사람을 좋아하는데 그도 우리를 좋아하는지 알고 싶으면, 그의 말과 행동을 통해 그 실마리를 찾을 수 있는 것과 같습니다. 성경 여기저기서 그런 실마리를 찾아볼 수 있습니다.

서른두 살의 나이로 남편 딘은 암으로 세상을 떠나고, 나는 두 어린 자녀와 함께 혼자 남았습니다. 그로부터 한 달, 두 달이 지나고, 한 해, 두 해가 흘러갔습니다. 그때는 하나님을 알고 그 사랑을 새롭게 경험하기 위해 이전보다 더 열심히 노력했습니다. (시련은 우리를 위로 향하게 합니다. 그렇지요?) 나는 빨간 노트 하나를 사서, 하나님에 관한 진리들을 기록하는 데만 사용했습니다. 각 장의 앞면의 위쪽 구석에 하나님에 관한 말이나 사실을 주제로 기록했는데, 그것은 하나님과 더불어 시간을 가질 때 인상 깊게 다가오곤 했던 것입니다. 피난처, 은신처, 능력, 사랑, 신랑, 생명의 떡 등등. 그 주제 아래에 내 마음을 붙잡기 위해 주님께서 사용하곤 하셨던 구절들을 적었습니다. 그렇게 하니 그 구절들로 돌아가 수시로 새로운 힘을 얻고 찬양하고 감사할 수 있어서 좋았습니다. 구절의 내용 전체를 적을 때도 있고, 일부만 적을 때도 있었습니다. 각 구절은 그 구절에 대해 내가 가장 좋아하는 번역본의 것으로 기록하였고, 어떤 때는 일부는 한 번역본을, 일부는 다른 번역본을 사용하기도 했습니다. 또한 축복이 되는 구절 가운데 많은 것을 암송했습니다.

머리로는 인상 깊은 구절이라고 생각되나, 가슴으로는 아직도 정말로 내 것이 되었다는 느낌이 들지 않는 구절도 종종 있었습니다. 아직도 가슴 깊이 와 닿지는 않는 것입니다. 그럴 때는 그 장절을 뒷면에 기록하곤 했습니다. 그렇게 해두면, 그 구절이 내 마음에 생동감 있게 다가오도록 성령의 도우심을 구하면서 나중에 그 구절을 깊이 파고들 수 있었습니다. 뒷면에는 그 주제와 관계된 시, 인용구, 생각 등도 기록해 두었습니다.

노트는 점점 두꺼워져 갔습니다. 나는 종종 하나님의 사랑(또는 평화, 능력, 혹은 어떤 것이든)이 1회분이 필요함을 느끼며, 그럴 때면 그 노트의 해당 페이지를 열고, 그 의미심장한 구절들, 하나님께서 내게 말씀해 주셨던 진리들로 달려갈 수 있었습니다. 그 어려운 시기에 그 구절들은 구조원 역할을 했습니다.

이러한 식으로 하나님을 부지런히 찾는 것은 크게 도움이 되었습니다. 날마다 그리고 경건의 시간을 가질 때마다 그처럼 부지런히 하나님을 찾았다고 말할 수 있었으면 좋겠지만, 그렇지는 못했습니다. 만족감을 못 느낄 때나 열망이 채워지지 않은 적도 많았습니다. 하나님께서 나를 만족시키도록 해드려야 하나 그렇게 하지 않았기 때문입니다. 그러나 하나님께서는 지금까지 성실히 나의 기도에 응답하여 주셨으며, 자신의 개인적인 사랑으로 계속 돌이키셨고, 그 사랑이 내 삶의 주된 주제가 되게 하셨습니다.

살아오면서 크게 도움이 되었던 인용구가 하나 있는데, 내가 남편을 잃고 혼자 되었을 때 알게 된 것입니다. 그것은 중국에 개척 선교사로 갔던 허드슨 테일러의 말입니다. 그가 너무나 사랑했던 아내 마리아는 주님 곁으로 가고 없고, 그의 자녀들은 모두 머나먼 영국에서 학교에 다니고 있을 때였습니다. 이 외로운 시기에 그는 요한복음 7:37을 통해 큰 힘을 얻었습니다. 거기서 예수님께서는 "누구든지 목마르거든 내게로 와서 마시라"고 초청하고 계십니다. 테일러는 이렇게 썼습니다. "목마르지 않은 사람이 누구인가? 정신적 목마름이나 감정적 목마름, 영적 목마름이나 신체적 목마름을 느끼지 않는 자가 누구인가? 어떤 목마름을 느끼든, 또는 온갖 종류의 목마름을 다 느끼든, '내게로 와서, …계속 목마름을 느끼며 그대로 있어라?' 아니다. '내게로 와서 마시라!'고 하신다."

테일러는 계속해서 이렇게 쓰고 있습니다. "무엇이라고? 예수님께서 나의 필요를 채워 줄 수 있다고? 그렇다. 채워 주시는 것 이상을 하실 수 있다. 가는 길이 아무리 험난하고, 선교가 아무리 힘들고, 아내를 잃은 것이 아무리 슬프고, 사랑하는 자녀들이 아무리 멀리 있어도, 내가 아무리 의지할 데가 없고, 내 영혼의 갈증이 아무리 심해도, 예수님께서는 내 모든 필요를 채우실 수 있다. 모든 필요를. 그리고 채워 주시는 것 이상으로."

하나님은 우리에게 필요한 모든 것

나는 경건의 시간을 신선한 방법으로 시작하기 위해 시편을 읽는데, 오랫동안 즐겨 사용했던 것은 63편입니다. 다윗은 이 시편을 유다 광야에 있을 때 썼습니다. 그 광야에서 그는 이렇게 기도했습니다. "하나님이여, 주는 나의 하나님이시라. 내가 간절히 주를 찾되, 물이 없어 마르고 곤핍한 땅에서 내 영혼이 주를 갈망하며 내 육체가 주를 앙모하나이다." 그리고 몇 절 뒤에서는 "내 영혼이 만족할 것이라"라고 썼습니다. 어떤 번역에서는 "내 영혼이 만족하나이다"라고 되어 있습니다. 그가 만족할 수 있었던 것은 광야 생활이 끝났기 때문이 아니라 하나님의 사랑과 임재 때문이었습니다. "주의 인자[사랑]가 생명보다 낫다"(3절)라고 고백하고 있듯이 말입니다. 다윗은 알고 있었습니다. 자신이 어떤 곳에 있든, 그것이 자신의 깊은 필요들, 다시 말해 허드슨 테일러가 경험했던 것과 비슷한 정신적 목마름, 심령의 갈망을 채울 수 없다는 것이었습니다.

우리는 그처럼 뭔가가 없고, 부족하고, 긴급한 상황에서 하나님께 나아가고 또 나아갑니다. 시간적인 압박과 업무적인 압박, 결혼 생활의 문제, 반항적이거나 곁길로 빠진 자녀 문제, 사별, 재정적인 문제, 정서적인 문제, 대인 관계상의 문제, 실직, 친구나 행복의 상실 등. 우리는 지금 물이 없어 마르고 곤핍한 땅에 있으며, 목이 마릅니다. 외적으로 모든 것이 잘 풀려 가고 있을 때도, 내적으로는 엄청난 필요가 있습니다. A. W. 토저의 말처럼, 깊이 감추어져 있고 이해하기 어려운 본성의 필요가 있는 것입니다. 그러나 하나님께서는 우리 속에 있는, 이해하기 어려운 그 필요들을 다 아시며, 그 모든 필요의 깊이를 아시고, 측량할 수 없을 정도로 큰 사랑으로 그 하나하나의 필요들을 채워 주십니다.

하나님께서 당신과 나, 그리고 내밀한 내적 필요들과 모든 것을 설계하셨습니다. 그 놀라운 설계 속에는 우리의 깊은 필요를 오직 그분 자신만으로 채우시는 것도 포함되어 있습니다. 위대한 과학자요 철학자였던 파스칼의 말처럼, 오직 하나님만이 우리 속에 있는 하나님 모양을 한 빈자리를 채우실 수 있습니다. 우리 마음속 깊은 곳에는 예배하고자 하는 열망이 자리잡고 있는데, 이러한 열망도 그 빈자리에 속합니다. 우리는 언제나, 영원히, 조금도 거리낌 없이 마음을 다해 찬양할 만한 누군가를 사랑하고, 그에게 온전히 헌신하고자 하는 열망을 가지고 있는 것입니다. 절대로 변하거나 우리를 실망시키거나 저버리지 않을 누구에게 말입니다.

우리는 흔히 이 빈자리를 배우자나 자녀나 친구나 다른 사람들을 통해 채우려고 합니다. 그들은 우리에게 매우 중요하며 많은 의미를 갖습니다. 하지만 그들은 모두 이런저런 방법으로 종종 우리를 실망시킵니다. 그들도 우리처럼 불완전하고, 한계가 있으며, 그들 또한 돌보아 주어야 할 인간적 필요를 가지고 있습니다. 우리는 환멸을 느끼게 됩니다. 하지만, 완전하고 부족한 것이 없는 우리 하나님만이 주실 수 있는 것을 어떤 사람이나 어떤 것이 주리라 기대하는 것이 올바른 일일까요?

인간의 사랑이란 못 믿을 것이라는 말은 아닙니다. 이땅의 관계들도 아름다울 수 있으며, 하나님께서는 나의 삶에서 그런 관계들을 계속 사용하여 나를 향한 사랑을 표현해 오셨습니다. 그러나 어떤 크리스천 상담자가 말했듯이, 두 사람이 상대방에게서 이상적이고 완전한 사랑을 구하는 것은, 마치 두 가난뱅이가 상대방에게서 돈을 빌리고자 하는 것과 같습니다. 두 사람 다 가진

게 별로 없고, 두 사람 다 필요가 채워지지 않습니다.

나는 시편 16:2,5을 좋아합니다. "주밖에는 나의 복이 없다 하였나이다… 여호와는 나의 산업과 나의 잔의 소득이시니." 이 구절이 어떤 번역본에는 "내가 가진 모든 선한 것은 주께로부터 왔나이다… 내게 필요한 것은 주님뿐이니이다"로 되어 있습니다. 하나님께서 하나님이 되시게 해드릴수록 우리가 점점 더 알게 되는 것은, 그분이야말로 우리의 부족한 것에 대한 유일한 해답이요, 우리의 갈망에 대한 유일한 해답이라는 것입니다. 우리가 가진 필요와 우리가 당하는 시련은 하나님께 기회를 드려 새롭게 그분을 나타내실 수 있게 합니다. 우리의 정신적, 감정적 또는 영적인 삶에 있는 각각의 필요, 인간 관계에서 발생하는 각각의 문제, 우리가 겪는 각각의 시련을 위해 필요한 것이 하나님 안에 있어서(하나님의 사랑, 하나님의 능력, 하나님의 공급 등), 우리가 그 모든 것을 잘 감당하여 그 어려운 시기에 승리의 개가를 부를 수 있게 합니다. 만약 그 어려운 시기에 하나님을 알고, 믿고, 의지한다면 말입니다. 하나님께서는, 충만하고 만족스런 삶에 필요한 모든 것의 첫째가는 원천이요, 궁극적으로 보면 유일한 원천이십니다.

그리고 우리는 하나님과의 이러한 관계에서 엄청난 이점을 가지고 있습니다. 그 관계는 내적이기 때문입니다. 그 밖의 다른 관계는 어느 것이나 거리 때문에, 그리고 우리의 신체적인 제약 때문에 제한을 받습니다. 그러나 하나님께서는 우리 안에 거하시므로 하나님과 우리의 관계는 늘 친밀함과 기쁨과 만족을 누릴 수 있는 무한한 잠재력을 가지고 있습니다.

진정 여기에 사랑이 있습니다.

첫 사랑

내가 열 살 때의 일입니다. 어머니께서는 하나님의 사랑에 관한 유명한 구절을 들려 주셨는데, 하나님께서는 그 구절을 사용하여 내가 하나님의 사랑을 경험하게 해주셨습니다. 하나님의 사랑을 의식적으로 경험한 것은 그때가 처음이었습니다.

그보다 4년 전, 나는 한 전도 집회의 초청 시간에 앞으로 나갔습니다. 목사님은 나에게 복음에 대해 말씀해 주셨고, 나는 기도를 했습니다. 곧 나는 세례를 받고 교인이 되었습니다. 그러나 나중에 기억나는 것은 그 세례뿐이었습니다. 나는 그리스도의 십자가에 대해서도 알고 있었고, 그리스도의 부활에 대해서도 알고 있었지만, 하나님과 개인적인 관계를 맺었다는 기억은 없었습니다. 나는 죽으면 어디로 갈지 몰랐습니다. 그것이 염려가 되었습니다. 그래서 목사님이 지옥에 대해 설교를 하시면, 나는 화장실에 가야 하는 척하면서 슬그머니 예배당을 빠져나가곤 했습니다.

어머니께서는 내게 무슨 문제가 있다는 것을 아시고 어느 날 밤에 물어 보셨습니다. 정말이지 나는 말하고 싶지 않았습니다. 어머니께서는 내가 참으로 그리스도인이 된 줄로 알고 계셨기 때문이었습니다. 하지만 나는 영원한 운명에 관해 내가 두려움을 가지고 있다는 것을 인정했습니다.

내 말을 듣고 어머니께서 하신 일은 참 간단했습니다. 어머니께서는 성경 구절 하나를 들려 주셨는데, 아주 오래 전부터 알고 있었던 이런 구절이었습니다. "하나님이 세상을 이처럼 사랑하사 독생자를 주셨으니, 이는 저를 믿는 자마다 멸망치 않고 영생을 얻게 하려 하심이니라." 어머니께서 이 구절을 설명해 주실 때, 그 진리가 깨달아졌고, 믿어졌습니다. 그날 밤 나는 그리스도를 나의 구주로 믿었고, 두려움과 죄의식은 사라졌습니다. 그리고, 내가 기억하기로는 그때 처음으로 하나님의 사랑을 느꼈습니다. 이 모든 것은, 어머니께서 요한복음 3:16을 설명해 주실 때 순간적으로 일어났습니다. 나는 머리를 숙이고, 하나님께서 나에게 영원한 생명을 주신 것에 대해 감사의 기도를 드렸습니다.

내가 청소년기에 들어섰을 때, 젊은이들 가운데 내가 보기에 정말로 그리스도인다운 삶을 살고 있다 싶은 사람은 없었습니다. 나보다 몇 살 많은 사람 하나와 가깝게 지냈는데, 그녀는 주님을 사랑했습니다. 그러나 왠지 고리타분하여, 그 사람처럼 되고 싶지는 않았습니다. 그래서 예수님을 잘 믿지는 말아야겠다고 결심했습니다. 이 결심 뒤에는 하나님에 관한 그릇된 생각이 자리잡고 있었습니다. 하나님께서 내게 가장 좋은 것을 주기 원하신다는 것을 믿지 않았던 것입니다. 하나님께서 나를 다스리게 해드리면, 내가 원치 않는 것을 하라고 요구하실 것이고, 삶에서 가장 좋은 것을 잃게 될 것이라고 생각했습니다. 이 반항의 시기에, 나는 겁도 없이 이것저것 다 해보았습니다. 성령께서 막으실 때도 있었습니다. 내 삶은 점점 더 비참해져 갔습니다.

그러다가 열여섯 살 때 어떤 수양회에 참석하게 되었습니다. 거기서 나는 주님을 향해 불타는 열정을 가진 젊은이들을 보았으며, 엄청나게 많은 하나님의 말씀이 내 마음 깊은 곳으로 밀려 들어 왔습니다. 어느 날 밤 나는 바깥으로 나가 나무 아래서 이렇게 기도했습니다. "주님, 저는 주님께서 원하시는 것은 어떤 것이라도 하겠습니다. 심지어 선교사가 되는 것이라도 말입니다." 선교사가 되는 것이 내 생각에는 가장 끔찍한 일이었습니다.

그 후 나는 그리스도인 친구들과 함께, '말로 다 형용할 수 없고 붓으로 다 기록할 수 없는 하나님의 사랑'을 노래하는 찬송가를 부르곤 했고, 하나님의 사랑이 얼마나 중요한지를 깨닫기 시작했습니다. 그러나 여전히 하나님의 사랑을 느끼는 것은 주로 다른 사람들과 함께 하나님의 사랑에 대한 찬송을 부를 때였고, 혼자 있을 때나 일이 제대로 풀리지 않을 때는 하나님의 사랑을 느끼지 못했습니다.

주님께서 내 안에서 역사하시자, 장래 희망은 점차 180도로 바뀌게 되었습니다. 마침내 나는 선교사가 되고 싶어하게 되었고, 이를 위해 준비하기 시작했습니다. 나는 시편 84:11 말씀을 좋아하게 되었습니다. "…정직히 행하는 자에게 좋은 것을 아끼지 아니하실 것임이니이다." 하나님을 따르면서, 나는 어떻게 하면 만족한 삶을 살 수 있는지를 하나님께서 나보다 더 잘 알고 계신다는 것을 깨달아 가고 있었습니다. 삶은 점점 풍성해지고 있었으나, 반드시 더 쉬워졌던 것은 아니었습니다.

고등학교를 졸업한 후, 집을 떠나 미니애폴리스에 있는 노스웨스턴 성경대학에 들어갔습니다. 거기서 하나님께서는 내 마음속에서 새로운 일들을 더 행하셨습니다. 나는 열여섯 살 때부터 날마다 주님과 교제하는 시간을 가져온 터였습니다. 그런데 종종 저녁 늦게 마지막 일과로 그 시간을 가졌는데, 그때는 눈꺼풀이 내려오는 바람에 눈을 떠 있기조차 힘든 시간이었습니다. 그래도 그 정도라도 훌륭한 그리스도인이 된 것에 대해 스스로 뿌듯함을 느끼고 있었습니다. 그때 하나님께서는 "룻, 그런 시간을 갖는 것 자체가 핵심은 아니다. 나는 네가 나를 알고 싶어서, 내 말을 기록한 성경으로 나오기 원한다"라고 말씀하셨습니다. 또한 "주여, 거룩한 말씀을 통해 주님을 찾나이다. 살아 있는 말씀인 나의 주여, 내 심령이 주님을 갈망하나이다"라는 찬송가 가사를 통해서도 같은 교훈을 받았습니다. 나는 알아야 할 원리들을 하나님께서 성경을 통해 내게 가르쳐 주시기 원했으며, 또한 주님께 나아가면서 "주님, 저는 그 무엇보다도 주님을 알기 원하나이다"라는 기도를 더 자주 하기 시작했습니다. 이것은 하나님의 뜻대로 구하는 기도였으므로, 하나님께서는 응답해 주셨습니다. 요한일서 5:14-15에서 약속하신 대로였습니다.

급우 가운데는 주님을 알아 가는 데 누구보다도 더 마음을 쏟고 있는 사람이 있었는데, 이름은 스탄이었습니다. 그는 감탄스러웠습니다. 그는 할 일도 많고 공부할 것도 많았습니다. 그것들을 다 하면서 또한 주님을 알려고 애쓰고 있어서, 한가한 시간이 없을 정도였습니다. 늘 좀 부족한 듯한 그런 상황이 그로 하여금 한층 더 주님을 알고 싶어하게 했습니다. 스탄이 좋아하는 성경 구절은 빌립보서 3장에 있는 것이었습니다. 나도 그 말씀을 가지고 기도하기 시작했으며, 때로는 그 말씀을 가지고 큰 소리로 기도하기도 했습니다. 당시 내가 배우고 있었던 것은, 내 마음속의 여러 필요를 다른 어떤 것을 통해서가 아니라 오직 예수 그리스도와의 관계를 통해 채워야 한다는 것이었기 때문입니다. 금세 그 구절은 내가 가장 좋아하는 구절이 되었습니다. 8절과 10절을 소개합니다.

> 또한 모든 것을 해로 여김은 내 주 그리스도 예수를 아는 지식이 가장 고상함을 인함이라. 내가 그를 위하여 모든 것을 잃어버리고 배설물로 여김은 그리스도를 얻고… 내가 그리스도와 그 부활의 권능과 그 고난에 참예함을 알려 하여 그의 죽으심을 본받아.

바울에게는, 자신이 만났던 그 놀라우신 분을 알아 가는 특권,

값으로 따질 수 없는 이 특권에 비하면, 그 밖의 다른 것은 아무 의미가 없었습니다. 하나님께서는 다음과 같이 말씀하셨습니다. "룻, 바로 이것이 네가 주로 힘쓰는 것이어야 한다." 하나님께서는 환경을 사용하셔서 내가 무릎을 꿇고 이 말씀을 가지고 기도하게 하셨습니다. 그리고 나는 발견하게 되었습니다. 만약 하나님을 나의 첫 사랑이 되시게 해드린다면 하나님께서는 나의 깊은 열망을 채워 주실 수 있고, 또 채우신다는 사실 말입니다.

동생인 메리가 마침내 노스웨스턴 성경대학에 입학하여 같이 지내게 되었습니다. 우리는 당시에 시 하나를 알게 되어, 종종 그 시를 묵상하기도 하고 기도에도 사용했습니다.

주님, 저의 우둔함을 제하시고, 빈 컵이 되게 하소서.
그리하여 주님의 축복만 기다리며, 주님만 갈망하게 하소서.
가득 찬 컵에 주님께서 축복을 부으실 수 있을까?
움켜 쥔 손에 주님께서 보물을 풍성하게 주실 수 있을까?
주님, 저를 비워 주시고, 주님만 갈망하게 하소서.
주님의 떡만이, 전에 맛본 적이 있는 주님의 떡만이
늘 저를 만족케 하실 수 있나이다.

우리를 원하시는 하나님

그때 하나님께서 중요한 교훈을 가르쳐 주셨는데, 나에게 아주 새로운 깨달음이었습니다. 그 교훈이란, 하나님께서는, 긍휼이 많으시고 이해심이 많으실 뿐만 아니라, 그리고 나를 자상하게 돌보고 사랑하기 위해 언제나 함께하실 뿐 아니라, 나를 원하시며 나와 교제하기를 갈망하신다는 것이었습니다.

그로부터 얼마 후, 같은 반 학생인 덕과 대화를 할 때, 이 진리가 내 마음에 참으로 깊이 새겨져 있다는 것을 알게 되었습니다. 덕은 해군에서 갓 제대한 젊은이였는데, 어느 날 내게 이렇게 말했습니다. "난 경건의 시간을 갖기 위해 잠자리에서 일어나기가 참 힘들었는데, 이 문제 해결에 도움이 되는 구절을 하나 발견했어." 그가 말한 구절은 잠언에 있는 다음과 같은 구절이었습니다. (나는 곧 그 장절을 잊어버렸습니다. 적어 두고 싶지 않았기 때문입니다.) "게으른 자여, 네가 어느 때까지 눕겠느냐? 네가 어느 때에 잠이 깨어 일어나겠느냐?"

나는 '그래, 덕에게는 도움이 될 수도 있겠지. 하지만 난 일찍 일어나기 위해 그 말씀이 필요하지는 않아'라고 생각했습니다. 나의 경우에는, 아가 2:13-14을 통해 하나님께서 해주시는 말씀을 듣는 게 잠을 깨는 데 더 도움이 되었습니다. "나의 사랑, 나의 어여쁜 자야, 일어나서 함께 가자… 나로 네 얼굴을 보게 하라. 네 소리를 듣게 하라. 네 소리는 부드럽고 네 얼굴은 아름답구나." 어떻게 하나님께서 나한테 그렇게 말씀하실 수 있을까요? 내가 주님과 하나가 되었으므로, 주님의 아름다움이 곧 나의 아름다움이기 때문입니다! 놀라운 일입니다! 나의 모습이 하나님을 즐겁게 하고, 나의 목소리는 하나님께 부드럽게 들리고, 하나님께서 나와 친밀한 교제를 갖기 원하신다니! 이 사실을 생각해 보십시오! 하나님과 함께 시간을 보내고 싶은 마음이 들지 않을 수가 없습니다.

다음 글에 감명을 받았습니다. 이것이 누구의 글인지는 알려져 있지 않습니다.

나의 목적지는 바로 하나님.

평안이나 기쁨도
축복도 아니고,
오직 그분, 나의 하나님.
나를 그곳으로 인도하는 것은 주님께 속한 일.
내 일이 아니라 주님의 일.
사랑하는 주님, 어떤 대가를 치르든,
어떤 길을 통하든,
나를 그곳으로 인도하소서.

그때 또 다른 진리를 깨닫게 되었습니다. 나의 삶을 온통 바꾸어 놓은 진리입니다. 나는 골로새서 3:4에서 요약된 형태로 되어 있는 다음 진리를 발견했습니다. "우리 생명이신 그리스도." 그 말씀을 나에게 적용했습니다. "그리스도는 나의 생명이다." 어느 하나님의 사람이 말했듯이, "나의 생명이 그리스도의 것이라는 것이 진실일 뿐 아니라, 나의 생명이 그리스도라는 것도 진실입니다."

나의 구세주이시며, 죄와 사망을 이기신 사랑의 주님께서 나의 생명이십니다. 이 사실을 알면 얼마나 기쁜지 모릅니다. 주님의 영은 나의 영과 영원한 연합을 이루고 있습니다. 그리고 주님을 믿을 때, 주님의 영은 나에게 진리를 깨닫게 해 주고, 주님의 뜻을 행하도록 힘을 주시며, 나의 마음에 주님의 사랑을 부어 주십니다(갈라디아서 2:20, 빌립보서 2:13, 로마서 5:5). 나 자신에 대한 시야에 이 사실이 얼마나 엄청난 영향을 미치는지 모릅니다. 나는 내 영혼을 사랑하는 주님과 가장 친밀하게 연합되어 있는 것입니다! 나는 주님의 거룩하고 헌신적인 사랑을 누릴 수 있으며, 점점 더 깊이 있고 그리고 지속적으로, 다른 사람들에게 그 사랑을 전달하는 통로가 될 수 있습니다.

우리 학교에서는 날마다 채플 예배를 드렸는데, 매년 한 차례씩 나이 지긋한 남부의 한 신사가 한 주간 동안 말씀을 전하곤 했습니다. 대드 바이어스라는 사람이었는데, 그의 외모가 특별히 인상적이었던 것은 아니었습니다. 지금도 기억나는 것은 이마에 드리워져 있는 우습기까지 한 세 가닥의 흰 곱슬머리뿐입니다. 하지만 그는 그리스도의 빛을 발하는 사람이었습니다. 그는 설교를 하다가 느닷없이 "놀라운 주님, 놀라운 주님, 하늘의 천군 천사들도 찬양하네"라고 찬송을 부르곤 했는데, 그러면 모두 함께 따라 불렀습니다. "난 예수님의 얼굴을 보았네. 그 밖의 다른 것이 필요하다는 말은 하지 마시오. 난 예수님의 음성을 들었네. 내 영혼은 만족하네." 이것은 그가 종종 인용하곤 했던 말입니다. 하나님께서는 이 사람의 설교를 통해 내가 주님을 더 갈망하게 하셨습니다.

메리가 노스웨스턴 대학에 들어와 나와 함께하게 된 그 해, 쌍둥이 형제가 입학했는데, 누구나 그들이 쌍둥이라는 것을 알 수 있을 정도로 똑같이 생겼습니다. 그들은 얼굴이 잘 생겼고, 음악을 좋아했으며, 주님과 긴밀히 동행했고, 옷도 말쑥하게 잘 차려 입었습니다. 그들은 나와 동갑이었습니다. 많은 여학생들이 텐러라는 성을 가진 그 쌍둥이 형제를 좋아했습니다. 메리와 나도 그들을 좋아했지만 그들이 우리를 좋아한다고는 생각지 않았습니다. 하지만 메리가 그들은 틀림없이 우리를 좋아하지 않을 것이라고 생각하기에 나는 "얘, 뭐든 너무 단정적으로 생각하는 것은 좋지 않아"라고 했습니다.

그 쌍둥이 형제는 첫 해에는 누구와도 데이트를 하지 않았습니다. 그러나 다음해 가을, 딘 텐러는 나에게 연극을 함께 보러 가자고 했습니다. 곧 있게 될 그 연극 공연은 그 해의 학교 행사 가운데 큰 것에 속했습니다. 같은 날 진 덴러는 메리에게 같은 요청을 했습니다. 내가 나중에 알게 된 사실은, 딘이 자기 쌍둥이 형제에게 "룻은 말이야 승낙은 했지만, 그렇게 좋아하는 것 같지는 않던데"라고 했다는 것이었습니다. 사실 나는 그 데이트 요청에 충격을 받았습니다.

그날 저녁 캠퍼스에서 집으로 돌아오면서 메리와 나는 곧 하게 될 그 데이트에 대해 이야기를 나누었습니다. 처음에 우리의 대화는 우리는 행운을 잡았다는 사실 주위를 맴돌았습니다. 그런데 그때 하나님께서 시편 73:25-26을 생각나게 해주셨습니다. 우리가 암송하고 있던 구절이었습니다. "하늘에서는 주 외에 누가 내게 있으리요? 땅에서는 주밖에 나의 사모할 자 없나이다." 하나님께서는 자신이 우리의 첫째가는 사랑의 대상이 되어야 한다는 점을 생각나게 해주신 것입니다. 이 구절은 우리가 다른 어떤 것을 사모할 수도 없고, 사모해서도 안 된다는 의미라고 생각지는 않습니다. 오히려 다음과 같은 의미라고 생각합니다. '주님, 제가 주님을 사모하는 것에 비하면, 다른 사람을 사모하는 것은 사모하지 않는 것과 마찬가지입니다. 제가 주님과 다른 누구와의 사이에서 선택해야 한다면, 주님을 선택하겠습니다.'

그 시편은 계속해서 "내 육체와 마음은 쇠잔하나, 하나님은 내 마음의 반석이시요, 영원한 분깃이시라"라고 말합니다. 우리의 마음은 쇠약해지고 있었습니다. 우리는 둘 다 그 데이트가 한 번으로 끝날 것으로 느꼈기 때문입니다. 그러나 하나님께서는 우리의 영원한 분깃이 되실 것입니다. 우리 일생 동안 내내, 그리고 영원한 나라에서까지 우리의 분깃이신 것입니다. 분명 평생 동안 지속되는 관계는 오직 하나입니다. 분명 우리 삶의 영원한 동반자는 오직 한 분입니다. 그리고 가장 좋은, 삶의 동반자인 하나님께서 다른 누구보다 우리 사랑의 첫째가는 대상이 되실 만한 분입니다.

하나님께서는 이 사실에 대해 여러 차례 말씀해 주셨습니다. 그렇게 말씀해 주시는 데 대해 너무나 감사를 느낍니다.

쟁기질하는 때

결과적으로 말하면, 우리의 데이트는 한 번으로 끝나지는 않았습니다. 2년이 못 되어 우리는 약혼을 했습니다. 메리는 진과, 나는 딘과. 주님께서는 네비게이토 선교회를 통해 그 쌍둥이 형제를 선교 사역 기회를 알아보기 위해 우리 앞서 타이완으로 보내셨습니다. 1년 반 후 그들과 합류하러 가는 길에, 메리와 나는 라일라 트로트맨과 반나절을 함께 보냈습니다. 라일라 자매님은 네비게이토 선교회의 창시자인 도슨 트로트맨의 아내인데, 우리의 남편 될 사람들이 사역의 책임 때문에 여행을 많이 하게 될 것을 알고 있었으며, "꼭 기억하세요. 하나님께서는 당신들이 떨어져 있는 매순간을 보상해 주실 거예요"라고 했습니다. 그리고 나서 "하나님께서는 당신들이 다시 만날 때까지 기다렸다가 보상하지는 않으실 거예요"라고 덧붙였습니다. 다른 말로 하면, 하나님께서는 우리가 잃어버리는 것을 그분 자신으로 보상해 주실 것이라는 말입니다. 라일라 자매님의 은혜로운 조언을 듣고 나는 속으로 이렇게 말했습니다. '그래요, 하나님. 하나님께서는 능히 그렇게 하실 수 있고, 또한 그렇게 하실 거예요. 제가 원하기만 하면 말입니다.' 이것은 결혼 생활 시작을 위한 훌륭한 준비였을 뿐 아니라, 7년 후 하나님께서 딘을 본향으로 데려가셨을 때를 위한 좋은 준비도 되었습니다.

얼마 후 우리 두 사람은 비행기를 타고 태평양을 건너고 있었습니다. 메리와 나는 매우 들떠 있었습니다. 우리 가슴속에는 아시아에서 주님께 쓰임받고 싶은 꿈이 있었는데, 그 꿈이 바로 그 1952년에 이루어지고 있었습니다. 그리고 텐러 부인이 되고 싶었던 우리의 꿈도 함께.

타이완에 도착한 지 1주 후 우리는 타이베이에서 함께 결혼식을 올리고 홍콩으로 신혼 여행을 갔습니다. 그리고 나서 메리와 진은 필리핀에서 주님을 섬기기 위해 그곳으로 갔습니다. 나는 딘과 함께 남부 타이완으로 갔습니다. 메리와 나는 늘 친했고, 그 쌍둥이 형제는 더 친했으며, 우리는 데이트도 대개 함께 했습니다. 이제 우리는 새로운 상황에 적응해야 할 처지가 되었습니다.

실제로 적응이 많이 필요했습니다. 우리는 새로운 상황에 어떻게 적응하는지에 대해 사전에 별로 도움을 받지는 못했습니다. 수십 년 후, 워렌과 나는 2-3개월간의 오리엔테이션 프로그램을 많이 진행했는데, 서구 선교사들을 대상으로 아시아 생활을 준비시키기 위한 것입니다. 그 1952년, 새롭게 선교사가 된 우리가 낯선 중국 문화에 적응하는 데 도움이 되는 말 한 마디를 들었습니다. "틀린 것이 아니라, 다른 것이다"라는 말이었는데, 베테랑 선교사이자 친한 친구인 딕 힐리스(Overseas Crusade의 창시자)가 해준 이 말은 적절한 조언이었습니다. 그 말은 다른 문화에 적응할 때뿐 아니라 많은 인간 관계에서도 자주 도움이 되었습니다. 그러나 중국 생활에 적응하는 데는 그 이상이 필요했습니다.

우리는 새로운 환경에 처했는데, 아직 현지 언어를 몰랐습니다. 나는 오랫동안 그리스도인들과의 교제를 즐겼는데, 그러한 풍성한 교제를 무척 그리워하기 시작했습니다. 우리가 사는 도시에는 나이 든 선교사들이 몇 명 있었는데, 많은 도움이 되었습니다. 그러나 우리가 사랑하는 사람들이나 같은 또래 사람들과 교제하는 것과 똑같지는 않았습니다. 미국에 살 때는 젊은 여성들의 영적 성장을 돕는 즐거움을 누렸는데, 그런 일도 그리워졌습니다. 그리고 예기치 않았던 일이 두 차례나 일어나, 우리의 적응 과정이 한층 더 복잡해졌습니다. 딘과 나는 계획했던 것보다 더 빨리 두 자녀를 갖게 된 것이었습니다. 자녀들을 주셨을 때부터 우리는 하나님께서 절대 주권 가운데 우리에게 주신 그 보배로운 선물에 대해 감사했습니다. 그리고 후에는, 그 애들의 아빠가 주님께로 갔을 때 브라이언은 여섯 살이요 도린은 다섯 살이 되어 있는 것이 매우 다행스럽게 여겨졌습니다. 아빠를 기억할 수 있으며, 나의 말을 알아들을 수 있는 나이였고, 갓난아기거나 걸음마를 배우는 아이일 때보다는 돌보기가 쉬웠습니다.

    타이완에서 보낸 기간은 여러 가지 면에서 좋은 기간이기는 했지만, 힘든 기간이기도 했습니다. 그 기간은 나의 삶에서 쟁기질하는 기간이었습니다. 쟁기의 날이 내 영혼을 깊숙이 갈아엎고 있었습니다. 나는 더 이상 이전처럼 쉽게 하나님의 사랑을 느낄 수가 없었습니다. 나는 "하나님, 제게 무슨 일이 일어나고 있는지를 모르겠어요. 왜 제 감정이 이전 같지 않은지 알 수가 없어요"라고 말씀드리곤 했습니다. 그때 히브리서 13:8 말씀을 상기하곤 했습니다. "예수 그리스도는 어제나 오늘이나 영원토록 동일하시니라." 이 말씀을 상기함으로 내가 믿기로 결심한 바는, 나를 향한 하나님의 사랑과 내 속에 있는 주님의 생명은 변하지 않았으며 이전과 똑같이 주님께서는 따뜻하고 진실하게 그리고 확실하게 나를 사랑하고 계신다는 것이었습니다.

    동생이 얼마나 그리웠는지! 밤이면 바깥으로 나가 하늘을 바라보며 하나님께, "메리를 만나야 하는 건 아니에요. 저는 하나님만으로 충분해요"라고 힘주어 말씀드렸던 기억이 납니다. 그러면 다시 하나님께서는 내 마음속의 허전한 곳을 채워 주시곤 했습니다. 그러나 이전에 자주 경험했던 것과 같은 기쁨이 함께하지는 않았습니다.

내가 또한 경험을 통해 알게 된 사실이 있었는데, 남편이 나의 필요를 다 채워 줄 수는 없다는 것이었습니다. 딘은 나를 매우 사랑했지만, 그의 사랑은 완전하지 않았습니다. 그는 자신의 필요들로 꽉 차 있을 때도 있었고, 몇 주 동안이나 멀리 떨어진 곳에 있기도 했습니다. 종종 성령께서는 시편 73:25-26 말씀이 생각나게 해주셨고, 이렇게 상기시켜 주셨습니다. '오직 한 분만이 너의 가장 훌륭하고도 완전한 동반자가 되신다. 오직 한 분만이 언제나 너와 함께 있을 수 있고, 너의 가장 깊은 필요를 채워 주실 수 있지. 너는 힘을 다해 다른 사람을 깊이 사랑해야 하지만, 하나님께서 너의 첫째가는 사랑의 대상이 되어야 한다.'

하나님의 사랑이라는 진리와 말씀이라는 견고한 기초는 나를 흔들리지 않게 해주었습니다. 머리로만 알고 있던 많은 진리가 내 삶 가운데 깊이 뿌리를 내리게 되었습니다. 그 쟁기질 기간은 매우 값진 기간이었으며, 결국 이를 통해 하나님을 더 사랑하게 되었습니다. 그리고 나서 대략 3년 후, 하나님께서는 나를 아가 2장으로 이끄셨습니다. "겨울도 지나고, 비도 그쳤고, 지면에는 꽃이 피고, 새의 노래할 때가 이르렀는데, 반구의 소리가 우리 땅에 들리는구나… 나의 사랑, 나의 어여쁜 자야, 일어나서 함께 가자!" 하나님께서는 "쟁기질 기간은 끝났고, 겨울은 갔다. 이제 나와 사랑을 나누는 새로운 봄을 기대하여라"고 말씀해 주고 계셨습니다.

나는 선교 사역에서도 더욱 활기가 넘치도록 기도하기 시작했습니다. 그리고 하나님께서 새로운 방법으로 요한복음 7:38 말씀("나를 믿는 자는 성경에 이름과 같이 그 배에서 생수의 강이 흘러 나리라")을 이루어 주시도록 의뢰했습니다. 생수의 강이 나를 통해 흘러가듯, 다른 사람들을 섬길 때 나 또한 활력과 신선함을 경험하도록 기도했습니다.

하나님의 최고의 지혜와 사랑 안에서, 그분이 나를 위해 계획해 두신 쟁기질 기간은 더 있었습니다. 그 각각을 통해 하나님께서는 자신의 사랑을 더 깊이 경험하게 해주셨습니다. 그리고 그분 자신을 더 간절히 찾고, 더 깊이 알아 가게 해주셨습니다.

진정한 '얻음'

이런 말이 있습니다. "주님께서 어떤 것을 가져가시고 날마다 그 자리를 채워 주신다면, 잃는 것은 도리어 가장 진정으로 얻는 것이 된다." 나는 그 말이 맞다는 것을 자주 경험했습니다.

선교사로서 두 번째 임기에 홍콩으로 이사를 했는데, 거기서 진과 딘은 함께 네비게이토 선교 사역을 이끌었습니다. 그런데 1년 후인 1959년, 딘이 암에 걸린 것을 알게 되었습니다. 그는 아홉 달밖에 더 살지 못했습니다.

그것은 전이 속도가 빠른 암이어서 상태는 급속도로 악화되고, 자주 극심한 통증을 느꼈습니다. 우리는 기도했고, 다른 사람들도 기도해 주었습니다. 우리의 기도에 대한 응답으로 딘은 두 번이나 극적으로 호전되기도 했습니다. 그러나 그때 하나님께서는 우리 마음에 이렇게 말씀해 주셨습니다. "더 이상 그 병의 완치를 위해 기도하지 말아라. 나는 딘을 본향으로 데려가기 원한다."

그리고 몇몇 하나님의 사람들에게 같은 생각을 심어 주심으로 이를 확증해 주셨습니다. 이것은 우리가 든 문제에 관련하여 움켜쥔 손을 펴며, 그가 본향으로 돌아갈 때를 대비하여 마음의 준비를 하게 해주었습니다.

고통 속에서도 딘은, "여보, 기억하오. 하나님께서 마음에 두고 계신 것은 우리의 최선의 유익이라는 사실을 말이오"라고 말하곤 했습니다. 그리고 누가 다음과 같은 글을 보내 주었는데, 하나님께서는 이 글을 통해 우리 두 사람을 위로해 주셨습니다. "하나님께서는 지극히 지혜로우셔서 한 번도 실수를 하지 않으시며, 너무나 사랑이 많으셔서 한 번도 비정한 일을 하지 않으신다."

우리 친구 덕은 잠언에 있는 게으름뱅이에 관한 구절을 알려준 사람인데, 예레미야 29:11로 위로해 주었습니다. 이번에 그가 알려 준 그 구절은 참으로 내 마음에 와 닿았습니다. "너희를 향한 나의 생각은 내가 아나니, 재앙이 아니라 곧 평안이요, 너희 장래에 소망을 주려 하는 생각이라." 전에는 이 구절의 약속을 깊이 생각해 본 적이 없었습니다. 나는 예레미야를 죽 읽으면서 전체를 묵상해 보았습니다. 그리고 이 약속은 역사 속에서 실제로 이루어졌다는 것을 알게 되었습니다. 이스라엘 백성은 엄청난 비극을 겪었습니다. 그러나 그 모든 것을 겪을 동안 하나님께서는 그들을 보호해 주셨고, 마침내 이전 상태로 회복시켜 주셨습니다.

나는 하나님 앞에 나아가 이렇게 말씀드렸습니다. "주님, 주님께서는 우리를 위해 계획하고 계신 것을 아신다고 하셨어요. 저는 주님께서 무엇을 하고 계신지 정말로 영문을 모르겠습니다. 딘은 이제 막 아시아에서 선교 사역을 시작했습니다. 그리고 어린 자녀가 둘이나 딸려 있고, 저도 있습니다. 저는 무슨 일이 일어나고 있는지, 왜 주님께서 이런 일을 허락하고 계신지 이해가 되지 않습니다. 그러나 주님께서는 주님의 계획이 선하다고 말씀하시는데, 한 번도 제게 거짓말을 하신 적이 없습니다. 그러니 주님을 믿겠습니다." 하나님께서는 예레미야 29:11 말씀을 사용하여 내 마음에 평안을 주고 두려움을 없애 주신 적이 한두 번이 아닙니다.

시편 31:15을 통해서도 도움을 받았습니다. "내 시대가 주의 손에 있사오니"(어떤 번역본에서는, "나의 운명이 주님의 주관하에 있사오니"라고 되어 있습니다). 딘의 생명을 그 무서운 병이 주관하고 있는 것이 아님을 깨달았습니다. 그를 치료하는 의사의 손에 그의 생명이 달려 있는 것도 아니었습니다. 비록 경건하고 노련한 의사이기는 했지만. 딘의 생명은 하나님의 손에 달려 있었습니다. 절대 주권을 가지신 하나님께서 우리와 함께하고 계셨고, 우리는 그 하나님을 신뢰할 수 있었습니다.

동생 부부는 내가 딘의 병상 곁 조그만 침대에서 잠을 자며 병실을 지키고 있는 동안 우리 아이들을 돌봐 주었습니다. 딘은 점점 더 쇠약해져 갔고, 거의 말을 하지 못했습니다. 어느 날 아침 내가 잠이 깨자, 그는 겨우 말을 이어 나가면서 "여보, 당신이 알다시피 난 지난밤에 죽을 뻔했소"라고 말하는 것이었습니다.

"그랬어요? 저는 몰랐는데요."

그는 끊어질 듯한 목소리로 계속 말을 이었습니다. "오, 그건 얼마나 놀라운 일인지!"

나는 부드럽게 물어 보았습니다. "여보, 뭐가 그렇게 놀라운 일이었어요?"

"음… 당신도 아마 그걸 말로 다 표현할 수는 없을 거야."

"말로 다 표현할 수 없는 그게 뭐예요?"

"주님과 함께 있는 삶이 얼마나 놀라운지 말이야." 그리고 그는 찬송을 부르기 시작했고, 나도 따라 불렀습니다. "주님을 볼 때 기쁨 넘치리라. 주님을 볼 때 삶의 시련들 지극히 작게 보이리라. 사랑의 주님 얼굴 한 번만 바라보라. 모든 슬픔 사라지리라. 그러므로 용감하게 경주하라. 주님을 뵐 때까지."

조금 후, 딘은 용감한 경주를 끝내고, 주님과 함께 있기 위해 떠났습니다. 나는 사람에게서 받는 사랑 가운데 최고의 사랑이자 가장 중요한 사랑을 잃었습니다. 그러나 혼자가 아니었습니다. 여전히 내게는 첫째가는 사랑이 있었습니다. 여전히 가장 깊은 만족의 근원이 있었습니다. 그러므로 내 삶의 토대가 내려앉지는 않았습니다.

나는 자주 울었습니다. 경건의 시간에 이것을 하다가도 울고, 저것을 하다가도 울었습니다. 예배를 드리다가도 울고, 기도하다가도 울었으며, 성경을 읽다가도 울었습니다. 그러나 하나님으로부터 따스한 한 줄기 햇살이 비춰 오기도 했습니다. 하나님의 말씀과 주위 사람들을 통해, 그 밖의 여러 방법을 통해 비춰 오는 햇살이었습니다. 이런 일도 있었습니다. 딘이 이 세상을 떠난 날 저녁이었습니다. 딸아이인 도린이 부엌에 있는 나에게 달려오더니 "엄마, 생각해 봐. 아빠는 지금 천사들을 볼 수 있단 말이야!"라고 하는 것이었습니다.

하나님께서 내가 다른 인간 관계를 의지하지 않고 하나님만을 바라보게 가르쳐 주신 것이 얼마나 감사했는지 모릅니다. 오직 하나님의 사랑만은 평생 갈 것입니다.

너의 오른손을 붙잡고

딘이 영광 가운데로 들어간 직후 내가 받은 편지 하나는 이런 말로 끝을 맺고 있었습니다. "주 예수 그리스도께서 당신의 보아스가 되기를 기도합니다." 이전에 흔히 그렇게 했던 것처럼 하나님께서는 나를 이끄셔서 룻기를 보게 하셨습니다. 보아스가 룻을 위해 한 것이 뭐지? 살펴보니, 룻의 배고픔을 해결해 주었으며, 갈증을 풀어 주었습니다. 룻을 안심시켰으며, 필요한 것을 공급해 주었고, 추수 터에서 이삭을 주울 수 있는 좋은 장소를 마련해 주었습니다. 나는 주님께서 나를 위해 그와 똑같은 것을 해주고 계시는 것을 알게 되었습니다.

딘이 세상을 떠난 지 6개월 후, 나는 아이들을 데리고 미국으로 돌아갔으며, 동생 부부도 우리와 함께 갔습니다. 또 6개월이 지나자 그들과는 헤어졌습니다. 그들이 아시아로 돌아갔기 때문인데, 이번에는 필리핀으로 갔습니다. 우리 세 식구는 콜로라도 스프링스에 자리를 잡았고, 우리 가정 생활의 새로운 장이 시작되었습니다. 아이들은 아빠를 잃은 데다, 이제는 삼촌 가족들, 특히 아빠를 너무나 닮은 삼촌까지 떠나갔기 때문에 큰 어려움을 겪었는데, 특히 브라이언이 심했습니다. 그러나 애들은 빠른 속도로 새로운 환경과 미국의 학교 생활, 그리고 일상적인 삶에 적응해 갔습니다. 그 당시 오랫동안 우리 아이들을 위해 기도해 준 많은 분들에게 너무나 고마움을 느낍니다.

주님께서는 기도로 우리를 지원해 주는 사람들도 보내 주시고, 친구들도 주셨을 뿐 아니라, 친히 나의 보아스가 되어 의식주 문제 등을 해결해 주셨습니다. 그리고 네비게이토 선교회 본부인 글렌에리에서 영적 추수에도 참여할 수 있게 해주셨습니다. 거기서 나는 사역을 할 수 있는 기회를 풍성하게 가졌는데, 해외에서 주님을 섬기게 될 자매들을 집중적으로 훈련하는 일도 했습니다. 나는 결혼한 자매들과 미혼인 자매들을 대상으로 개인적인 상담을 해주었으며, 여성들의 모임이나 수양회 같은 곳에서 말씀을 전하기도 했습니다.

동생 부부와 작별할 때, 훗날 그들과 마닐라에서 합류했으면 하는 바람이 있었습니다. 그러나 필리핀은 내가 주님을 섬길 곳이 아니라는 느낌이 점점 더 강하게 들었습니다. 그래서 홍콩으로 돌아가는 것에 대해서 기도해 보았지만, 그것 역시 마음에 평안이 없었습니다. 다른 사람들과 상담도 하고 기도도 한 결과, 주님께서는 내가 글렌에리에 머물면서 전세계 여러 곳으로 나아갈 사람들을 훈련시키는 일을 도우라고 하시는 것 같았습니다.

그러나 어쩌면 다시는 아시아로 돌아가지 못할지도 모른다는 생각, 다시는 중국 사람들과 인도 사람들과 필리핀 사람들에게 선교하지 못할지도 모른다는 생각이 들었습니다. 그때 우연히 신명기 3:26-28을 읽게 되었습니다. 하나님께서는 이전에 모세는 약속의 땅에 들어갈 수 없다고 말씀하셨습니다. 모세가 자기도 들어갈 수 있게 해달라고 간청하자 하나님의 답변은 단호했습니다. "그만해도 족하니, 이 일로 다시 내게 말하지 말라.… 너는 여호수아에게 명하고 그를 담대케 하며, 그를 강경케 하라. 그는 이 백성을 거느리고 건너가서…." 어쨌든 이 말씀은 나의 확신을 굳게 해주었습니다. 적어도 얼마 동안은 현재 머무르고 있는 곳에 있어야 한다는 것입니다. 하나님께서는 "너는 해외로 나가지 말라. 그리고 그곳으로 가게 해달라고 내게 간청하지도 말라. 대신 너는 다른 사람에게 명하고, 그들을 담대케 하며, 강하게 하라"고 말씀하시는 것 같았습니다. 은혜롭게도 하나님께서는 그 문제와 관련하여 내 마음속에 평안을 주셨습니다.

하나님께서 나의 필요를 채우시도록 해드릴 때, 그분의 사랑이 계속 나의 필요를 채우고, 마음을 흡족케 하며, 만족과 기쁨을 안겨 주는 것을 보고 나는 계속 놀라움을 느꼈습니다. 딘이 세상을 떠난 직후, 어머니께서 이사야 41:13 말씀을 보내 주셨습니다. "이는 나 여호와 너의 하나님이 네 오른손을 붙들고 네게 이르기를 '두려워 말라. 내가 너를 도우리라' 할 것임이니라." 나는 '좋은 말씀이야'라고 생각했는데, 특히 어떤 번역에는 "네게 속삭이기를, '두려워 말라…'"라고 되어 있었습니다. 비록 당시에 그 말씀이 마음에 깊이 와 닿지는 않았지만, 그 말씀을 암송했습니다. 그 말씀이 내게 얼마나 필요한 말씀인지는 나중에야 알게 되었습니다.

브라이언과 도린은 종종 내 손을 잡곤 했는데, 그것은 나에게 큰 의미가 있었습니다. 그 애들이 내 곁에 있다는 것이 너무나 좋았습니다. 그리고 내가 여전히 가족 속에 있다는 느낌 또한 좋았습니다. 그러나 나는 그 이상이 필요했습니다. 특히 딘이 주님께로 간 그 이듬해에는 과거 그 어느 때보다 더 심한 외로움을 종종 느꼈으며, 사랑을 갈망하게 되었습니다.

우리 가족은 글렌에리의 커다란 성 안에 있는 아담한 3층짜리 아파트에 살고 있었습니다. 여러 기회를 통해, 우리는 네비게이토 선교회 간사들 및 훈련을 받는 사람들과 얼마나 즐겁고 풍성한 교제를 나누었는지 모릅니다. 특히 식사 시간에 그런 교제를 많이 나누었습니다. 그러나 어떤 밤은 그 커다란 성, 그 안에 있는 수많은 방 안에는, 우리 가족을 빼고는 아무도 없을 때도 있었습니다. 혼자 있는 것이 무서웠던 것은 아닙니다. 그러나 때로 아이들이 잠자리에 들고 나면 찾아오는 그 조용하고 적막한 시간,

외로움이 더해 가는 그 시간에는, 내 삶과 관련하여 수많은 염려들이 몰려오곤 했습니다. "하나님께서 내게 이런 일을 하라고 하시면 어떻게 하나? 아니면 저런 일을 하라고 하시면?" "이런 저런 일이 일어나면 어떡하나?" 심지어 어떤 때는, 미혼으로 보이는 어떤 사람을 생각하고 있는데 "하나님께서 나더러 그 사람과 재혼하라고 하면 어떡하지?" 하는 생각까지 들었습니다.

엄청나게 많은 두려움이 몰려왔습니다! 그럴 때는 "주님, 제발 말씀으로 격려 좀 해주세요"라고 기도하곤 했습니다.

그러면 하나님께서는 이사야 41:13의 약속으로 나를 이끌곤 하셨으며, 현재 시제로 이렇게 말씀해 주셨습니다. "나 여호와 너의 하나님이 네 오른손을 붙들고, '두려워 말라. 내가 너를 돕겠다'라고 속삭이고 있다." 하나님께서 내 마음에 말씀해 주실 때, 그 말씀에 귀를 기울일 뿐 아니라 기도로 응답하는 것이 도움이 된다는 것을 알았습니다.

또 두려움이 몰려오면, 나는 "다시 말씀해 주세요"라고 말하곤 했습니다.

나 여호와 너의 하나님이 네 오른손을 붙들고….

나는 이렇게 하나님께 말씀드렸습니다. "하나님, 저는 제 오른손을 붙들어 줄 누군가가 정말로 필요해요. 제게는 그런 이가 있지요. 바로 하나님이십니다! 제게는 하나님보다 더 좋은 분이 없었고, 앞으로도 없을 것입니다." 이렇게 말씀드리는 것을 통해 하나님의 사랑이 나의 필요를 채울 수 있게 했습니다.

나는 또한 누구로부터 나를 사랑한다는 말을 너무나 듣고 싶었습니다. 아이들이 종종 그런 말을 해주기는 했지만, 나는 '더 큰' 누군가로부터 그런 말을 듣고 싶은 마음이 간절했습니다. 그런데, 하나님께서 이사야 43:4 말씀을 상기시켜 주심으로 종종 그렇게 해주셨습니다. "내가 너를 보배롭고 존귀하게 여기고, 너를 사랑한다." 나는 하나님께 귀중한 보배와 같습니다. 보배가 사랑을 받는 것은 그것이 쓸모가 있어서가 아니라 감정적으로 매우 귀중하게 느끼기 때문입니다. 거기다 나는 하나님께서 보시기에 존귀한 존재입니다. 놀라운 일입니다! 나는 언제라도 잠시 멈추고, 하나님으로부터 "나는 너를 사랑한다"라는 말씀을 들을 수 있었습니다.

여름철에는 글렌에리에서 수양회가 많이 열려서 우리 가족이 거처할 만한 방이 없었습니다. 그래서 여름 몇 달 동안에는 시내에 있는 한 집으로 이사를 했는데, 거기서는 외로움이 더 자주 몰려왔습니다. 우리 이웃에는 네비게이토 친구인 리로이 아임스 부부도 살고 있었습니다. 어느 아름다운 여름 저녁, 그들의 집을 바라보면서, 그 안에 리로이와 버지니아 부부가 행복하게 살고 있을 것이라고 생각했습니다. 행복해 보이는 부부가 함께 있는 것을 보면 질투심이 생길지 모른다는 말을 들었던 터라, 나는 그렇게 되지 않도록 기도했으며, 올바른 반응을 나타내기로 했습니다. "버지니아에게는 리로이가 있군요"라는 생각이 들면, "하지만 제게는 아무도 없어요"라고 생각하고 싶었습니다. 그러나 그런 생각을 물리치고 대신 이렇게 기도했습니다. "주님, 리로이와 버지니아 부부가 즐거운 저녁 시간을 갖게 해주세요. 그들을 축복해 주세요. 그들의 관계를 축복해 주세요. 그리고 제게는 하나님께서 계시니 감사드립니다. 지금 하나님께서 저에 대해 어떻게 느끼는지 말씀해 주세요."

나는 너를 보배롭고 존귀하게 여기고 너를 사랑한단다.

"하나님, 감사드립니다. 제게는 여전히, 지금까지도 받았고 앞으로도 받을 최고의 사랑이 있으니까요."

이 여러 해 동안 나의 빨간색 노트는 하나님께서 자신에 대해 개인적으로 말씀해 주신 말씀들로 가득 채워지고 있었습니다. 나는 새로운 페이지 하나를 "나의 _____"를 제목으로 하여 기록하기 시작했습니다. 그리고 그 페이지는 "나의"라는 말로 시작되는 구절들로 채웠습니다. 나의 반석, 나의 목자, 나의 사랑하는 자 등등. 그 페이지에서 시편 16:5을 가장 좋아하게 되었습니다. "여호와는 나의 산업과 나의 잔의 소득이시니, 나의 분깃을 지키시나이다." 하나님께서 나의 분깃을 지키시는 자라는 사실로 인한 기쁨은 "주는… 생존 세계에서 나의 분깃이시라"라는 시편 142:5 말씀을 아울러 생각할 때 더 커졌습니다.

그 여름에 나는 하나님께서 "나의 아버지"라는 사실에 초점을 맞추고 있었습니다. 내게는 훌륭한 부친이 있어서 나를 깊이 사랑해 주었는데, 거기다 하나님을 또한 아버지로 모시고 있는 것은 신나는 일이라고 늘 생각했던 터였습니다. 그러나 당시, 진한 고독을 느꼈던 그때는, 그 사실이 훨씬 많은 것을 의미했습니다. 나는 특히 로마서 8:16을 좋아했습니다. 어떤 번역에는 그 구절에 나오는 "아바 아버지"라는 말이 "아버지, 나의 아버지"로 되어 있습니다. 나는 아침에 눈을 뜨면서 "아버지, 나의 아버지!"라고 마음속으로 불러 보며 하나님을 생각하곤 했습니다. 처음으로 이 말씀이 진정으로 내 마음을 사로잡았습니다. 나는 어린 소녀처럼 아버지의 무릎으로 기어오르고, 그 품에 안기는 것을 연상하며, "아빠!"라고 불렀습니다.

어느 여름날 아침, 수양회 계절이 되어 글렌에리에서 이사를 한 다음날 아침이었는데, 일어나니 우울하고 외로운 느낌이 들었습니다. 경건의 시간을 시작하면서, 나는 정말 혼자 있는 것 같은 느낌이 든다고 하나님께 말씀드렸습니다. 그날 아침의 성경 본문은 시편 102편이었습니다. 다음과 같은 구절을 읽게 되었습니다. "나는 광야의 당아새 같고 황폐한 곳의 부엉이같이 되었사오며… 지붕 위에 외로운 참새 같으니이다." 나의 기분은 이미 좀 나아져 있었습니다. 시편 기자가 나보다 더 외로웠다는 것을 알았기 때문입니다! 이어서 그 본문은 하나님께서는 변치 않으신다고 말하고 있었습니다. 그래서 하나님께 이렇게 말씀드릴 수 있었습니다. "하나님, 하나님께서는 제가 글렌에리에 살던 때와 동일하십니다. 하나님께서는 제가 딘과 함께 살던 때와 동일하십니다. 하나님께서는 털끝만큼도 변하지 않으셨습니다." 하나님께서 변치 않는 사랑으로 내 마음을 위로해 주실 때 기뻤습니다.

딘이 세상을 떠난 지 4년 후, 우리 가족은 마침내 아시아로 돌아가 여름 동안 머물 수 있는 기회를 맞게 되어 놀라움을 금할 수 없었습니다. 아시아에 가면 한 달 동안은 동생 부부와 함께 마닐라에서 머물 수도 있게 되었습니다. 처음에는 이러한 기회를 갖게 되어 신이 나더니, 이내 우리 혼자서 그토록 먼 곳을 여행하는 것이 두려워지고, 거기서 아이들에게 무슨 일이 일어나지나 않을지 염려가 되었습니다. 이전에 그곳에 살 때 애들이 여러 가지 질병에 걸렸던 일이 생각났습니다. 또한 그곳에서 사탄의 특별한 공격이 있을지도 모른다는 생각도 들었습니다. 그때 시편 121:8 말씀이 큰 힘이 되었습니다. "여호와께서 너의 출입을 지금부터 영원까지 지키시리로다."

우리가 콜로라도스프링스를 떠나기 전에 몇 가지 일이 있었는데, 그 일은 그곳의 그 누구도 정말로 나를 필요로 하지는 않는다고 느끼게 했습니다. 내가 받은 인상이 어느 정도는 근거가 있었겠지만, 대부분은 나의 짐작에 근거한 것이었을 것입니다.

브라이언과 도린은 삼촌 부부와 함께 필리핀에서 한 달 동안 지내면서 참으로 즐거워했습니다. 애들에게는, 진 삼촌이 아빠와 너무나 닮았기 때문에 마치 아빠를 다시 만나 함께 지내는 것 같았습니다. 진은 그 애들이 굉장히 멋진 시간을 갖게 해주었습니다. 그리고 다시 한 번 두 가족이 함께 지내는 것 자체가 대단한 기쁨이었습니다!

그 후 우리는 홍콩에 들렀는데, 내가 좋아하는 곳입니다. 그곳에 머물 때 로드 박사를 만났는데, 그는 상담자로서 선교사들에게 무료로 특별한 테스트를 해주고 있었습니다(나는 여전히 선교사 자격을 갖고 있었습니다). 로드 박사는 테스트를 하고 나서 우리 가족 각자와 개별 면담을 하더니, 브라이언이 가지고 있는 생각과 느낌 가운데 내가 알아보아야 할 것이 있다고 했습니다.

그날 저녁 아이들과 함께 식사를 하러 나갔을 때, 브라이언은 주저하면서 내게 말해야 할 게 있다고 했습니다.

"브라이언, 그게 뭐지?"

"음, 그건 말하지 않는 게 좋을 것 같아. 말하면 엄마가 좋아하지 않을 거야."

"애야, 말해 봐. 엄마는 다 이해할 거야."

마침내 그 애는 이렇게 말하는 것이었습니다. "음… 난 가끔 엄마가 없었으면 좋겠다는 생각이 들어… 그러면 진 삼촌한테 가서 같이 살 수 있을 것 아냐?"

아이들과 같이 있을 때는 눈물을 흘리지 않았습니다. 나는 이렇게 말해 주었습니다. "애야, 엄마는 네 말을 이해한단다. 삼촌은 정말 훌륭한 분이지. 아빠와 너무나 닮았기도 하고. 엄만 네가 왜 그런 생각을 하는지 다 이해가 돼."

그러나 그날 밤 잠자리에서 나는 오랫동안 슬피 울었습니다.

애들까지 나를 필요로 하지 않다니!

그것이 사실이 아님을 잘 알고 있었습니다. 브라이언의 말은 내가 필요 없다는 뜻이 아니었습니다. 그러나 나는 그렇게 느꼈습니다.

하나님께서는 그러한 느낌에서 벗어나게 해주시고, 내가 그분께 어떤 존재인지 깨닫게 해주심으로 새로운 방법으로 내 마음을 뜨겁게 해주셨습니다. 내가 깨닫게 된 사실이 있는데, 그것은 하나님께서 언제든 나를 본향으로 데려가신다면 사랑 가운데 다른 방법으로 내 주위 사람들의 필요를 채워 주실 것이라는 사실이었습니다. 사실, 이땅에서 우리 대부분은 자기가 생각하는 것보다는 훨씬 덜 필요한 존재입니다. 그러나 하나님께서는 당신과 나를 '필요로 하십니다.' 그것도 언제나, 그리고 영원히 말입니다. 이 사실을 알 때 얼마나 힘이 나는지 모릅니다. 어떤 의미에서 하나님께 필요한 것은 아무것도 없습니다. 그러나 또 다른 의미에서는, 사랑을 필요로 하십니다. 하나님께는 갈망이 있습니다. 하나님의 사랑을 받는 우리는, 우리의 사랑과 예배, 우리의 순종, 우리의 교제를 통해, 하나님의 깊은 열망을 만족시켜 드릴 수 있습니다. 이 진리를 잘 나타내는 말이 있습니다. "모든 영혼은, 하나님께서 영원한 즐거움을 얻으실 수 있는 하나의 거대한 저수지이다." 우리 각자는 하나님께 기쁨을 안겨 드릴 수 있습니다. 그 누구와도 다른 방법으로 말입니다. 그리고 그 사실은 결코 변치 않습니다.

불가능에서 기적으로

어떤 사람이 이렇게 말했습니다. "하나님께서 놀라운 일을 하기 원하실 때는, 어려운 것으로 시작하십니다. 하나님께서 기적을 행하기 원하실 때는, 불가능한 것으로 시작하십니다."

또 4년이 더 지난 후에, 하나님께서는 재혼을 하도록 나를 이끄셨습니다. 워렌 마이어즈는 딘과 내가 선교 사역을 하던 그 시기에 아시아에서 선교 사역을 하고 있었는데, 그가 나의 남편이자 우리 가정의 가장이 되었고, 십대인 우리 아이들은 그를 따뜻하게 맞이했습니다. (물론 적응 과정이 따르긴 했습니다.) 그것은 앞에서 말한 "기적"에 속합니다. 그 "불가능한 것"은 어떻게 워렌과 내가 맺어졌는가 하는 것입니다. 나는 하나님과 동행하는 그를 오랫동안 깊이 존경했고, 그의 우정을 소중히 여겼습니다. 그렇기는 해도, 워렌이 자기 생각에는 하나님께서 우리가 교제를 시작하기 원하시는 것 같다고 했을 때, 나의 생각은 전혀 달랐습니다.

그리고 또 몇 년이 흘러갔습니다. 내가 확신하기로, 워렌을 미혼으로 두기 위해서는 하나님 편에서 놀라운 전략이 필요했을 것입니다. 그의 주위에는 경건하고 아리따운 자매들이 많이 있었고, 또 친구들로부터 그의 배우자가 될 만한 사람을 찾았다는 말을 수없이 들어 왔을 것이기 때문입니다. 나는 하나님께서 워렌을 나말고 다른 사람에게로 이끄시도록 기도했습니다. 하나님께서 그 기도를 들어주시지 않은 것이 얼마나 감사한지 모릅니다. 1800년대 초에 살았던 영국의 작가요 극작가인 해너 모어는 이렇게 말했습니다. "하나님께서 때로 우리가 구한 것을 자비 가운데 거절하지 않으시면, 우리는 자기가 구한 것 때문에 망하고 말 것이다."

워렌은 스물세 살 때 그리스도를 주님으로 인정하고 헌신했습니다. 그때 하나님께서는 그에게 결혼과 관련한 한 가지 확신을 주셨는데, 그것은 '결혼을 하나님의 손에 맡기면, 하나님께서는 올바른 상대를 놓치지도, 잘못된 상대와 결혼하게 하지도 않으실 것이다'라는 것이었습니다. 이제, 그로부터 23년 후 하나님께서는 내 마음속에서 강력하게 역사하심으로써, 그에게 주셨던 그 확신대로 행하셨습니다. 하나님께서는 점차 워렌에 대한 나의 존경심을 사랑으로 바꾸어 주시고, 나의 반대 이유들을 제거하시고, 그의 아내가 되고자 하는 깊은 열망을 주셨습니다.

다시 한번 알게 된 것은, 나는 감히 이 사랑을 꽉 움켜쥐려고 해서는 안 된다는 것이었습니다. 결국, 워렌은 하나님의 소유이지 나의 소유가 아니었습니다. 그래서, 우리가 약혼을 하기 전에도, 나는 그의 평생 동안 그를 하나님께 돌려 드리겠다고 하나님께 약속했고, 그 약속을 결혼 서약에도 포함시켰습니다.

워렌과 내가 결혼한 지 1년 반 후 우리는 아시아로 돌아갔고, 거기서 우리 결혼 생활의 대부분을 선교 사역을 하며 보냈습니다. 브라이언과 도린은 3년 동안 싱가포르에서 우리와 함께 있었고, 23년 동안은 지구 반대쪽에 떨어져 있었습니다.

1995년, 워렌은 암 진단을 받았습니다. 임파선암 4기였습니다. 우리가 이 사실을 알게 된 이래 오랫동안 우리 교회의 장로들이 그를 위해 기도해 주었으며(야고보서 5:14-16), 전세계의 많은 사람들도 기도해 주었습니다. 그는 주의 깊게 치료를 받아 왔으며 완치를 기대할 수 있게 되었습니다. 확신을 가지고 우리는 완치를 위해 기도하고 있으며, 완치가 다음과 같은 우리의 기도와 더 깊은 열망에 부합된다고 믿고 있습니다. "하늘에 계신 우리 아버지여, 이름이 거룩히 여김을 받으시오며, 나라이 임하옵시며, 뜻이 하늘에서 이룬 것같이 땅에서도 이루어지이다." 우리는 하나님께서 그를 치료하고 계신다고 분명하게 믿고 있습니다. 그러나 그의 완치에 집착하고 그를 주님께 맡기기 싫어하는 그런 태도는 갖지 않으려고 합니다.

워렌이 나았으면 좋겠습니다. 나는 그가 더 오래 살기를 바라며, 또 그렇게 되리라 믿습니다. 그러나 그것 이상으로 하나님의 뜻이 이루어지기 원합니다. 하나님께서는 자신이 우리를 위해 가지고 계신 좋은 계획을 알고 계시며, 그 계획은 재앙이 아니라 평안이요, 우리 장래에 소망을 주려는 계획입니다. 나는 그 사실을 믿습니다. 그리고 이로 인해 하나님께 감사드립니다. 하나님께서는 나에게 한 번도 거짓말하신 적이 없기 때문입니다.

하나님의 사랑이라는 흙 속에 깊이 뿌리를 내리고

지금까지 대략 설명한 지난 수십 년 동안의 삶을 통해, 나는 에베소서 3:17-19의 아름다운 기도가 나에게 응답되는 것을 경험해 왔습니다. 바울이 성도들을 위해 했던 기도입니다.

> 믿음으로 말미암아 그리스도께서 너희 마음에 계시게 하옵시고, 너희가 사랑 가운데서 뿌리가 박히고 터가 굳어져서, 능히 모든 성도와 함께 지식에 넘치는 그리스도의 사랑을 알아, 그 넓이와 길이와 높이와 깊이가 어떠함을 깨달아 하나님의 모든 충만하신 것으로 너희에게 충만하게 하시기를 구하노라.

지식에 넘치는 그리스도의 사랑을 알고, 하나님의 모든 충만하신 것으로 충만하게 되는 것. 이것은 어찌 보면 불가능할 정도로 높은 목표처럼 보입니다. 그러나 하나님께는 그리 어렵지 않은 일입니다. 바울은 계속해서 이렇게 말합니다. "우리 가운데서 역사하시는 능력대로 우리의 온갖 구하는 것이나 생각하는 것에 더 넘치도록 능히 하실 이에게… 영광이 대대로 영원 무궁하기를 원하노라"(3:20-21). 만약 우리가 진정으로 주님의 사랑을 더 알기 원한다면, 바울의 이 기도를 이용하여 우리 마음을 주님께 쏟아 놓을 수 있으며, 그러면 주님께서는 우리 기도에 응답하실 뿐 아니라 그 이상의 많은 것을 하실 것입니다.

하나님께서는 우리에게 완전하고도 영속적인 사랑, 그리고 사랑의 관계를 제공하십니다. 그것은 매순간 그리고 영원히 우리의 가장 깊은 필요를 채울 수 있는 관계입니다. 그리고 그 사랑에 우리가 응답하기 원하십니다. 하나님께서는 진심으로 우리에게 관심을 쏟고 계십니다.

과연 우리는 진심으로 하나님께 관심을 쏟고 있습니까?

아버지 하나님, 주님의 사랑은 넘쳐흐르는 사랑이요, 끝이 없는 사랑이며, 약해지지 않는 사랑이라는 사실로 인해 감사드립니다. 주님의 사랑보다 더 좋은 것은 생각할 수가 없고, 주님의 사랑보다 더 좋은 것은 바랄 수가 없습니다. 주님의 놀라운 사랑으로 인해 감사드립니다.

주님께 올바른 반응을 나타내고 싶습니다. 어떻게 올바른 반응을 나타낼 수 있는지를 늘 알 수 있게 해주소서. 주님의 사랑이라는 흐름 속에 깊이 빠져들 내게 하소서. 날마다, 시간마다, 주님으로 충만하게 하여 주소서.

주님께서는 저를 이해하시며, 신실하게 돌보시고, 깊

열하고 헌신적인 사랑으로 저를 사랑하십니다. 이러한 사
랑을 늘 베푸시고 영원토록 베푸시는 주님께 무릎꿇고 경
배드립니다.

예수님의 이름으로 기도드립니다.

묵상, 기도, 그리고 적용을 위한 질문

이 장에서 하나님께서 당신에게 특별히 말씀해 주신 성경 구절이나 진리는 무엇입니까? 이로부터 최대의 유익을 얻기 위해 무엇을 하겠습니까?

제 3 장

나는 하나님의 영원한 열망의 실현

"네 마음을 다하고, 목숨을 다하고, 뜻을 다하여 주 너의 하나님을 사랑하라"(마태복음 22:37-38 참조). 예수님께서 크고 첫째 되는 계명이라고 하신 이 계명 때문에 갈등을 느낀 적이 있습니다. 이 계명은 마음을 불편하게 하고, 죄책감을 느끼게 했습니다. 나는 하나님을 이 말씀처럼 극진히 사랑하고 싶었습니다. 그리고 하나님을 사랑할 때도 있다고 생각했습니다. 그러나 나는 알고 있었습니다. 나는 늘 하나님을 사랑하지는 않으며, 또한 이 말씀처럼 사랑하지는 않고 있었습니다. 나는 그 누구를 사랑하는 것보다 더 하나님을 사랑하기는 했지만, 과연 마음과 목숨과 뜻을 다해 하나님을 사랑하는가? 그렇지 못했습니다. 너무나 자주 하나님을 향한 마음이 분산되기도 하고, 하나님을 믿지 못하기도 하고, 하나님의 뜻에서 벗어나기도 했습니다.

그런데 몇 년 전, 이 구절이야말로 성경에서 가장 뿌듯함과 기쁨을 느끼게 해주는 구절임을 알게 되었습니다. 내가 하나님께 너무나 중요하기 때문에 하나님께서는 내가 모든 것을 다해 그분 자신을 사랑하기 원하십니다. 우리는 거리에서 만난 낯선 사람에게 다가가 "마음을 다해 나를 사랑해 주십시오!"라고 말하지는 않습니다. 그렇게 말한다면, 그 사람은 우리가 제 정신이 아니라고 생각할 것이며, 그렇게 생각하는 것도 당연합니다. 우리는 어떤 사람이 우리에게 큰 의미가 있고, 우리가 진정으로 그를 사랑할 때라야, 마음을 다해 우리를 사랑해 달라고 요구합니다. 하나님께서 우리에게 바로 그런 사랑을 요구하십니다. 이 놀라우신 분, 즉 우주의 통치자시요, 만물의 창조자시요, 모든 권세를 가지고 계시고 모든 것 위에 뛰어나신 분이시요, 모든 이 가운데 가장 매력적인 분, 바로 그분이 나에게 마음을 다해 자신을 사랑해 달라고 요구하십니다. 하나님께서는 당신과 나에게 이렇게 말씀하십니다. "이것이 내가 네게 가장 먼저 원하는 것이며, 가장 간절히 원하는 바다."

우리를 향한 하나님의 개인적인 사랑

마음을 다해 하나님을 사랑하는 것. 왜 이것이 하나님께 그토록 중요합니까? 우리가 그분 자신을 사랑하는지 사랑하지 않는지에 왜 그토록 관심을 기울이십니까? 언제나 그분은 관계 가운데 계신 하나님이시기 때문인 것 같습니다. 하나님께서는 영원한 어떤 곳, 텅 빈 우주 공간의 어딘가에 혼자 외롭게 계시는 분이 아닙니다. 하나님께서는 삼위일체 하나님이시며, 그 삼위는 언제나 친밀한 관계 가운데 계십니다. 성부, 성자, 성령께서는 사랑의 친교를 나누고 계신 것입니다. 그리고 창세 전부터 하나님께서는 이 사랑의 친교에 많은 사람들을 참여시키기 원하셨습니다.

하나님께서는 늘 우리를 갈망하고 계시며, 지금까지 항상 그러하셨습니다. 에베소서 1:4에 보면, 하나님께서는 창세 전에 그리스도 안에서 우리를 택하셨습니다. 에베소서는 하나님의 영원한 열망과 우리의 아버지로서 가지고 계신 마음을 그린 한 폭의 그림입니다. 거기에 보면, 자상하고, 사랑이 넘치고, 은혜로 가득 찬 하나님의 마음이 잘 나타나 있습니다. 이 그림을 감상하노라면, 우리 마음은 뜨거워지지 않을 수 없습니다. 하나님께서는 자녀들을 갖기 원하셨으며, 가족을 이루기 원하셨습니다. 하나님의 가족 말입니다. 하나님께서는 아들의 신부감을 원하셨으며, 그 신부에게 마음껏 사랑을 쏟아 붓고 싶어하셨습니다. 하나님께서는 자신의 성령이 거할 전을 원하셨습니다. 이땅 위의 몸을 원하신 것입니다. 그 안에서 어떤 인간 관계에서도 맛볼 수 없을 정도의 친밀감으로 자신을 나타내시기 위해서였습니다. 하나님께서는 자기 소유가 될 사람들을 원하셨습니다. 영원 전부터 하나님께서는 앞을 내다보시면서, 어떤 관계를 마음속으로 그리고 계셨습니다. 그 관계는 여러 종류의 기쁨을 다 맛볼 수 있는 관계입니다. 나중에 인간 관계들에서 누리게 하실 여러 가지 기쁨 말입니다. 자녀를 향한 아버지의 자상함, 친구 사이의 위로와 도전, 신랑과 신부 사이의 최고의 기쁨 등. 그리고 하나님께서는 자신의 가족을 구성하시면서, 당신과 나를 택하여 그 가족에 속하게 하셨습니다. 우리는 하나님의 영원한 열망이 실현된 것입니다.

하나님께서는 인간들에게 관심을 쏟고 계십니다. 하나님께서는 우리와 개인적인 관계를 맺기 위해 창세기의 시작 부분부터 우리에게 손을 내밀고 계셨으며, 지금도 여전히 손을 내밀고 계십니다. 역사를 통해, 늘 하나님께서는 그분을 인정하는 모든 사람을 기뻐하셨습니다. 아브라함을 친구라고 부르셨습니다. 다윗을 자기 마음에 합한 사람이라고 하셨습니다. 하나님께서 온 땅을 두루 살펴보고 계시는 것은, 사랑을 베푸시기 위해서이며, 완전히 그분의 것이 될 사람에게, 자신에게 응답할 사람에게, 실제적인 방법으로 사랑을 나타내기 위해서입니다.

하나님의 사랑은 단지 인류라는 한 집단에 대한 사랑이 아니며, 만화 주인공인 찰리 브라운이 가지고 있는 것과 같은 감상적이고 모호한 감정이 아닙니다. 찰리는 만화에서 "난 인류는 사랑하지만 사람들은 못 참아"라고 했습니다. 하나님께서는 사람들 한 사람 한 사람을 진정으로 좋아하십니다. 하나님의 사랑은 한 사람 한 사람을 향한 사랑입니다.

예수님께서는 이땅에 계실 때 바로 그러한 사랑을 보여 주셨습니다. 예수님께서는 각 개인에게 초점을 맞추셨습니다. 주님께서는 어떤 사람을 편파적으로 더 좋아하지는 않으셨으며, 어떤 특정한 외모나 피부 색깔이나 재능이나 교육 수준이나 사회적 신분을 더 좋아하지 않으셨습니다. 주님께서는 각 개인을 공평하게 사랑하시면서 또한 깊이 사랑하셨으며, 줄곧 하나님께서 어떠한 분이신지를 보여 주셨습니다.

십자가는 하나님의 개인적인 사랑을 가장 잘 느끼게 해줍니다. 하나님께서는 인류라는 집단을 위해 목숨을 버리도록 아들을 보내신 것이 아니었습니다. 갈라디아서 2:20에서 바울은 하나님의 아들 그리스도께서 "나를 사랑하사 나를 위하여 자기 몸을 버리셨다"고 말합니다. 각 개인을 향한 무한한 사랑으로 말미암아, 주님께서는 바로 나를 위해 죽으셨으며, 바로 당신을 위해 죽으셨습니다. 예수님의 사랑은 인류 전체를 향한 것이 아니며, 심지어 교회 전체를 향한 것도 아닙니다. 그것은 우리 각자를 향한 사랑이요, 하나님의 귀한 자녀를 향한 개인적인 사랑입니다.

당신과 나는, 시간을 쏟아 부으며 개인적으로 사랑할 수 있는 사람은 고사하고 그냥 알고 지낼 수 있는 사람들의 숫자도 한계가 있습니다. 그러나 하나님께서는 개인적으로 사랑할 수 있는 사람의 수에 그러한 한계가 없으며, 개인적인 필요를 즉시 채워 주실 수 있는 능력에도 한계가 없습니다. 하나님께서는 사랑할 수 있는 용량에 한계가 없기 때문에, 당신이 이 세상에 살고 있는 유일한 사람인 것처럼 사랑하실 수 있고, 또 그렇게 사랑하십니다. 하나님께서는 '나를' 사랑하셨으며, '나를' 위해 독생자를 주셨습니다. 이 진리가, 어머니께서 내가 고민하고 있는 것을 알고 요한복음 3:16을 보여 주신 그날 밤, 나를 주님께로 이끌었습니다. 하나님의 사랑은 개인적인 사랑이요, 하나님께서는 우리 개인을 위해 독생자를 주셨습니다.

우리와의 이러한 관계를 하나님께서는 소중히 여기시며, 이 관계는 영원한 미래에 완전해질 것입니다. 그때 그 관계로 말미암아 하나님과 우리는 영원히 지속되는 기쁨과 환희를 누리게 될 것입니다. 헤아릴 수 없을 정도로 많은 그리스도인들과 더불어 하나님 보좌 앞에 있는 것을 상상할 때면, 나는 단지 구름 떼 같은 큰 무리의 극히 일부에 지나지 않을 것이라는 생각이 들 때가 있습니다. 그런 생각이 들 때 기억하는 것은, 하나님께서는 지금도 나에게 관심을 집중하실 수 있으며, 나와 함께 친밀하고, 기쁨이 넘치고, 개인적인 교제를 나누실 수 있다는 사실입니다. 그럴진대 하나님의 사랑하는 이들과 함께 그분의 존전에 있을 때에야 얼마나 더 개인적인 교제를 나눌 수 있겠습니까? 결코 실망스럽지 않을 것입니다. C. S. 루이스는 이렇게 말했습니다. "하나님께서 자신의 고등 피조물을 위해 계획해 두신 행복은 하나님과 서로에 대한 사랑과 기쁨으로 말미암은 황홀경이며, 이에 비하면 이땅에서 이루어지는 남녀 사이의 가장 희락이 넘치는 사랑도 시시하기 짝이 없는 것이다."

우리를 이렇게 개인적으로 깊이 사랑하기로 하심으로써, 하나님께서는 자신을 취약한 위치에 두셨습니다. 토저는 이렇게 썼습니다. "하나님께서는 자신의 행복이 우리의 행복과 밀접한 관계가 있게 하셨으며, 우리 안에서 그분께서 하시는 일이 완수되고, 우리가 모두 본향에 모일 때까지는 결코 완전한 행복을 누리지 못하실 것이다." 하나님의 즐거움은 우리의 즐거움과 연계되어 있습니다. 즉 우리는 하나님께 슬픔을 안겨 드릴 수도 있으며(그 과정에서 우리 자신에게도 해를 끼치면서), 우리의 사랑을 받고 싶어하시는 그분의 간절한 열망을 이루어 드리기를 즐거워함으로 그분께 기쁨을 안겨 드릴 수도 있습니다.

하나님께서는 당신을 긍휼히 여기시며, 기꺼이 도와주고 싶어 하십니다. 아마도 당신은 이 사실을 잘 알고 있을 것입니다. 혹은 하나님께서 그냥 담담한 태도로 우리의 필요를 채우시는 분으로 생각할지도 모릅니다. 말하자면, 어쨌든 우리는 그분의 피조물이므로 하나님께서는 지으신 것에 대해 자신의 의무를 다하고 있다고 생각하는 것입니다. 그러나 하나님의 감정이 얼마나 강렬한지는 간과하고 있을 것입니다. 하나님께서 당신을 너무나 원하시며, 그분 자신에게 속한 당신이 그분과 사랑의 관계를 발전시킬 때 엄청나게 기뻐하신다는 사실을 간과하고 있는 것입니다. 이 사실을 간과하는 것은, 하나님의 사랑에서 감정적인 면을 빼버리는 것입니다. 이러한 감정적인 면이 성경에 많이 묘사되어 있습니다. 이사야 62:4에서 하나님께서는 백성들에게 자신이 그들을 기뻐하신다고 하십니다. 또한 우리를 너무나 사랑하셔서 세레나데를 부르시기까지 합니다. 스바냐 3:17에 보면, "그가 너로 인하여 기쁨을 이기지 못하여 하시며, 너를 잠잠히 사랑하시며, 너로 인하여 즐거이 부르며 기뻐하시리라"라고 말씀하고 있는 것입니다. 그리고 시편 149:4에서는 "여호와께서는 자기 백성을 기뻐하신다"고 말합니다.

내가 확신하건대, 하나님께서 우리와 친밀한 관계를 통해 그토록 기쁨을 누리실 수 있다는 것에 대해 당신도 나처럼 깜짝 놀랄 것입니다. 경건의 시간에 관한 한 소책자에서는 이렇게 설명하고 있습니다.

> 하나님께서 우리와 교제하시기를 열망하신다는 것은
> 성경에서 보여 주고 있는 가장 놀라운 사실이다. 그 사실은
> 너무나 깜짝 놀랄 만한 것이어서… 우리에게 갖는 의미를 다
> 파악하기란 너무나 힘들다. 하나님께서 피조물들이 그분
> 자신과 교제를 갖게 하셔야 했다는 것은 참으로 경이롭다.
> 그러나 그분이 그것을 열망하실 수가 있다는 것, 그것이
> 그분께 만족과 기쁨과 즐거움을 준다는 것은 우리
> 머리로서는 거의 이해가 되지 않을 정도이다.

우리를 향한 이 놀라운 사랑은 실로 우리 머리로 다 파악할 수가 없습니다. 그리고 그 사랑은 우리로서는 너무나 받을 만한 자격이 없는 사랑입니다. 하나님께서는 너무나 친밀하게 그리고 개인적으로 내게 관심을 쏟고 계셔서, 나와 교제하기를 간절히 원하십니다. 어떤 이가 말했듯이, 그 사랑은 "나의 머리로는 이해할 수가 없지만 나의 가슴으로는 명확하게 느낍니다." 당신과 나는 하나님께 기쁨을 안겨 드릴 수 있습니다! C. S. 루이스의 말처럼, 우리는 하나님의 기쁨의 참된 요소가 될 수 있으며, 예술가가 자기 작품을 기뻐하듯, 아버지가 아들을 기뻐하듯, 하나님께서는 우리를 기뻐하십니다. 하나님과 날마다 교제 시간을 갖는 일에

이 사실보다 더 동기를 부여해 주는 것이 있겠습니까? 내가 미지근해지거나, 주님을 찾고자 하는 마음이 흐트러져 생각이 곁길로 빠지면(경건의 시간에서마저 그럴 때가 있음), 주님께서 나와 교제하기를 얼마나 원하시는지를 생각하는 것만큼 내 마음에 다시 불을 붙이는 것은 없습니다.

때때로 다음과 같이 솔직하게 고백해야 합니다. "주님, 오늘 아침에는 경건의 시간을 갖기가 싫습니다. 그러나 여전히 저의 목적은 똑같습니다. 주님을 알며, 주님께 기쁨을 드리는 것입니다." 에이미 카마이클은 "오 사랑하는 주 예수님, 제가 주님께 기쁨이 되게 하소서"라고 기도했습니다. 그것은 주님께서 계속 응답하시는 기도입니다. 응답하시도록 해드리는 것만큼.

아가 2장에 있는 말씀이 우리를 하나님께로 이끕니다. "나의 사랑, 나의 어여쁜 자야, 일어나서 함께 가자… 나로 네 얼굴을 보게 하라. 네 소리를 듣게 하라. 네 소리는 부드럽고 네 얼굴은 아름답구나"(2:13-14).

뭐라고요? 하나님, 제게 하신 말씀이세요? 혹시 저를 잘못 알고 계신 것은 아닌지요? 제가 지난밤에 얼마나 형편없는 태도를 보였는지를 저는 기억하고 있어요. 제가 알기에도 매력적인 것과는 너무나 거리가 먼 것들이 제게 많이 있어서 다 열거하자면 한이 없을 겁니다. 그런데도 하나님께서는 제 목소리가 듣기 좋고 부드럽다고요? 그리고 제 얼굴이 아름답게 보인다고요?

하나님께서는 "그렇다"고 말씀하시며, 이렇게 덧붙이십니다. "그건 내가 널 그리스도 안에서 새로운 피조물로 만들었기 때문이다. 너는 완전히 새로운 존재이며, 그래서 내가 보기에 너는 아름답고, 나는 네 음성 듣기를 좋아한단다."

하나님, 어떻게 그럴 수가 있는지 이해가 되지는 않아요. 하지만 신나는 일입니다! 가슴이 벅찹니다. 다시 말씀해 주십시오. 더 듣고 싶어요…

"나의 사랑, 나의 어여쁜 자야, 일어나서 함께 가자…"

우리는 하나님께 기쁨을 안겨 드립니다. 단지 하나님께 응답함으로써, 단지 하나님의 사랑하는 자요 어여쁜 자로서 함께 시간을 보내며 그분의 발아래 앉아 사랑의 말씀을 들음으로써 말입니다.

하나님께 개인적으로 예배를 드리는 것은 얼마나 영광스러운 특권인지 모릅니다. 하지만 그 사실을 잊어버리기가 너무나 쉽습니다. 하나님께 나아가 예배드릴 때, 당신은 온 우주에서 그 누구도 드릴 수 없는 것을 하나님께 드립니다. 그것은 바로 당신의 개인적인 사랑, 개인적인 찬양, 그분께 대한 당신의 개인적인 응답입니다. 그것은 하나님께 당신만이 드릴 수 있는 독특한 기쁨을 드립니다. 하나님께서 당신을 독특한 개성을 가진 존재로 만드셨기 때문입니다. 당신이 반응하지 않을 때 하나님께서는 슬퍼하십니다.

하나님께서는 자신을 위해 우리 각자를 독특하게 창조하셨습니다. 하나님께서는 무슨 모형을 따라 만드시거나, 대량 생산을 위한 무슨 틀을 만들어 그것으로 찍어 내지 않으셨습니다. 그렇습니다. 하나님께서는 다양한 사람들을 원하셨는데, 이는 우리 각 사람의 사랑이 서로 다른 방식으로 그분께 만족을 주며, 우리의 아버지요 사랑하시는 자요 친구가 되시는 기쁨을 완전케 하는 데 도움이 되기 때문입니다. 우리 각자는 한 사람 한 사람 다 하나님께 소중한 존재이며, 영원히 소중한 존재가 될 것입니다. 그리고 하나님께서 열망하시는 친밀한 관계를 그분께 제공하며, 우리의 개인적 반응을 통해 큰 즐거움과 만족을 드립니다. 우리 각자는 하나님께 드릴 기쁨을 저장하고 있는 거대한 저수지와 같으며, 거기서 하나님께서는 영원한 즐거움을 이끌어 내실 수 있습니다. 당신이 바로 그러한 존재이며, 나도 마찬가지입니다. 우리가 하나님을 사랑하고 그분께 응답을 나타낼 때, 그분께서는 우리의 사랑이라는 물로부터 기쁨을 얻으십니다.

우리는 하나님의 보배

우리는 하나님의 보배입니다! 이것은 성경에서 가장 신나는 진리 가운데 하나인데, 말레이시아의 아름답고도 상쾌하기도 한 산 속에서 시간을 보내고 있던 어느 해 7월, 내 마음에 와 닿은 진리입니다. 우리는 휴가 차 싱가포르에서 그곳으로 갔는데, 글을 쓰기 위한 목적도 있었습니다. 경건의 시간을 갖고 있는데, 우리가 쓰고 있었던 책에 관한 생각 때문에 자꾸만 마음이 분산되었습니다. 창의적인 생각(혹은 그것이 무엇이든)이 흘러나오곤 했고, 새로운 아이디어나, 어떤 내용을 더 잘 표현하는 새로운 방법들이 자꾸 생각이 났습니다. 어떻게 그것을 기록하지 않고 배길 수 있겠습니까? 그 하나하나는 쉽게 잃어버릴 수 있는 무슨 특별한 보배처럼 보였습니다. 주님에 관한 영감 어린 생각이 자주 떠올랐습니다. 하지만 그런 것을 기록하는 데 너무 정신을 빼앗긴다면, 결국 그런 것이 주님의 경쟁자가 되고 말지 않겠습니까? 그렇게 될 것 같았습니다. 더 심해지면, 우상이 될 수도 있었습니다!

그래서 나는 이렇게 기도했습니다. "하나님, 제가 더욱더 하나님을 저의 보배로 여기게 하소서. 그리고 제가 하나님께 보배요, 하나님께 기쁨을 드리도록 창조된 보배라는 사실을 더욱 잘 알게 하소서." 그리고 하나님과 함께 보내는 그 시간에 그분께서 특별한 방법으로 중심이 되어 주시며, 나의 생각들을 다스려 주시고, 기록은 하나님을 찬양하고 하나님과 친교를 나누며 다른 사람들을 위해 기도하는 데 도움이 될 정도로만 할 수 있게 도와주시도록 기도했습니다.

우리 각자는 하나님께 무한한 가치가 있는 재산이며, 하나님께서는 우리 각자로부터 특별한 기쁨을 얻으십니다. 이 놀라운 사실에 그 휴가 기간 동안 묵상의 초점을 맞추었습니다. 하나님께서는 우리를 보배로 여기십니다. 그래서 우리를 고이 품으시고, 지키시며, 우리의 최선의 유익을 추구하십니다.

성경은 또한 하나님께서 우리의 보배이시며, 우리의 기업 즉 분깃이라고 말합니다. 우리가 영원히 소유할 수 있는 분깃이신 것입니다(시편 73:25-26). 토저는 "하나님을 자신의 보배로 소유하고 있는 사람은 모든 것을 한꺼번에 소유하고 있는 것이며, 그 보배를 전적으로, 합법적으로, 그리고 영원히 소유하고 있다"라고 썼습니다. 하나님의 능력과 위엄과 사랑을 생각해 보면, 이 말은 쉬 이해가 됩니다.

그러나 우리가 하나님의 기업이요, 그분의 보배라고요? 믿을 수 없는 사실 아닙니까? 성경은 이렇게 말합니다. "모든 일을 그 마음의 원대로 역사하시는 자의 뜻을 따라 우리가 예정을 입어 그 안에서 기업이 되었으니… 성도 안에서 그 기업의 영광의 풍성이 무엇이며"(에베소서 1:11,18). 우리는 하나님의 소유요, 하나님의 기업이 되었습니다. 우리가 하나님의 특별한 보물이며 하나님께 기쁨의 근원이 된다는 사실을 잘 보여 주는 구절들도 있습니다. 하나님께서는 우리를 보시며 "이 사람도 내 것이요… 저 사람도 내 것이지. 나는 참으로 부자야!"라고 말씀하실 것입니다. 우리는 예수님께서 하나님께 드린 선물이요, 매우 특별한 선물입니다. 하나님께서 늘 원하셨던 바로 그 선물인 것입니다! 토저가 말했듯이, 새롭게 창조하신 은하계들이 있다 해도 하나님께는 그것들보다 우리가 더 가치가 있습니다.

우리가 하나님께 중요하다는 사실을 깨달을 때, 우리 자신에 대한 생각이 바뀝니다. 우리가 교만해진다는 말이 아닙니다. 교만이란 현재의 우리 자신이 된 것에 대해 우리가 공로를 취하는 것입니다. 그러나 우리는 하나님께 감사하여 머리를 높이 듭니다. 하나님께서 우리를 사랑하시며 왕실 가족으로 삼아 주셨다는 것을 알기 때문입니다. 하나님께서는 우리의 그런 모습을 보기 원하십니다. 하나님께서 모든 공로를 취하십니다. 우리를 만드신 분도 하나님이시요, 그리스도께로 이끌어 정결케 해주신 분도 하나님이시요, 그리스도 안에서 영원한 새 생명을 주신 분도 하나님이십니다.

영원히 우리는 하나님께 기쁨을 안겨 드릴 것입니다. 우리는 하나님의 보석이 될 것이요, 말라기 3:17에 나오는, 하나님의 "특별한 소유"가 될 것입니다. 우리는 하나님의 손에 들려 있는 아름다운 면류관이 되며, 하나님께서 들고 계시는 왕관이 될 것입니다(이사야 62:3 참조). 우리는 하나님께서 고이 간직하실 보석이요, 친히 만드셔서 사람들에게 보이려고 높이 드실 걸작품 왕관이 될 것입니다. 영원히 우리는 우리를 디자인하시고 만드신 분께 영광이 될 것입니다.

하지만 하나님께서는 우리가 영원한 세상에 들어갈 때까지 기다렸다가 우리를 보배로 삼지 않으십니다. 하나님께서는 지금 우리를 보배로 삼으십니다. 우리의 흠과 주름과 얼룩에도 불구하고 말입니다. 우리는 선택받은 자들이며, 하나님께서 보시기에는 거룩하고, 사랑스럽고, 존귀한 자들입니다. 우리가 하나님께 예배하고, 그분과 동행하며, 서로에게 그분에 대해 나눌 때, 하나님께서 기뻐하십니다.

지금도 우리는 예수님만큼이나 하나님과 가깝습니다. 에베소서 1장을 보면, 하나님께서는 우리를 사랑 속으로 이끄신 것을 알 수 있습니다. 그 사랑은 사랑하는 아들 예수님을 향해 가지고 계신 것과 똑같은 영원한 사랑입니다. 그리고 요한복음 17장에 있는 대제사장의 기도에서, 예수님께서는 하나님께서 예수님을 사랑하시는 것과 똑같이 우리를 사랑하신다고 말씀하셨습니다. 다음과 같은 옛날 찬송가가 있습니다.

> 가깝네. 하나님께 너무도 가깝네.
> 더 이상 가까워질 수가 없네.
> 하나님의 아들 안에서
> 나는 그분처럼 가깝기 때문이라네.
>
> 소중하네. 하나님께 너무도 소중하네.
> 더 이상 소중할 수가 없네.
> 하나님께서 아들을 사랑하신 그 사랑,
> 그 사랑이 나를 향한 하나님의 사랑이라네.

많은 예화들을 통해 하나님께서는 우리가 그분 자신께 귀중한 가치가 있다는 것을 보여 주셨습니다. 옛날에는 하나님께서 그분의 백성 중에 거하기를 기뻐하셨고, 예루살렘에 있는 성전 안에 거하기를 기뻐하셨습니다. 이제는 우리가 하나님의 성전이요, 하나님의 거하실 처소입니다(에베소서 2:21-22).

부부가 갓 태어난 아기를 얼마나 보배롭게 여기는지 생각해 보십시오. 그들은, 있을 것은 다 있는 앙증맞은 손가락과 발가락을 보면서 하나님의 솜씨에 놀라움을 금치 못합니다. 그리고 부부는 곧 나타나게 될 아기의 성품을 그려 보며 즐거워하고, 아기가 각 성장 단계를 거칠 때 각 단계 단계를 즐거워합니다. 그처럼 하늘의 아버지께서는 우리를 보배롭게 여기십니다. 우리는 하나님의 가족으로 태어났으며, 실제로 그분의 자녀요, 깊고 변치 않는 사랑을 받는 자녀입니다(요한일서 3:1-2).

예술가가 자신의 걸작품을 보배롭게 여기듯이, 하나님께서도 우리 각자를 자신의 예술 작품으로, 육체적인 면에서나 영적인 면에서나(시편 139:13-16, 에베소서 2:10) 자신의 걸작품의 하나로 보배롭게 여기십니다. 미켈란젤로가 자신이 만든 모세와 다윗의 상(像)을 얼마나 보배롭게 여겼을지 생각해 보십시오. 그리고 모네가 자신이 그린 대성당의 그림들을 얼마나 보배롭게 여겼을지 상상해 보십시오. 그 각각은 명암도 다르고 주는 인상도 다르지만, 제각기 아름다움을 가지고 있기 때문입니다. 이처럼 하나님께서도 우리 각자를 자신의 걸작품으로 보배롭게 여기십니다.

그리고 내가 가장 좋아하는 예화는 신랑과 신부 예화입니다. "신랑이 신부를 기뻐함같이 네 하나님이 너를 기뻐하시리라"(이사야 62:5). 아가에서, 신랑은 우리에게 "나의 사랑, 나의 어여쁜 자야, 일어나서 함께 가자"라고 합니다. 우리 안에 계시고 영원히 우리 삶의 동반자가 되시는 주님께서는, 서로 사랑하는 부부가 서로를 보배롭게 여기듯이, 신랑이 신부를 즐거워하듯이, 우리를 보배롭게 여기십니다.

하나님께서는 우리가 사랑, 예배, 믿음, 그리고 순종으로 반응할 때 특별한 즐거움을 누리십니다. 우리가 하나님을 가장 소중한 보배로 삼을 때, 다른 그 누구도 드릴 수 없는 독특한 기쁨을 하나님께 안겨 드립니다. 그리고 하나님을 무시하고 정신없이 하루를 살며, 하나님을 별로 염두에 두지 않고 살 때, 우리 나름의 독특한 방법으로 슬픔을 안겨 드립니다. 날마다, 순간마다, 당신과 나는 하나님께서 우리를 향한 사랑 때문에 기뻐하실지 슬퍼하실지를 결정합니다.

왜 하나님께서 우리의 보배가 되며 첫 번째 사랑이 되기 원하십니까? 우리는 하나님의 보배이며 그분의 영원한 열망이 실현된 것이기에, 하나님께서는 우리를 위해 가장 좋은 것만 원하시기 때문입니다. 하나님께서는 우리를 창조하실 때, 우리가 그분을 보배로 삼을 때(그리고 오직 그때만) 가장 풍성한 삶을 살 수 있게 만드셨습니다.

놀라우신 하나님, 제게 마음을 다하고, 목숨을 다하고, 뜻을 다하고, 힘을 다하여 주님을 사랑하라고 요구하시는 것은 제게 주님께 너무나 중요하고 소중하기 때문이라니 감사드립니다. 주님께서 지금까지 늘 그래 왔듯이 앞으로도 늘 저와 친밀한 관계를 맺으신다는 사실로 인해 주님을 찬양합니다. 그리고 제게 주님의 영원한 열망이 실현된 것이라는 영광스런 사실로 인해 감사드립니다.

저를 향한 주님의 사랑은 개인적이라는 사실이 얼마나 놀라운지 모르겠습니다! 주님께서 저를 사랑하실 뿐만 아니라 좋아하시고, 원하시며, 기뻐하신다니 너무나 기쁩니다. 주님의 즐거움은 저와 밀접하게 연관되어 있다는 것을 압니다. 제가 어떻게 주님께 반응해야 할지, 그리고 주님의 사랑이 저를 만족케 할 때, 어떻게 하면 주님을 기쁘시게 하고 슬프시게 하지 않을 수 있는지 가르쳐 주소서.

하나님께서 아들 예수 그리스도의 십자가를 통해 사랑을 보여 주시니 감사드립니다. 특히 예수님께서 저를 사랑하사 저를 위해 자기 몸을 버려 주신 사실로 말미암아 감사드립니다.

오 주님,
저는 감히 말할 수가 없나이다,
제가 주님을 사랑한다고는.
저는 고백하나이다,
주님께서 저를 사랑하신다고.
얕은 개울 같은 이 몸
깊고 깊은 바다 같은 주님을
기쁨으로 맞이하나이다.
― 크리스티너 로제티

묵상, 기도, 그리고 적용을 위한 질문

이 장에서 하나님께서 당신에게 특별히 말씀해 주신 성경 구절이나 진리는 무엇입니까? 이로부터 최대의 유익을 얻기 위해 무엇을 하겠습니까?

제 4 장

우리를 가까이 이끄시는 하나님

당신은 하나님께 특별한 보배이기 때문에, 하나님께서는 그분 자신을 더 깊이 사랑하도록 당신을 이끌기 위해 역사하고 계십니다. 그리고 당신 삶에 있는 우상들로부터 멀어지며, 하나님과 경쟁을 벌이는 다른 관심사들로부터 멀어지며, 하나님 대신 그분의 선물을 첫 자리에 두는 삶으로부터 멀어지도록 이끄십니다.

예레미야 31:3에서 하나님께서는 백성들에게 "내가 무궁한 사랑으로 너를 사랑하는 고로 인자함으로 너를 인도하였다"고 말씀하십니다. 당신이 하나님을 처음 만났을 때부터 지금까지 매일 매순간 하나님께서는 당신과 함께하시면서, 어머니가 자기 아이를 가까이 이끌듯, 신랑이 신부를 가까이 이끌듯, 당신을 더 가까이 이끌고자 하셨습니다. 하나님께서는 당신과 더 가까워지고 싶어하십니다.

살아오면서 내가 알게 된 것은, 하나님께서는 여러 가지 방법으로 우리를 이끄신다는 것입니다. 하나님께서는 우리가 그 방법들을 알고 활용하며, 그분 자신과 더 가깝고 더 풍성한 관계를 누리기 원하십니다. 아가 1:4은 하나님과 그분의 사랑하시는 이를 비유적으로 그리고 있습니다. 거기서 신부는 신랑에게 "나를 인도하라. 우리가 너를 따라 달려가리라"라고 합니다. "저를 이끄소서. 그리하여 주님과 함께 달려가게 하소서"라는 의미입니다. 참으로 의미 심장하고 사랑이 깃들어 있는 기도입니다. 저를 이끄소서. 그리하여 주님과 함께 달려가게 하소서. 오늘 당장! 매일! 그리고 언제나.

때때로 나는 그것을 "저희를 이끄소서"라고 바꾸어 우리 부부를 위해 기도합니다. "주님, 저희를 이끄소서. 그리하여 저희가 주님과 함께 달려가며, 상대방과 함께 달려가게 하소서. 달려가면서 점점 더 기쁨을 누리며, 주님과 더 조화를 이루게 하소서." 같은 기도를 다른 사람들을 위해서도 하는데, 한 사람씩 한 사람씩, 혹은 한 부부씩 한 부부씩 위해 기도합니다. 가족들을 위해 기도하고, 아시아에서 영적으로 도와주고 있는 소중한 이들을 위해 기도하며, 동역자들과 친구들을 위해서도 기도하고, 점차 그 범위를 넓혀 갑니다. "그들을 이끄소서. 그리하여 그들이 주님과 함께 달려가게 하시고, 다른 사람과 함께 달려가게 하소서."

싱가포르의 어느 아침, 주님과 더불어 경건의 시간을 가지면서, 창밖에 있는 아름다운 열대 정원을 내다보았습니다. 그때 우리 손자들에 대한 염려가 몰려왔습니다. 그런 염려에 불을 붙인 것은, 일전에 읽었던 어떤 글이었습니다. 그 글은 뉴에이지 지도자들과 그들의 계획에 대한 것이었는데, 그들은 자라나는 아이들에게 자기들의 사상을 심어 주려고 계획하고 있었습니다. 그날 아침에 새롭게 깨닫게 된 것은 그 문제에 대한 해결책이 계속 인자하게 이끄시는 주님의 능력에 달려 있다는 것이었습니다. "주님, 손자들을 이끄소서. 그리하여 그 애들이 주님과 함께 달려가게 해주소서." 그때뿐 아니라 그 이후에도, 나는 "우리 손자들을 이끌어 주님과 함께 달려가게 해주시고, 시간이 흘러갈 때 세 가지를 그들에게 심어 주소서"라고 기도함으로 큰 기쁨을 느꼈습니다. 그 세 가지란, 첫째는 하나님을 알고 하나님과 동행하고자 하는 깊은 열망이요, 둘째는 아무리 그럴듯하게 보이는 것이라도 악을 악으로 알 수 있는 분별력이며, 셋째로는 악을 피하고 삶 속에서 계속 주님과 함께 달려갈 수 있는 능력입니다.

우리를 가까이 이끄소서. 하나님께서는 이 기도에 응답하십니다. 우리를 가까이하고 싶어하시기 때문입니다. 그러면 하나님께서는 어떻게 우리를 가까이 이끄십니까?

내가 믿기로, 하나님께서는 우리 모두에게 사랑의 선물을 주셔서, 그분께 가까이 가며 그분을 더 잘 알 수 있게 도와주십니다. 이 선물 가운데 특히 다섯 가지가 하나님과 사랑의 관계를 발전시키는 데 도움이 됩니다. 그것은 바로 하나님의 말씀, 내주하시는 성령, 그리스도의 몸, 매일의 삶의 환경, 순종의 길입니다.

사랑의 선물 가운데 첫 번째는 하나님의 말씀입니다. 우리는 말씀 속에서 하나님에 대한 가장 아름답고 포괄적인 그림을 감상할 수 있습니다. 시간을 내어 귀기울여 들으면, 하나님께서는 계속 성경 말씀을 통해 말씀해 주십니다. 성경의 첫 페이지부터 마지막 페이지까지, 수많은 방법들을 통해, 하나님께서는 우리를 사랑하신다는 것과, 어떻게, 왜, 그리고 얼마나 사랑하시는지를 보여 주십니다. 성경 말씀에 있는 모든 것이 하나님을 더 잘 아는 데 도움이 됩니다. 하나님을 알기를 진정으로 원하고, 하나님의 사랑의 메시지에 푹 잠긴다면 말입니다. 예를 들면, 성경에는 하나님께서 백성들을 개인으로나 그룹으로 다루신 이야기들이 기록되어 있는데, 이러한 것들은 하나님에 대해 많은 것을 보여 줍니다. 어떤 사람에 대해 잘 알려면, 그가 다른 사람들과 어떻게 관계를 맺는지를 관찰하면 되는 것과 같습니다. 성경에 있는 법과 명령은 하나님께서 어떤 분이신지 밝혀 줍니다. 그것들은 하나님께서 어떤 것을 좋아하시는지, 어떤 삶의 원리를 따라 사는 것을 기뻐하시는지 보여 줍니다. 또한 하나님의 관심을 잘 알 수 있게 하는데, 하나님의 관심은 우리를 해(害)로부터 지켜 주는 데 있고, 또한 우리가 잘되고 다른 사람이 잘되는 길, 특히 우리 자녀들이 잘되는 길로 우리를 이끄시는 데 가 있습니다.

하나님의 사랑의 선물은 하나님을 더 잘 알도록 돕기 위한 것입니다. 그러한 선물 가운데 또 하나가 우리 속에 계시는 성령입니다. 말씀을 섭취할 때, 성령께서는 하나님과 하나님의 사랑을 알고 이해할 수 있게 해주십니다. 성령께서는 예수님에 관한 진리가 우리 속 깊은 곳에서 살아 움직이게 하십니다. 그 결과, 우리는 다른 누구를 아는 것보다 더 친밀하게 주님을 알게 됩니다. 성령께서는 단지 진리를 이해하도록 이끄시는 것으로 그치지 않고, 진리를 따라 살도록 이끌어 주십니다. 어떻게 생각하고 느끼고 선택해야 하는지 이끌어 주시는 것입니다. 성령께서는 우리 마음을 하나님의 사랑으로 채워서(로마서 5:5) 우리를 만족케 하시며, 그 사랑이 흘러 넘쳐 다른 사람들에게로 흘러가게 하십니다.

하나님을 알고 하나님의 사랑을 더 잘 알도록 도와주는 세 번째 선물은, 그리스도의 몸 즉 다른 그리스도인들입니다. 하나님께서는 함께 그리스도를 따르는 사람들, 즉 영적 지도자, 교사, 상담자, 인도자를 통해, 혹은 은사가 잘 드러나지 않는 사람들을 통해서도, 우리에게 자신을 나타내십니다. 다른 그리스도인들의 영적 은사가 무엇이든, 그들을 통해 우리는 영적으로 부요해집니다. 뿐만 아니라, 그들의 삶을 통해 드러나는 그리스도를 통해서도 크게 유익을 얻습니다. 그들의 잘못이 보이기도 합니다. 아무도 하나님의 사랑의 완벽한 통로는 아닙니다. 그러나 우리는 서로에게서, 우리가 보기 원하는 주님을 볼 수도 있습니다. 그들 속에 계신 그리스도께 시선을 집중할 수 있습니다. 그들의 흠이나 실패보다는 장점에 초점을 둠으로써 그렇게 할 수 있습니다. 그들 속에 있는 그리스도를 볼 때, 주님께서는 우리를 그분 자신께로 더 가까이 이끄십니다.

이 사랑의 선물에는 배우자를 비롯하여 주님을 알고 있는 가족들도 포함됩니다. 워렌은 나를 매우 사랑하며, 자주 말로써 사랑을 표현해 줍니다. 그는 경건한 사람이요, 기도의 사람이요, 사려 깊고, 강하고, 사랑이 많고… 다 열거할 수가 없을 정도로 많은 장점을 가지고 있습니다. 주님께서 워렌을 통해 자신의 성품을 보여 주고 계시는 것이 감사가 됩니다. 남편을 주님의 아름다운 선물 가운데 하나로 받아들이며, 이로 인해 주님께 감사와 찬양을 드릴 때, 이것은 주님을 더 사랑하고 워렌을 더 사랑하도록 나를 이끕니다.

네 번째 사랑의 선물은, 매일의 삶의 환경입니다. 하나님께서 간절히 원하시는 바는, 그분 자신을 더 잘 알고 더 닮아 가게 함으로 우리 삶을 풍성하게 해주시는 것입니다. 이 목적을 위해, 우리 삶에 기쁨과 슬픔, 얻는 것과 잃는 것, 즐거운 일과 고통스런 일을 적절히 혼합해 넣으십니다. 하나님께서는 우리 삶을 완전히 주관하고 계시기에 우리는 안전하며, 그분은 이러한 삶 속에 우리에게 필요한 축복들과 시련들을 가지고 오십니다. 하나님께서는 이렇게 말씀하십니다. "이 시련은 허락해야지. 그를 강하게 하는 데 도움이 되니까. 그런데 그 시련은 안 되겠어. 그건 그가 지금 당장 감당할 수 있는 수준 이상이야." 그리고 "이 기쁨을 그에게 안겨 주어야지. 그를 격려하는 데 도움이 되니까. 그런데 그 기쁨은 안 되겠어. 비록 그가 간절히 원하기는 하지만, 최고의 유익을 주는 데 해로울 테니까"라고 말씀하십니다.

하나님을 케이크를 잘 만드는 노련한 기술자로, 우리를 그분이 만들고 계신 케이크로 비유해 봅시다. 하나님께서는 어떤 케이크도 똑같이 만들지 않으십니다. 그러나 각각을 만드는 독특한 방법을 알고 계십니다. 아주 맛있고 보기에도 좋은 최종 제품을 염두에 두고, 하나님께서는 각각을 만드는 방법에 따라 주의 깊게 케이크를 만드십니다.

나는 "하지만, 하나님, 다른 사람의 삶에는 초콜릿을 넣으셨어요. 그러니 제 삶에도 약간 넣어 주세요"라고 말합니다. 하나님께서 나를 맛있고 아름다운 스펀지 케이크를 만들고 계시는 것을 몰라서 하는 말입니다. 초콜릿을 넣으면 망칩니다.

"하지만, 하나님, 달걀 흰자위를 열두 개 분이나 넣으시면 안 됩니다. 제게는 이미 여섯 개 분을 넣었고, 그 정도면 충분합니다." 아닙니다. 그렇게 하면 케이크가 잘 부풀지 않을 것입니다.

"하나님, 설탕을 좀더 넣으셔야지요. 그리고 주석산 크림은 넣지 마세요. 질색이에요." 아닙니다. 그렇게 하면 케이크는 별로 맛이 없을 것입니다.

"하나님! 쉰 번이면 충분히 저은 것입니다. 저는 백 번이나 저을 필요가 없습니다." 당신은 케이크가 덩어리지는 것을 원합니까?

그리고 오븐에 넣으십니다. "하나님, 너무 뜨거우니 좀 낮추어 주세요. 다른 케이크는 170도로 구울 때가 많으면서, 저는 200도로 굽는 것은 불공평해요. 그리고 적어도 30분 후에는 꺼내 주세요. 45분은 견딜 수가 없어요."

하나님의 계획을 거스를 때 우리는 하나님을 슬프게 하고 자신을 속이고 있습니다. 하나님께서는 우리가 자신에게 협력하기를 원하십니다. 그리하여, 우리 삶에 첨가하시는 기쁨과 시련을 통해 우리를 자신이 원하는 최종 제품으로 더 빨리, 더 온전히 빚기를 원하십니다. 그 최종 제품이란, 그분의 아들의 형상을 닮은 우리 자신입니다. 하나님께서는 그리스도의 능력, 균형 잡힌 성품, 매력, 평안과 기쁨으로 우리를 아름답게 하시려고 역사하고 계십니다. 주님의 그 기쁨은 너무나 심오한 것이어서 십자가를 눈앞에 두고서도 제자들에게 "평안을 너희에게 끼치노니… 내 기쁨이 너희 안에 있어 너희 기쁨을 충만하게 하려 함이니라"(요한복음 14:27, 15:11)라고 말씀하실 수 있었습니다.

이러한 사랑의 선물들, 즉 하나님의 말씀, 성령, 다른 그리스도인들, 그리고 하나님께서 허락하시는 환경은 우리를 하나님께로 더 가까이 인도합니다. 그리고 그것들은 순종의 길을 계속 갈 수 있게 도와줍니다. 나는 순종의 길이, 하나님을 더 잘 알도록 도와주는 다섯 번째 사랑의 선물이라고 생각합니다. (이에 대해 8장에서 더 충분히 살펴보겠습니다.) 하나님의 길을 선택할 때라야 하나님과 함께 삶 속을 달려갈 수 있습니다. 그 길은 하나님의 임재를 경험할 수 있는 길입니다. 불순종의 길에서는, 하나님께서 우리와 함께 달리지 않으실 것입니다. 우리를 버리신다는 말은 아닙니다. 마치 짙은 먹구름이 드리워도 태양은 여전히 지구를 비추고 있는 것과 같습니다. 그러나 불순종의 길에서는 하나님의 임재를 제대로 느끼지 못하며, 기쁨과 포근함이 깃들어 있는 동반자 관계를 경험하지 못할 것입니다.

그러므로 주님, 주님의 뒤를 따르게 저를 이끄시며, 주님과 함께 달려가게 하소서. 다음과 같은 노래가 생각납니다. "나는야 친구 되신 하나님과 푸른 초장 한없이 거니네. 손을 잡고 기쁨을 나누면서 단둘이서 한없이 거니네." 하나님과 함께 달려가는 길은 근심은 없고 즐거움과 기쁨이 있는 길입니다.

하나님과 함께 달리는 것은 또한 인내로서 우리 앞에 당한 경주를 하는 것을 의미합니다(히브리서 12:1). 우리는 이땅에서의 경주를 십자가에서 마치신 주님과 함께 달리고 있으며, 우리 자신의 경주를 하면서 주님의 고난에 동참하는 교제도 하게 됩니다. 십자가의 길만이 본향으로 인도합니다. 우리는 때로 '저 모퉁이만 돌면 삶이 쉬워지겠지' 하고 생각하는 공상에 빠지기도 합니다. 이 책임 혹은 저 책임만 다 수행하고 나면, 이 마감 날짜만 맞추면, 이것만 바꾸면, 이 문제만 해결되면, 이 일만 끝내면 곧바로 삶이 쉬워질 것이라고 생각하는 것입니다. 하지만 우리가 자신을 부인하고 날마다 제 십자가를 지고 주님을 따르지 않아도 될 그날이 과연 올까요? 주님을 위해 제 목숨을 버릴 필요가 없고 도리어 제 목숨을 구원할 권리를 갖게 될 날 말입니다(누가복음 9:23-24 참조).

나는 그런 날이 오기를 원치도 않습니다. 필립스 브룩스의 다음 시에 감명을 받았습니다.

강하라.
우리가 여기에 있는 것은
놀거나, 꿈을 꾸거나, 방황하기 위함이 아니다.
우리는 해야 할 어려운 일이 있고,
들어올려야 할 짐이 있다.
힘든 씨름을 피하지 말라. 부딪쳐라.
그것은 하나님의 선물이다.

그래서 나는 이렇게 기도합니다. "주님, 달려가겠노라고, 그리고 인내로 달려가겠노라고, 두려움 없이 기쁨으로 말할 수 있게 해주소서. 고생과 고통과 실망의 길이 저를 위한 주님의 계획일 때는, 언제나 그 길을 가겠노라고 말할 수 있게 은혜를 베풀어 주소서."

기쁨에 입맞추라

삶이란 오직 시련들로만 점철된 것이 아닙니다. 이 사실이 얼마나 기쁜지 모릅니다. 하나님께서 우리 삶에 매우 특별한 선물을 가져오시거나, 멋진 일이 일어나게 하실 때, 그것은 황량한 벌판에 홀로 솟아 있는 조그만 산봉우리가 아닙니다. 오히려 장엄한 산봉우리들이 줄지어 있는 곳에서 더 높이 우뚝 솟아 있는 산봉우리입니다. 그것은 오아시스들이 널려 있는 지역에 있는 특별히 아름다운 오아시스입니다. 우리 주위에는 온통 황량한 사막뿐인 것이 아닙니다(적어도 영적으로는 그러합니다). 선하신 뜻 가운데서 하나님께서는 우리로 하여금 물이 풍부하고 신나는 일과 풍성한 인간 관계로 가득한 땅에 살게 하실 때가 한두 번이 아닙니다.

우리는 기쁨을 주는 이러한 것들을 수없이 사랑의 선물로서 받습니다. "하나님, 이런 선물들은 저를 향한 하나님의 마음이 어떠한지를 잘 보여 줍니다. 하나님께서는 제게 기쁨을 주기를 즐거워하십니다! 감사합니다!" 선물은 모두 그것을 주시는 하나님께로 우리를 가까이 이끕니다. 우리는 자유롭게 그 선물들을 즐기되, 꽉 움켜쥐지는 말아야 합니다.

우리 아들 브라이언을 통해, 다음과 같은 윌리엄 블레이크의 시를 감상하게 되었습니다.

> 자신에게 기쁨을 동여매는 사람은
> 날개 달린 삶을 망가뜨리고 만다.
> 날아가는 기쁨에 살짝 입맞추는 사람은
> 영원의 일출 속에 산다.

우리는 기쁨을 꽉 움켜쥠으로 망가뜨리기보다는 그것에 살짝 입맞추어야 합니다. 때때로 우리는 기쁨에 지나치게 매달림으로 그 기쁨을 시련으로 바꿉니다. 자녀들을 기를 때 흔히 그런 일이 일어나는데, 성장의 다음 단계를 위해 기꺼이 자녀들을 놓아주지 않을 때 그런 일이 일어납니다.

나는 우리 자녀들이 비교적 어려움 없는 삶을 즐기기를 소망하며, 또 그렇게 될 것을 꿈꿀 때 기쁨을 느낍니다. 그러나 때때로 그러한 기쁨에 살짝 입맞추는 것이 어렵다는 것을 발견합니다. 늘 나는 그들이 고통스런 경험을 하지 않도록 하나님께서 지켜 주셨으면 합니다. 나의 자연스런 반응입니다. 내가 믿기로, 우리의 사랑하는 이들에 대한 하나님의 목적에 도움이 되지 않는 시련들은 막아 주시도록 기도하는 것은 좋은 일이며, 특히 하나님과 말씀에 합당한 삶을 살게 해주심으로 그들 스스로 문제를 자초하지 않게 해주시도록 기도하는 것은 좋은 일입니다.

그런데 오래 전 하나님의 절대 주권에 대해 성경을 공부할 때 시련에 대해 깨닫게 된 사실이 있습니다. 하나님께서는 우리를 자신의 날개 아래 보호해 주시지만, 시련을 당하지 않게 지켜 주시기보다는 시련 속에서 지켜 주실 때가 많다는 사실이었습니다. 대개 하나님께서는 우리도 사람들이 일반적으로 겪는 어려움을 겪게 허락하십니다. 시련은 우리 삶을 위한 하나님의 최상의 목적을 이루는 데 도움이 되기 때문입니다. 하나님께서는 시련을 사용하셔서, 우리가 좀더 그리스도를 닮아 가게 하시며, 우리를 통해 영광을 받으십니다. 우리가 시련을 잘 이길 때, 하나님께서는 우리가 당하는 고난이나 손실이나 고통과는 비교할 수 없을 정도로 더 크고 영원한 영광을 하늘나라에서 우리에게 안겨 주십니다. (훗날에 받을 엄청난 영광을 상상해 보십시오! 그때 우리는 하나님께서 이땅에서 우리를 지나치게 보호하시지 않은 것에 대해 기뻐하지 않겠습니까!)

이 진리는 나 자신뿐 아니라 우리 가족 그리고 다른 사람들의 삶과 관련하여 하나님을 신뢰하는 데 도움이 되었습니다. 하나님의 목적에 초점을 맞출 때, 지나치게 보호받고자 하는 마음을 버릴 수 있습니다. 그때 나는 어려운 환경 속에서 우리를 보호해 주셔서 해를 받지 않게 해주시도록 기도합니다. 그리고 우리가 하나님과 협력하게 하셔서 하나님의 선한 목적을 이루어 가시도록 기도합니다. 그리고 다음과 같이 기도하는 것이 가장 좋습니다. "우리 앞에 닥치는 모든 것을 통해 하나님을 더 잘 알게 해주소서. 그리고 '주님께서 어떤 것을 가져가시고 날마다 그 자리를 채워 주신다면, 잃는 것은 도리어 가장 진정으로 얻는 것이 된다'라는 사실을 경험하게 해주소서."

시편 34편은 "의인은 고난이 많으며"(19절), "여호와를 찾는 자는 모든 좋은 것에 부족함이 없다"(10절)고 합니다. 하나님께서는 아예 시련이나 위험으로부터 격리시키는 것보다는 시련을 잘 이길 수 있도록 모든 필요를 풍성하게 공급해 주시는 것을 더 원하시는 것 같습니다.

우리 자녀들은 사춘기를 겪을 동안 우리와 함께 지냈으며, 이에 대해 우리는 하나님께 감사드리고 있습니다. 유년 시절에는 안정되어 있으며, 부모를 의지합니다. 그러나 사춘기가 되면, 이 안정은 파괴되고 일시적으로 혼란이 일어납니다. 인격 체제를 다시 잡아 독립된 성인으로서의 인격 체제를 갖추는 단계이기 때문입니다. 어떤 것이든 다시 체제를 잡는 것에는 늘 그렇듯이, 이 사춘기에도 갈등과 불안한 상태, 심지어 고민스러운 상황도 수반됩니다. 그러나 얻게 될 최종 결과를 생각해 보면, 그런 것들은 거칠 만한 가치가 있다는 것을 알았습니다. 하나님께서는 우리 자녀들과 관련하여 굉장히 좋은 약속을 주셨습니다. "네 모든 자녀는 여호와의 교훈을 받을 것이니, 네 자녀는 크게 평강할 것이며"라는 이사야 54:13 말씀과 "이는 내가 너를 대적하는 자를 대적하고, 네 자녀를 구원할 것임이라"라는 이사야 49:25 말씀이 좋은 예입니다. 그래서, 내가 하나님을 의뢰한다면 브라이언과 도린이 결국은 사춘기를 잘 통과할 것이라는 깊은 확신이 들었습니다. 그러나 우리 애들에게 교묘하게 나쁜 영향을 미칠 수 있는 것이 많이 있고, 그런 것을 바라볼 때는 믿음은 쉽사리 염려로 바뀌고, 긴장이 되고 움츠러들었습니다.

나는 자녀들을 종종 나 자신의 연장(延長)으로 여긴다는 것을 알게 되었습니다. 그들의 삶에서 내가 해야 할 역할들을 지나치게 강조한다는 말입니다. 나는 다음과 같이 기도한 적이 한두 번이 아닙니다. "아버지, 그 애는 저의 연장이 아니라 주님의 연장입니다! 그러니 주님께서 그 애와 함께하고 계시는 줄 믿습니다. 현재의 갈등과 처한 상황에서 그 애가 무엇을 필요로 하든, 그것을 행하고 계실 줄 믿습니다." 이렇게 기도할 때마다 크게 안도감을 느꼈습니다. 나는 브라이언과 도린이 나중에 직면하게 될 그릇된 영향들에 대비하여 하나님께서 예방 접종을 해주시기를 기도했습니다. 이것은 두 가지를 의미했습니다. 첫째, 하나님께서 그 애들이 아직도 우리와 함께 있을 때 어느 정도 세상적인 생각과 철학과 압력에 노출되도록 해주시는 것입니다. 둘째, 그 애들이 대학에 가기 위해 미국으로 돌아가 성인으로서의 삶을 시작할 때, 하나님께서 말씀과 우리 부부와 그리고 다른 사람들을 통해서 그들에게 통찰력과 분별력을 주셔서 그들을 보호해 주시는 것입니다.

　브라이언이 고등학교 3학년이었을 때의 일입니다. 크리스마스 시즌이었는데, 그 애와 관련하여 어떤 두려움이 내 의식 아래 잠복해 있다는 것을 알게 되었습니다. 가끔 그것은 슬그머니 표면으로 떠오르기도 했습니다. 그러나 그것을 정면으로 맞닥뜨려 해결하지는 않았습니다. 나는 상상할 수 있는 가장 나쁜 상황이 일어날 수 있는 가능성에 대해 남편과 이야기했으며, 그리고 나서 그것을 하나님 앞에 가지고 나아갔습니다. 이렇게 기도했습니다. "아버지, 저는 브라이언이 그런 경험을 하는 것이 그 애를 향한 하나님의 뜻이라고 믿지 않습니다. 그러나 그 애가 그런 경험을 하는 것이 제가 이해할 수 없는 무슨 이유로 결과적으로 하나님께 더 영광이 될 수도 있습니다. 그러므로 저는 하나님께서 그런 일이 일어나게 하셔도 좋다고 허락합니다." (물론 하나님께서는 나의 허락을 받을 필요가 없습니다. 그러나 때로 나는 자신을 위해서 그렇게 말씀드리곤 합니다.) 이런 식으로 기도하는 것은 하나님께서 우리 십대를 위해 계획하신 어떤 것도 내가 기꺼이 받아들일 수 있도록 도와주었습니다. 그리고 이런 식으로 기꺼이 하나님께 맡김으로, 나는 하나님께서 그들의 삶에서 역사하고 계심을 더 쉽게 신뢰할 수 있었습니다.

　하나님께서는 시련으로부터 우리를 보호하기보다는 시련 속에서 우리를 보호하실 때가 더 많다고 했는데, 이 진리는 자녀들이 성장하여 태평양 건너 멀리 떨어져 있을 때 더 깊이 이해가 되었습니다. 우리 부부가 미국에서 휴가를 보내고 싱가포르로 돌아가기 위해 아시아행 비행기에 올랐을 때였습니다. 브라이언과 도린은 미국에 남겨 두었습니다. 비행기로 밤새도록 여행을 하면서, 나는 눈물을 흘리며 말씀을 묵상하고 있었습니다. 다른 승객들은 다 잠이 들어 있었습니다. 시편 31:19은 '하나님께서 우리를 위해 쌓아 두신 엄청난 인자'를 생생하게 상기시켜 주었습니다. 그리고 시편 23:6이 마음속에 떠올랐습니다. 하나님의 선하심과 인자하심이 평생 동안 우리와 함께할 것이며 우리는 하나님의 집에 영원히 거하게 될 것이라는 말씀입니다. 우리는 모두 하나님께 속하게 되었으며, 영원히 하나님께서는 우리 하나님이 되십니다.

 자녀들을 두고 떠나는 아픔을 느낄 때, 나는 하나님께서 기쁜 일을 통하여 사랑을 표현하시든 힘든 일을 통하여 사랑을 표현하시든, 하나님의 사랑에 대한 올바른 반응으로서 찬양이 중요하다는 사실을 상기했습니다. 성경은 이렇게 권면하고 있습니다. "이러므로 우리가 예수로 말미암아 항상 찬미의 제사를 하나님께 드리자. 이는 그 이름을 증거하는 입술의 열매니라"(히브리서 13:15). 나는 찬양이 우리 삶에서 행해야 할 무슨 부차적인 것이 아니라 기본적인 것임을 배우고 있었습니다. 감사와 찬양은 필수적인 것이지, 선택적인 것이 아닙니다. 감사와 찬양은 끊임없이 해야 하는 것이지 가끔씩 해도 되는 것이 아닙니다. 성경 교사인 존 미첼은 이렇게 말했습니다. "우리가 감사하고 싶지 않을 때 하나님께 감사하는 것은 위선이 아니라 순종입니다." 옳은 말입니다. 그는 데살로니가전서 5:18에 토대를 두었는데, 그 구절은

"범사에 감사하라"라고 하지, "범사에 감사를 느껴라"고 하지 않습니다.

그럼에도 모든 환경에서 하나님께 감사하는 것이 쉬운 일은 아닙니다. 우리가 살고 있는 이 타락한 세상에는 추악한 것도 있고 정의와는 거리가 먼 것도 있습니다. 사람들은 스스로는 어떻게 할 도리가 없는 일 때문에 어려움을 겪는데, 하나님께서는 혼히 이상적인 것과는 거리가 먼 상황에서 가장 특별한 방법으로 우리를 만나시는 것 같습니다. 괴로움을 주는 환경을 올바른 태도로 받아들이는 것은 하나님께 그 추악함 속으로 들어가 아름다움을 만드실 수 있는 기회를 드립니다. 코리 텐 붐 여사는 "문제는 하나님의 기적을 위한 원료이다"라고 말하곤 했습니다. 허드슨 테일러는 우리의 시련은 무대이며, 거기서 하나님께서는 자신을 드러내시고, 얼마나 사랑이 많으시고 능력이 많으시고 지혜로우신지를 보여 주신다고 했습니다.

찬양은 내 삶이라는 드라마의 각 장면에서 감독이자 주연 배우인 하나님께 굴복하도록 도와줍니다. 우리가 아시아로 돌아가고 있을 때, 나는 이전에 배웠던 그 교훈을 새롭게 배우고 있었습니다. 찬양을 할 때, 하나님께서는 실망과 고통을 사용하여 나를 내적으로 성장시키시며 영광을 주신다는 교훈입니다. 하나님께서는 그리스도를 닮은 성품이라는 천을 짜기 위한 완전한 계획을 가지고 계시며, 이 계획을 이루어 가시면서 나의 온갖 시련과 실패라는 실까지도 그 천에 엮어 넣으십니다.

실패. 나에게 이것은 감사하기가 가장 힘든 것입니다. 특히 그 실패가 사랑하는 이들에게 영향을 미칠 때는 그렇습니다. 브라이언과 도린이 어른이 되어 갈 때, 그들의 삶에서 나타나는 아름다운 것들을 보는 것은 즐거웠습니다. 그러나 그들이 갈등을 겪는

데, 그 원인이 부분적으로는 부모인 우리가 잘못 키운 것 때문인 경우에는 참으로 마음이 아팠습니다. 한 친구가 나에게 상기시켜 준 것은, 하나님께서는 자신의 독특한 목적을 성취할 사람을 빚어 가시면서 "모든 것"을 사용하시는데, 거기에는 부모로서 우리가 가지고 있는 부족한 면도 포함된다는 것이었습니다. 내가 실패한 것들이 자꾸 마음속에 떠오를 때, 하나님의 온전한 용서를 기억함으로 후회의 늪에 빠져들지 않을 수 있었습니다. 그때 나는 하나님을 찬양하곤 했는데, 우리를 있는 그대로 받아들이시고 우리가 더 나은 사람이 되도록 하기 위해 사랑으로 역사하고 계신다는 것을 찬양하곤 했습니다. 내가 깨달은 것이 있습니다. 그것은 바로 하나님께서는 나 자신이든 나의 자녀들이든 아직까지는 완전한 존재가 되기를 기대하지 않으신다는 것이었습니다.

그 당시, 성령께서는 자주 나에게 빌립보서 3:13 말씀으로 도전해 주셨는데, "뒤에 있는 것은 잊어버리고, 앞에 있는 것을 잡으려고 푯대를 향하여… 좇아가노라"라는 말씀이었습니다. 이 구절은 자신을 변명하고 싶은 마음을 없애 주고, 감정적인 어려움을 덜어 주었습니다. 그 구절은 내가 자기 방어 습관에 종종 빠져든다는 것과 위험과 시련을 피하기 위해 마음속으로 손을 내젓고 있다는 것을 깨닫게 도와주었습니다. 나는 종종 이렇게 기도하곤 합니다. "주님, 감사합니다. 저는 제 앞에 어떤 일이 기다리고 있는지 모릅니다. 그러나 주님께서는 아십니다. 미래에도 주님께서 계시고, 미래를 주님께서 주관하심을 감사드립니다. 저와 사랑하는 이들을 위해 기대감을 가지고 기도할 수 있으니 감사드립니다. 주님께서 주실 기도 응답들로 인해 미리 주님을 찬양합니다. 그 응답들은 지금은 주님만 알고 계십니다. 그리고 언젠가는, 시련 속에서 찬양하는 것이 아니라, 주님의 영광을 위한 완제품이 되어 더 없는 기쁨과 만족을 누리며 주님을 찬양하게 될 것입니다. 그 날을 바라보며 주님께 감사드립니다."

그럼에도, 우리 가족들이 끊임없이 변하는 환경에 대처해 갈 때, 외로움과 근심이 때때로 나를 엄습해 올 때가 있었습니다. 우리와 떨어져 지내게 된 첫 해에 도린은 주요한 변화를 맞이하고 있었습니다. 하나님께서는 그 애의 개인적인 삶과 다른 친구들의 영적 성장을 돕는 일에서 여러 가지로 도와주시고 축복해 주고 계셨습니다. '선교사 자녀'로 미국으로 돌아간 첫 번째 학기에 하나님께서는 또한 이상적인 룸메이트와 함께 살게 해주셨습니다. 그런데 나중에 그 룸메이트가 결혼을 하는 바람에 같이 살 수 없게 되었습니다.

그래서 과거 어느 때보다 도린은, 우리와 함께 이런 저런 것들에 대해 대화하고 도움이 되는 성경 구절들을 나누며 함께 성경을 공부하는 그런 시간을 아쉬워했습니다. 나 또한 그러한 시간이 아쉬웠습니다. 도린이 영적으로 헌신되고 말씀을 갈급해하는 것은 오랫동안 우리에게 기쁨을 주었습니다.

당시에 그 애는 나에게 편지를 보내, 자기 자신에게 꼭 필요한 말씀을 듣고 싶다고 했습니다. 나는 답장에서, 로마서 8:28을 소개해 주었습니다. "하나님을 사랑하는 자들에게는 모든 것이 합력하여 선을 이룬다"는 말씀이었습니다. 나는 "그것은 변치 않는 진리다. 많은 것들이 변하지만 그 한 가지 사실은 변치 않는단다"라고 했습니다.

그리고 이렇게 상기시켰습니다. "결코 변하지 않는 또 한 가지 사실은 하나님께서는 사랑으로 우리 삶에 늘 함께하고 계신다는 것이다. 그 사랑은 우리가 태어나기 전부터 시작되었고, 영원히 계속되지." 나는 로마서 8장에서 더 인용했습니다. "하나님이 미리 아신 자들로 또한 그 아들의 형상을 본받게 하기 위하여 미리 정하셨으니"(29절)라는 말씀이었습니다. 그리고 나서 계속 설명했습니다.

"미리 아신 자들…" 이것은 사실에 관한 지식 그 이상을 의미한단다. 하나님께서는 언제나 모든 것을 사실적으로 알고 계시며, 여기에는 미래에 일어날 일까지도 포함된다. 그러나 또 다른 종류의 지식이 있다. 개인적으로 경험하며 함께함으로써 아는 것 말이다. 예를 들면, 어떤 번역본으로 시편 1편을 보면, 하나님께서는 악인의 길과는 대조적으로 의인의 길은 아신다고 말씀하고 계신다. 자, 실제적으로는 하나님께서 악인의 길도 아시지. 하지만 의인의 길에 개인적으로 함께하시며 동일시하시는 것이다.

그런데 하나님께서는 너와 나를 "미리 알고 계셨다." 하나님께서는 사랑으로 우리와 함께하셨는데, 우리가 존재하기 전부터, 세계가 존재하기 전부터 그래 왔어. 어떤 번역본에서는 "하나님께서 미리 인정하신 자들"이라고 되어 있고, "사전에 마음을 두신 자"라고 되어 있는 곳도 있더라. 영원 전부터, 하나님께서는 우리 각자를 미리 아셨고, "나는 그에게 내 마음을 두고 있다. 그를 내 것으로 인정한다. 그리고 내 아들을 닮아 가게 할 것이며, 그 형상으로 빚어 갈 것이다. 이를 위해서 그를 사전에 지명했다"라고 말씀하셨단다.

나는 그 편지를 이렇게 마무리했습니다.

하나님께서 그러한 목적을 위하여 미리 정하신 자들을 또한 부르시고, 의롭다 하시고, 그리고 영화롭게 하셨다. 어떤 번역에는 "하나님께서는 의롭다 하신 이들에게 자신의 영광을 주셨으며, 그들을 천국의 위엄 있는 자리와 상태로 이끌어 올리셨다"라고 풀고 있단다. 우리 자리는 최고의 특권을 지닌 자리이지. 우리는 그리스도와 함께 보좌에 앉아 있고, 이땅의 그 어떤 신분보다도 한없이 뛰어난 주님의 신분을 함께 나누고 있는 것이다. 결코 흔들리지 않는 나라인 천국, 신분이 중요한 유일한 곳인 그곳에서 우리 신분은 결코 변하지 않으리라…

룸메이트가 결혼을 하고, 사람들이 멀리 떠나가고, 상황도, 책임도, 그리고 기회도 다달이 바뀐다. 그러나 진정으로 중요한 것은 아무것도 바뀌지 않는다. 너를 향한 나의 사랑도!

전투가 벌어지다

오래 전의 일입니다. 브라이언(당시 18세)은 두려운 사실을 깨닫게 되었습니다. 자신이 실존주의 철학, 불가지론, 그리고 허무주의의 덫에 빠져 있다는 사실이었습니다. 그러한 현대 철학은 많은 젊은이들이 신앙을 버리도록 했고, 자살을 하게 만들기도 했습니다. 브라이언이 그런 철학에 빠져듦으로 우리 부부는 몇 년간에 걸쳐 영적 전투를 치르게 되었고, 불안에 떨었습니다. 특히 내가 더 불안해했습니다.

브라이언이 아직도 고등학교에 다닐 때, 그 애는 영적인 방학(아니면 무단 결석?)을 했습니다. 어느 날 그 애는 "엄마, 내가 원할 때는 언제든 돌아오는 법을 알고 있어요"라고 장담한 적이 있었습니다.

"어떻게?"라고 내가 물었습니다.

"성경 말씀을 통해서요." 틀린 생각은 아니었습니다. 그러나 지금 그 애는 그릇된 철학에 사로잡혀 있었고, 성경 말씀을 통해서도 그 올무에서 벗어나지 못하고 있었습니다.

나는 그 애가 유일하게 마음을 털어놓을 수 있는 사람이었습니다. 나는 그 애와 얘기를 많이 하는 것이 주저가 되었지만, 남편은 "당신이 그 일에 관여해야 하고, 그 애의 말을 귀담아 들어주며, 함께 이야기를 나누어야 하오"라고 말했습니다. 그래서 싱가포르에서, 그리고 나중에 우리 부부가 안식년을 얻었을 때는 미국에서, 나는 브라이언과 함께 앉아서 몇 시간 동안이나 이야기를 나누었습니다. 그리고 대화를 끝내고 와서는 남편의 어깨에 얼굴을 묻고 울음을 터뜨리곤 했습니다. 가끔씩은 내 뜻과는 달리, 브라이언과 함께 있을 때 울음이 나오기도 했습니다. 그러면 그 애가 더 이상 이야기하기를 싫어할까 봐 겁이 나기도 했습니다. 그 애는 민감한 성격에다 착해서, 엄마 마음을 아프게 하고 싶지 않을 것입니다. 그래서 나는 "난 사실 지금 조금 울고 있는 거야. 네가 말을 하지 않으면 더 많이 울 거야"라고 말하곤 했습니다.

한 달, 두 달, 1년, 2년, 힘겨운 기간이 흘러감에 따라, 가끔씩 브라이언의 내부로부터 "우르릉" 소리가 나거나, 빛 줄기가 보이기도 했는데, 우리는 그것이 영적 치유에 이르는 전주곡이라고 믿었습니다. 훗날 그 애는 이렇게 말했습니다. "엄마, 이상한 일이었어요. 나는 하나님이 계신지도 잘 몰랐는데, 내 마음속 한 구석에는, 적어도 때때로는, 하나님께서 다스리고 계신다는 확고한 믿음이 있었어요."

　하나님께서는 말씀의 진리들을 사용하여, 우리 부부가 두려워 하거나 믿음이 약해지지 않게 해주셨습니다. 두려움과 믿음 부족은 사탄이 우리를 영적 불구를 만들기 위해 자주 사용하는 것입니다. 내가 알기로, 영적 전장 가운데 하나는 우리 속에, 우리 마음과 생각 속에 있었습니다. 그리스도께서 이미 사탄을 이기셨습니다. 나는 그 사실을 알고 있었고, 그 승리를 내 것으로 삼기 위해, 친구이자 상담자인 봅 존슨 박사가 가르쳐 준 방법을 사용하곤 했습니다. 다음 세 단계로 이루어진 방법입니다. 인정하라–물리치라–감사함으로 진리를 생각하라.

　사탄에게 이롭고 사탄의 목적에 맞는 것을 당신이 생각하고 있다는 것을 인정하십시오. (어떤 것을 물리치기 위해서는 먼저 그것이 있다는 것을 인정해야 합니다.) 이러한 생각과 더불어 느끼는 감정도 인정하십시오. 만약 그러한 생각을 좋아하고 거기에 잠겼다면, 죄로 인정하고 자백하십시오. 마음을 하나님께 토하며, 느끼는 바를 아뢰십시오(시편 62:8).

　거짓되고, 부정적이고, 순결치 못한 생각을 물리치십시오. 그 생각에 대해 하나님께 자백하고 그 생각에 맞서도록 하십시오. 그러한 생각에 수반되는 괴로운 감정으로 감정적 에너지를 다 소모하지 않기로 하십시오. 그러한 생각을 단호히 거부하십시오. 필요하다면, "이건 내가 하려는 생각이 아니다!"라고 외치십시오.

　감사함으로 진리를 생각하십시오. 이렇게 함으로써 당신의 생각을 그리스도의 권위 하에 두게 됩니다. 이를 위해 미리 준비하십시오. 당신의 삶에서 흔히 일어나는 각각의 전투를 위해, 특정한 진리, 특정한 성경 말씀으로 인도해 주시도록 기도하십시오. 각각의 전투에서 당신에게 승리를 안겨 줄 진리나 말씀입니다.

그리고 나서 이러한 진리들에 잠기되, 성령으로 말미암아 그 의미가 당신의 마음에 와 닿게 하십시오. 그 진리들을 마음속에 저장하십시오. 그릇된 생각이나 괴로움을 주는 생각이 자꾸 떠오르면, 그때마다 진리를 생각함으로 생각을 새롭게 하십시오. 진리는 그릇된 생각을 물리치는 강력한 검입니다. 흑암을 내쫓는 빛입니다. 또한 감사는 당신 안에서 진리가 능력을 발휘하도록 도와주며, 대적 마귀의 목적을 꺾어 놓습니다.

이 세 단계는 고린도후서 10:5 말씀대로 행하도록 도와줍니다. "하나님 아는 것을 대적하여 높아진 것을 다 파하고, 모든 생각을 사로잡아 그리스도에게 복종케 하니."

존슨 박사는 브라이언에게 이 세 단계를 사용해 보도록 격려해 주었습니다. 나중에 브라이언은 이렇게 말했습니다. "단순히 어떤 생각을 거부하고 다른 생각으로 대체한다는 것이 처음에는 쓸데없는 짓 같고, 나의 부정적인 감정을 극복하는 데 불충분할 것 같았어요. 마치 찻잔으로 바다의 물을 다 퍼내려는 것 같다고나 할까. 그러나 실행에 옮겨 보고 나서는 생각을 바꾸는 이 원리에 대한 생각이 달라지기 시작했습니다. 그것은 마치 바다의 바닥에 배수 구멍을 내는 것과 같았는데, 그 구멍은 올바른 생각을 하기로 선택할 때마다 점점 더 커졌어요."

브라이언은 마침내 분명한 결단을 내렸습니다. 그 애의 말을 빌리자면, "엄마가 믿는 기독교를 받아들이기로" 결정한 것입니다. 그렇게 되기까지 많은 도움이 필요했습니다. 수많은 사람들의 기도가 있었고, 몇 번이고 그에게 이런 저런 도움을 준 사람들이 있었습니다. 그 사람들 중의 하나가 봅 존슨 박사인데, 그에 대해서는 앞에서 언급했습니다. 또 한 사람은 보비입니다. 그는 친구로서 자주 브라이언을 만나 함께 점심 식사를 하면서 대화를 나누었습니다. 브라이언이 최종 결단을 내리기는 쉽지 않았습니다. 그 결단에는 중대한 정체성 위기가 따랐기 때문입니다. 그것은 '자신'에서 손을 떼는 것이었으며, '고독하고, 만족을 모르는 탐구자'라는 고상해 보이고 그럴듯한 존재에서, '누구나 똑같은 존재'라는 약해 보이고 하찮아 보이는 존재로 내려앉는 것이요, 단지 또 하나의 그리스도인이 되는 것을 의미했습니다.

결단을 내리면서, 브라이언은 자신으로부터 자기를 건져 주시고 해방시켜 달라고 하나님께 기도했습니다. 브라이언은 다음과 같이 썼습니다.

> 나는 실제로 이와 똑같은 말로 여러 차례 기도했지만 아무것도 '일어나지' 않았다. 그러나 이 '일어나다'라는 말에 문제의 핵심이 있다. 웬일인지 나는 믿음은 나에게 '일어나는' 어떤 것이 아니라, 내가 '하는' 어떤 것이라는 사실을 깨닫지 못하고 있었다. … 그것이 모든 차이를 만들어 냈다…. 이해를 가져오는 참된 앎이란 골똘한 생각에서가 아니라 행동에서 솟아 나오는 것이 틀림없다…
>
> 나는 주저 없이 그리스도인이라고 말할 수 있지만, 여전히 머리로는 하나님께서 존재하시는지 '알지' 못하며, 가슴으로는 모든 앎의 근저에 자리잡고 있는 그 복된 관계를 경험하지 못했다.

브라이언은 알고 있었습니다. 자신에게 필요하다는 그 '믿음의 비약'을 했다는 것을 말입니다. 그는 "텅 빈 심연(深淵)처럼 보이는 곳으로 뛰어들라. 하나님께서 붙잡아 주실 것이다"라는 말을 읽은 적이 있었습니다. 그는 또한 정기적으로 하나님과 더불어 경건의 시간을 가지고 있었으며, 믿음의 행동이라고 생각되는 여러 가지 것도 하고 있었습니다. 그러나 여전히 '붙잡혔다'고 느끼지는 못했습니다. 브라이언은 이렇게 썼습니다. "텅 빈 심연은 감당하기에 너무 깊은 것처럼 보인다… 그러나 나는 하나님께서 붙잡으시며 들어올려 주실 것을 주저 없이 믿는다."

나는 당시에 출애굽기를 읽고 있었는데, 하나님께서 백성들을 애굽에서 인도해 내실 때, 지름길이나 겉보기에 쉬운 길이 아니라, 사람들이라면 결코 선택할 것 같지 않은 길로 이끄신 것을 보았습니다. 하나님께서는 뻔하고 쉬운 길에 어떤 위험이 도사리고 있는지 잘 알고 계셨습니다. 또한 자신이 선택한 홍해 길을 따라 갈 때 이스라엘 백성들이 자신의 능력을 더 많이 경험하게 될 것을 미리 내다보셨습니다. 그래서 우리 부부는 하나님께서 브라이언을 위하여 선택하신 그 길에 대하여 하나님을 찬양했습니다.

브라이언의 감정이 행동과 일치되는 데는 시간이 걸렸습니다. 그러나 그 후 한 해 두 해가 흘러갈수록 그 애는 계속 영적으로 성장했고, 많은 승리를 경험했습니다. 부모 된 우리에게는, 브라이언의 일은 어떻게 부정적 감정에 대항하는 선택을 할 수 있는지를 배우는 실물 교육이었습니다. 우리는 부정적 감정을 무시하는 것이 아니라 인정하고 나서, 긍정적인 내적 반응으로 이끄는 생각과 행동을 선택하면 되는 것입니다.

어느 해 여름, 브라이언과 도린은 자전거와 텐트를 가지고 넉 달 동안 유럽 전역을 여행했습니다. 그리고 나서 우리를 만나려고 싱가포르로 날아왔습니다. (남편은 선교 일로 여행을 하는 길에 그 애들을 만난 적이 있었지만, 나는 2년 반 동안이나 보지 못했습니다.) 그 애들은 재미있었던 시간, 스트레스를 받았던 일,

배운 교훈, 인상적인 기도 응답 등에 관한 이야깃거리를 한아름 안고 왔습니다. 그리고 둘 다 곧바로 싱가포르 젊은이들을 대상으로 하는 선교 사역에 참여했는데, 도린은 잠시 참여하다가 미국의 대학으로 돌아가고, 브라이언은 반 년 이상 머물면서 그 일에 함께했습니다.

브라이언은 미국에 있는 친구들에게 보낸 편지에서 다음과 같이 썼습니다.

> 유럽과 싱가포르에서 보낸 시간은 내 삶을 바꾸었다. 처음으로 하나님께서 내 안에 계신다는 것을 경험했다. 하늘로부터 말미암은 무슨 신비한 느낌을 통해서가 아니라 다른 사람들과 함께 있을 때 '솟아 나오는' 내적 충만함을 통해서이다. 사랑, 긍휼, 다른 사람에 대한 관심, 그리고 기쁨이 솟아 나왔다. 내가 알기로, 그런 것은 내게서는 나올 수가 없고 하나님께로부터 나오는 것이다. 물론 여전히 골짜기들이 있다. 골짜기가 없는 산이 어디 있나? 그러나 그 골짜기의 깊이는 반 정도밖에 되지 않고, 게다가 그 골짜기들에서도 기쁨을 누릴 수 있다. 이를 통해 내가 다듬어지고 있음을 알고 있기 때문이다.
>
> 주님께서는 이곳 미국인 고등학교의 학생들에게 선교를 잘하게 해주셨다. 나는 매주 몇 사람과 만나고 있다… 이 일에 대해 생각날 때마다 기도해 줘. 하나님께서 나를 도와주셔서, 내가 그들을 잘 돌보아 주며, 나를 통해 그들을 세워 주시며, 그리고 우리가 마음을 나누며 깊은 만족을 누리는 친구 관계를 맺을 수 있도록 말이야.

대학을 졸업하자, 도린은 경건한 청년과 결혼을 했고, 브라이언은 신학교에 갔습니다(나중에 결혼을 하고 목사가 됨). 브라이언은 1980년 여름 방학 동안 미네소타 주에 있는 외할머니와 함께 지냈습니다. 그것은 그에게 감동적인 시간이요, 이런 저런 일이 많았던 기간이었습니다. 84세였던 나의 어머니는 살던 집에서 이사를 준비하고 있었습니다. 그 집은 오랜 세월 동안 우리 가족들이 이땅에서 닻을 내렸던 곳이었습니다. 브라이언한테서 다음과 같은 편지가 왔는데, 머나먼 싱가포르에 떨어져 있지만 그 가족 행사에 참여하고 싶었던 나에게 크게 도움이 되었습니다. 그 편지는 눈물을 자아내기도 했지만, 나의 추억들을 창의적으로 사용하며 긍정적이고 기대하는 태도를 가지고 미래로 옮아가는 데 도움이 되기도 했습니다.

엄마 아빠께,
　놀라운 한 주간이었습니다! 마침내 '이사'가 시작되었습니다. 외할머니의 이사입니다. 하지만 어떤 면에서 우리 모두의 이사이기도 합니다. 우리는 모두 감정적으로 할머니와 함께 이사하고 있기 때문이지요. 이제 한 시대는 끝나고…
　지하실, 이층 벽장, 광에 오랜 세월 동안 저장되어 있던, 가족들의 지난날의 낡은 신변 소지품들을 정리할 때, 그 물건들과 관계된 때와 그 당시의 느낌이 지나칠 정도로 뚜렷하게 회상됩니다. 냄새만이 경험의 전체 세계를 다시 돌이킬 수 있습니다. 낡고 빛 바랜 사진, 졸업 앨범, 제이크 외삼촌이 좋아하는 대리석 조각들, 십자가 그림 위에 세계 역사의 테마를 기록해 놓은 외할아버지의 길다란 천 두루마리, 엄마의 조그만 장난감, 진 삼촌과 아빠의 오래된 기록들, 그 두 분의 소유였던 전후 유럽의 천연색 영화, 기타 등등. 냄새가 이 물건과 함께할 때 그 시대를 향한 향수는 더 진해집니다.

저는 날마다 한 시간씩 주일학교 공과를 공부하고 있습니다. 자주 눈물이 나오려고 합니다. 시편 119편에 관한 지난 공과에서, 저는 저의 '행동의 신학'에 더 구체적인 형태를 주려고 했습니다. 그 '행동의 신학'이란, 종잡을 수 없는 감정을 지나치게 중시할 것이 아니라(이것은 보통 중독성이 있습니다) 주님과의 관계에서 늘 깨어 있고 구체적인 행동을 할 필요성이 있다는 점을 강조하는 것입니다. 그리고 그러한 적극적인 사고의 중요성, 다시 말해 주님과 관련하여 분별력 있고 미래 지향적인 행동을 하는 것의 중요성은, 우리가 향수에 젖어 어깨 너머로 과거를 뒤돌아볼 때 완전한 시야 가운데 자리잡았습니다. 각각의 관점들은 서로를 보강하고… 합쳐지고, 제 마음속에 아주 분명한 감사의 반응을 일으켰습니다. 주님께 대한 감사입니다. 어쩐지 하나님의 임재가 저를 온전히 감싸고 있는 것 같았습니다. 모인 가족들, 한 곳에 모여 있는 오래 된 물건들이 주는 포근함과 안정감, 추억들-저는 그러한 순간들을 영원히 붙잡고 싶었습니다. 시간을 초월한 순간들. 꿈 같고 서서히 움직이는 듯한 순간들. 제이크 외삼촌, 외할머니, 진 삼촌, 메리 이모의 한 마디 한 마디가 대단한 의미를 지닌 것 같았습니다. 그 모든 말은 가족으로 느끼게 해주었고, 마음을 진정시켜 주었으며, 다시 확신을 주었습니다. 방은 포근하고, 개인적이고, 매우 다정한 분위기가 감도는 것 같았습니다.

집은 서서히 빈집으로 바뀌어 가고 있습니다. 결코 변하지 않을 것 같았던 장소가 하루하루가 지나면서 그 특징을 점점 더 잃어 가겠지요. 점차 썰렁해져 가겠지요. 방과 선반들은 텅텅 비워져 가자 충격을 받은 것 같았습니다. 가족들이 모여 있던 집이 하나의 건물인 집으로 바뀌어 갈 것입니다. 그리고 트럭에 짐을 실을 때마다 어떤 소리가 들리는 것 같았습니다. 집이 이상한 긴박감으로 "이제 떠날 시간이야"라고 속삭이는 것 같았습니다(아니, 한숨을 쉬는 것 같았어요).

떠나야 할 시간. 그렇습니다. 우리의 지나간 기쁨들을 꽉 붙잡지 말고, 감사하는 마음으로 그것들에 살짝 입맞출 시간입니다. 그리고 지금 해야 할 기쁨의 행동을 하기 힘쓰며 미래를 향해 나아갈 시간입니다. "너의 기쁨들에 살짝 입맞추라. 꽉 붙잡지 말라." 저는 제 자신에게 이 말을 계속 했습니다. 그것들에 살짝 입맞추라. 꽉 붙잡지 말라. 감사하는 마음으로 그것들에 살짝 입맞추고 앞으로 나아가라.

시련의 광야로

감사하는 마음으로 기쁨에 입맞추고, 그 이상의 기쁨을 향해, 그러나 또한 약속된 시련을 향해 나아가십시오. 이 모든 것은 합쳐져 주님께서 사랑으로 설계하신 것을 더 많이 나타내 줍니다. 다음과 같은 찬송가 가사가 있습니다.

기쁨이나 시련마다 위로부터 내려온다.
그것은 우리 삶의 해시계 문자판 위에
사랑의 태양과 같은 분이 던지시는 그림자.

하나님은 사랑이시며, 하나님의 모든 말씀과 행동이 이를 증명합니다. 사랑으로 말미암아, 해로운 것이 분명한 것들로부터 우리를 지켜 주시고, 선한 것이 틀림없는 것들을 우리에게 가져오실 때, 우리는 얼마나 기쁜지 모릅니다. 우리 삶에 영향을 미치도록 하나님께서 허락하시는 것은 무엇이든, 보기에 좋은 것이든 나쁜 것이든, 우리를 향한 하나님의 사랑과 열망이 표현된 것입니다. 무엇이든 하나님께서 허락하시거나 보내시는 것은 우리를 그분 자신에게로 가까이 이끄시기 위한 초대장입니다.

다음과 같은 구절로 시작되는 플로렌스 윌렛의 시가 오랫동안 나에게 감동을 주었습니다.

쓰디쓴 것들로 인해 하나님께 감사드린다.
그것들은 은혜로 이끄는 친구들.
안일한 길로부터 나를 몰아내고
은밀한 곳을 폭풍우처럼 공격한다.

시련은 쓴맛이 나지만, 시련을 통해 하나님의 사랑을 경험할 때가 많습니다. 시련은 우리의 여러 필요를 더 잘 알게 하고, 그 필요들을 가지고 하나님께로 나아가게 하며, 하나님의 임재와 도우심을 구하게 합니다.

호세아 2:14에서 하나님께서는 백성들에게 이렇게 비유적으로 말씀하십니다. "그러므로 내가 저를 개유하여 거친 들로 데리고 가서 말로 위로하고." 때때로 하나님께서는 우리를 광야, 거칠고 메마르고 물 없는 땅에 떼어 두셔야 합니다. 그렇게 하시는 목적은, 우리를 이끄시고, 타일러 깨닫도록 하시며, 우리 마음에 온유하고 다정하게 위로의 말을 하시기 위함입니다.

시련이 없다면, 하나님께서 얼마나 사랑이 많으신 분이신지 어떻게 진정으로 알 수 있겠습니까? 결코 고독감이나 가슴 아픈 일을 당하지 않아, "주님, 저는 주님의 사랑이 필요합니다"라고 텅 빈 가슴으로 기도한 적이 한 번도 없다면 어떻게 되겠습니까? "너는 나 보기에 존귀하고 보배로운 존재요, 깊이 나의 사랑받는 존재란다"라고 하나님께서 재확인해 주시는 음성을 과연 진정으로 들을 수 있을까요?

시련이 없다면, 우리가 과연 얼마나 자주 하나님의 날개 그늘에 숨을까요? 시편 36편에 있는 다윗의 기도는 이 피난처가, 비좁고, 갑갑하고, 캄캄하고, 습기 차고, 빈약하게 만든, 공습 대피소와 같지 않다는 것을 보여 줍니다. 하나님의 피난처는 우리를 보호해 줍니다. 그러나 보호하는 것으로 그치지 않습니다. 더 많은 것을 제공합니다. 그곳에서는 하나님의 집의 풍성한 것으로 잔치를 벌이고, 하나님의 "복락의 강수"를 마시며, 하나님의 임재를 즐길 수 있습니다.

하나님께서 자신을 나타내시는 무대인 시련이 없다면, 어떻게 하나님의 능력을 알 수 있겠습니까? 단지 성경에서 읽음으로 알 수 있겠습니까? 물론 성경에서 읽는 것은 꼭 필요합니다. 이를 통해 마음속에 개념을 심습니다. 그러나 힘든 환경에 처하여 하나님께 부르짖고 그 기도에 하나님께서 응답하셔서 건져 주실 때라야 우리 하나님께서 정말로 능력 있는 분임을 마음 깊이 알게 됩니다.

어려운 환경이 없다면 어떻게 간절히 하나님을 구하겠습니까? 얼마나 깊이 하나님을 알겠습니까? 이런 말씀 드려서 미안하지만, 여러분과 내가 만사가 늘 순조롭기만 하다면, 금방 딴 길로 가고 자주 하나님을 잊어버릴 것입니다. 그렇지 않습니까?

해방과 확장

시련은 또한 하나님께서 사랑으로 우리 삶 속에 더 큰 일을 행하시도록 길을 예비합니다. 싱가포르에 있을 때의 일입니다. 어느 날 밤 잠이 깨었는데 다시 잠을 이룰 수가 없었습니다. 한참 동안 뒤척이다가 그럴 때 흔히 하듯이, 침실 옆에 있는 내 사무실로 가서 신앙 서적을 몇 쪽 읽었습니다. 그 날 읽은 책은 토저와 체임버스가 쓴 책이었는데, "실망은 자주 확장에 앞선다"라는 생각을 나에게 심어 주었습니다. 실망과 어려운 상황을 겪고 있던 몇몇 친구들과 사랑하는 이들이 생각났습니다. 그래서 나는 하나님의 때에 그 어려움들을 사용하셔서 확장을 가져오게 해달라고 기도했습니다.

다음날 경건의 시간을 갖고 있을 때, 시편 66:10-12에 주목하게 되었습니다.

> 하나님이여, 주께서 우리를 시험하시되
> 우리를 단련하시기를 은을 단련함같이 하셨으며,
> 우리를 끌어 그물에 들게 하시며
> 어려운 짐을 우리 허리에 두셨으며,
> 사람들로 우리 머리 위로 타고 가게 하셨나이다.
> 우리가 불과 물을 통행하였더니
> 주께서 우리를 끌어내사 풍부한 곳에 들이셨나이다.

이 구절을 통해서 하나님께서는 자신이 어떻게 일하시는지를 상기시켜 주셨습니다. 하나님께서는 실망뿐 아니라 절망적 상황까지도 사용하셔서 새로운 해방과 확장을 우리 삶 속에 가져오십니다. 상황이 절망적이고 불가능해 보일수록 하나님께 더 큰 영광을 돌릴 수 있습니다. 로마서 4장에 기록된 아브라함을 생각해 보십시오. 그의 몸은 죽은 것과 같았습니다. 다니엘의 세 친구들을 생각해 보십시오. 그들은 타오르는 풀무 속에 던져졌습니다(다니엘 3장). 어려운 시간들, 믿음의 시련들. 그러나 위대한 결과를 가져왔습니다. 나는 이 원리를 믿고 기도하도록 격려를 받습니다.

이러한 해방과 확장이야말로 우리가 원하는 것 아닙니까? 시련을 다룰 때, 나의 진정한 목표를 미리 확실하게 설정하고 그것을 의식적으로 분명하게 기억하는 것이 도움이 되었습니다. 그 진정한 목표란, 하나님을 사랑하고, 하나님을 더 잘 알며, 그리스도의 형상으로 변화되고, 하나님을 영화롭게 하며, 하나님의 뜻을 행하는 것입니다. 실망과 좌절을 느낄 때면 하나님께서는 다음과 같은 관점을 갖게 하십니다. "이러한 시련은 설령 그것이 나의 표면적 욕구를 좌절시킨다 해도 내가 선택한 목표를 이루기 위해서 온다. 그러므로 나는 그것을 환영한다."

전능하시고 전지하시며 우리를 온전히 사랑하시는 분을 의지할 수 있다는 것이 얼마나 놀라운 일입니까? 우리 부부는 자주 프랜시스 해버갈의 찬송시를 생각합니다.

> 기쁨이나 시련마다 위로부터 내려온다.
> 그것은 우리 삶의 해시계 문자판 위에
> 사랑의 태양과 같은 분이 던지시는 그림자.
> 우리는 온전히 그분을 의지한다.

우리가 해야 할 것은 오직 그것뿐.
그분을 온전히 신뢰하는 자들은
그분의 온전히 참되심을 발견한다.

그래서 우리가 모든 시련을 환영할 수 있는 이유는 그 속에 잠재되어 있는 가능성 때문입니다. 여러 가지 형태로 시련을 환영할 수가 있는데, 아주 기뻐하면서 환영할 수도 있고, 환영하기로 단지 조용하게 결심하는 것일 수도 있습니다. 어떤 형태를 취하든, 하나님께서 누구시며, 그리스도 안에서 우리가 누구이며, 하나님께서 변화시키는 손길로 우리를 무엇으로 만들고 계시느냐 하는 것 때문에 환영하는 것은 참으로 적절한 일입니다. 너무 버겁다고 생각하며 거부하려고 발버둥칠 때와 같이, 시련을 환영하지 못할 때는 영적 기쁨과 신체적 활력 모두를 잃게 됩니다.

찬양할 때 내가 잘 사용하는 말은 '기쁨을 이기지 못하겠습니다'라는 말입니다. 그것은 가슴 벅찬 기쁨을 잘 나타내는 말입니다. 어떤 팀이 전국 선수권 대회, 야구의 월드 시리즈, 또는 미식축구의 슈퍼볼에서 이길 때, 팀 멤버들과 골수 팬들은 기쁨을 이기지 못합니다. 그들이 그토록 기뻐할 만한 이유가 있다면, 우리는 훨씬 더 많은 이유가 있습니다. 나는 '기쁨을 이기지 못하는 것'을 좌절과 눌림과 두려움과 답답함 위로 나의 마음을 들어올리는 것으로 생각합니다. 그것은 승리의 기쁨을 느끼며 마음을 주님께로 향하는 것입니다.

로마서 5장에서는 하나님과 소망 안에서뿐만 아니라 시련 가운데서도 크게 기뻐하는 것에 대해 말하고 있습니다. 왜 시련 가운데서 크게 기뻐할 수 있습니까? 우리 하나님 때문이요, 우리의 소망 때문입니다. 다시 말해, 사랑이 많으시고 절대 주권을 가지고 계시고 우리를 돌보시는 하나님과 하나님께서 우리를 위해 예비해 두신 영광스런 미래 때문입니다. 로마서 8:18은 이렇게 말합니다. "우리가 지금 겪어야 할 필요가 있는 것은 어떤 것이든 하나님께서 우리를 위해서 계획하신 영광스런 미래와 비교하면 아무것도 아니다"(필립스 역). 따라서 우리가 시련 가운데서도 기뻐 어쩔 줄 모르는 것은, 자연스럽고 당연한 반응입니다. 야고보서 2:1-4에서는 시련을 친구처럼 환영하라고 했습니다(필립스 역 참조).

각각의 시련에 올바로 반응하는 것이 필요합니다. 각각의 시련을 우리가 치르는 값보다 훨씬 더 큰 이익 배당을 안겨 주는 일종의 투자로 여겨야 합니다. 장차 주님과 함께 거하게 될 참으로 영광스러운 그때에, 현재의 시련에 따른 엄청난 이익 배당으로 말미암아 크나큰 영광을 영원히 누리게 될 것입니다.

지금 여기서 받는 이익 배당도 있습니다. 나의 경우, 성인이 되고 나서 대부분의 삶을 아시아에서 살면서 주님을 섬겼는데, 이러한 삶을 살면서 실제로 희생한 것이 하나 있었습니다. 바로 사랑하는 이들과 떨어져 있는 것입니다. 특히 장성한 자녀들과 그리고 그 후에는 우리 손자들과 떨어져 살게 된 것입니다. 우리는 딸에게서 난 크리스틴, 에이미, 데이비드, 그리고 아들에게서 난 조던, 레이철, 캐머런, 이렇게 여섯 명의 손자 손녀가 있는데, 나이는 네 살부터 열여섯 살까지 다양하고, 아이들마다 아주 개성이 있고, 독특합니다. 그 애들을 보고, 안아도 보고, 이야기도 나눠 보고 싶은 마음이 너무나 간절합니다. 그럴 때면, 나의 그러한 마음과 손자 손녀들을 주님께 사랑의 선물로 드리는 것이 아주 도움이 되곤 합니다. 이렇게 헤어져 있는 삶을 제물로 여기는 것보다 더 큰 즐거움은 없습니다. 사랑하는 이들을 내 것이 아니라 주님께 드린 사랑의 선물로 생각함으로써 내적 해방이라는 주님의 선물을 받습니다. 그럴 때 손자들에 대한 추억들은 슬픔 대신 기쁨을 가져올 수 있습니다. 그들이 지구 반대편에 있을지라도, 그들에 대한 나의 사랑이 주님 중심이 되어 있을 때 그들에 대한 생각은 내 마음을 기쁘게 하곤 합니다.

시련에 대한 부정적인 반응을 단순히 하나님의 손에 두는 이러한 작은 투자를 함으로써, 나는 곧바로 기쁨과 자유에 이르는 열린 문을 발견하곤 합니다. 어려움과 시련을 넘어, 심히 광대하시고 놀라우신 하나님을 즐거워하며 우리의 영원한 영광이라는 넓은 지평선을 감상하는 길을 발견하곤 합니다. 그 영광은 우리의 상상을 뛰어넘는 것입니다. 그러한 투자를 하는 것을 미루면 에너지가 소진됩니다. 그렇게 되기를 원하는 사람이 어디 있겠습니까? 여러 시련이 맹렬히 공격해 올 때 자기를 방어하는 데 급급하면, 누릴 수 있는 풍성한 유익을 놓칠 뿐입니다.

비에 대한 보상

우리는 흔히 삶이 언제나 아름답고, 아무 값도 치르지 않으며, 늘 얻기만 하고, 잃는 것은 아무것도 없기를 원합니다. 난관이 무대한 부분에 나타나면, 우리는 삶 속에 있는 기쁨들을 보배롭게 여기기보다는 그 난관에 초점을 맞추곤 합니다. 욥은 이렇게 말했습니다. "우리가 하나님께 복을 받았은즉 재앙도 받지 아니하겠느뇨?"(2:10). 하나님께서는 우리가 복과 재앙 모두에 대해 손을 활짝 펴고 신뢰하는 마음으로 받기 원하십니다.

1950년대 후반 어느 크리스마스에 그리스도의 탄생을 묵상할 때, 하나님께서는 시련에 대하여 새로운 깨달음을 주셨습니다.

필요한 깨달음이었습니다. 그때까지 하나님께서는 우리 부부와 동생 부부에게 각기 두 명의 자녀들로 축복해 주셨습니다. 모두 6개월에서 두 살 사이였습니다. 우리는 첫 안식년을 보내고 있었고, 이것이 아이들이 조부모와 처음으로 함께 크리스마스를 보낼 수 있는 기회였습니다. 그러나 애들의 아빠들은 거기에 없었습니다. 하나님께서는 아주 전략적인 선교 기회를 위해서 그들을 아프리카의 케냐로 보내셨습니다. 그래서 크리스마스인데 아빠들은 없었습니다. 그 크리스마스를 지내면서 나는 부모님과 아이들에게 미안한 마음이 들기 시작했습니다. 그리고 자신에 대해서도 측은한 생각이 들었습니다.

그때 하나님께서 나를 건져 주셨습니다. 첫 번째 크리스마스도 아름답기는 했어도 엄청난 대가를 치렀다는 것을 생각나게 해주신 것입니다. 하나님께서는 특별한 계시를 해주시고, 엄청난 특권을 주셨으며, 놀라운 방법으로 예수님과 마리아와 요셉의 필요를 채워 주시고, 보호해 주셨습니다. 그러나 하나님께서는 그들을 마냥 쉬운 삶으로만 인도하지는 않으셨습니다. 요셉과 마리아는 나사렛에서 베들레헴까지 힘든 여행을 해야 했습니다. 그리고 예수님이 태어나신 베들레헴 마구간은 아늑함과는 거리가 멀었습니다. 뿐만 아니라, 예수님이 태어나자마자 세 식구는 헤롯을 피하여 허겁지겁 애굽으로 피난을 가야 했습니다. 그리고 예수님께서는 훨씬 더 큰 대가를 치르셨습니다.

그는 천국 동산을 떠나
갈보리 산에서 죽기 위해 오셨습니다.
이땅의 쓰디쓴 샘물을 맛보기 위해
영원한 사랑의 샘을 떠나셨습니다.

우리 하나님 아버지께서 자기 사랑하는 아들을 애지중지하지만 않으셨을진대, 하물며 우리를 애지중지하여 쉬운 삶으로만 인도하시리라 기대할 수 있을까요? 예수님께서는 요한복음 16:33에서 이렇게 말씀하십니다. "세상에서는 너희가 환난(압력, 시련, 어려움, 난관, 재앙, 슬픔)을 당하나 담대하라. 내가 세상을 이기었노라." 우리는 담대하기로, 기뻐하기로, 그리하여 여러 가지 압력과 혹독한 시련 속에서도 하나님의 평화를 맛보기로 할 수 있습니다. 아니면 부정적인 태도를 갖거나 마음속으로 거부하는 태도를 가짐으로 에너지를 낭비할 수도 있습니다.

종종 나의 감정이 "아, 삶이 조금만 더 쉬워졌으면 좋을 텐데"라고 외칠 때면 필립스 브룩스의 말이 태도를 바꾸어 주며, 하나님께서 주시는 것을 두 팔 벌려 받아들이게 합니다. 하나님께서는 어떤 것을 주실 때 그것을 감당할 수 있는 능력도 주십니다.

> 더 쉬운 삶을 위해 기도하지 말고,
> 더 강한 사람이 되도록 기도하라.
> 당신의 능력에 맞는 일을 구하지 말고,
> 당신의 일에 맞는 능력을 구하라.
>
> 그러면 당신의 삶은 기적이 아닐 것이나,
> 당신이 기적이 될 것이다.
> 하나님의 은혜가 당신 속에 이루어 놓은 일을 보고
> 날마다 당신은 깜짝 놀랄 것이다.

자주 나는 조지 마더슨의 기도에 감동을 받습니다. 그는 스코틀랜드의 맹인 목사였는데, '나를 내버려두지 않을 사랑'이라는 시를 썼습니다. 마더슨은, 하나님께서 주시는 시련을 잘 받아들이고 올바른 반응을 보이는 면에서 오랫동안 내게 본이 되어 주었습니다. 그는, 우리와 늘 교제하기 원하시는 성령 하나님께 기도를 드렸습니다. 그의 기도를 소개합니다. 나뿐 아니라 당신에게도 큰 의미가 있으리라 믿습니다.

오 성령이시여, 인생의 모든 일들 속에서 당신께서는 제 마음의 문을 두드리고 계시나니, 저로 당신께 응답하게 도와주소서. 제 삶에 일어나는 모든 일을 당신께서 주신 선하고 완전한 선물로 여기리이다. 삶에 있는 모든 슬픔까지도 당신께로부터 오는 번장한 선물로 받으리이다. 항상 마음을 열고 받으리이다-아침에도, 정오에도, 밤에도, 봄에도, 여름에도, 겨울에도. 햇빛이 비칠 때든 비가 올 때든 당신께서 제게 오실 때는 기쁜 마음으로 당신을 제 마음에 모셔들이겠나이다. 바로 당신께서 햇빛보다 더 귀하며, 당신께서 비에 대한 보상이니이다. 제가 간절히 바라는 것은 당신이요 당신의 선물이 아니니이다. 문을 두드리소서. 당신께 문을 열어 드리겠나이다. 아멘.

위로 그리고 너머로

성장에 대해 많은 것을 깨달은 시절이 있었는데, 그 깨달음들은 신선했지만, 종종 고통스럽기도 했습니다. 그때 하나님께서 새롭게 깨닫게 해주신 것은, 시련이 빨리 끝나게 해주시도록 기도하는 것이 아니라 시련을 통해 나를 변화시키도록 기도하는 것이 중요하다는 것이었습니다. "주님, 이 시련을 통하여 제 안에서 이루기 원하시는 것을 다 이루실 때까지는 이 시련이 끝나지 않게 하소서"라고 기도하는 것입니다. 시편 119편을 공부할 때 하나님께서는 변화를 위해 기도하는 것의 중요성을 잘 깨닫게 해주셨습니다. 이 시편의 대부분이 아주 개인적인 기도이며, 대개가 "내게 …를 주소서" 기도가 아니라 "나를 변화시켜 주소서" 기도입니다. "나를 위해 이것을 행하소서"가 아니라 "내 안에서 이것을 행하소서"입니다. "나를 위해 행하소서" 기도도 있기는 하나, 이 땅에서 자기 유익을 누리기보다는 하나님을 더욱 기쁘시게 하려는 시편 기자의 소원과 연관되어 있습니다. 그는 이렇게 기도합니다. "나를 위해 이것을 해주소서.(나를 가르치소서. 나를 소성시키소서. 나를 강하게 하소서. 나를 구하소서. 내게 은혜를 베푸소서….) 그리하면 내가 주님의 말씀을 지키리이다."

바울은 고린도후서 4장에서 고통스러운 시련을 묘사하고 나서 이렇게 결론짓습니다. "우리의 잠시 받는 환난의 경한 것이 지극히 크고 영원한 영광의 중한 것을 우리에게 이루게 함이니, 우리의 돌아보는 것은 보이는 것이 아니요 보이지 않는 것이니, 보이는 것은 잠깐이요 보이지 않는 것은 영원함이니라"(4:17-18). 따라서 우리는 보이는 것 너머로 보이지 않는 것을 바라보며, 잠깐뿐인 것 너머로 영원한 것을 바라보아야 합니다.

지난 여러 해 동안, 아시아에 있지 않을 때는 멋진 콘도에 우리 사무실을 갖고 있었는데, 주님께서 콜로라도스프링스에서 우리에게 공급해 주신 것입니다. 우리 기도에 대한 응답이었습니다. 그것은 외관이 아주 특이하고, 거실과 현관에서는 파익스 봉(峰)이 선명하게 보이고, 작은 산들이 넓게 펼쳐져 있는 것도 보였습니다. 정말 아름다웠습니다. 그러나 완벽한 것은 아니었습니다. 앞을 바라보면 다른 콘도들과 그 차고들의 뒷면이 보이는 것이었습니다. 앞면의 경치를 감상할 때는 이 홈에 눈길이 가지 않도록 조심하라는 말을 들었지만, 내게는 그것이 문제가 안 된다고 생각했습니다. 수십 년 동안 우리는 아름답지 않은 것, 때로는 추하기까지 한 것의 위를, 그리고 그 너머를 바라보는 훈련을 했고, 그리하여 우리를 둘러싼 환경 속에서 아름다움을 즐길 수 있었습니다. 적어도 나는 다른 콘도들과 그 차고들의 모습이 그렇게 볼품없는 것은 아니라고 생각했습니다.

그때 이런 생각이 들었습니다. '저 콘도들과 차고들의 모습이 자꾸 신경이 쓰이기 시작하면 어떡하지? 저것들에 대한 생각이 내 마음을 가득 채워 나의 기쁨을 망치면 어떡하지?' 나는 아주 사소해 보이는 이 문젯거리를 사용하여 유익을 누리기로 결심했습니다. 내 눈에 보이는 그 홈이 타락한 세상에서 삶의 모습이 어떠한지를 상기시키도록 했습니다. 이생의 삶은 결코 온전하지 않으며, 결코 나의 꿈이나 기대에 완전히 부합되지는 않습니다. 진정한 기쁨을 원한다면 항상 그 위와 너머를 바라보아야 합니다. 위를 바라본다는 것은 영광과 능력의 하나님(산보다 더 위엄이 있는 분) 안에서 기뻐하는 것이요, 너머를 바라본다는 것은 장차 하나님과 함께하게 될 영광스러운 미래를 바라보며 기뻐하는 것입니다. 또한 시련과 스트레스 속에서도 기뻐할 수 있습니다. 그것이 나로 더 높이 더 멀리 바라보게 하며, 이 땅의 덧없는 것이 아니라 위에 있는 것에 마음을 두도록 해주기 때문입니다.

따라서 화려한 장관을 내다볼 때 그 차고들이 눈에 띄면, 나는 경치가 그리 완벽하지 않은 사실로 인해 오히려 크게 기뻐하는 쪽을 선택합니다. 그 차고들이 보이면, 위와 너머에 있는 것에 마음을 고정시켜야 한다는 사실을 상기합니다. 왜 시간적인 압박이나 그 밖의 여러 가지 시련들에 나의 관심을 고정하겠습니까? 마음먹기에 따라, 삶의 문제들이 나의 시야를 가득 채우게 할 수도 있고, 그 문제들 위를 보면서 살 수도 있습니다.

잠시 멈추고, 다음 질문을 스스로 던져 봄으로 주님 앞에서 당신의 마음을 살펴보십시오. "나는 현재의 시련을 하나님의 사랑을 더욱 깊이 알아 가기 위한 디딤돌로 받아들이고 있는가? 아니면 그 시련에 대해 원망하고 있으며, 걸림돌로 만들어 걸려 넘어지고 있는가?" 당신은 지금 삶의 기초를 뒤흔드는 것 같은 엄청난 시련을 맞이하고 있을지 모릅니다. 아니면 애니 존슨 플린트가 말한, '조그만 괴로움들이 우리를 성가시게 하며, 삐걱거리는 소리를 내는 바퀴가 우리의 기쁨을 손상시키는 상태'에 있을 수도 있습니다. 각각의 시련은 크든 작든 변장한 하나님의 사랑의 선물입니다. 각각의 시련을 통해 하나님께서는 당신의 문을 두드리고 계시며, 친밀해지고 싶어하시고, 당신을 더욱 가까이하기 원하시며, 당신의 삶 속에서 더 크고 더 좋은 일을 행하기 원하십니다.

하나님께서는 사랑하시는 자를 채찍질하십니다(히브리서 12:6 참조). 하나님께서는 시련을 사용하여 자신의 가족인 모든 자녀를 훈련하시는데, 거기에는 당신도 포함됩니다. 당신은 하나님의 영원한 열망이 실현된 것입니다. 하나님께서는 당신을 너무나 자상하게 보살피시기 때문에 있는 그대로 내버려두지 않으십니다. 시련은 하나님께서 당신을 사랑하신다는 증거요, 당신이 하나님께 얼마나 보배로운지를 보여 주는 증거입니다. 시련은 당신 안에 있는 모난 부분들을 깎아 내며 당신의 영적 정서적 삶 속에 자라는 해로운 것들을 제거합니다. 시련은 당신이 피상적이고 단기적인 행복에 안주하지 않게 하여, 더 많은 날 동안 더 많은 순간에 하나님의 사랑 속에서 살게 합니다.

아버지 하나님, 저의 사랑을 받아 주소서. 주님의 한없는 사랑과 지혜로 인하여 주님을 찬양하고 송축합니다. 제 삶을 위한 주님의 완전하고도 애정 어린 계획에 대해 감사드립니다. 말씀을 통하여 주님의 사랑을 보여 주시니 감사드립니다. 시시때때로 성령께서는 제가 주님의 사랑을 받는다는 놀라운 사실로 말미암아 제 마음을 설레게 하십니다.

주님의 사랑을 더욱 친밀하게 알아 가게 하는 디딤돌로서 제 삶 속에 허락하시는 모든 시련들로 인해 감사드립니다. 이전에 겪었던 각각의 시련과, 그 시련을 통해 가르쳐 주신 모든 것에 대해 감사드립니다. 또한 제가 지금 겪고 있는 시련과 저의 미래를 위해 주님께서 사랑 가운데 계획해 두신 시련에 대해서도 감사드립니다. 주님, 시련이 올 때마다 그것을 주님께서 주시는 사랑의 선물이요, 주님과 더 친밀하고 더 풍성한 교제를 나누도록 부르시는 초청장으로 받아들이게 은혜를 베풀어 주소서.

예수님의 이름으로 기도드립니다.

묵상, 기도, 그리고 적용을 위한 질문

이 장에서 하나님께서 당신에게 특별히 말씀해 주신 성경 구절이나 진리는 무엇입니까? 이로부터 최대의 유익을 얻기 위해 무엇을 하겠습니까?

제 5 장

놀랍고 위대하신 하나님

"온전한 사랑." 요한일서 4:18에서 하나님의 사랑을 그렇게 묘사하고 있습니다. 하나님의 사랑은 완전하기 때문에 수준을 더 높일 수가 없습니다. 더 이상 좋아질 수가 없습니다. 이미 흠이 없고 충만하고 완전하기 때문입니다. 하나님께서는 이미 우리를 완전하게 사랑하고 계시며, 따라서 결코 우리를 더 사랑하시게 하려고 애쓸 필요가 없습니다!

하나님의 사랑은 유일하게 완전한 사랑입니다. "보라, 아버지께서 어떠한 사랑을 우리에게 주사 하나님의 자녀라 일컬음을 얻게 하셨는고"(요한일서 3:1). 그 사랑은 너무나 완전한 사랑이라 우리에게 생소하게 느껴지는 사랑입니다. 그것은 사람들의 사랑과는 깜짝 놀랄 정도로 다른 사랑, 기쁨이 넘치게 하는 사랑, 우리 마음을 사로잡는 사랑입니다. 그 사랑은 여느 사랑과 너무나 달라 그것을 다 파악하는 것은 우리의 타고난 이해 능력으로는 불가능합니다. 하나님의 사랑은 이땅의 그 어떤 사랑보다 더 뛰어나기 때문입니다. 흠 없고, 한계가 없고, 손상되지 않고, 당신의 일생을 통해 매일 매순간 누릴 수 있는 사랑. 이러한 사랑은 절친한 친구나 가장 사랑하는 사람도 당신에게 줄 수 없습니다. 하나님의 사랑이야말로 유일하게 완전한 사랑입니다.

하나님의 사랑이 완전한 이유가 있습니다. 그 사랑은 하나님이 어떤 분이시냐 하는 것과 떼어놓을 수 없는 관계에 있기 때문입니다. 오랜 세월 동안 하나님을 생각하면서, 나는 하나님 안에 여러 특성이 경이롭게 섞여 있는 것을 알고 놀라움을 금할 수 없었습니다. 나는 하나님의 강한 면을 생각하기도 좋아하고, 부드러운 면을 생각하기도 좋아합니다. 대개 사람들은 강함과 부드러움의 균형을 잘 이루지 못하지만, 하나님은 균형을 잘 이루고 계십니다. 하나님 안에서 그 둘은 완벽하게 섞여 있습니다.

하나님의 강한 면이란, 능력이 많으시고, 위엄이 있으시고, 거룩하시고, 영광스러우시고, 의로우시고, 절대 주권을 가지고 계시다는 것을 의미합니다. 하나님은 온 우주의 최고의 통치자요 전능하신 통치자이십니다. 그리고 하나님의 부드러운 면이란, 온유하시고, 기쁨으로 맞아 주시고, 은혜로우시고, 친절하시고, 선하시고, 자비로우시고, 이해심이 많으시다는 것을 의미합니다. 어떤 번역에서는 에베소서 1:8이 이렇게 되어 있습니다. "그분은 우리에게 풍성한 은혜를 쏟아 부어 주셨습니다. 그분은 우리를 가장 잘 이해하시고 항상 우리에게 가장 좋은 것이 무엇인지 아시기 때문입니다."

이 모든 속성(그 밖에도 많음)이 하나님의 사랑의 배후에 자리 잡고 있습니다. 그러므로 우리는 하나님의 속성 가운데 일부만 골라내며, 어떤 속성은 무시해 버리고 어떤 속성에만 초점을 맞추는 식이 되어서는 안 됩니다. 하나님의 모든 속성은 한데 엉켜 있고, 그 모든 것은 당신과 나를 향한 하나님의 개인적이고 친밀하고 완전한 사랑을 강화시켜 줍니다.

하나님의 속성과 나와의 관계

하나님의 모든 속성들을 깊이 생각해 보는 것이 좋은 이유가 또 있습니다. 이를 통해 우리 자신에 대해 더 많이 알게 되기 때문입니다. 왜냐 하면, 하나님께서 우리가 누구인지를 말씀에서 직접적으로 명확하게 언급하고 계시기도 하지만, 하나님에 관한 모든 것 또한 당신과 나에 관해 어떤 것을 보여 주기 때문입니다. 다시 말해, 하나님의 자녀요, 친구요, 보배요, 거하시는 처소인 우리에 관해 보여 주는 바가 있다는 말입니다. 친밀한 내적 연합을 통하여 우리는 하나님과 하나가 되었으며, 그 연합은 절대로 끊어지지 않습니다.

예를 들어 보겠습니다. 이 책에서 하나님의 사랑을 탐구하면서 우리는 '하나님께서 완전한 사랑을 가지고 계신다는 것은 내가 완전한 사랑으로 사랑받고 있다는 말이구나'라고 생각할 수 있게 됩니다. 그리고 하나님의 무한한 능력에 대해 배워 갈 때, '나는 안전하며, 어떤 것도 나를 해칠 수 없지. 하나님께서 나를 전능하신 손 안에 안전하게 지켜 주고 계시기 때문이야'라고 확신할 수 있게 됩니다.

몇 가지 번역본을 참조해 가며 로마서 15:4-5을 공부한 적이 있는데, 그때 발견한 것은 하나님께서 인내와 안위(격려)의 하나님이시라는 것이었습니다. 인내하고 안위하는 것은 하나님께서 개인적으로 가지고 계신 태도입니다. 하나님께서는 우리와 관계를 맺으시며 우리 삶에서 역사하실 때 늘 인내하시며, 우리가 오르락내리락을 거듭할 때도 인내심 있게 참으십니다. 결코 실망하시거나 포기하지 않으십니다. 하나님께서는 우리의 인내와 안위의 원천이 되십니다. 우리로 하여금 인내로 우리 앞에 당한 경주를 할 수 있도록 해주시며, 그리스도를 통하여 그리고 말씀을 통하여 우리를 안위해 주십니다. 그래서 시편 기자는 "하나님은 내 마음의 반석이시요 영원한 분깃이시라"(73:26)라고 고백한 것입니다. 이 구절에 나오는 "내 마음의 반석"이라는 말은 "내 마음의 힘"으로 번역되기도 합니다. 바로 하나님께서 우리의 내적 힘이 되십니다.

하나님에 관한 사실 하나하나마다 나에 관한 어떤 사실을 나타냅니다.

우리 하나님께서 어떤 분이신지 알면 우리는 자신이 하나님께 사랑받고 있으며 안전하다고 느낄 수 있습니다. '실제로' 우리는 사랑받고 있으며 안전하기 때문입니다. 이것은 사실이며, 하나님께서는 우리가 그 사실을 알고 우리 자신에 대해 그렇게 생각하기를 원하십니다. 하나님께서는 우리가 그분 자신을 알기 원하십니다. 하나님에 대해 알고 있는 사실 하나하나가 우리 속에서 어떤 일을 행하기 때문입니다. 우리에게 격려를 주고, 자신감을 줍니다. 우리 머리를 높이 들 수 있게 합니다. 교만 때문이 아니라 하나님의 사랑 때문에 말입니다.

이 때문에, 성경에 나와 있는, 하나님에 관한 여러 진리를 탐구할 때 그토록 신이 나는 것입니다. 그러한 진리들을 이 장에서 간략하게 살펴보도록 하겠습니다. 그 진리들은 하나님의 사랑을 더욱 온전히 알고 감사할 수 있게 합니다. 하나님께로 시선을 돌려 경배하고 찬양하고 송축하게 도와줍니다. 또한 하나님을 바라보며 의지하고, 하나님께 믿음을 두도록 도와줍니다. 하나님께서 어떤 분이신지 잘 알수록, 하나님을 더 신뢰하며 그분의 깊은 사랑 안에서 쉼을 더 누릴 수 있습니다.

모든 면에서 매력적인 하나님

하나님에 관한 사실 하나가 나에게 동기를 부여하여 그분의 속성을 탐구하게 합니다. 그것은 바로 하나님께서는 모든 면에서 매력적인 분이시라는 사실입니다. A. W. 토저는, 하나님께서 "모든 존재 중에서 가장 우리 마음을 끄는 분"이라고 했습니다. 하나님의 매력에 초점을 맞출 수 있는 곳이 시편 45편입니다.

앞에서 대드 바이어스라는 사람에 대해 언급한 적이 있습니다. 그는 남부 신사로서 해마다 우리 학교 채플 예배에서 말씀을 전하기 위해 왔는데, 그리스도의 빛을 발하는 사람이었습니다. 그런데 어느 해가는 꼬박 일주일 동안 시편 45편의 내용만을 자세히 살펴보겠다고 했습니다. 나는 '어떻게 일주일 동안이나? 겨우 열일곱 절밖에 안 되는데'라고 생각했습니다. 그러나 그가 이 시편에서 너무나 많은 보물을 캐내는 바람에 일주일 동안 3절까지밖에 못 나갔습니다. 그를 통해 시편 45편을 한번 파고들고 싶은 마음을 갖게 되어 그 시편으로 돌아가 많은 시간을 쏟아 부었습니다. 이제 시간을 내어 그 시편을 함께 살펴보고 싶습니다.

이 시편은 왕의 신부로 택함받은 어떤 처녀를 배경으로 하고 있습니다. 그 왕은 뛰어나고 최고로 찬양받기에 합당한 왕입니다. 그 처녀는 결혼식을 올리기 위하여 왕궁으로 인도되었습니다. 말할 것도 없이 그녀는 그 나라에 있는 모든 처녀들에게 부러움의 대상이 되었습니다. 그런데 그녀는 무엇을 하고 있었습니까? 떠나온 집이 그리워서 눈물을 훔치고 있었습니다. 함께 지내던 사람들과 아비 집을 생각하고 있었습니다. 그들을 마음에서 지워 버릴 수가 없었던 것입니다. 그 행동은 이 놀라운 왕에게 합당한 신부답지가 않았습니다.

시편 기자는 그 상황을 보았고, 이를 바로잡기로 결심했습니다. 하지만 그 처녀를 나무랐습니까? "너 어리석은 여자여, 그런 태도를 버리고 왕비처럼 행동하거라"라고 말했습니까? 아닙니다. 시편 기자는 책망이 아니라 적극적인 접근법을 사용했습니다. 그리하여 그 처녀가 왕께 굴복하고 싶어하게끔 만들려고 했습니다. 그래서 기자는 첫 아홉 구절을 그 신랑이 얼마나 놀라운 분이신지를 묘사하는 데 할애했습니다.

시편 기자는 이 비유를 통해 그 어떤 분을 칭송하고 있는데, 그분은 그 어떤 사람과도, 심지어 이 세상의 가장 위대한 왕과도 비교할 수 없을 정도로 뛰어난 분입니다. 하늘에 계신 우리의 왕이자 신랑이신 분이 얼마나 놀라운 분이신지에 초점을 맞춤으로, 이 비유는 기쁨으로 그분께 순복하도록 우리를 이끕니다. 시편 기자는 10절과 11절에서 자신의 호소에 응하도록 우리를 준비시켜 줍니다. 그 두 구절을 다음과 같이 풀어 쓸 수도 있습니다.

> 오, 딸이여, 듣고 생각하고 주의를 기울이라. 너의 하늘에 계신 신랑에게 응답하지 못하게 하는 그 어떤 것도 잊어버려라. 그리하면 왕이 너의 아름다움을 크게 사모할 것이다. 그분은 너의 주이시기 때문이다. 그분을 경배하여라.

주 예수님께서 어떤 분이신지 정말로 안다면 예수님께 사로잡히지 않을 수가 없습니다. 예수님께서는 그러한 매력을 이땅에 계실 때도 가지고 계셨습니다. 예를 들어 보겠습니다. 예수님께서 세관에 앉아 있는 레위에게 "나를 따르라"고 하셨습니다. 당신도 그 기사를 기억하실 것입니다. 레위는 비록 유대인들에게 멸시를 받는 존재이기는 했지만 돈벌이가 잘되는 직업을 가지고 있었고, 아마도 부유층 사람들과 어울렸을 것입니다. 그래서 예수님을 따르기 위해서는 많은 것을 포기해야 했을 것입니다. 그러나 예수님께는 뭔가 끌리는 게 있었습니다.

그의 심정이 다음 시에 잘 표현되어 있습니다.

> 나는 그분의 부르심을 들었소.
> "나를 따르라."
> 그게 전부였소.
> 내가 가지고 있던 목표는 사라져 갔소.
> 내 영혼은 그분께 이끌렸소.
> 나는 일어나 따랐소.
> 그게 전부였소.
> 그분이 부르시는 소리를 듣고서
> 따르지 않을 자 그 누구이겠소?

예수님을 주시해 본다면 마음을 다해 전적으로 따르고 싶은 마음이 일어나리라 믿습니다. 이미 예수님의 소유가 되기로 전폭적인 헌신, 아무 조건 없는 헌신을 했다 할지라도, 우리는 하나님의 뜻을 발견하고 택하는 면에서 계속 발전해 갈 필요가 있습니다. 세월이 흘러갈 때 주님께서는 우리 삶에서 한 영역씩 새롭게 차지해 가시며, 우리가 삶에서 더욱 온전하게 주님의 것이 되도록 하십니다.

시편 45:1에서, 시인은 "제가 왕께 말씀을 드리려고 하니, 마음속에서 '좋은 말'이 솟아 나와 흘러 넘칩니다"라고 합니다. 그리고는 왕 되신 분께 "왕은 인생보다 아름답습니다"라고 고백합니다(2절). 이 말은 "왕은 인생들 중에서 가장 뛰어난 분입니다"로 번역되기도 합니다. 무슨 말입니까? 우리 왕은 성품과 아름다움에서 모든 인간 위에 뛰어나다는 의미입니다.

너무나 훌륭해 감탄을 자아내는 사람들이 있습니다. 감탄을 자아낸다는 것이 어떤 것인지 아실 것입니다. 당신과 나, 그리고 우리 친구들이 다 모여서 자기가 알고 있는 사람 중에 가장 감탄을 자아내는 사람 두 명씩을 뽑아 본다고 합시다. 그리고 나서 그들 각자에게 있는 가장 뛰어난 장점을 한 가지씩 취하여 한 사람에게 옮겨 놓는다고 생각해 보십시오. 굉장히 놀라운 사람이 되지 않겠습니까? 그러나 그 사람도 놀라우신 우리 주님과는 비교가 되지 못할 것입니다. 왜냐 하면 주님께서는 모든 인생 중에서 가장 뛰어난 분이기 때문입니다. 모든 인간들의 훌륭한 점을 다 모아 놓은 사람이 있을지라도, 우리 왕 되신 주님께서는 그 사람보다 훨씬 더 뛰어난 분이십니다.

주님께서는 진정 아가 5장에서 신부가 묘사하고 있는 그 신랑이십니다. 그 신부는 자기가 생각해 낼 수 있는 가장 좋은 말을 다 동원하여 신랑을 묘사하되, 신랑을 자기 머리로 생각할 수 있는 가장 값진 것, 즉 금과 상아와 보석 같은 것에 비유합니다. 그리고 나서 16절에서 "그 전체가 사랑스럽구나"라는 말로 마무리합니다. 이는 "모든 면에서 매력적이구나"라는 의미입니다.

우리의 사랑을 원하시는 분은 바로 이러한 분이십니다. 그분은 우리가 성경으로 와서 그분 자신이 진실로 얼마나 매력적인 분인지를 발견하기 원하십니다. 그렇게 할 때, 우리 속 깊은 곳에서 경배하고픈 마음이 우러나옵니다. 주님께서는 우리의 타고난 필요를 채워 주시기 때문입니다. 그 필요란, '나중에 환멸을 느끼게 되지나 않을까?' 하는 두려움 없이 누군가를 마음놓고 찬양하고 싶어하는 것입니다. 예레미야 10:7은 이렇게 말합니다. "열방의 왕이시여, 주를 경외치 아니할 자가 누구리이까? 이는 주께 당연한 일이라. 열방의 지혜로운 자들과 왕족 중에 주와 같은 자 없음이니이다." 모든 시대, 모든 나라의 모든 지혜롭고 위대한 사람들을 다 모아 놓아도 우리 왕께는 결코 미치지 못합니다. 주님께서는 지금까지 산 모든 이들 중에 가장 뛰어난 분입니다.

그래서 시편 45편에서 시인은 신부에게 그의 놀랍고 사랑스러운 신랑이 어떤 분인지 설명해 줍니다. 우리는 그 처녀가 왕과 사랑의 관계를 발전시키기 위해 왕에게로 나아가지 않고 어리석게도 자기 방에 혼자 있는 것을 봅니다. 그 시편의 나머지 부분에서, 시편 기자는 은총과 풍부와 아름다움이 왕과 함께하고 있음을 보여 줍니다. 왕께는 기쁨과 즐거움이 있으며, 상아로 꾸민 왕궁은 향기와 황금과 음악으로 가득 차 있습니다. 지금 이땅에서 그 왕과 더불어 살 때, 그분의 모든 매력적인 것들이 우리의 기쁨을 더해 줍니다. 그리고 하늘의 궁전에서 영원토록 함께 살도록 우리를 불러 주실 그때, 우리는 그 모든 것들을 더 온전히 즐기게 될 것입니다. 누구와도 견줄 수 없는 우리 왕께서 가지고 계신 계획은, 우리에게서 무엇을 빼앗아 가려는 것이 아니라 우리를 부요케 하려는 것입니다.

우리가 사랑하는 왕께서는 우리 각 사람을 완전한 사랑으로 사랑하십니다. 왕에 관한 사실 하나하나는 그분의 사랑과 우리 자신에 대해 뭔가를 말해 줍니다.

하나님의 완전한 능력과 위대함

완전한 능력을 가지고 계시고, 위대하시고, 지극히 높으신 우리 하나님께서 완전한 사랑으로 우리를 사랑해 주십니다.
　시편 45편의 3절과 4절은 내가 어렵고 힘들 때 특히 잘 사용하는 구절입니다. 이 구절들에서는 시편 기자가 왕께 다음과 같이 말씀드리고 있습니다.

　　능한 자여, 칼을 허리에 차고
　　왕의 영화와 위엄을 입으소서.
　　왕은 진리와 온유와 공의를 위하여
　　위엄 있게 타고 승전하소서.
　　왕의 오른손이 왕에게 두려운 일을 가르치리이다.

　이것은 기도뿐 아니라 경배와 찬양을 위해서도 좋아하는 말씀입니다. 이 구절은 찬양하는 태도로 나 자신과 다른 사람들의 승리를 위해 간구하도록 도와줍니다. 찬양과 간구가 뒤섞여 있습니다. 그리고 이 구절은 우리의 사랑하는 이가 어떤 분이신지에 대해 몇 가지 사실을 보여 줍니다. 그 한 가지는, 그분이 능하신 분이라는 것입니다. 더 능한 이가 없습니다. 어떤 사람의 능력에 대해 감탄하게 되면, 필요할 때 그를 의지할 수 있다는 것을 알지 않습니까? 이처럼 우리는 우리가 사랑하는 분 안에서 능력을 가지고 있습니다. 그분은 가장 능력이 뛰어나며, 우리는 모든 면에서 그분을 의지할 수 있습니다.
　하나님의 능력과 연관하여 매우 좋아하는 말씀이 또 있는데 예레미야 32:17입니다. 거기서 예레미야 선지자는 하나님께 이렇게 부르짖습니다. "슬프도소이다, 주 여호와여. 주께서 큰 능과 드신 팔로 천지를 지으셨사오니 주에게는 능치 못한 일이 없으시니이다." 큰 능과 드신 팔로 천지를 지으신 분께는 행하기에 너무 복잡하고 골치 아프고 벅찬 일이 없습니다. 하늘과 땅의 모든 권세가 하나님의 것입니다.

열 구절 뒤에서, 하나님께서는 예레미야에게 응답하시면서 자신의 능력에 대해 분명하게 말씀하십니다. 이 구절에서는 천지를 창조하는 능력말고 또 다른 능력에 대해 언급하십니다. "나는 여호와요, 모든 육체의 하나님이라. 내게 능치 못한 일이 있겠느냐?"(27절). 하나님께서는 다음과 같이 말씀하신 것입니다. "그렇다. 나는 하늘과 땅을 만든 하나님이며, 그 일은 내 능력을 보여 준다. 그러나 나는 또한 사람들에게도 깊은 관심을 가지고 있는 하나님이다. 나는 모든 인간들의 하나님이며, 사람들을 좌우할 수 있고, 너희를 보호하고 돌볼 수 있다. 나는 무한한 능력을 가지고 사람들의 삶에 관여하고 있다."

바로 그런 것이 우리에게 필요하지 않습니까? 무한한 능력은 무한한 사랑과 결합되어 있으며, 그의 백성인 우리를 돕는 일에 온전히 드려집니다. 따라서 너무 큰 문제란 없습니다.

코리 텐 붐이 말했듯이, "천국에는 당황하는 일이 없습니다." 하나님께서는 결코 허둥대시지 않습니다. 하나님께는 모든 것이 쉽습니다. 그리고 기도는 하나님의 능력이 임하게 합니다. "기도는 하나님의 능하신 손을 움직이는 가냘픈 신경이다"라는 말이 있습니다. 기도를 통해 하나님께 눈을 돌리며, 우리의 요청하는 바를 아뢸 때, 우리가 깨닫게 되는 것은 하나님의 능력은 실로 한이 없다는 것입니다. 맹인으로서 많은 찬송가를 작시한 애니 존슨 플린트처럼 우리도 다음과 같은 사실을 깨닫습니다.

그분의 사랑 한이 없고, 그분의 은혜 한이 없네.
그분의 능력의 한계를 사람들은 알 수가 없네.

예수님 안에 있는 그분의 한없는 부요로부터
주시고, 주시고, 또 주시기 때문이라네.

시편 45:3은 또한 능하신 우리 왕의 "영화"와 "위엄"에 대해 말합니다. 다윗 왕이나 솔로몬 왕 당시의 사람들과는 달리 오늘날을 사는 우리는 왕의 영화와 위엄에 대해 잘 모릅니다. 그들은 참으로 위대한 왕이었으며, 그들의 왕국은 정말로 영광스럽고 찬란했습니다. 그러나 오늘날도 "왕" 하면 마음을 끄는 어떤 것이 있습니다. 인간의 마음은 자기가 따를 영광스럽고 위엄 있는 왕을 갈망하기 때문입니다. 그런데 우리는 그런 왕을 모시고 있습니다! 하나님께서는 위엄으로 옷 입고 계시는 분이시요, 높은 분이시요, 높이 들리신 분이시요, 영광스러운 분이십니다.

하나님의 위대하심

시편 기자는 이 두려워할 만한 왕에게 "능한 자여, 칼을 허리에 차소서"(3절)라고 간구합니다. 어떤 종류의 칼입니까? 신약성경에서 우리가 알게 되는 것은, 그것은 바로 그분의 입에서 나오는 말씀, 좌우에 날선 어떤 검보다도 더 예리한 말씀이라는 것입니다. 그 칼 앞에서는 어떤 적도 버틸 수 없습니다.

그리고 나서 시편 기자는 왕에게 호소합니다. "왕은 진리와 온유와 공의를 위하여 위엄 있게 타고 승전하소서"(4절). 나는 이 구절을 나 자신이나 다른 사람들이 맞이하는 여러 상황을 위해 즐겨 사용합니다. 이렇게 기도합니다. "하나님, 이 상황에서 위엄 있게 말을 타고 승전하소서. 대적의 악한 목적을 물리치소서. 그리고 하나님의 선하시고 기뻐하시고 온전하신 뜻을 이루소서."

내 삶 속에서 하나님께서 위엄 있게 말을 타고 승전하시는 것이 필요할 때가 많습니다. 육신적인 태도나 욕구 등, 쳐서 파해야 할 내적인 적 때문입니다. 하나님께서는 그러한 적보다 더 강하십니다. 또는 하나님께서 내가 감당할 수 없는 환경 속으로 말을 타고 오셔서 승전하시는 것이나, 사탄의 궤계나 공격을 물리쳐 주시는 것이 필요할 때도 있습니다.

눈여겨보십시오. 시편 기자는 왕께 "진리와 온유와 공의를 위하여 위엄 있게 타고 승전하소서"라고 간구하고 있습니다. 우리는 자신이 선호하는 사소한 것이나 비열한 싸움을 위해서, 주님께서 타고 오셔서 승전해 주시도록 기도할 수는 없습니다. 말하자면, 우리 마음에 들지 않는 것을 했다고 어떤 사람을 벌해 달라고 기도할 수는 없는 것입니다. 그러한 기도는 진리를 위한 것도 공의를 위한 것도 아닙니다.

그러나 정말로 보호가 필요하고, 보호를 받는 것이 마땅한 때가 많이 있습니다. 우리는 삶 속에서 만나는 폭풍우와 싸움 속에서 보호받는 것이 필요하며, 영적인 적들로부터 보호받는 것이 필요합니다. 우리 힘으로는 이길 수 없는 유혹이나 갈등 거리를 만나기도 합니다. 하나님께서는 결코 우리 힘으로 그런 것과 싸우기 원치 않으시며, 가장 능력 많으신 분을 의지하기 원하십니다. 또한 '말을 타고 달려오셔서, 그릇된 것을 물리치시며 옳은 것을 지켜 주시도록' 기도하기 원하십니다. 그래서 우리는 하나님께서 위엄 가운데서 바로 그렇게 해주시도록 기도합니다.

그리고 우리가 알고 있는 것은, 하나님께서는 말을 타고 싸움터로 나가실 때마다 승리하신다는 것입니다. 한 번도 지신 적이 없었고, 앞으로도 그럴 것입니다. 하나님께서는 승리자입니다. 예수님의 이름 자체가 바로 "승리자 여호와, 승리자 구세주"를 의미합니다. 주님께서는 모든 적들에게 승리자이십니다.

　언젠가 이런 말을 들은 적이 있습니다. "예수님께서는 승리하셨고, 승리하고 계시고, 승리하실 것입니다. 그러므로 혼자서 버둥대지 마십시오. 단지 그 품에 안기십시오." 코리 텐 붐 여사의 말입니다.

　몇 년 전에 시드니 러니어의 '글린의 습지'라는 시를 읽은 적이 있습니다. 그 시는, 한쪽에는 떡갈나무 숲이 있고 다른 쪽에는 바다가 있으며, 위에는 오후의 하늘이 펼쳐져 있는 습지를 그리고 있었습니다. 처음에 시인의 시선은 어둠침침한 숲에 머무는데, 그는 그 숲을 '슬픔에 빠진 영혼을 위한 장소, 기도하는 즐거움을 누리는 곳'으로 묘사합니다. 그러나 날이 저물어 가고, 지는 해에서 비스듬히 쏟아지는 노란 햇살이 '하늘로 향하는 통로 같을 때,' 그는 해변을 따라 펼쳐져 있는, 모래가 깔린 습지의 넓디넓은 공간으로 나아갑니다. 시인은 단조롭고 탁 트인 그 습지가 하나님의 임재를 상기시켜 줄 때 "웬일인지 나의 영혼은 별안간 자유로워진 것 같았다"고 읊습니다.

　그 시의 한 부분을 소개합니다.

> 습지의 새가 촉촉한 풀밭 위에 남몰래 둥지를 틀듯,
> 보라, 나는 하나님의 위대하심 안에 둥지를 틀리라.
> 습지와 하늘 사이 모든 공간을 꽉 채운 자유 안에서
> 습지의 새가 날아오르듯,
> 나는 하나님의 위대하심 안에서 날아오르리라.
> 습지의 풀들이 수많은 뿌리를 땅 속에 내리듯,
> 나는 진심으로 하나님의 위대하심을 꽉 붙잡으리라.

하나님께서 우리를 완전한 사랑으로 사랑하십니다. 그래서 하나님의 그 위대하심을 꽉 붙잡을 수 있습니다. 그때 우리는 알게 됩니다. 그 위대하심이 우리에게 안전을 주며, 우리 마음이 둥지를 틀 장소, 우리가 안주할 수 있는 장소를 준다는 사실을 말입니다. 동시에 하나님의 위대하심은 우리에게 자유를 주어 그 자유 안에서 날아오를 수 있게 합니다. 삶에서 자유와 안전을 누리기 원할 때 새롭게 알아야 할 것은, 하나님께서 얼마나 크고 위대하신 분이신가 하는 것입니다.

시편 기자는 바로 뒤이어 "왕의 오른손이 왕에게 두려운 일을 가르치리이다"라고 했습니다. 이 구절은 "왕의 오른손이 두려운 행동을 나타내소서"로나, "나아가 두려움을 불러일으키는 행동을 하소서!"로 번역될 수도 있습니다. 패배를 모르는 이 능하신 왕의 손에 우리 삶을 맡겨야 합니다. 그럴 때 하나님께서 우리를 위해 행하시는 놀라운 일들을 보고 두려움을 금치 못하게 될 것입니다.

시편 기자는 계속 왕을 찬양합니다.

> 왕의 살이 날카로워
> 왕의 원수의 염통을 뚫으니
> 만민이 왕의 앞에
> 엎드러지는도다.(45:5)

모든 원수가 하나님 앞에 엎드러져야 합니다. 시편 66:3은 어떻게 찬양해야 할지를 보여 줍니다. "하나님께 이렇게 아뢰십시오. '주님의 행동이 어찌 그리 엄위하신지요! 주님의 권세는 너무나 커서 주님의 원수들이 주님께 복종할 것입니다'"(NIV). 모든 원수가 하나님의 권세 앞에 굴복하고 있는 장면을 마음속으로 그려 보십시오.

　바로 이러한 왕께 도움을 요청할 수 있습니다. 그러면 그 왕께서는 사랑이 많으시고 변함없이 위대하신 분이셔서 언제나 응답하실 것입니다. 우리는 그 변치 않으심을 전적으로 의지할 수 있습니다. 이사야 40장은 하나님께서 얼마나 위대하신 분이신지를 잘 보여 줌으로 우리 가슴을 벅차게 하고, 마음 설레게 합니다. 오래 전에 그 장을 공부하면서 묵상된 것을 다음과 같이 적어 보았습니다.

변치 않으시는 하나님

모든 육체는 풀과 같고
덧없음이 들의 꽃과 같다.
한 세대 또 한 세대
꽃처럼 신선하고 향기롭게 피어나나
주님의 기운이 그 위에 불면
곧 마르고 시들어 버린다.
각 세대는 자취를 감춘다.
지나가고 다시 돌아오지 않는 바람처럼.

한 세대 또 한 세대 왔다가 사라지지만
우리 하나님의 말씀은
변치 않으며
위로를 준다.
살아 계신 하나님의 말씀,

영원하신 창조주는
비할 데 없이 위대하시고,
더할 나위 없는 권능을 가지고 계시나,
능하신 왕과 다정한 목자로서,
자기 백성들을 돌보시고,
찾아오신다.

주님께서는 위로하시며 정복하시고,
다스리시며 상을 주시고,
모으시며 안으시고 부드러운 손길로 인도하신다.
주님께서는 측량할 수 없는 것을 측량하시며
알 수 없는 것을 아시고,
우리가 시들고 사라져 가며
곤비해지고 완전히 넘어질 때
우리의 세세하고도 많고 많은 필요를 다 아신다.
주님께서는 손으로 세계를 붙드시며
성운(星雲)들이 그 길에서 벗어나지 않게 하시며
별들을 그 이름으로 부르시며
자신을 앙망하는 자에게 능력을 주신다.

주님의 말씀은 영원하고
주님의 용서는 확실하고
주님의 계획은 변치 않아 위로를 준다.
주님께서 약속하셨듯이 그대로 되리라.
주님께서 목적하셨듯이 그대로 이루어지리라.
주님의 마음의 계획들은 모든 세대에 미치리라.

실로 모든 육체는 시드는 풀이요,
그 아름다움은 빛 바래 가는 만족 거리요
그 힘은 낡아 가는 버팀목이라.
그러나 우리 하나님의 말씀은 영원히 서리라.

우리의 용사

이 모든 구절을 통해 중요한 교훈 하나를 배웠습니다. 하나님께서는 우리편이 되어 싸워 주시는 용사라는 것입니다.

고대 스페인에서 전해 오는 엘시드 이야기가 생각납니다. 그 이야기는 반은 지어낸 이야기이고 반은 실화입니다. 엘시드는 감탄을 자아낼 만큼 놀라운 인물이었는데, 왕의 용사였습니다. 누가 왕에게 도전해 오면, 엘시드가 나서서 왕을 위해 싸웠습니다. 왕은 무능하고 신뢰할 수 없는 인물이었으며, 자신을 위해 싸우는 이 훌륭한 사람에게 어울리지 않는 사람이었습니다. 그러나 엘시드는 신실하고 충성스럽게 왕의 편에 서서 싸웠으며, 마침내 엘시드의 삶으로 인해 왕의 성품은 바뀌기 시작했습니다.

신명기 33:26-29에서 보여 주듯이, 우리 하나님께서는 위엄 있고 영광스러우며 높고 영화로운 하나님으로서, 지체하지 않고 하늘에서 내려오셔서 우리를 보호하고, 돕고, 대적들을 물리쳐 주십니다. "영원하신 하나님이 너의 처소가 되시니, 그 영원하신 팔이 네 아래 있도다. …그는 너를 돕는 방패시요, 너의 영광의 칼이시로다!" 정말로 대단한 영광 아닙니까!

시편 45편처럼 이따금 깊이 묵상하기를 좋아하는 시편이 또 있는데 68편입니다. 여기서 다윗은 하나님을 묘사하고 있는데, 마치 거대한 독수리를 타신 듯이, 날개 달린 말을 타신 듯이, 하늘을 날아 내려오시고 광야를 달려오시는 하나님을 노래하고 있습니다. 왜 하나님께서 엄청난 권세를 가지고 이처럼 달려오실까요? 바로 우리를 돕기 위해 전속력으로 달려오고 계신 것입니다.

물론 하나님께서는 늘 우리와 함께하시며 날마다 우리 짐을 져주십니다. 그리고 시편 46:1에서 노래하고 있듯이, 하나님께서는 우리의 피난처시요 힘이시며, 환난 중에도 언제나 함께하시기에 즉시 만날 수 있는 큰 도움이십니다. 그러나 최고로 권세 있는 높은 자리에 앉아 계신 하나님을 생각하는 것도 축복이 됩니다. 하늘과 땅보다 훨씬 더 높은 곳, 대적하는 모든 세력보다 훨씬 더 높은 자리에 계신 하나님을 말입니다. 높은 권세를 가지고 계신 하나님을 생각할 때, 나는 하나님, 나의 능한 용사이신 하나님께서, 모든 것을 내려다 볼 수 있는 장소에서, 그리고 이길 수밖에 없는 권세 있는 자리에서, 말을 타고 달려오셔서 능력 있게 역사해 주시도록 기도합니다.

시편 68:4은 나로 확신 있게 기도하며 우리 위해 말을 타고 달려오시는 하나님을 찬양하게 도와준 적이 한두 번이 아닙니다.

> 하나님께 노래하며 그 이름을 찬양하라.
> 타고 광야에 행하시던 자를 위하여 대로를 수축하라.
> 그 이름은 여호와시니 그 앞에서 뛰놀지어다.

우리가 예배하는 하나님은 얼마나 놀라운 분인지 모릅니다. 하나님은 우리의 찬양을 받으시기에 합당하시며, 그분 앞에 기뻐 뛰놀 때 우리의 가슴은 벅차 오릅니다. 시편 68편을 살펴보면, 하나님께서는 광야 같은 인생에 개입하시며, 고아와 과부와 고독한 자와 갇힌 자와 가난한 자와 목마른 자의 필요를 채워 주시는 것을 봅니다. 또한 이 시편은 하나님께서 필요를 넉넉하게 채워 주시는 것을 보여 줍니다. 7-9절을 읽어 봅시다. "주께서 광야를 거쳐 주의 백성을 인도하셨을 때… 주께서 흡족한 비를 내려 주셔서 황폐한 주의 땅을 회복하셨으므로"(현대인의 성경). 우리가 찬양하는 하나님께서는 우리에게 깊은 관심을 갖고 계시며, 우리가 그분을 의뢰하면 우리를 돌보시는 일에 전적으로 자신을 드리십니다.

이 시편은 우리의 찬양을, 타고 광야에 행하시는, 사랑 많고 능하신 하나님을 위하여 대로(大路)를 닦는 것과 연관시킵니다. 이와 비슷하게, 시편 50:23에서는 감사를, 구원하시러 오시는 하나님을 위해 길을 닦는 것과 연관시키고 있습니다. 어떤 번역에서는 다음과 같이 되어 있습니다.

　　감사로 제사를 드리는 자가 나를 영화롭게 하나니,
　　그는 길을 예비하여,
　　내가 그에게 하나님의 구원을 보이게 한다.

찬양과 감사를 통하여 우리는 대로를 닦을 수 있는데, 이 대로를 통하여 하나님께서는 아무 방해를 받지 않고 전속력으로 달려오셔서 우리를 구하고 필요를 공급하십니다.

이 시편 기자들이 가지고 있는, 찬양하고 전적으로 신뢰하는 태도가 좋지요? 그들처럼 우리도 이렇게 기도할 수 있습니다. "주님, 주님께서는 놀라우시고, 엄위하시고, 능력이 많으시고, 은혜로우시고, 돌보시는 하나님이십니다. 우리가 주님을 의지할 때 승리를 얻으며, 풍성한 복을 얻을 수 있습니다."

나는 시편 68편을 이용하여 찬양과 간구를 할 때가 자주 있는

데, 다른 구절에 나오는 진리도 함께 사용합니다. 예를 들면, 시편 63:1, 97:3-5, 이사야 57:15, 마태복음 5:3과 같은 구절인데, 여기서 심령이 "가난하다"라는 말은 "빈곤하고 무력하다"로 번역할 수도 있습니다. 다음과 같은 찬양으로 시작할 때 하나님께서는 나의 마음을 준비시키셔서 확신을 가지고 기도하도록 해주십니다.

"하나님, 지존하신 하나님이요, 온 땅을 다스리시는 위대한 왕이신 하나님께 찬양을 드립니다. 하나님께서는 높으신 분이요, 높이 들리신 보좌에 계신 분이요, 거룩하다 이름하시며 영원히 거하십니다. 하나님께서는 너무나 높은 곳, 우리 시선이 미치지 않는 곳에 거하시며, 시간과 공간의 제약을 받지 않으십니다!

"지극히 높은 하늘을 타고 행하시는 하나님을 찬양합니다. 하나님께서는 위엄 가운데 하늘을 전속력으로 달려오셔서 우리를 도우십니다. 하나님께서는 땅으로 내려오사 우리 삶의 광야를 가로질러 타고 달려오시며, 고아와 과부와 고독한 자와 갇힌 자와 가난한 자와 곤핍한 자들을 도우십니다. 우리가 자기 힘으로 하나님께 순종하기가 얼마나 힘든지를 깨달을 때, 짐에 눌려 있어 거기서 벗어나야 할 때, 물이 없는 메마르고 목마른 땅에 거할 때, 하나님께서는 타고 달려오사 우리를 도와주십니다.

"하나님, 하나님께서 광야를 행군하실 때에 땅이 진동하고, 하나님께서 임재하시니 하늘도 흔들립니다. 하늘이 비를 흡족히 내려 우리를 새롭게 하고 소성케 하며 우리의 필요를 채워 줍니다.

"그리고 우리 대적들은 하나님 앞에서 도망합니다. 바람이 연기를 날려 흩어지게 하듯이 하나님께서 그들을 불어 흩어지게 하시며 도망가게 하십니다. 하나님께서 임하시면 산더미 같은 사탄의 방해도 불 앞에 밀처럼 녹아 버립니다.

"하나님께서는 가장 능하신 분이시며, 두렵기 짝이 없는 용사이시요, 탁월하고, 위엄이 넘치고, 늘 승리하며, 사랑이 많은 용사이십니다. 그러기에 오늘 하나님께서 ＿＿＿＿＿을(를) 위하여 타고 행하시기를 기도드립니다."

하나님의 위대하심을 자주 기억하라

나는 예레미야 10장 7절(앞에서 인용했음)과 더불어 6절을 사용하여 하나님의 위대하심을 찬양하기 좋아합니다.

> 여호와여, 주와 같은 자 없나이다.
> 주는 크시니
> 주의 이름이 그 권능으로 인하여 크시니이다.
> 열방의 왕이시여,
> 주를 경외치 아니할 자가 누구리이까?
> 이는 주께 당연한 일이라.
> 열방의 지혜로운 자들과 왕족 중에
> 주와 같은 자 없음이니이다.

크심(위대하심)과 권능에 있어서도, 그 밖의 다른 것에서와 마찬가지로, "주와 같은 자 없습니다." 우리는 한없이 크신 하나님, 너무나 위대하셔서 두려움을 불러일으킬 정도인 하나님을 자주 바라볼 필요가 있습니다.

여기에는 지극히 높은 자리에 계신 주 예수님을 바라보는 것도 포함됩니다. 주 예수님께서 어떤 자리에 계신지가 에베소서 1:20-22에 매우 아름답게 표현되어 있습니다. 거기서 바울은 우리 그리스도인들이 언제나 이용할 수 있는 하나님의 엄청난 능력에 대해 감격하고 있습니다.

> 그 능력[믿는 우리에게 베푸신 능력]이 그리스도 안에서 역사하사 죽은 자들 가운데서 다시 살리시고, 하늘에서 자기의 오른편에 앉히사 모든 정사와 권세와 능력과 주관하는 자와 이 세상뿐 아니라 오는 세상에 일컫는 모든 이름 위에 뛰어나게 하시고, 또 만물을 그 발 아래 복종하게 하시고 그를 만물 위에 교회의 머리로 주셨느니라.

우리 주 예수님께서는 바로 이와 같은 분이십니다. 그리고 주님께서 얼마나 크고 높으신 분이신지를 깨닫게 되면 우리는 내적으로 안정됩니다. 우리는 주님과 하나로 연합되어 있으며, 그것은 절대로 깨어지지 않는 연합이기 때문입니다.

내가 예배할 때 자주 사용하는 말씀이 또 있는데, 바로 역대상 29:11-12입니다. 거기서 다윗은 하나님을 잘 묘사하고 있습니다. 아직 그 구절을 잘 모른다면, 암송해 두면 도움이 많이 될 것입니다. 우리 중에 다윗처럼 힘있고 장엄한 문체로 하나님을 묘사할 수 있는 사람은 많지 않을 것이기 때문입니다.

> 여호와여,
> 광대하심과 권능과 영광과
> 이김과 위엄이 다 주께 속하였사오니
> 천지에 있는 것이 다 주의 것이로소이다.
> 여호와여, 주권도 주께 속하였사오니
> 주는 높으사 만유의 머리심이니이다.

부와 귀가 주께로 말미암고,
또 주는 만유의 주재가 되사
손에 권세와 능력이 있사오니
모든 자를 크게 하심과 강하게 하심이
주의 손에 있나이다.

지극히 능력이 많으시고, 만유의 머리가 되시는 높으신 하나님께서 바로 우리를 사랑하십니다. 그리고 이제 우리는 이에 보답하여 자발적으로 하나님을 사랑해야 합니다. 우리는 하나님을 찬양하고 예배하는 것이 얼마나 놀라운 특권인지를 너무나 쉽게 잊어버립니다. 예배할 때에 우리는 하나님의 마음을 기쁘시게 하는 찬양과 감사의 제사를 드리고 있으나 이를 깨닫지 못하는 경우가 더러 있습니다. 우리 각자가 하나님께 드리는 것, 즉 우리의 개인적인 사랑과 찬양은 독특하며, 온 우주에서 우리 외에는 그 누구도 드릴 수 없는 것입니다. 그것은 친밀함을 발전시키며, 하나님께서는 그러한 친밀함을 간절히 원하십니다. 그것은 또한 우리 하나님의 기쁨을 온전케 하는 데 도움이 됩니다. 아버지요, 우리의 사랑하는 이요, 우리의 친구요, 우리의 형제가 됨으로써 느끼시는 기쁨 말입니다.

우리가 예배하고 찬양하는 것은 하나님께 존귀를 돌리고 기쁨을 드리기 위해서입니다. 우리는 드리기 위해 예배합니다. 그러나 하나님께서는 훨씬 더 많은 것을 우리에게 되돌려 주십니다. 하나님께서 주시는 선물로는 그분을 더욱 풍성하게 경험하는 것, 내적으로 새롭게 되고 변화되는 것 등이 있으며, 실제 삶에서 축복을 해주시기도 합니다.

찬양은 기도할 때에 믿음을 키워 주기 때문에, 하나님을 위해

놀랍고 위대하신 하나님

길을 열어 수많은 유익을 가져오시게 합니다. 그렇게 되면, 더욱 하나님을 찬양하게 됩니다. 하나님께서 우리를 부르신 주된 목적은 하나님을 영화롭게 하고 영원토록 하나님을 즐거워하는 것인데, 찬양은 바로 이 목적을 성취하는 데 도움이 됩니다.

놀랍고 영광스런 왕이신 하나님, 주님 안에 엎드려 경배 드립니다. 여러 속성들이 주님 안에 놀랍게 조화를 이루고 있다는 사실이 기쁩니다. 주님께서는 얼마나 강하시고, 얼마나 부드러우신 분이신지요!

그리고 주님에 관한 사실마다 제게 관하여 어떤 것을 나타내며, 이로 인해 참으로 즐거움과 쉼을 누립니다. 제가 주님이 소유가 된 것은 너무나 놀라운 특권입니다!

완전한 사랑을 가지신 주님을 찬양합니다. 그 사랑은 한계가 없고, 변치 않으며, 신실한 사랑이요, 영원히 계속되는 사랑입니다. 그 사랑은 모든 사랑 중에 최고의 사랑입니다! 주님의 사랑은 완벽하게 저의 모든 필요를 채우며, 매일 매순간 수많은 방법으로 저를 부요케 하니 주님께 감사드립니다. 제가 완전한 사랑으로 사랑받고 있다니 기쁨을 이길 수가 없습니다!

주님, 주님께서는 전적으로 매력적인 분이시며, 모든 면에서 완전하고 아름다우십니다. 주님을 찬양합니다. 주님께서는 말씀을 통해 자신을 드러내 주셔서, 주님의 아름다움을 보며, 그것을 즐거워하고, 그 아름다움으로 제 영혼을 채울 수 있게 하셨기 때문입니다. 이 면에서 더욱 발전하도록 저를 가르쳐 주소서.

가장 능한 분이신 주님을 찬양합니다. 주님께서 하실 수 없는 정도로 어려운 일은 전혀 없습니다. 승리자이신 주님을 찬양합니다. 주님 앞에서는 어떤 적도 엎드러지고야 맙니다. 한없는 능력을 가지신 주님을 찬양합니다. 그 능력으로 저의 문제들과 어려운 상황들을 다 감당하실 수 있습니다. 주님께서는 진실로 저를 위한 분이시며, 환난 중에 늘 만날 수 있는 큰 도움이십니다. 주님, 오늘 제가 맞이하는 모든 일 가운데로 타고 달려오셔서 대적이 악한 목적들을 피하시고 승리하시며, 주님의 선하시고 기뻐하시고 온전하신 뜻을 이루소서. 주님이 위대하심을 마음을 다해 붙잡을 수 있도록 도와주소서.

예수님의 이름으로 기도드립니다.

묵상, 기도, 그리고 적용을 위한 질문

이 장에서 하나님께서 당신에게 특별히 말씀해 주신 성경 구절이나 진리는 무엇입니까? 이로부터 최대의 유익을 얻기 위해 무엇을 하겠습니까?

제 6 장

완전한 왕이신 하나님

우리를 위해 일하는 용사가 있습니다. 바로 사랑이 많으신 우리 하나님이십니다. 그 사랑은 완전한 사랑이며, 하나님의 완전한 능력, 그리고 위대하심과 뗄 수 없는 관계가 있습니다. 하나님께서는 온 땅을 다스리시는 왕이시며, 자기를 바라는 자들을 위하여 행동을 취하시는 하나님이십니다. 하나님의 눈은 온 땅을 두루 살펴보고 있습니다. 전심으로 자기에게 향하는 자들을 위하여 능력을 베푸시기 위해서입니다(이사야 64:4, 역대하 16:9). 사랑 많고 능력 많으신 이 하나님께서 너무나 우리를 위해 일하고 싶어하십니다.

나의 용사 되신 하나님을 필요로 한 적이 얼마나 많은지 모릅니다. 예를 하나 들어 보겠습니다. 딘이 이 세상에 있을 때, 늘 그와 진이 가족들을 위해 휴가 계획을 짰습니다. 세부적인 것 하나하나에 이르기까지 모두. 딘이 세상을 떠나자 진이 나와 아이들을 위하여 계속 이 일을 해주다가 메리와 함께 아시아로 돌아갔습니다.

그 후 우리는 콜로라도로 이사를 갔고, 혼자 힘으로 살게 되었습니다. 때때로 아이들과 짧은 여행을 했습니다. 그것도 즐거운 일이기는 했지만, 개인적인 휴가를 가끔 가졌으면 참 좋겠다는 생각이 들기도 했습니다. 그렇지만 나는 그런 휴가를 보낼 돈도 정말이지 없었고, 휴가 계획을 짜는 일도 좋아하지 않았습니다.

한번은 이런 일이 있었습니다. 네비게이토 선교회에서 일하는 분으로서, 내가 매우 고맙게 여기는 분이 있는데, 그가 한번은 이렇게 부탁을 해오는 것이었습니다. "집사람과 함께 휴가를 좀 다녀올 예정입니다. 집사람은 일에서 좀 떠나 쉴 필요가 있습니다. 휴가를 갔다 올 동안 우리 애들을 좀 맡아 줄 수 있겠습니까?" 나는 그 부탁을 들어주는 것을 특권으로 여겼습니다. 하지만 대적 마귀는 그때 이런 생각을 하게 만들었습니다. "네게 휴가가 필요하다는 것을 알아 줄 사람은 아무도 없구나. 넌 참 오랫동안 휴가다운 휴가를 가보지 못했어."

그와 같은 생각이 때때로 나를 괴롭히곤 했습니다. 어느 날도 '내 사정을 알아주며, 나를 위해 휴가 계획을 짜줄 사람이 없구나' 하고 생각하고 있는데, 문득 시편 4:1 말씀이 떠올랐습니다. "나의 의가 되시는 하나님이시여, 내가 부를 때 응답하소서. 내가 곤경에 처했을 때 나를 구해 주신 주여, 나를 불쌍히 여기시고 내 기도를 들어주소서"(현대인의 성경). "나의 의가 되시는 하나님"은 "나의 용사가 되시는 하나님"으로 번역되기도 합니다.

나는 하나님께 말씀드렸습니다. "하나님, 바로 그런 주님이 제게 필요합니다. 저를 위해 일하는 용사이신 주님 말입니다."

그리고 나서 이사야 41:14을 생각했습니다. "작고 보잘것없는 너희 이스라엘 사람들아, 두려워하지 말아라. 내가 너희를 돕겠다. 너희 구원자는 이스라엘의 거룩한 하나님이다"(현대인의 성경). '그래. 작고 보잘것없는 존재, 그게 바로 나구나' 하고 속으로 생각했습니다. 나는 스스로를 돌볼 수 없다는 점에서 작은 존재요, 종종 나 자신의 관심사 너머는 볼 수 없기 때문에 보잘것없는 존재입니다. 그래서 이렇게 기도했습니다. "주님, 제가 바로 그런 존재입니다. 그리고 저를 위해 일하는 용사이신 주님의 도움이 얼마나 필요한지 몰라요. 저에게 휴가가 필요할 때는 언제든지 주님께서 휴가를 주시고, 휴가 계획도 짜주시리라 믿어요. 제 휴가 문제를 주님께 온전히 맡깁니다."

좀 기다려야 했습니다. 1년쯤 기다린 것으로 기억됩니다. 그때 가까운 친구가 텍사스의 타일러에 있는 자기 집으로 나를 초청했는데, 항공료까지 부담해 주었습니다. 나는 거기서 쉬면서 친구들과 만나 시간을 보내기도 했고, 그들이 갖는 모임에도 참석했는데, 그 모임의 강사는 나의 생각을 깊게 해주었습니다. 나는 아무 비용도 들지 않는 휴가를 가졌습니다. 뿐만 아니라 친구들은 나를 데리고 쇼핑도 가고, 겨울 옷도 한 벌 새로 사주었습니다. (그때는 11월이었습니다.) 그때까지 그런 멋진 옷은 입어 본 적이 없었습니다.

거기에 있을 때 댈러스에 사는 한 친구가 나를 만나러 왔습니다. 그 친구는 떠날 때 내 손에 뭔가를 쥐어 주면서 말했습니다. "하나님께서 이것을 당신에게 주라고 말씀하셨어요." 나중에 보니, 200달러짜리 수표였습니다. 1963년에는 그것이 오늘날에 비해 훨씬 더 큰 돈이었습니다.

공항에서 콜로라도로 돌아갈 비행기를 기다리고 있는데, 내 친구의 아버지가 또 내 손에 뭔가를 쥐어 주었습니다. 비행기를 탄 후에 보니 100달러짜리 수표였습니다.

자, 공짜 휴가를 가며, 새 옷을 얻어 입고, 그만한 액수의 돈까지 받아서 집으로 오는 사람에 대해 들어 본 적이 많습니까?

그 다음해 봄, 내 친구는 나를 다시 텍사스로 초청하였습니다. 자기가 인도하는 성경공부의 참석자들과 함께 모임을 갖기 위해서였습니다. 이때 친구는 나를 데리고 나가더니 봄에 입을 옷을 한 벌 사주었습니다.

그래서 나는 하나님께서 나를 돌보시는 일에 매우 능하시다는 결론을 내렸습니다. 하나님께서는 타고 행하셔서 승리하실 수 있고, 사랑하는 자들 하나하나를 돌보실 수 있으며, 우리 자신보다 우리를 훨씬 잘 돌보실 수 있습니다. 하나님께서는 우리를 돌보십니다. 우리가 요청한다면, 그리고 우리의 삶과 환경 속에서 주님이 되시도록 해드린다면 말입니다.

선택은 우리에게 달려 있습니다. 우리는 스스로를 보호하고 지키려고 애쓸 수도 있습니다. 자신의 보잘것없는 것들을 의지하면서 말입니다. 아니면 자신의 모든 '권리'를 포기하고, 대신 이 놀라우신 왕께서 우리를 보살피시게 해드릴 수도 있습니다. 이 능력 많으신 왕께서는 진심으로 우리에게 가장 유익이 되는 것을 늘 생각하고 계십니다.

사실, 하나님께서는 우리 권리를 보호해 주시겠다고 약속하셨습니다. 그 권리가 진정 정당한 것이라면 말입니다. 시편 37편에서는, 분노와 불평을 버리고 하나님을 신뢰하며 우리 길을 하나님께 맡기라고 가르칩니다. 그럴 때 하나님께서는 진실로 우리를 위하여 역사하실 것입니다. "(하나님께서는) 환한 햇빛처럼 네가 바르다는 사실을 밝혀 주시며, 대낮같이 네 정직함을 드러내시리라"(6절, 현대어 성경).

하나님께 권리를 맡기고 자기 권리를 주장하려는 마음을 버린다면, 이땅에서든(오늘, 내일, 또는 지금부터 몇 년 후든) 영원한 세계에서든, 하나님께서는 자신의 때에 모든 잘못된 것을 바로잡으실 것입니다. 움켜 쥔 손을 기꺼이 펴며 권리들을 포기함으로 우리는 그 권리들을 능하신 하나님의 손에 맡깁니다. 하나님께서는 진리를 위하여 말을 타고 행하셔서 승리하시며, 우리의 권리를 옹호해 주시는 용사이십니다.

하나님의 완전한 절대 주권

시편 45:6에서 기자는 계속 왕을 찬양합니다. "하나님이여, 주의 보좌가 영영하며 주의 나라의 홀은 공평한 홀이니이다." 우리가 사랑하는 왕께서는 결코 보좌를 잃는 일이 없습니다. 하나님께서는 늘 모든 것을 통치하고 계시며, 언제나 절대 주권을 가지고 계십니다. 하나님께서는 왕들 가운데 하나가 아니라, 모든 왕들의 왕이십니다. 따라서 우리는 조금도 두려워할 필요가 없으며, 바로 지금도 승리하는 편에 속해 있다는 사실로 인해 크게 기뻐할 수 있습니다. 이 세상에서나 우리 자신의 삶에서 그 승리가 눈에 보이지는 않을 수도 있습니다. 그럼에도 우리는 기뻐할 수 있습니다. 승리하는 편에 속해 있기 때문입니다. 우리의 왕께서는 모든 무대의 배후에서 다스리고 계시며, 자신의 백성 하나하나를 위한 싸움에서 결코 지시는 법이 없습니다. 단순한 믿음으로 의지하기만 하면 됩니다. 하나님께서 통치하고 계시며 절대 주권을 가지고 계시다는 것을 분명히 볼 수 있는 날이 머지않아 올 것입니다. 그때는 누구나 눈으로 보고서 하나님께서 영원한 통치자이심을 알 것이요 인정하게 될 것입니다.

6절은 "주의 나라의 홀은 공평한 홀이니이다"라고 말합니다. 하나님의 홀은 정의의 홀입니다. 하나님께서 통치하시는 데 사용하시는 황금 홀은 공평하고 정의로운 홀입니다. 그래서 우리는 믿을 수 있습니다. 하나님께서는 우리 삶과 관련하여 절대로 실수를 하지 않으시리라는 것을 말입니다. 하나님의 명령과 결정은 언제나 지혜로우며 항상 최상인 것을 믿을 수 있습니다.

시편 기자는 계속해서 7절에서 "왕이 정의를 사랑하고 악을 미워하시니"라고 말합니다. 우리의 왕은 철저히 의로우시며, 우리를 향한 하나님의 사랑은 철저히 의를 겸비한 사랑입니다. 우리는 하나님께서 우리와의 관계에서 숨겨 둔 무슨 다른 동기가 있지는 않을까 전혀 의심할 필요가 없습니다. 하나님께서는 결코 우리를 부당하게 대하거나 해를 가하지 않으십니다. 선하지 않은 것은 어떤 것도 하지 않으십니다. 따라서 우리 자신을 완전히 드려서 하나님을 사랑하고 의지할 수 있습니다. 우리는 세상의 높고 낮은 위치에 있는 사람들의 부패에 대해 들으며, 전적으로 의지할 수 있는 사람이 별로 없다는 것을 알게 됩니다. 그러나 하나님께서는 전적으로 의지할 만한 분입니다. 하나님의 정부에는 부패가 전혀 없습니다. 어떤 종류의 부패도 없습니다. 이 사실이 얼마나 큰 평안을 느끼게 하는지 모릅니다. 완벽하게 하나님께서는 우리에게 필요한 그런 통치자이십니다.

모든 것의 복되신 통치자

몇 년 전의 일입니다. 차고에서, 싱가포르에서 미국으로 돌아올 때 부쳤던 상자 가운데 하나를 풀고 있었습니다. (상자 정리는 몇 달 동안 걸쳐 해야 할 큰 일이었는데, 잠시 한번 열어 본 것입니다.) 그때 그 상자에서 몇 년 전에 친구가 만들어 준 것이 나왔는데, 디모데전서 6:15의 일부를 수놓은 자수였습니다. 필립스 역으로 된 그 말씀은 이렇게 되어 있었습니다. "하나님은 만물의 복되신 통치자이시다." 나는 그것을 자주 볼 수 있도록 침실 문 안쪽에 걸어 두었습니다. 그때부터 나는 지금까지, 이 상황 저 상황에서, 밤에도 낮에도, 이 구절을 묵상하고 또 묵상했습니다. 하나님께 이렇게 말씀드립니다. "주님께서는 복되신 분이십니다. 정이 많고, 자상하시고, 후하시고, 은혜로우십니다. 그리고 주님께서는 모든 것을 다스리고 계십니다. 주님께서는 지극히 높으신 분으로서, 주님을 사랑하는 모든 사람들의 삶에서 주님께서는 모든 것을 합력하여 선을 이루십니다."

참으로 평안을 느끼게 하는 말씀입니다!

한 15년 전 워렌은 이 동일한 구절이 인도의 어느 가정에 걸려 있는 것을 보았고, 그에게도 나처럼 감명을 주었습니다. 그때 그는 이렇게 썼습니다.

> 이 진리가… 내가 그것을 본 이후로 지금까지 나의 생각과 기도를 주장하고 있으며, 믿음과 찬양하는 삶을 크게 강화시켜 주고 있다. 그 진리는, 나에게 일어나는 사건들과 내게 영향을 주는 것들과 우연한 것처럼 보이는 만남들을 하나님께서 주관하신다는 것을 신뢰하고 감사하게 해주었다. 또한 고의든 아니든 나를 불편하게 하거나, 거스르거나, 내게 부당해 보이는 요구를 하는 사람들에게, 올바른 태도와 반응을 나타내게 도와주었다. 이것은 내가 즐거워해야 할 특별한 이유가 된다. 은혜로운 마음으로 인내하는 것은, 특히 다른 문화권을 여행할 때 느끼는 압력에 대해서 인내하는 것은 내게 어려운 경우가 많기 때문이다. 그 구절 전체를 통해 얼마나 격려를 받았는지 모른다. 그 구절이 내게 상기시켜 주는 것은, 하나님께서는

항상 통치하고 계시며 자신이 보내시고 허락하시는 모든
것을 통해 언제나 우리를 복 주시고자 하신다는 것이다.
"하나님은 복되시고 홀로 한 분이신 능하신 자이며, 만
왕의 왕이시며 만주의 주시요, 오직 그에게만 죽지 아니
함이 있고, 가까이 가지 못할 빛에 거하시고, 아무 사람도
보지 못하였고, 또 볼 수 없는 자시니, 그에게 존귀와 영
원한 능력을 돌릴지어다. 아멘."

다스리고 계신 분은 언제나 하나님이십니다. 에베소서 1:11에
서는 하나님께서 모든 일을 그 마음의 원대로 역사하신다고 말
합니다. 모든 일을 말입니다. 당신을 고통스럽게 하거나, 혼란스
럽게 하거나, 당황스럽게 하거나, 더 힘들게 하는 환경도 우연의
산물이 아닙니다. 누군가가 말했듯이, "하나님께는 아무것도 우
연이 아니며, 아무것도 우발적이지 않으며, 어떤 경험도 헛된 것
이 아닙니다." 하나님께서는 이러한 것들을 허락하실 때 어떤 목
적을 가지고 역사하고 계십니다. 하나님께서는 우리를 돌보고 계
시며, 합력하여 선이 되지 않는 일은 허락지 않으십니다. 약속하
신 그대로입니다.

이 모든 사실은 알기만 할 것이 아닙니다. 하나님을 찬양할 거
리가 되는 것입니다. 나의 경건한 친구 헬렌 모컨이 '할렐루야'라
는 말에 대해 했던 말이 생각납니다. "이 말을 사용해 보세요. 요
리를 하거나 다리미질을 할 때, '할렐루야, 전능하신 주 하나님께
서 통치하시네'라고 찬양해 보세요."

하나님의 절대 주권에 관한 말씀으로 내가 특별히 좋아하는
것은 이사야 46:9-10인데, 거기에서 하나님께서는 "나는 종말을
처음부터 고하며, 아직 이루지 아니한 일을 옛적부터 보였다"고

선언하십니다. 어떤 일이 처음 시작될 때부터, 하나님께서는 그 일이 끝날 때까지 어떤 일이 일어날지를 다 알고 계십니다. 아무것도 하나님을 깜짝 놀라게 할 수 없습니다. 하나님께서는 미처 생각지 못했거나 예기치 않은 일이 발생하여 당황하시거나 걱정하시는 법이 없습니다.

10절에서 하나님께서는 이렇게 덧붙이십니다. "나의 모략(목적)이 설 것이니, 내가 나의 모든 기뻐하는 것을 이루리라." 하나님께서는 인류 역사라는 커다란 그림을 위해 아름다운 목적과 계획을 가지고 계시며, 예수님께서 다시 오셔서 모든 인류를 통치하시는 것을 우리 눈으로 볼 수 있게 될 그날까지, 그 목적과 계획을 계속 이루어 나가실 것입니다. 현시점에서 그 계획은 하나님을 사랑하고 예배할 백성을 불러내는 일에 초점을 맞추고 있습니다. 하나님께서는 예수님이 다시 오실 그날을 위해 그들을 준비하고 계십니다.

내가 좋아하는 구절이 또 있는데, 다니엘 4:34-35입니다. 이 구절에는 그 당시 세상에서 가장 위대한 왕이었던, 바벨론의 느부갓네살 왕의 말이 나옵니다. 이전에 느부갓네살은 이런 저런 방법으로 하나님이 얼마나 위대하신 분인지를 알게 되었고, 입으로 하나님을 시인했습니다. 그러나 교만하여 자기 삶에서 하나님 예배하기를 거부했습니다. 그러자 다니엘의 예언대로 그는 총명을 잃고 7년 동안 들짐승처럼 되었습니다. 하나님께서 총명을 회복시키신 후 느부갓네살은 다음과 같이 하늘의 하나님을 높이며 찬양하였습니다.

그 권세는 영원한 권세요
그 나라는 대대에 이르리로다.

땅의 모든 거민을 없는 것같이 여기시며
하늘의 군사에게든지
땅의 거민에게든지
그는 자기 뜻대로 행하시나니
누가 그의 손을 금하든지
혹시 이르기를 "네가 무엇을 하느냐?" 할 자가 없도다.

어느 누구도 하나님의 손을 붙잡으면서, "잠깐만 기다리십시오. 하나님께서는 지금 무슨 일을 하고 계신지 알고나 계십니까?"라고 말할 수 없습니다. 우리에게는 그러한 권한이 없습니다. 이 세상에서 가장 위대한 사람도 그런 권한이 없습니다. 하나님께서는 절대 주권을 가지고 계시며, 자신의 목적을 이루어 가고 계십니다.

그렇다고 세상에서 일어나는 모든 일을 하나님께서 찬성하신다는 말은 아닙니다. 하나님께서는 절대 주권 하에서 인간에게 자유 의지를 주셨고, 사람들은 그 자유 의지를 사용하여 이 타락한 세상에서 추악한 일을 많이 했습니다.

그러나 우리가 하나님께 속해 있다면 그분의 절대 주권에 의해 보호받습니다. 하나님께서는 어떤 일이 우리에게 일어나지 않게 하실 수 있습니다. 만약 그 일이 하나님 보시기에 다른 사람에게 선이 되지 않을 뿐 아니라 우리에게도 결국 선이 되지 않는다면 말입니다. 하나님께서는 실망스럽거나 고통스러운 여러 가지 일이 일어나게 허락하시기도 하는데, 그때 우리가 자연스럽게 나타내는 반응은 "하나님께서 그 일을 허락하지 않으셨더라면 좋았을 텐데"입니다. 그러나 하나님께서 로마서 8:28-29에서 우리에게 분명히 말씀해 주셨습니다. 자신은 모든 것을 한데 묶어 우리 삶에서 더욱 아름다운 것을 만들어 내신다고 말입니다. 하나님께서는 우리로 더욱 예수님을 닮아 가게 하시는 것입니다.

나는 또한 다윗이 하나님의 절대 주권에 대하여 시편 31:14-15에서 고백한 내용을 좋아하는데, 딘이 암에 걸렸을 때 참으로 내게 도움이 되었습니다. 그 구절에 "내 시대가 주의 손에 있사오니"라는, 잘 아는 말씀이 나옵니다. 이 두 구절을 이렇게 풀어 쓰고 있는 번역본도 있습니다. "하지만 하나님, 나는 주님을 전폭적으로 신뢰하오며, '주님께서는 나의 하나님이십니다'라고 했습니다. 나의 운명은 주님의 주관하에 있나이다."

우리 운명이 하나님의 주관하에 있음을 알면 마음이 안정될 수밖에 없습니다.

성경에는 하나님의 절대 주권에 관해 보여 주는 아름다운 이야기들이 여럿 있는데, 그중 하나가 요셉 이야기입니다. 내가 짐작하건대, 당신은 함께하는 사람들과의 관계에서 이따금 상처를 주기도 하고 상처를 받기도 할 것입니다. 우리가 인간이기 때문입니다. 우리는 이해를 잘못 할 때도 있고, 부정확하게 듣거나 관찰하기도 합니다. 우리는 도와주고 보살펴 주려는 마음으로 가장 좋은 것이라고 생각되는 것을 했는데 도리어 상처를 준 경우도 있습니다. 따라서 서로에게 상처를 줄 때 많은 경우 의도적인 것이 아닙니다.

그러나 요셉의 경우는 달랐습니다. 당신도 그 이야기를 알고 있을 것입니다. 창세기 37장에서부터 그 이야기가 펼쳐집니다. 먼저, 요셉은 형들의 악의로 여러 해 동안 애굽에서 노예살이를 하게 되었습니다. 그러나 하나님께서 함께하셨기 때문에 마침내 자기 주인의 집에서 높은 위치까지 올라갔습니다. 얼마 후 요셉은 주인 아내의 거짓말에 희생자가 되었습니다. 이번에는 이 일로 여러 해 동안 감옥살이를 하게 되었습니다.

그러나 때가 되자 하나님께서는 요셉을 당시 세상에서 가장 큰 제국의 두 번째로 높은 자리를 주셨고, 이로 말미암아 그는 자기 아버지와 형제들과 그 가족들 그리고 많은 사람들을 기근에서 구할 수 있었습니다.

이 가슴 아픈 과거를 통하여 요셉은 형들이 배우지 못한 것을 배웠습니다. 창세기 50:20에서 그는 형들에게 이렇게 말했습니다. "당신들은 나를 해하려 하였으나, 하나님은 그것을 선으로 바꾸사 오늘과 같이 만민의 생명을 구원하게 하시려 하셨나니."

딘과 내가 홍콩에 있을 때, 타이완 출신의 한 경건한 성경 교사가 말씀을 전하는 것을 들은 적이 있습니다. 그는 하나님께서 어떻게 요셉의 형들의 삶에서 가장 흉측한 조각, 즉 '동생을 노예로 판 것'을 취하셔서 그들을 비롯하여 수많은 사람들을 구원하는 아름다운 그림의 중앙에 두셨는지를 설명하고, 바로 그런 일을 하나님께서는 갈보리에서 하셨다고 했습니다. 하나님께서는 인간이 한 일 중에서 가장 나쁘고, 가장 혐오스럽고, 가장 비열한 일, 즉 '하나님의 아들을 죽인 것'을 취하셔서 모든 인류를 구원하는 아름다운 그림의 중앙에 두셨습니다. 갈보리 사건을 보면서, 우리는 하나님께서는 우리의 실패를 사용하여 어떤 식으로든 아름다운 결과를 만드실 것으로 확신하게 됩니다.

이해를 돕기 위한 예화로, 그 성경 교사는 한 중국인 비취 세공업자가 한 일을 소개했습니다. 그 세공업자가 발견한 비취 조각은 지극히 크고 값지나 큰 홈이 하나 있었습니다. 그 세공업자는 그 홈을 위장하거나 감추려고 하지 않았습니다. 대신 그 홈을 주의 깊게 연구하더니 완벽한 디자인의 중심으로 삼았습니다. 이것이 바로 하나님께서 우리를 위하여 하시는 일입니다. 우리가 섬기는 하나님은 잿더미에서 아름다운 것을 일으키실 수 있는 분입니다. 사랑으로 다스리시는 하나님의 절대 주권에 굴복할 때, 하나님께서는 우리의 실수와 실패, 약점과 부족함뿐만 아니라, 다른 사람들의 실수와 악의까지도 취하셔서 아름다운 것을 만드시며, 하나님께 영광이 되고 우리에게 선이 되게 하십니다.

하나님께서는 그런 일을 바울의 삶 속에서도 행하셨습니다. 바울은 주후 60년경 로마에서 가택 연금 상태에 있었는데, 그는 기뻐하며 이렇게 편지에 썼습니다. "형제들아, 나의 당한 일이 도리어 복음의 진보가 된 줄을 너희가 알기를 원하노라"(빌립보서 1:12). 놀라운 일이 일어났던 것입니다!

하나님의 절대 주권의 원(圓)

하나님의 절대 주권을 실제적으로 이해하는 면에서 특히 축복이 된 말씀이 있는데, 바로 로마서 11:36입니다. "이는 만물이 주에게서 나오고 주로 말미암고 주에게로 돌아감이라. 영광이 그에게 세세에 있으리로다. 아멘."

만물의 하나하나(우리의 모든 성품, 우리가 가진 모든 것, 우리가 필요로 하는 모든 것 포함)가 하나님으로부터 나오고, 하나님의 능력의 말씀으로 유지되며, 하나님께로 돌아가 그분께 영광을 돌립니다. 모든 만물이 가지고 있는 온전하고 고귀한 한 가지 목적은 바로 하나님께 영광과 기쁨이 되는 것입니다.

나는 커다란 원을 상상하기 좋아합니다. 그 원은 하나님으로부터 시작하여 피조물의 세계로 내려왔다가 다시 하나님께로 돌아가는 것을 그린 원입니다. 모든 것은 하나님으로부터 나오고, 하나님으로 말미암아 존재하고, 하나님께로 다시 돌아가 그 이름을 영화롭게 하는 것입니다. 오직 타락한 존재들만이 그 원에서 위로 향하는 과정을 거부하며, 자기 중심적인 하향 악순환으로 들어섭니다.

이 구절은 나로 하여금 더욱 의식적으로 그리고 계속적으로 한 가지 사실을 인정하도록 도전하는데, 그것은 만물이 주님에게서 나오고, 주님으로 말미암으며, 나는 단지 받는 자라는 사실입니다. 그러한 도전을 받을 때, 나는 감사하는 마음으로 예배하며 단순하게 "저는 주님의 것입니다"라고 응답합니다. 이를 통해 내 마음을 드림으로써 상향(上向) 순환에 참여합니다.

이런 식으로 하나님께 반응을 나타내는 것은 얼마나 기쁘고 합당한 일인지 모릅니다. 이 원리를 따라 살 때 인생의 바퀴는 잘 돌아갑니다. 그렇게 하지 않는 것은(스탠리 존스가 썼듯이), 음정에 맞지 않게 노래를 부르는 것이며, 모든 피조물들의 리듬에 박자를 맞추지 않는 것입니다.

우리 하나님께 어떻게 찬양을 드려야 충분할지 모르겠습니다. 우리는 하나님의 창조적이고 천재적인 능력에 힘입어 이 지구와 우주라는 환경 속에 살고 있으며, 엄청난 자원들을 공급받았습니다. 우리는 하나님의 말씀과 능력으로 유지되고 있습니다. 그러므로 우리의 고귀한 특권은 하나님을 우리의 소망과 찬양의 초점으로 삼아 즐거워하는 것입니다. "영광이 그에게 세세에 있으리로다. 아멘."

우리 주 예수님께서는 완벽하게 이 로마서 11:36의 원(圓)대로 행하셨습니다. 예수님께서는 인간 세상을 온전하게 경험하기 위해 땅으로 내려오셨습니다. 그리고 매순간 의지하고 공경하고 순종하심으로 마음을 아버지께 드리셨습니다. 주님께서는 우리와 같이 되실 정도로 한없이 낮아지고 죽기까지 하셨고, 그리고 나서 부활하여 하나님께로 올라가셨습니다.

이제 우리에게는 전에는 없었던 자원이 있습니다. 사람이자 하나님이신 주님의 생명이 우리 안에 있는 것입니다. 주님께서는 온전하게 아버지를 의지하셨고 아버지를 영화롭게 하셨으며, 지금은 내 안에 계시고, 나의 생명이 되시며, 자신과 같은 삶을 살 수 있도록 능력을 주십니다. 오직 주님으로 말미암아 나는 그 원에 일치되는 삶을 살 수 있습니다. 나는 겸손한 마음으로 하나님으로부터 생명을 받아서 사랑으로 하나님께 되돌려 드리며, 다른 사람들에게로 흘러 넘치게 하는 것입니다.

하나님을 의지하게 되면 얼마나 안도감을 느낄 수 있는지 모릅니다. 분명한 것은, 나의 삶을 통해 하나님께 더 큰 기쁨을 드리려면 많은 변화가 필요하다는 것입니다. 그러나 많은 경우 나는 언제 어떤 변화가 필요한지를 잘 모릅니다. 예를 들면, 어떤 일에서는 열심이 지나치고 어떤 일에서는 몸을 사리고 있어서 변화가 필요한데도 이를 모를 수가 있습니다. 또는 자신이 좋아하는 것에 지나치게 집착하고 있으면서도 모를 수가 있습니다. 언제 어떤 변화가 필요한지에 대해 하나님께서 명쾌하고 일반화된 대답을 해주시지는 않을 것입니다. 그 대신 내 안에 계셔서 나를 통해 하나님을 기쁘게 하는 삶을 사시는 주님께서 그때그때 알게 해주실 것입니다.

다음과 같이 기도할 때 기쁨을 느꼈습니다. "주님, 주님께서는 항상 아버지의 뜻을 행하시기에 열심이면서도 그 열심이 결코 도에 지나치지는 않으십니다. 주님께서는 결코 염려하지 않으시며, 강박 관념에 사로잡히지 않으시고, 몸을 사리지도 않으십니다. 주님께서는 늘 신뢰로 가득 차 있으시고, 늘 심령에 여유가 있으시며, 그러면서도 겸손하게, 부지런히 섬기십니다. 주님께서 제 안에 계시니 감사드립니다. 주님만이 온전하게 아버지를 기쁘시게 하시는데, 주님께서 저의 생명이십니다. 주님으로 말미암아 이 시간 저의 감사와 섬김이 아름다운 향기가 되어 하나님 아버지께로 올라갈 수 있습니다."

하나님의 완전한 기쁨

우리가 지금까지 살펴본 것은, 하나님께서는 무한한 능력을 가지고 계시고, 위대하시고, 절대 주권을 가지고 계시기 때문에, 우리의 필요를 채우시는 것으로 사랑을 나타내실 수 있다는 것입니다. 하나님의 완전한 사랑 뒤에는, 그분이 가장 능하신 분이요 그 권세가 모든 권세 위에 뛰어난다는 사실이 자리잡고 있습니다.

하나님의 완전한 사랑은 또한 하나님의 완전한 기쁨과 결부되어 있습니다. 시편 45:7에서 시편 기자는 왕에게 이렇게 아룁니다.

> 왕이 정의를 사랑하고 악을 미워하시니,
> 그러므로 하나님 곧 왕의 하나님이 즐거움의 기름으로
> 왕에게 부어 왕의 동류보다 승하게 하셨나이다.

이 기름은 기쁨의 기름입니다. 주님께는 다른 어느 누구보다도 더 많은 기쁨과 즐거움이 있습니다.

기쁨이 넘치는 사람과 함께 있다는 것은 기분 좋은 일 아닙니까? 기쁨이 넘치는 사람이 방에 들어오면 전체 분위기가 밝아집니다. 늘 우울한 사람, 항상 부정적인 사고 방식에 사로잡혀 있어 불평하고 원망하는 사람과 함께 있는 것은 맥빠지게 하지 않습니까?

그러나 우리가 사랑하는 주님은 다른 모든 사람보다 뛰어나게 기쁨과 즐거움으로 기름 부음을 받으셨으며, 그 기쁨과 즐거움은 전염성이 있습니다. 주님께서는 침울한 표정을 짓거나, 시무룩하거나, 낙심한 표정을 짓지 않으시며, 우리가 그렇게 되기를 원치도 않으십니다.

우리도 다윗처럼 기도할 수 있습니다. "주의 앞에는 기쁨이 충만하고 주의 우편에는 영원한 즐거움이 있나이다"(시편 16:11). 다윗처럼 우리도 하나님의 백성들은 주님의 집에 있는 살찐 것으로 풍족하며 주님의 복락의 강수를 마신다는 것에 대해 기뻐할 수 있습니다(시편 36:8). 얼마나 행복한 처지에 있는지 모릅니다. 우리 하나님께서는 기쁨이 충만하며, 하나님의 사랑은 기쁨으로 충만합니다. 우리 또한 옳은 것을 사랑하고 그른 것을 미워할 때 그 기쁨이 우리 가슴속에 충만하게 될 것입니다.

하나님의 완전한 지혜

하나님의 완전한 사랑에는 하나님의 완전한 지혜가 함께합니다. 과학자들이 별마다 번호를 부여하려고 해본다면 결코 그 일을 끝마치지 못할 것입니다. 그러나 반짝이는 수많은 별들을 만드신 하나님께서는 그 각각을 이름으로 부르시며, 완전한 질서 가운데 운행하게 하십니다. 분명 하나님께서는 또한 내 인생을 위한 계획들을 세우실 수 있을 만큼 지혜로우시며, 너무나 지혜로우셔서 단 하나의 실수도 하지 않으십니다.

로마서 11:33은 하나님의 지혜에 관한 가장 아름다운 구절 중 하나입니다. "깊도다. 하나님의 지혜와 지식의 부요함이여, 그의 판단은 측량치 못할 것이며, 그의 길은 찾지 못할 것이로다." 필립스는 그 구절을 이렇게 번역합니다. "솔직히 말해서 나는 하나님의 지혜와 지식이 한이 없다는 것을 깨닫고 깜짝 놀랍니다. 인간이 어찌 하나님께서 행동하시는 이유를 다 이해하며, 그분이 일하시는 방법을 다 설명할 수 있겠습니까?"

그래서 우리도 이렇게 말할 수 있습니다. "좋습니다, 하나님. 하나님께서는 저보다 지혜로우시며, 제 생각은 한 컵의 물과 같으나 하나님의 생각은 저 드넓은 바다와도 같습니다. 저의 제한되고 좁은 생각으로는 하나님께서 어떤 일을 하시는 이유들을 다 파악할 수도 없고, 하나님께서 행하시는 모든 것을 다 이해할 수도 없습니다. 그러나 하나님께서는 사랑이 충만하실 뿐 아니라 지혜가 충만하시기에, 저는 하나님 안에서 쉼을 누리겠습니다."

하나님의 완전한 선하심

하나님의 완전한 사랑은 하나님의 완전한 선하심과 서로 얽혀 있습니다. 이 두 가지 속성은 다른 모든 속성들과 마찬가지로 서로 떼어놓을 수가 없습니다. 하나님께서는 선하십니다. 이것은 하나님에 관한 가장 아름다운 진리들 가운데 하나입니다.

종종 우리는 나쁨에 대비되는 개념으로서 선함을 생각합니다. 어떤 사람을 선하다고 말할 때, 주된 의미는 그 사람이 나쁜 사람이 아니라는 것입니다. 그러나 성경이 하나님의 선하심에 대해 이야기할 때, 그것은 하나님의 선하신 동기, 선하신 의도, 우리 삶에 선하고 유익한 것들을 쏟아 부어 주시는 하나님의 성향 등과 더 관계가 있습니다.

야고보서 1:17은 "각양 좋은 은사와 온전한 선물이 다 위로부터 빛들의 아버지께로서 내려오나니, 그는 변함도 없으시고 회전하는 그림자도 없으시니라"라고 말합니다. 하나님께서는 변함없이 선하십니다. 하나님께서는 선하실 수밖에 없고, 선한 것 외에는 하실 수가 없습니다.

우리는 하나님께서 선한 결과를 가져오시는 과정을 이해하지 못할 때가 많습니다. 하나님께서 행하시는 것이 늘 선해 보이는 것은 아닙니다. 하나님께서는 이사야 45:7에서 "나는 평안도 짓고 환난도 창조하나니, 나는 여호와라. 이 모든 일을 행하는 자니라"라고 말씀하십니다. 하나님께서 가혹한 시련을 허락하시는 것도 언제나 선한 목적을 위해서입니다. 그러한 시련은 C. S. 루이스의 표현을 빌리자면 "가혹한 자비"입니다.

시편 84:11은 하나님께서 완전히 선하심을 보여 주는 구절 가운데 가장 먼저 알게 된 구절입니다. 그 구절은 "여호와 하나님은 해요 방패시라"라는 말로 시작됩니다. 해는 우리에게 온기와 빛을 주며, 방패는 그늘을 주며 보호해 줍니다. 하나님께서는 완전하게 선하시고 사랑이 많으셔서 우리에게 이 두 가지가 다 되십니다.

그 구절은 계속해서 "여호와께서 은혜와 영화를 주시며, 정직히 행하는 자에게 좋은 것을 아끼지 아니하실 것임이니이다"라고 말합니다. 하나님과 올바른 관계 가운데 살아가는 사람들에게 그분은 좋은 것은 무엇이나 아낌없이 주십니다. 앞에서 언급했듯이, 이 구절은 신앙 생활 초기에 알게 되었습니다. 당시까지 나는 하나님께서 내 삶을 그 뜻대로 다스리시도록 하는 것을 겁내고 있었습니다. 그렇게 하면 삶에서 좋아하는 것들을 잃게 될 것으로 생각했기 때문입니다. 물론 그 정반대가 사실이라는 것을 나중에는 알게 되었습니다. 내 삶을 맡겨 드리자, 하나님께서는 내 삶에 좋은 것들로 채워 주기 시작하셨던 것입니다.

"할렐루야, 여호와께 감사하라. 그는 선하시며 그 인자하심이 영원함이로다"(시편 106:1). 성경이 기록될 당시 하나님의 백성들은 자주 이와 같은 내용으로 하나님의 사랑과 선하심을 찬양했습니다. 그것은 전혀 이상한 일이 아닙니다.

하나님의 완전한 성실

하나님의 완전한 사랑은 하나님의 완전한 성실과 떼어놓을 수가 없습니다. 몇 번이고 시편 기자는 하나님의 사랑과 하나님의 성실(어떤 번역에서는 하나님의 진실하심)을 연관시키고 있습니다. 예를 들면, 시편 36:5에서는 "여호와여, 주의 인자하심이 하늘에 있고, 주의 성실하심이 공중에 사무쳤으며"라고 했는데, 하나님의 성실성은 그 어떤 사람의 성실성도 초월합니다.

하나님께서는 언제나 성실하시고 진실하십니다. 자신의 말씀에 대해, 자신의 성품에 대해, 자신의 사랑하는 이들 각자에 대해 성실하신 것입니다. 하나님께서는 불성실하거나 진실하지 않으신 경우가 한 번도 없습니다. 하나님께서는 성실하게 우리를 축복하시며 성실하게 우리를 연단하십니다. "주께서 나를 괴롭게 하심은 성실하심으로 말미암음이니이다"(시편 119:75). "고난당하기 전에는 내가 그릇 행하였더니, 이제는 주의 말씀을 지키나이다"(시편 119:67).

하나님께서는 우리를 온전히 거룩하게 하시는 일에 성실하셔서, 우리 영과 혼과 몸을 그리스도께서 다시 오실 때까지 흠 없게 지켜 주십니다(데살로니가전서 5:23-24). 하나님께서는 성실하셔서 우리가 죄를 자백하자마자 용서해 주십니다(요한일서 1:9). 언제나 하나님께서는 기꺼이, 즉시로 죄를 용서해 주시며, 결코 꺼리거나 미루지 않으십니다. 또한 절대로 "네가 얼마나 나아지는지 어디 한번 두고 보자"라고 말씀하지 않으십니다. 하나님께서는 성실하시기 때문에 모든 약속을 지키십니다. 하나님의 선한 약속 중에서 이루어지지 않은 것은 하나도 없었습니다(열왕기상 8:56). 그리고 하나님께서는 우리를 영원히 사랑하기로 약속하셨습니다. 그 어떤 것도 우리를 하나님의 사랑으로부터 끊을 수 없습니다(로마서 8:37-39).

하나님의 성실에 관한 구절 가운데 내가 좋아하는 것은 예레미야애가 3:21-24입니다. 예레미야는 길고도 힘든 시련을 겪어 왔습니다. 그리고 마침내 그의 모든 희망은 산산조각이 났습니다. 자신의 고난을 돌아본 후에 예레미야는 21절에서 "중심에 회상한즉 오히려 소망이 있다"고 말합니다. 아무 소망도 없는 상황에서 무엇 때문에 소망을 갖게 되었을까요? 22-24절에서 이렇게 고백합니다. "여호와의 자비와 긍휼이 무궁하시므로 우리가 진멸되지 아니함이니이다. 이것이 아침마다 새로우니 주의 성실이 크도소이다. 내 심령에 이르기를, '여호와는 나의 기업이시니 그러므로 내가 저를 바라리라' 하도다."

시편 42편의 기자 또한 하나님과 변치 않는 그 사랑을 기억합니다. 그는 추방을 당해 유랑 생활을 하고 있었습니다. 그래서 슬픔을 느꼈고, 마음은 짓눌렸으며, 밤낮 울었습니다. 마음은 불안했고, 낙망이 되었으며, 풀이 죽어 있었습니다. 해결책은 무엇이었습니까? 6절을 보십시오. "내 하나님이여, 내 영혼이 내 속에서 낙망이 되므로 내가 요단 땅과 헤르몬과 미살 산에서 주를 기억하나이다." 그리고 무엇을 기억했습니까? 하나님의 변함없고 성실하신 사랑입니다. "낮에는 여호와께서 그 인자함을 베푸시고 밤에는 그 찬송이 내게 있어 생명의 하나님께 기도하리로다."

내가 알게 된 것이 있습니다. 나의 처지가 아무리 맥빠지게 하고, 절망적이고, 마음을 짓눌러도, 하나님에 관한 어떤 사실이 내게 용기를 주고, 소망을 주고, 승리 가운데 그 상황을 통과할 수 있게 한다는 것입니다. 하나님을 기억하고, 하나님이 어떤 분이신지를 상기할 때 말입니다. 마음과 생각을 하나님께로 향하며, 성경에서 하나님을 어떤 분으로 말하고 있는지에 초점을 맞추면, 하나님께서는 성실하게 나의 영혼을 소성시켜 주십니다. 하나님께서는 나의 속사람을 고치고 치료해 주십니다. 시들어 가던 식물에 물을 주면 되살아나듯 나를 소성케 해주십니다.

던이 암으로 고생하고 있을 때부터 오늘날까지 종종 하나님께서는 다음과 같은 시로 내 영혼을 잠잠케 하며 평안하게 해주셨습니다.

> 내 영혼아, 잠잠하라. 주님께서 그대의 편이시다.
> 인내로 슬픔과 고통의 십자가를 져라.
> 그대의 하나님께서 다스리시고 공급하시게 하여라.
> 변화는 있지만 하나님께서는 계속 성실하시다.
> 내 영혼아, 잠잠하라.
> 그대의 가장 좋은 친구, 하늘에 계신 친구는,
> 가시밭길을 통해, 기쁨 넘치는 목적지로 이끄신다.

하나님의 인자하심

너무나 놀라우신 우리 하나님에 관해 지금까지 두 장에 걸쳐 공부했는데, 이 공부를 끝내면서, 기쁨을 느끼게 해주는 단어 하나를 함께 살펴봅시다. 성경에서 하나님의 완전한 사랑을 이해하도록 가장 잘 도와주는 단어 가운데 하나입니다.

어느 해 나는 하나님의 인자하심에 대해 공부했는데, 주로 시편을 중심으로 했습니다. 이 "인자"는 "자비," "변함없는 사랑," "언약적 사랑," "다함이 없는 사랑," "친절," 혹은 단지 "사랑"으로 번역되기도 합니다. 인자란 부드러운 의미를 갖는데, 하나님께서 적극적으로 우리와 함께하시면서 한없는 자비를 베푸실 때 나타내시는 긍휼의 측면을 보여 줍니다. 그것은 또한 강한 의미도 가지고 있는데, 끈질기다는 의미가 포함되어 있기 때문입니다. 성경에서 가장 자주 나오는 찬양 어구가 "그 인자하심이 영원함이로다"인데, 여기에 그런 의미가 나타나 있습니다.

하나님의 인자하심은 좋고, 풍성하고, 놀랍고, 보배롭고, 생명보다 낫다는 것을 깨달았습니다. 하나님의 인자는 궁창에 이르고, 온 땅에 가득합니다. 영원부터 영원까지 이릅니다. 그 인자는 내 평생에 함께하고, 영원히 함께할 것입니다. 하나님께서는 그분 자신을 의뢰하는 자, 그분 자신을 두려워하는 자, 그분 자신을 찾는 자에게 인자하심을 보여 주십니다. 하나님의 인자하심은 우리를 따르고, 우리를 둘러싸고 있으며, 우리 머리 위의 관(冠)이 됩니다. 우리는 하나님의 인자하심을 힘입어 하나님의 집에 들어가며, 하나님의 인자하심을 힘입어 기도 응답을 기대합니다. 우리는 하나님의 인자로 말미암아 흔들리지 않고 굳게 섭니다. 우리 발이 미끄러질 때에 하나님의 인자하심이 우리를 붙들 것이기 때문입니다. 하나님의 인자하심이 우리를 만족케 하며, 그 인자하심으로 말미암아 우리 평생에 기뻐하고 즐거워할 수 있습니다. 하나님의 인자하심은 그분의 모든 성품과 행동에 스며들어 있습니다. (시편 136편에서 보는 바와 같습니다.)

하나님의 인자하심을 경험하기 위해 기도하며, 그 인자하심으로 인해 즐거워하며, 그 인자하심에 대해 감사해야 합니다. 그것이 하나님께서 내게 원하시는 바입니다. 하나님께서는 내가 그분의 인자하심을 신뢰하며, 그 인자하심으로 인해 소망을 가지기 원하십니다. 나를 사랑하시고 친절을 베푸시리라 기대하는 가운데 말입니다. 하나님께서는 내가 그분의 인자하심에 대해 말하며, 다른 사람들에게 선포하기를 원하십니다.

이 모든 진리가 시편 속에 빛나고 있으며(이사야 63:7에 근거한 한 가지만 빼고), 이뿐만 아니라 시편은 하나님의 놀라운 인자에 대해 여러 가지를 깨닫게 해줍니다. 그 진리들은 지금까지 계속 나에게 큰 도움을 주었습니다.

시편 103:4은 하나님의 "인자와 궁휼"에 대해 말하고 있습니다. 이것은 나를 누가복음 1:78로 이끌었는데, 그 구절은 우리 하나님의 궁휼(인자)로 말미암아 돋는 해가 위로부터 우리에게 임한다고 상기시켜 줍니다. 실로, 하늘에서 임하신, 빛 되신 예수님, 우리를 위해 사시고 우리 위해 죽으신 우리 주 예수님께서는 하나님의 인자하심을 보여 주는 더할 나위 없는 증거입니다.

시편 32:10은 "여호와를 신뢰하는 자에게는 인자하심이 두르리로다"라고 말합니다. 한번 생각해 보십시오. 하나님의 인자하심이 우리 각자를 두르고 있어서, 사방에서 우리를 축복하고 보호하고 있습니다! 이것은 "하나님의 지극한 사랑의 그림자가 나를 덮고 있네"라는 노래를 생각나게 합니다. 그런데 하나님의 사랑과 인자하심은 단지 내 위에만 있는 것이 아니라 신선한 공기나 따뜻한 햇볕처럼 나를 둘러싸고 있습니다.

그리고 시편 52:1은 이렇게 노래합니다. "하나님의 인자하심은 항상 있도다." 그 인자는 결코 줄어들거나 작아지지 않습니다. 사람들의 사랑과 인자가 흔히 시간이 흐르면서 식거나 약해지는 것과 다릅니다. 그 인자하심은, 하나님께서 계속 우리를 돌보실 때 매일 매순간 그분의 마음에서 흘러나와 우리를 감쌉니다.

시편 기자는 59:16에서 "나는… 아침에 주의 인자하심을 높이 부르오리니"라고 했는데, 이는 전혀 이상한 일이 아닙니다. 높이 부른다는 말은 기쁨으로 노래한다는 의미입니다. 이처럼 인자하심을 기쁨으로 노래하는 것은, 시편 143:8처럼 "아침에 나로 주의 인자한 말씀을 듣게 하소서. 내가 주를 의뢰함이니이다"라고 기도한 결과일 수 있습니다. 하나님의 인자한 음성에 귀를 기울이고, 하나님의 인자하심을 찬양하는 것! 이것이야말로 하루를 시작하는 가장 멋진 방법입니다. 그렇게 할 때 하나님께서는 기뻐하십니다. "자기를 경외하는 자와 그 인자하심을 바라는 자들을 기뻐하시는도다"(시편 147:11).

시편 36:7-9도 생각납니다.

> 하나님이여, 주의 인자하심이 어찌 그리 보배로우신지요.
> 인생이 주의 날개 그늘 아래 피하나이다.
> 저희가 주의 집의 살찐 것으로 풍족할 것이라.
> 주께서 주의 복락의 강수로 마시우시리이다.
> 대저 생명의 원천이 주께 있사오니…

앞에서 보았듯이, 하나님의 날개라는 은신처에 피하면, 단지 보호만 받는 것이 아닙니다. 하나님께서 비축해 두신 것들에서 여러 가지를 풍족하게 공급받으며, 기쁨과 힘을 주는 생수를 맘껏 마시게 됩니다. 하나님과의 은밀한 관계를 통해 생명의 원천에 연결되며, 생명은 그 통로를 통해 우리에게 흘러 들어오고, 우리를 통해 다른 사람들에게로 흘러 나갑니다.

제게 바로 그런 분이 되소서

하나님의 속성들, 다시 말해 하나님 안에서 발견하는 자질 가운데 몇 가지를 지금까지 고찰해 왔습니다. 하나님께서는 매우 놀랍고 우리에게 충분하신 분이신 것을 알았습니다. 즉 하나님께서는 모든 면에서 매력적이시고, 위대하시고, 능력이 무한하시고, 우리의 용사가 되시고, 만물의 복되신 통치자이시며, 완전하게 지혜롭고 선하신 분입니다. 이제 던져 보아야 할 질문이 있습니다. "하나님은 내게 어떤 분인가?" 하는 것입니다. 나는 하나님과 여러 가지 관계를 맺고 있는데, 각각의 관계는 내가 하나님께 무엇을 기대할 수 있는지를 보여 줍니다. 그러한 관계로는 어떤 것이 있습니까?

내 삶에서 가장 중요한 진리는, 하나님께서 내가 개인적인 경험을 통해 그분을 알기 원하신다는 것입니다. 물론, 하나님께서는 내가 성경을 통해 그분에 대해 올바른 개념을 갖기 원하십니다. 그러나 하나님께서 원하시는 것은 내가 그러한 개념들을 알 뿐만 아니라 그 각각을 내 것으로 삼으며, 개인적인 삶에서 하나님께서 그러한 분이 되시도록 해드리는 것입니다. 현실주의자가 되기 원한다면, 현실적으로 살기 원한다면, 마땅히 하나님이 어떤 분이신지를 알고 우리를 위해 바로 그러한 분이 되시도록 해드려야 합니다.

종종, 하나님을 아는 것과 경험하는 것 사이에 간격이 있을 수 있습니다. 우리는 '하나님께서는 하늘에 계신 나의 아버지시며, 인생의 폭풍우 속에서 나의 피난처가 되시고, 깊은 만족의 원천이 되신다'라는 사실을 알 수도 있고 그렇게 말할 수도 있습니다. 그러나 이러한 진리들이 진정으로 우리에게 큰 의미가 있습니까? 주로 머리로만 알고 있지 않습니까? 이러한 진리들을 알기는 하나 경험하지는 못할 수가 있습니다.

하지만 우리는 인생이라는 전체 그림에서 하나님과 연관되어 있으며, 하나님께서는 이 사실을 우리가 알기 원하십니다. 하나님께서 원하시는 것이 또 있습니다. 성경을 통해 우리에게 매우 개인적으로 자신을 나타내심으로, 우리가 전심으로 그분께 반응하며 그분에 대해 "나의 하나님, 나의 피난처, 나의 만족"이라고 고백할 수 있게 되는 것입니다. 지금까지 살아오면서 깨닫게 된 것은, 그러한 고백은 하나님께서 우리에게 무엇이 되시는지를 점점 더 알아 감에 따라 할 수 있게 된다는 것입니다.

하나님을 진정으로 안다는 것은, 우리와의 관계에서 하나님께서 무엇이 되시는지를 알고, 우리의 매일의 삶에서 점점 더 그러한 분이 되시도록 해드리는 것입니다. 하나님께서 그러한 분이 되실 것으로 믿으면서 말입니다.

이 면에서 시편 31편이 매우 도움이 되었습니다. 2절에서 다윗은 "내게 견고한 바위와 구원하는 보장이 되소서"라고 기도합니다. 그리고 나서 3절에서는 "주는 나의 반석과 산성입니다…"라고 말합니다. 처음에 이 두 구절은 "내게 바위가 되소서. 주님은 나의 바위이기 때문입니다"와 같이 실없는 말처럼 느껴졌으나, 나중에 그 의미를 깨달았습니다. 다음과 같은 의미였습니다. "나는 주님께서 나의 바위가 되시게 하기로 선택했습니다. 그러니 이제 나의 현재의 상황에서 나의 바위가 되어 주소서. 지금 나에게 있는 그대로의 주님이 되소서." 훌륭한 기도가 아닙니까?

하나님께서 어떤 분이시든, 나에게 바로 그러한 분이 되소서. 하나님께서는 나의 최고의 사랑이십니다. 지금 나에게 그 사랑이 되소서. 오늘 내게 그것이 필요하기 때문입니다. 하나님께서는 나의 생수이십니다. 지금 나에게 생수가 되어 주소서. 내 영혼은 목마르기 때문입니다.

여기에 찬양이 들어오는데, 우리는 하나님께서 무엇이 되시는지에 눈을 돌리며, 하나님께 감사와 찬양을 돌립니다. 그때 우리의 경험은 그 진리와 일치하게 되며, 하나님께서는 자신의 어떠하심을 점점 더 나타내십니다.

그러므로 우리는 계속 하나님께 달려나가 다음과 같이 기도할 수 있습니다. "저의 힘, 저의 구속자가 되소서… 저의 해와 방패가 되소서… 저의 기쁨이 되소서… 저의 모사가 되소서… 저의 왕이 되소서…." "저의 …가 되소서"가 아직도 많이 남아 있습니다! 너무나 많아 죽 열거해 보면 노트 몇 쪽은 꽉 찰 것이며, 그러고도 하나님이 누구신지에 대한 놀라운 사실들을 다 기록하지는 못했을 것입니다.

당신도 기억하겠지만, 예수님께서는 요한복음에서 "나는 …이다"라는 말씀을 참으로 자주 하셨습니다. 몇 가지를 들어 보겠습니다. 나는 메시야다(4:25-26). 나는 아버지의 아들이며, 하나님의 아들이다(5:22-26). 나는 생명의 떡이다(6:35). 나는 세상의 빛이다(8:12). 나는 문이다(10:7). 나는 선한 목자다(10:11). 나는 부활이요 생명이다(11:25). 나는 선생이요 주다(13:13). 나는 길이요, 진리요, 생명이다(14:6). 나는 참 포도나무다(15:1).

그 각각으로 인해 주님께서는 우리가 다음과 같이 고백하기 원하실 것입니다. "주님, 주님은 저의 생명의 떡이며, 주님은 저의 세상의 빛이시며, 주님은 저의 문이요, 저의 선한 목자시며, 저의 부활이십니다. 주님은 저의 선생이요, 주이십니다. 주님은 저의 길이요, 저의 진리요, 저의 생명이며, 저의 참 포도나무이십니다." 그것이 믿음입니다. 그렇게 고백할 때 우리가 알고 있는 것이 우리 삶과 경험이 됩니다. 그리고 우리를 자유케 하며, 주님께서 우리 안에 좀더 충만히 거하실 수 있게 합니다.

또한 그리스도께서 우리에게 대해 어떤 직분을 갖고 계신지도 생각해 보십시오. 주님께서는 선지자시요, 제사장이시요, 왕이십니다. 이 각각에 대해, 주님께서 원하시는 바는 자신이 바로 우리에게 그러한 분이 되신다는 것을 우리가 아는 것입니다. 그리고 우리는 이렇게 응답할 수 있습니다. "그렇습니다, 주님. 주님께서 저의 선지자요, 제사장이요, 왕이신 것에 대해 감사드립니다. 지금, 바로 이 순간에, 저의 선지자가 되시며, 저의 제사장이 되시며, 저의 왕이 되소서."

예수님은 또한 우리를 친구라고 하셨습니다(요한복음 15:15 참조). 주님께서 우리의 친구이십니다. 그렇습니다, 주님. 주님께서는 바로 친구이십니다! 지금 저의 친구가 되소서. 오늘 저의 삶과 경험 속에서 친구가 되어 주소서.

완전하게 사랑받음

우리는 인생에서 가장 만족을 주고 아름다운 관계들을 알고 있습니다. 신랑이 신부에 대해, 남편이 아내에 대해, 아버지가 자녀들에 대해, 친구가 친구에 대해, 형제가 형제에 대해 갖는 관계 등입니다. 하나님께서는 우리에 대해 이 모든 관계를 다 가지십니다. 그리고 그 각각의 관계에 대해 다음과 같이 말씀하십니다. "내가 네게 바로 그와 같은 존재이다. 너는 내게 속해 있다. 그리고 너의 매일의 삶에서 내가 네게 그러한 존재가 되고 싶다. 내가 그 어떤 사람보다 더 완전하고, 더 이상적이고, 더 좋은 방법으로 네게 그런 존재가 되게 하겠느냐?" 세상에서 그러한 인간 관계가 흔히 손상되는 것을 보지만, 하나님께서는 그런 것과 비교가 되지 않을 정도로 완전한 방법으로 우리와 그 각각의 관계를 맺으십니다. 그 관계는 우리가 인간 관계에서 흔히 보는 그저 그런 관계를 훨씬 초월합니다. 이땅에서 경험할 수 있는 가장 강하고 아름다운 인간 관계까지도 훨씬 초월합니다. 하나님께서는 이렇게 말씀하십니다. "나는 네게 바로 그와 같은 존재이며, 그 이상이다. 내가 너에게 가장 좋은 아버지가 되며, 가장 좋은 친구가 되며, 가장 좋은 생의 동반자가 되게 하여라." 그리고 하나님께서는 우리가 "하나님, 감사드립니다. 하나님께서 제게 바로 그러한 분입니다"라고 대답하며, 우리 삶에서 바로 그러한 분으로 삼기 원하십니다.

우리는 하나님을 더 잘 알아 가며 하나님과의 관계가 새롭게 우리를 붙잡도록 해야 하는데, 앞에서 소개한 방법이 이를 위한 가장 훌륭한 방법 중 하나입니다. 우리는 하나님께서 어떤 분이신지를 깨닫고, 그리고 나서 하나님께서 나에게 바로 그러한 분이시라는 사실을 진심으로 받아들입니다! 그럴 때 우리는 "하나님께서는 저의 목자시요, 저의 사랑하는 자시요, 저의 신랑이시요, 저의 아버지이십니다"라고 고백할 수 있게 되며, 그렇게 고백하는 기쁨은 계속 커져 갈 것입니다.

머리로 하나님을 알 뿐 아니라 마음으로 받아들이는 것이 꼭 필요합니다. 마치 구원을 받을 때와 똑같습니다. 우리는 머리로 깨달았습니다. 예수님께서 구세주이시며, 우리 죄를 위해 죽으셨다는 사실을 말입니다. 그리고 마음으로 믿고 예수님께 반응을 나타냈으며, "주님께서는 저의 구세주이십니다!"라고 말씀드렸습니다. 우리가 사용했던 단어는 이와 똑같지 않았겠지만, 어쨌든 우리 마음속 깊은 곳에서는 그와 같은 반응이 일어났습니다.

완전한 왕이신 하나님   181

그러므로 하나님의 완전한 사랑은 사람들이 인간 관계에서 추구해 왔던 모든 이상들을 다 충족시킵니다. 셜리 라이스의 말과 같습니다. "당신이 이미 하나님의 사랑을 받았다면, 지금도 당신은 완전하게 사랑받고 있으며, 이제는 사랑을 붙잡으려고 할 필요가 없습니다."

저의 왕이시나 되시는 주님, 주님의 위엄과 영광과 절대 주권적인 능력은 주님의 따뜻한 사랑과 선함과 지혜와 아름다움에 조화를 이루고 있습니다. 주님께서 완전하신 분이시며, 완전한 사랑으로 저를 사랑하신다니 안심이 됩니다.

주님께서 완전한 주권을 가지고 계시니 너무나 기쁩니다. "주님이 보좌는 영영하니이다." 주님께서는 모든 곳에 있는 모든 것이 복되신 통치자가 되시고, 제 삶 가운데 있는 모든 것이 복되신 통치자가 되시니 감사드립니다. 저의 과거에 일어났던 모든 것과 오늘 맞이하고 있는 모든 것과 앞으로 닥칠 모든 것이 주님의 완전한 통치 아래 있습니다. 이 사실을 믿을 때 주님께서 주시는 평화로 인해 감사드립니다.

또한 주님의 기쁨, 충만하고 치고 넘치는 기쁨은 제가 누릴 수 있는 기쁨의 본이 된다는 사실로 인해, 그리고 그러한 기쁨을 주님과 함께 누릴 수 있는 특권을 주신 데 대해 감사드립니다. 또한 주님의 지혜는 완전하다는 사실이 감사가 됩니다. 주님께서는 제 삶에 영향을 미치도록 허락하신 어떤 것에서도 실수를 하신 적이 없고, 앞으로도 마찬가지이실 것입니다. 또한 주님께서는 완전하게 선하시니 감사드립니다. 주님의 모든 생각과 뜻은 전적으로 선합니다. 불순한 의도가 전혀 들어 있지 않으며, 더 이상 선할 수가 없습니다. 주님께서는 제가 주님의 은혜로 정직히 행할 때 좋은 것을 아끼지 않으십니다. 얼마나 감사한지 모르겠습니다.

특히 주님의 인자하심이 저를 두르며, 제 위에 그림자처럼 덮고 있는 것으로 인해 감사드립니다. 주님의 인자하심은 생명보다 낫습니다.

그래서 주님을 경배하고 찬양합니다. "주님과 같은 분이 없기 때문입니다." 오늘, 새롭게 주님의 사랑과 능력을 제게 나타내 주소서. 그리고 제 삶을 통해 다른 사람들에게도 나타내 주소서.

제가 완전하게 사랑받고 있으며, 이제는 사랑을 붙잡으려고 할 필요가 없다는 사실 때문에 쉼을 누립니다. 예수님의 이름으로 기도드립니다.

묵상, 기도, 그리고 적용을 위한 질문

이 장에서 하나님께서 당신에게 특별히 말씀해 주신 성경 구절이나 진리는 무엇입니까? 이로부터 최대의 유익을 얻기 위해 무엇을 하겠습니까?

제 7 장

완전한 기쁨을 주는 사랑

어떤 행동이나 말이나 생각을 하는 이유를 당사자에게 물어 보면, 여자들의 경우 "단지 그냥이요" 또는 "왠지 그런 느낌이 들어요"라고 대답하는 경우가 더러 있습니다. 그 여성에게는 그것이 이유이며, 타당한 이유가 되기도 합니다. 내적인 느낌이나 직관이 어떤 통찰력을 주기는 하지만, 정확하게 말로 설명하는 데는 어려움을 느낍니다. 워렌의 말에 따르면, 시어머니께서는 시아버지께 "제게 논리적이기를 기대하지 마세요. 그럴 필요를 못 느껴요"라고 말하곤 하셨다고 합니다.

하나님께서도 "단지 그냥" 우리를 사랑하십니다. 하나님의 사랑은 인간적인 논리를 무시합니다. 그 사랑은 이해가 되지 않습니다. 우리 머리로는 완전하게는 알 수가 없습니다. 우리 사고 방식으로는 충분하다 싶을 정도로 그 이유를 설명할 수 없습니다. 나의 지적 능력으로는 풀 수 없는 비밀로 느껴집니다. 우리는 하나님께서 우리를 사랑하시는 이유는 단지 그냥임을 받아들여야 합니다.

그러나 이유가 있기도 합니다. 적어도 두 가지를 생각할 수 있습니다. 첫째, 하나님께서 우리를 사랑하시는 것은 하나님께서는 사랑이시기 때문입니다. 사랑은 하나님의 본성입니다.

둘째, 하나님께서 우리를 사랑하시는 것은 친히 우리를 만드셨기 때문입니다. 죄가 하나님께서 설계하신 작품의 아름다움을 망가뜨렸으며, 하나님께서는 이제 그것을 회복시키기 위해 일하셔야 합니다. 그러나 하나님께서 우리 한 사람 한 사람을 최고의 솜씨로 만드셨기 때문에 우리는 하나님의 특별한 작품으로서 그분께 독특한 가치가 있습니다. 우리는 하나님의 작품입니다. 하나님께서는 자신을 위해 우리를 만드시되, 자신의 형상을 따라 만드셨으므로, 우리는 하나님과 친밀한 관계를 맺을 수가 있는데, 그 관계는 그분께 지극히 중요합니다. 하나님께서는 우리를 매우 소중하게 여기시며, 자신을 위해 우리를 필요로 하십니다. 하나님께서 우리를 사랑하시는 것은, 우리와의 사랑의 관계가, 지금, 이땅에서, 우리에게, 그리고 그분께 중요한 의미를 갖기 때문입니다. 또한 영원한 세상에서 우리가 무엇이 될지를 아시기 때문이기도 합니다. 우리는 하나님께 영광과 즐거움을 드리는 아름다운 예술품, 살아 있는 예술품이 됩니다. 이는 하나님께서 풍성한 은혜를 우리에게 쏟아 부으신 결과입니다. 하나님께서는 자신과 우리를 위해 간직해 두신 즐거움을 누릴 날을 기다리고 계십니다. 우리가 즐겁고 깨어지지 않는 교제 가운데 영원히 주님과 함께 사는 기쁨을 누릴 날을 말입니다.

하나님께서는 자기 백성을 기뻐하시고 사랑하십니다. "여호와께서 너희를 기뻐하시고 너희를 택하심은…여호와께서 다만 너희를 사랑하심을 인하여…"(신명기 7:7). "여호와께서 오직 네 열조를 기뻐하시고 그들을 사랑하사 그 후손 너희를 만민 중에서 택하셨음이 오늘날과 같으니라"(신명기 10:15). 어떤 번역에는,

하나님께서 자신의 사랑을 그들에게 "단단히 고정시켰다"고 되어 있습니다. 나는 이 말씀이 좋습니다. 하나님의 사랑은 부드럽지만 강인하고 끈질긴 면이 있음을 보여 주는 말씀입니다. 하나님께서는 자신에게 속한 각 사람을 향해 부드러우면서도 강인한 사랑을 가지고 계십니다. 하나님께서는 우리를 사랑하시며, 붙잡고 계십니다. 결코 놓거나 버리시지 않으십니다.

넓은 아량을 가지고 있지도 사랑을 가지고 있지도 않은 사람에게 당신이 단단히 붙잡혀 있다면, 얼마나 불편하고 답답한 일일까요. 그러나 한없이 관대하시고 사랑 많으신 하나님께서 우리를 자신에게 단단히 붙들어 매셨으며, 끈기 있게 우리를 사랑하십니다. 이 사실을 알 때 안전을 느낍니다.

이 책에서 나누고 있는 내용 중 많은 것이 당신에게 전혀 새로운 것은 아닐 것입니다. 그러나 새로운 마음으로 하나님을 바라볼 때, 마음을 집중하고 초점을 맞추어 하나님을 주시할 때, 하나님께서는 우리 마음을 강하게 해주실 것이요, 하나님에 대한 우리의 지식은 더 살아 있고, 더 깊이 있는 것이 될 것입니다. 더구나, 하나님을 찬양하고 경배하고 예배할 때, 우리 마음 깊숙한 곳에서 뭔가가 소용돌이치는 듯한 느낌을 받을 것입니다. 잠시 걸음을 멈추고 해가 지는 광경을 감상할 때, 그 아름다운 광경에 압도되어 찬양하고픈 마음이 솟아나는 것과 같습니다. 그러므로 종종 하나님을 좀더 자세히 살펴보는 것은 하나님께도, 우리 자신의 영적 건강에도 매우 중요합니다.

기본적으로, 이 책 전체는 "하나님의 사랑은 어떤 사랑인가?"라는 질문에 대한 답변이라고 볼 수 있습니다. 이 장에서 그 질문에 직접적으로 답변하고 싶습니다. 그리고 나서 이 책의 나머지 부분은 다음 두 가지 진리를 탐구하는 데 할애할 예정입니다. 하나님의 사랑은 우리 각자에게 어떤 의미를 갖는가? 어떻게 우리는 하나님의 사랑을 더 누릴 수 있는가?

영원부터 영원까지

하나님의 끈질긴 사랑은 영원하며 변함이 없습니다. 이 두 가지 개념은 놀라운 방법으로 서로 연관되어 있습니다.

"여호와의 인자하심은 자기를 경외하는 자에게 영원부터 영원까지 이르며"(시편 103:17). 영원부터 영원까지. 그것은 정말로 긴 세월입니다. 그렇지 않습니까? 이 구절을 좀더 자세히 살펴보도록 하겠습니다.

영원 전부터, 내가 존재하기 이전부터, 하나님께서는 나를 사랑하셨습니다. 내가 태어나기 오래 전부터 나를 아셨으며, 그 사랑을 내게 고정시키셨습니다. 나를 향한 하나님의 사랑은 나를 미리 아시는 것에서 시작되었습니다. 이 말이 의미하는 바는, 하나님께서 나를 사랑하시는 것은 나의 노력으로 그 사랑을 얻어냈기 때문이 아니라는 것입니다. 왜냐 하면, 하나님께서 나를 사랑하기로 작성하셨을 때 나는 아직 태어나지도 않았기 때문입니다. 내가 하나님의 사랑을 받게 된 것은 받을 만한 자격이 있어서가 아닙니다. 그 이유는, 내가 선한 일이나 악한 일을 한 가지도 하기 전에, 상이나 벌을 받을 만한 행동을 한 가지도 하기 전에, 하나님께서 그 사랑을 내게 고정시켰기 때문입니다.

그러므로 실패나 갈등을 경험하고 나서 내가 사랑받을 자격이 없다는 느낌이 들 때, '하나님께서 여전히 나를 사랑하실까?'라고 생각할 필요가 없습니다. 하나님께서는 애초에 내가 사랑을 받을 만해서 나를 사랑하신 것이 아닙니다. 하나님께서는 그냥 나를 사랑하십니다. 우리 각 사람을 향한 하나님의 사랑은 우리의 공적이나 가치에 토대를 두고 있는 것이 아니라 하나님의 본성에 토대를 두고 있습니다.

하나님께서는 이렇게 말씀하십니다. "네가 나의 사랑을 받을 만했거나 나의 사랑을 받기 위해 무척 열심히 노력했기 때문에 지금까지 널 사랑한 것이 아니다. 그리고 내가 보기에 네가 수준 높은 삶을 살고 있어서 너를 계속 사랑하고 있는 것도 아니다. 단지, 너를 사랑하겠다는 영원히 변치 않는 결심을 했기 때문에 사랑하는 것이다."

그 결심은 결코 변하지 않습니다. 하나님께서는 나를 영원 전부터 사랑하셨으며, 영원까지 사랑하실 것입니다. 나를 향한 하나님의 사랑, 당신을 향한 하나님의 사랑은 영원히 끝나지 않습니다. 하나님과 우리의 사랑의 관계는 평생에 걸친 관계요, 영원히 지속되는 관계입니다. 그 관계는 우리가 하나님을 더 잘 알아가고자 할 때 지금뿐 아니라 영원히 우리의 모든 필요를 채워 줍니다.

하나님께서는 늘 모든 것을 알고 계십니다. 우리가 태어나기 전부터 우리의 가장 좋지 않은 부분도 아셨으며, 지금 일어나는 그 어떤 것도 하나님을 깜짝 놀라시게 하거나, 환멸감을 느끼시게 하지 않습니다. 하나님께서는 어떤 사람이나 사물에 대해 환상을 가지고 있지 않으십니다. 하나님께서는 어떤 사람의 실상을 갑자기 깨닫고는 "아뿔싸, 내가 왜 저런 사람을 사랑하기로 했던고?"라고 하시지 않으십니다. J. I. 패커는 다음과 같이 말했습니다. "나를 향한 하나님의 사랑은 실상을 잘 아시면서도 하시는 사랑이며, 나 자신의 가장 나쁜 부분을 미리 아시면서도 하시기로 한 사랑이다. 그러므로 흔히 우리는 자신의 좋지 않은 면을 발견하고 환멸을 느끼지만, 하나님께서는 어떤 것을 발견하셔도, 그것이 내게 대해 환멸을 느끼시게 하지 못하며, 나를 축복하시기로 한 결심에 찬물을 끼얹을 수도 없다." 내가 좋아하는 말입니다.

이사야 54:10에서 하나님께서는 다음과 같이 말씀하십니다. "산들은 떠나며 작은 산들은 옮길지라도 나의 인자는 네게서 떠나지 아니하며, 화평케 하는 나의 언약은 옮기지 아니하리라." 나를 향한 하나님의 인자는 결코 사라지지 않으며, 언제나 나를 향하고 있습니다. 이 진리를 알 때 안전을 느낍니다. 그리고 하나님의 사랑에 대한 보답으로 하나님을 사랑하고 싶은 마음이 생깁니다.

시편에서 하나님의 사랑을 "언약적 사랑"이라고 말하고 있는 번역본도 있습니다. 거짓말을 못하고, 변할 수가 없는 분이 우리를 사랑하기로 언약하셨습니다. 구속력이 있고 깨뜨릴 수 없는 약속을 하신 것입니다. 하나님께서는 언제나 사랑하시겠다고, 그 사랑에 자신을 헌신하시겠다고 우리에게 약속하셨습니다. 그리고 결코 그 생각을 바꾸지 않으십니다. 결코 우리를 버리지 않으십니다. 이미 사랑하기로 약속하셨고, 자신의 약속을 어기실 수가 없기 때문입니다. 자유 의사로 하나님께서는 우리를 사랑하기로 하셨고, 사랑하겠다고 약속하셨으며, 어떤 식으로도 그 약속을 어기거나 생각을 바꾸지 않으십니다.

신명기 7:7-9은 하나님의 백성 이스라엘에 대한 하나님의 사랑에 대해 말해 주고 있는데, 우리에게 기쁨을 주는 진리를 담고 있습니다. 예수님을 믿는다면, 우리는 하나님의 백성입니다. 하나님께서 그리스도 안에서 우리와 맺으신 새롭고 영원한 언약 때문입니다. 그러므로 우리는 구약의 이러한 진리들을 그 옛날

이스라엘 백성들보다 더 당당하게 우리 것으로 주장할 수 있습니다. 이 구절에 보면, 하나님께서 이스라엘 백성들을 기뻐하시고 사랑하셔서 선택하신 것은 그들의 수효가 많아서가 아니었습니다. 사실 그들은 모든 민족 중에 가장 작았습니다. 그들을 선택하여 소유로 삼으신 것은 단지 하나님의 사랑과 약속 때문이었습니다. 마찬가지로 하나님께서 우리를 선택하신 것도 우리를 사랑하시기 때문이었습니다. 그리고 하나님께서는 그 사랑을 언제나, 그리고 영원히 보장하는 약속을 하셨습니다.

시편 기자는 종종 하나님의 '변함없는 사랑'과 '다함이 없는 사랑'에 대해 말합니다. 시편에는 변함없는 사랑과 성실하심이 함께 언급되는 경우가 많이 있습니다. 하나님의 사랑은 언제나 변함이 없으며, 변덕스럽지 않습니다. 그것은 하나님의 놀라운 성실성과 관계가 있습니다. 하나님께서는 결코 우리를 버리지 않으십니다. 하나님의 사랑이야말로 우리 삶을 위한 견고한 기초이며, 그 위에 우리 삶을 세울 수 있습니다.

히브리서 13:8에 의하면, 예수님께서는 어제나 오늘이나 영원토록 동일하십니다. 이땅에 계실 때, 예수님께서는 우리를 향한 하나님의 사랑을 보여 주는 살아 있는 증거였습니다. 기억해 보십시오. 예수님께서 어떤 사랑을 보여 주셨고, 사람들과 얼마나 친밀한 관계를 추구하셨으며, 사람들의 필요를 채우실 때 얼마나 깊은 관심을 가지고 보살피셨는지를 말입니다. 예수님께서는 지금도 그때와 똑같으십니다. 하나님의 사랑은 그분의 본성에 뿌리를 내리고 있으며, 결코 변하지 않습니다. 그것은 무궁하고 결코 끝이 나지 않는 사랑입니다(예레미야 31:3).

우리가 거스를 때도

하나님의 변치 않는 사랑은 호세아에 특히 아름답게 표현되어 있습니다. 거기서 하나님께서는 자기 백성들이 "다른 신을 섬길 지라도" 여전히 그들을 사랑하신다고 선언하셨습니다(3:1). 호세아 선지자의 메시지 전체를 통해, 하나님께서는 백성들이 비록 자신을 거부하고 고집스럽게 반역을 계속할 때도 얼마나 변함없이 그들을 사랑하시는지를 보여 주십니다.

호세아 11:8에서 하나님께서는 자기 백성들에게 다음과 같이 말씀하십니다. 몇 가지 번역본의 것을 소개합니다. "나는 너희와 관계를 끊을 수가 없다. 나의 마음이 내 속에서 움찔하는구나. 내가 어떻게 너희를 버릴 수 있겠느냐?" "내가 어떻게 너희를 버릴 수 있겠느냐? 나의 마음이 그렇게 하도록 두지 않는다. 너희를 향한 나의 사랑은 너무나 강하다." "오, 내가 어떻게 너희를 포기할 수 있겠느냐? 내가 어떻게 너희를 버릴 수 있겠느냐? 나의 마음이 내 속에서 찢어지는 듯하고, 나의 긍휼이 흘러 넘친다." 이것이 백성들을 향한 하나님의 태도였습니다. 비록 그들이 고집스럽게 반항하고 불순종해 왔는데도 말입니다. 하나님께서는 참고 또 참으시면서 몇 세기에 걸쳐 그들에게 경고해 왔으나 그들은 귀를 기울이지 않았습니다. 마침내 하나님께서는 준엄한 채찍질을 하실 수밖에 없었습니다. 그들에게는 그것이 필요했고, 그래서 채찍질을 하셨습니다. 그러나 그 채찍질마저도 하나님의 사랑의 증거였습니다. 마치 우리 삶에서도 채찍질이 하나님의 사랑의 증거이듯이 말입니다. 그 모든 것을 거치면서도 하나님의 태도는 여전히 "내가 어떻게 너희를 버릴 수 있겠느냐?"였습니다. 하나님께서는 우리를 포기하실 수가 없습니다. 버리실 수가 없습니다. 우리를 향한 하나님의 사랑은 너무나 강합니다.

그 사실을 알 때 얼마나 안심이 되는지 모릅니다! 심지어 내가 어떤 사람을 하나님보다 더 중요시할 때도, 하나님께서는 여전히 나를 사랑하십니다. 나를 징계하셔야 할 때도, "나는 너의 유익을 위해 징계는 하겠지만, 필요한 것보다 털끝만큼도 더 하지는 않겠다. 그리고 결코 내 사랑에서 너를 끊지는 않겠다. 내 마음이 절대로 그것을 허락하지 않는다"라고 말씀하십니다. 하나님께서는 우리에게서 사랑을 거두시는 것을 생각만 해도 소름이 끼치시는 분이십니다.

"보라. 아버지께서 어떠한 사랑을 우리에게 주사 하나님의 자녀라 일컬음을 얻게 하셨는고"(요한일서 3:1). 하나님께서는 엄청난 사랑을 영원히 우리에게 주셨습니다. 그 사랑은 이미 우리에게 주신 바가 되었습니다. 우리가 하나님의 사랑을 받는 것은, 받을 만한 자격이 있어서가 아니라 단지 주시겠다는 제안을 받아들였기 때문입니다. 그처럼 우리는 단순하게 믿음으로 동의함으로 하나님의 가족으로 태어났으며, 이제 하나님의 자녀라 일컬어집니다. 하나님의 자녀. 이것이 우리의 현재 신분이며, 영원한 신분입니다. 하나님의 사랑은 변치 않으며 영원하고, 영구히 주어졌기 때문입니다. 이 사실을 잘 알아 갈 때 얼마나 기쁨을 느끼는지 모릅니다!

하나님께서는 우리에게 사람들의 사랑도 허락하시며, 우리가 그 사랑을 통해서도 큰 기쁨을 누리기 원하십니다. 그러나 이러한 사랑이 평생 가지는 않을 것입니다. 또한 그 사랑은 어느 모로 보나 하나님의 사랑에 견줄 수가 없습니다. 가장 깊은 사랑, 우리에게 가장 만족을 주는 사랑은 언제나 하나님 아버지의 사랑이며, 그 사랑은 평생 가며, 영원까지 이릅니다.

시편 73:26은 우리의 육체와 마음은 쇠잔한다고 했습니다. 그렇습니다. 인생을 살아갈 때, 다양한 방법으로 그런 일이 일어날 것입니다. 우리의 몸과 마음은 쇠약해져 가고, 힘을 잃어 가고, 꽃처럼 시들어 갈 것입니다. 그리고 그보다 더 좋지 않은 것이 있습니다. 마음과 삶 속에서 하나님을 신뢰하고 순종하는 일에 맥이 빠져 가는 것입니다. 그러나 그런 상태에 있다는 것을 깨닫는 즉시 우리는 하나님께 돌아와서, 어떻게 잘못했는지 자백하고, 하나님께서 우리를 사랑하시게 해드릴 수 있습니다. 그리고 계속해서 이 구절의 하반부처럼 고백할 수 있습니다. "주님, 주님은 제 마음의 반석(힘)이시요, 저의 안정의 원천이요, 제가 선택한 영원한 분깃입니다"라고 고백할 수 있는 것입니다.

시편 102:27에서 다윗은 하나님께 "주는 여상하시고 주의 연대는 무궁하리이다"라고 고백합니다. 하나님께서는 언제나 똑같으시며, 영원히 동일하십니다. 그래서 하나님의 사랑에 대해 다음과 같이 고백할 수 있습니다. "하나님의 사랑은 결코 끝이 나지 않습니다. 하나님께서는 저를 향해 언제나 동일한 사랑을 가지고 계시며, 늘 똑같이 제게 마음을 쓰고 계십니다!"

하나님의 사랑은 변함이 없습니다. 그리고 이 완전하고 영속적인 사랑이 우리와 함께한다는 것을 알 때 마음 깊숙한 곳에 안정감이 자리잡습니다. 하나님께 이렇게 고백한 적이 많습니다. "하나님, 결코 변덕스럽지 않고, 결코 머뭇거리지 않고, 결코 다함이 없는 하나님의 사랑, 그것이 제가 필요로 하는 사랑입니다. 만약 하나님께서 그러한 사랑을 가지고 계시지 않았다면, 틀림없이 오래 전에 저를 포기하시고 말았을 것입니다!"

폴 투르니에는 한 저서에서, 젊은 남녀가 사랑에 빠졌을 때에 일어나는 변화에 주목하게 합니다. 갑자기 그 여성의 고유한 특성은 꽃을 피우고, 아름다움이 드러납니다. 아무도 이전에는 발견하지 못했던 아름다움입니다. 이러한 것은 꽤 오래 유지되며, 아마 결혼식을 올리고 신혼 여행을 다녀올 때까지는 지속될 것입니다. 그리고 나서 얼마 있지 않아 그 두 남녀는 점차 서로에게 잔소리를 하기 시작합니다. 조금씩 조금씩 이런저런 일에서 서로 비판적이 됩니다. 만발했던 꽃은 시들기 시작합니다. 해묵은 본성, 흉악한 본성이 다시 고개를 듭니다.

하나님의 사랑은 그렇지 않습니다. 하나님께서 결코 어느 날부터 우리에게 잔소리를 하지 않으실 것입니다. 그리고 결코 어느 날부터 우리를 정죄하고 비판적인 태도로 대하지도 않으실 것입니다. 하나님을 알아 갈 때 그와 같은 사실을 확신할 수 있습니다. 우리의 개인적인 아름다움은 계속 하나님 앞에서 피어나고, 그분께 기쁨이 될 것입니다.

한계가 없는 사랑

하나님의 사랑에 대해 이야기할 때면, 강렬한 의미를 지닌 형용사를 사용하지 않을 수가 없습니다. 하나님의 사랑을 표현할 수 있는 단어가 없습니다. 우리가 쓰는 단어들은 하나님의 사랑을 슬쩍 보여 주는 정도입니다. 그렇긴 해도, 그 단어들은 하나님의 사랑을 더 깊이 경험하도록 이끌 수 있습니다.

하나님의 사랑은 측량할 수 없을 정도로 큽니다. 하나님의 사랑은 풍성한 사랑이요, 어마어마하게 큰 사랑이요, 무한한 사랑입니다. 한계도, 경계선도 없는 사랑입니다. 한없이 크고, 한없이 오래 가는 사랑입니다. 우리는 결코 그 사랑으로부터 벗어날 수 없고, 도망갈 수도 없고, 멀어질 수도 없습니다.

다시 한 번, 에베소서 3:16-19에서 하나님의 사랑을 묘사하고 있는 것을 살펴보십시오. 바울은 어떻게 우리 안에 계신 성령께서 우리 속 사람을 강하게 하셔서 우리가 우리 안에 그리스도를 더 충만하게 모실 수 있는지를 말하고 나서, 우리가 '사랑 가운데서 뿌리가 박히고 터가 굳어지도록' 기도합니다. 그리고 그는 계속해서, 그리스도의 사랑이 얼마나 큰지를 우리가 실생활과 경험을 통해 알도록 기도합니다. 또한 우리가 한계가 없는 그리스도의 사랑의 크기를 온전히 이해하도록 기도합니다. 그 사랑의 넓이와 길이와 높이와 깊이를 이해하도록 기도한 것입니다. 비록 그 사랑이 우리 머리로 파악할 수 있는 한계를 넘어서기는 하지만 말입니다.

우리 머리로는 하나님의 사랑이 얼마나 큰지 온전히 파악할 수가 없지만, 우리 가슴으로는 그 사랑을 놀라울 정도로 경험할 수가 있습니다. 한 시인은 자신이 얼마나 보잘것없고, 매력적인 구석이 없는지, 어느 정도로 하나님의 사랑을 받을 자격이 없는지를 깨닫고서 다음과 같은 시를 썼습니다.

> 어찌 있는 그대로 날 사랑하실 수 있으며,
> 어찌 그런 하나님이실 수가 있는지,
> 머리로는 이해되지 않아도
> 가슴으로는 밝히 이해된다.

하나님의 사랑은 우리 가슴을 뜨겁게 할 수는 있습니다. 비록 그 사랑이 너무나 커서 결코 온전히 알 수는 없지만 말입니다. 그리고 우리는 그 사랑을 더 잘 알기 위해 계속 매진할 수 있습니다.

하나님의 사랑은 한계가 없습니다. 이 말은 하나님의 사랑이 우리에게 줄 수 있는 격려와 소망과 힘에도 한계가 없다는 의미입니다. 한번은 워렌이 거의 한 달 가량 출타 중일 때였는데 나는 특별한 압력을 느꼈습니다. 보통 때 느끼곤 했던 압력과는 달랐습니다. 그 당시의 상황은 내가 감당하기에 너무나 힘겨운 것이었으며, 특히 남편의 객관적인 조언이 없이는 힘든 것이었습니다. 그리하여 스트레스를 잔뜩 받고 있을 때 하나님께서는 데살로니가후서 2:16-17을 통해 크게 도움을 주셨습니다. "우리 주 예수 그리스도와 우리를 사랑하시고 영원한 위로와 좋은 소망을 은혜로 주신 하나님 우리 아버지께서 너희 마음을 위로하시고 모든 선한 일과 말에 굳게 하시기를 원하노라."

하나님께서는 사랑의 손길로 개인적으로 나와 함께하고 계셨습니다. 영원한 위로와 좋은 소망을 주고 계셨습니다. 그 위로와 소망이 영원한 이유는 은혜로 주시는 것이지 내게 무슨 자격이 있어서 주시는 것이 아니기 때문입니다. 나와 당신은 흔히 맥이 빠지며, 우리 자신이 가진 자원은 부족한 것으로 드러납니다. 그러나 하나님, 우리를 사랑하시는 분께서는 우리에게 용기와 자신감을 불어넣어 주시기 위해 언제나 기다리고 계십니다.

시편 103:11에서 다윗은 이렇게 말합니다. "하늘이 땅에서 높음같이 그를 경외하는 자에게 그 인자하심이 크심이로다." 하나님의 사랑을 너무나 잘 묘사하고 있습니다. 흘러 넘치고, 한계가 없고, 늘 베푸시는 사랑을 말입니다.

하나님께서는 우리의 행위에 따라 조그만 사랑 조각을 주셨다가 거두어 들이셨다가 하지 않으십니다. "음, 오늘은 좀 착했어. 그러니 좀더 사랑해 주마"라고 하지 않으십니다. 하나님의 사랑은 거저 흘러나옵니다. 그것은 넘쳐흐르는 사랑이며, 풍성하게 부어 주시는 사랑입니다. 로마서 5:5을 통해 알 수 있는 것은 하나님의 사랑이 성령에 의해 우리 마음에 부은 바 되었다는 사실입니다. 어떤 번역에는 "하나님의 사랑이 우리 마음속에 범람한다"라고 되어 있습니다. 하나님의 사랑은 인색하게 주시는 사랑이 아니라, 홍수 때 물이 범람하듯이 우리 마음으로 쏟아져 들어와 차고 넘치는 사랑입니다. 그리고 하나님께서는 이 풍성한 사랑의 원천인 성령을 우리 안에 거하게 하셔서, 하나님의 사랑이 우리 속에 차고 넘치도록 하셨습니다. 하나님의 사랑을 조금 알고 있다고 그 수준에 안주하지 마십시오. 지금까지 경험한 것보다 훨씬 더 많이 하나님의 사랑을 경험할 수 있습니다. 당신이 정말로 원하기만 한다면, 그리고 하나님과 말씀에 마음을 열고 하나님을 찾고 그분께 굴복하고 그분을 신뢰하기만 한다면 말입니다.

요한복음 3:16을 읽어 보면, 하나님께서 세상을 너무나 사랑하셨다는 것을 알 수 있습니다. 아마 이 구절보다 더 확실하게 그리고 더 단순하게 하나님의 크신 사랑을 보여 주는 구절은 없을 것입니다. 하나님께서는 너무나 사랑하셨습니다. 하나님의 사랑은 너무나 강렬하고, 너무나 크고, 너무나 깊습니다. 하나님께서는 우리를 너무나 사랑하셔서 하나밖에 없는 아들까지 주셨으며, 상상할 수도 없는 고통, 그 누구도 당해 보지 않은 고초를 우리를 위해 당하게 하셨습니다. 이와 같이 하나님께서는 우리를 너무나 사랑하십니다.

하나님의 사랑은 어떤 찬송가에서 노래하듯이 "인간의 머리로 알 수 있는 한계보다 더 넓습니다." 하나님의 사랑을 온전히 알 수 있을 정도로 이해력이 뛰어난 사람은 없습니다. 나는 자녀들에게 보내는 편지를 마무리하면서 "나는 너희들이 알고 있는 것보다 더 너희를 사랑한단다"라는 말을 덧붙이곤 했습니다. 하나님께서는 우리가 알고 있는 것보다 훨씬 더 우리를 사랑하시며, 우리가 앞으로 알게 될 것보다 훨씬 더 우리를 사랑하십니다. 하나님의 사랑은 너무나 커서 결코 완전히 이해할 수가 없습니다.

이 말은, 하나님의 사랑과 관련해서 새롭게 깨닫고 즐길 수 있는 것이 언제나 더 있다는 의미입니다. 놀라운 특권입니다!

이는 또한 언제나 하나님의 사랑을 의지할 수 있다는 뜻이기도 합니다. 하나님의 사랑은 너무나 커서 우리 마음속 가장 깊은 필요들도 채울 수 있습니다. 이땅의 사랑은, 가장 좋은 인간 관계에서 주고받는 사랑마저도 늘 우리가 원하는 수준이 되지는 않습니다. 결혼 생활을 하다 보면, 워렌의 사랑은 더러 약해질 때도 있으며, 나의 사랑도 마찬가지입니다. 그러나 하나님의 사랑은 다릅니다. A. W. 토저는 "우리가 가진 한계에서 눈을 돌려 도무지 한계가 없는 하나님을 바라보는 것이 얼마나 깊은 만족을 주는지 모른다!"라고 말합니다.

하나님의 사랑 뒤에 있는 은혜

로마서 5장부터 8장까지 읽다 보면, 내가 좋아하는 주제인 '믿음으로 말미암아 은혜로 사는 삶'에 종종 관심이 쏠립니다. 우리가 의롭다 함을 얻는 것도, 우리의 신앙 생활도, 모두 은혜로 됩니다. 하나님의 완전한 죄 용서와 우리를 향한 자비로운 태도와 그분으로 말미암은 내적 충만을 경험하기 위해, 우리 자신의 '가치'를 입증할 필요가 없습니다. 그 모든 것은, 믿는 자들이라면 누구에게나 완전히 거저 주어집니다! 이 진리는 오랫동안 실제 삶에서도 감정적인 면에서도 축복이 되었으며, 이런저런 때에 늘 새로운 방법으로 도움을 주었습니다.

하나님의 사랑은 하나님의 은혜, 즉 우리를 위해 값없이 베푸시는 호의와 떼어놓을 수 없는 관계에 있습니다. 은혜를 토대로 하나님께서는 애초에 사랑 안에서 우리를 택하셨으며, 자신의 흘러 넘치는 은혜를 토대로 계속해서 우리에게 사랑을 쏟아 부어 주고 계십니다.

로마서 5:20을 보면, 죄가 더한 곳에 은혜가 더욱 넘쳤다는 것을 알 수가 있습니다. 하나님의 은혜가 얼마나 풍성한지를 충분하게 나타낼 만한 단어가 없습니다. 그래서 단지 "더욱 넘쳤다"고 말할 수 있을 뿐입니다!

하나님의 사랑은 너무나 커서, 용서하기에 너무 큰 죄는 없습니다. 언제라도 은혜의 보좌 앞으로 나아가 죄 용서를 받을 수 있습니다. 크고, 명백하고, 심지어 창피한 죄이든, 아니면 조그만 허물에 불과한 것이든, 다 용서받을 수 있습니다. 어떤 죄는 너무나 자주 범해 '또 그 죄를 자백해야 하는가?' 하는 생각이 들기도 합니다. 그러나 있는 그대로 나아가 용서를 구하기만 하면 하나님께서는 용서해 주십니다. 죄 용서는 온전히 은혜입니다. 그래서 나는 있는 그대로 나아갑니다.

한 가지 조건, 오직 한 가지 조건이 하나님의 사랑을 누리고 즐기기 위해 필요합니다. 우리는 그 조건을 충족시켰습니다. 단지 마음 문을 열고 예수님을 영접하기만 했다면, 다음과 같이 기도하기만 했다면 말입니다. "주님, 주님께서 저의 죄를 위해 죽으신 것을 감사드립니다. 이제 제 마음과 삶에 들어와 저의 주님과 구세주가 되어 주소서." 이렇게 기도할 때, 우리는 하나님의 끝없는 사랑, 값없이 베푸시는 사랑으로 말미암아 하나님과 영속적이고 개인적인 관계를 맺습니다.

필립스 역으로 에베소서 2:13을 보면, "그리스도 안에서 우리는 하나님의 사랑과 목적의 원(圓) 안에 있다"고 되어 있습니다. 이전에는 그 원의 바깥에 있었으며, 사랑의 하나님으로부터 우리 자신을 격리시키고 있었습니다. 그러나 우리 자신이 죄인임을 인정하고, 하나님의 사랑을 경험하기 위해 겸손한 마음으로 주님을 향해 마음 문을 활짝 엶으로써, 그 원 안으로 들어갔습니다.

블라인드를 열고

하나님의 사랑을 얻어내려고 애쓸 필요가 없습니다. 하나님께서 우리를 사랑하십니다. 그걸로 충분합니다. 하나님의 사랑은 끊임없이 흘러나오며, 결코 흐름을 멈추지 않습니다. 그분의 사랑은 언제나 빛을 발하여 어둠침침한 곳을 밝힙니다. 그러나 어두운 곳에 빛이 들어오고 말고는 우리의 반응에 달려 있습니다. 우리는 블라인드를 닫을 수도 있고 열 수도 있습니다. 무엇으로 우리 속을 충만케 할 것인지는 우리가 선택하며, 하나님께서는 우리의 선택을 존중하십니다. 하나님께서는 억지로 자신의 사랑을 받아들이게 하지 않으십니다. 그러나 언제나 하나님의 사랑은 흘러나오며 빛나고 있습니다. 그 사랑은 온전하고, 변함이 없고, 언제든 우리의 필요를 채우실 수 있는 사랑입니다.

이렇게 변함없이 흘러나오는 하나님의 사랑은 누가복음 15장의 탕자 이야기에 잘 묘사되어 있습니다. 그 이야기에서, 아버지는 자신을 거스르고 떠난 아들이 어서 돌이켜 집으로 돌아오기를 기다리고 있었습니다. 그리고 아들이 돌아오는 것을 보았을 때, 과연 뜨거운 사랑으로 맞이해야 할지 두 번 생각할 필요가 없었습니다. 아들은 곁길로 벗어나 먼 나라로 가서 끔찍한 죄에 빠졌을지라도 아버지의 사랑은 조금도 식지 않았습니다.

우리는 모두 이러한 은혜가 필요합니다. 우리는 모두 죄를 자백해야 합니다. 우리는 지금도 죄를 범하는 자들입니다. 과거에는 죄인이었으나 지금은 죄를 범하지 않는 것이 아닙니다. 우리는 용서받은 죄인들이며, 죄는 더 이상 우리 신원의 핵심이 아닙니다. 그러나 우리는 여전히 죄를 범합니다. 주님께서는 우리가 여러 가지 죄들을 이기게 해주시며 거룩함에서 자라 가게 해주십니다. 그러나 우리는 여전히 완전한 거룩함에는 미치지 못합니다. 영적으로 성숙해 감에 따라 우리 자신의 부족한 점들을 알게 되며, 삶에서 간과해 왔던 영역들을 보게 됩니다. 있는지도 미처 몰랐던 것들입니다. 늘 하나님의 은혜가 필요합니다.

흔히 우리는 자신이 꽤 잘 하고 있다고 느낄 때는(예를 들면, 죄를 이겼고, 매일 경건의 시간을 가졌고, 성경 말씀을 공부했으며, 가족과 이웃에게 좋은 간증을 나타냈을 때) '하나님께서는 오늘 분명히 나를 사랑하실 거야'라고 생각합니다. 그러나 영적 침체도 경험합니다. 그럴 때는 '지금은 하나님께서 나를 절대로 사랑하실 수가 없을 거야'라고 생각합니다. 그래서 하나님의 사랑과 은혜를 가장 필요로 하는 바로 그때, 그것들을 얻기 위해 그분께 나아가지 않습니다. 우리가 잊고 있는 사실은 하나님께서는 우리가 그분께 전혀 쓸모없을 때라도 늘 사랑하신다는 것입니다. 하나님께서는 언제나 우리를 사랑하십니다. 그냥 사랑하고 싶어서입니다.

하나님의 사랑을 받을 수 있는 자격 조건은 무엇입니까? 단지 하나님의 사랑을 필요로 하는 것입니다. C. S. 루이스의 말이 생각납니다. "우리의 존재 전체가 본질상 하나의 거대한 필요 덩어리다. 불완전하고, 준비되고 있는 중이며, 텅 비어 있으면서도 방해물들로 어질러져 있다. 그리고 매듭을 풀 수 있고 아직도 느슨하게 달려 있는 것을 꽉 묶을 수 있는 하나님께 큰 소리로 부르짖고 있다."

다윗은 이 사실을 이해하고 있었습니다. 시편 40편은 그의 솔직한 마음을 나타내고 있는데, 그 시편은 하나님께서 어떤 사람에게 마음에 두시며 인자를 나타내시는지를 보여 줍니다. 다윗은 기가 막힐 웅덩이와 수렁 속에 빠져 있는 것이 어떤 것인지 알고 있었습니다. 그는 다음과 같이 부르짖었습니다.

> "여호와여, 주의 긍휼을 내게 그치지 마시고
> 주의 인자와 진리로 나를 항상 보호하소서.
> 무수한 재앙이 나를 둘러싸고
> 나의 죄악이 내게 미치므로
> 우러러 볼 수도 없으며,
> 죄가 나의 머리털보다 많으므로
> 내 마음이 사라졌음이니이다.
> 나는 가난하고 궁핍하오나
> 주께서는 나를 생각하시오니."(40:11-12,17)

하나님께서는, 절실한 필요를 가지고 있고 그 사실을 기꺼이 인정하는 사람에게 사랑을 나타내십니다.

당신은 사랑을 받기에 적합한 사람입니까? 나 자신은 그런 사람입니다. 여러 절실한 필요를 가지고 있기 때문입니다. 그리고 지금까지 하나님께서는 내가 기꺼이 그 필요를 인정하고 하나님께로부터 채움받게 하셨습니다. 나 자신이 궁핍한 존재라는 것을 인정하지 않을 때면, 은혜롭게도 하나님께서는 그 사실을 상기시켜 주시기 위해 역사하십니다(때로는 고통스런 방법으로). 그리고 기꺼이 이렇게 고백하게 하십니다. "하나님, 제 삶은 너무나 엉망이 되어 있고 저는 너무나 궁핍하며, 하나님께 순종하고 제 힘으로 삶을 감당하기에 너무 능력이 부칩니다. 그래서 저의 깊은 필요들을 가지고 하나님께로 나아갑니다."

다음과 같은 시로 기도하는 것이 도움이 되었습니다.

사랑하는 주님,
실타래 같이 얽힌 저의 삶을 취하소서.
저는 지금까지 헛수고만 했나이다.
능숙한 주님의 사랑의 손으로
아름다운 작품으로 만드소서.

우리는 하나님의 사랑을 받기에 합당합니다. 필요가 많기 때문입니다.

하나님의 사랑은 희생적이다

사람들 사이의 사랑에 대해 생각해 봅시다. 우리는 사랑을 표현하는 말을 들을 뿐만 아니라 사랑을 나타내는 행동도 보고 싶어 합니다. 그렇지 않습니까? 물론 말도 중요합니다. 아내는 남편한테서 사랑한다는 고백을 아무리 많이 들어도 지겹지가 않습니다. 하나님께서는 우리를 사랑하신다는 것을 여러 말씀으로 표현하셨습니다. 그러나 또한 그 사랑을 행동으로도 표현하셨습니다. 이미 살펴보았듯이, 하나님께서는 우리를 위해 위대한 사랑의 행동을 하셨습니다. 우리가 아무 쓸모없는 죄인일 때 아들을 보내어 우리 위해 수치와 고통을 당하게 하신 것입니다. 기꺼이 하나님께서는 최고의 대가를 치르심으로, 우리가 그분의 소유가 되며 그분과 사랑의 관계를 맺을 수 있게 하셨습니다.

당신과 나를 향한 하나님의 사랑은 대가를 치르는 사랑입니다. 이와 대조적으로, 사람들 사이의 사랑은 받기만 하는 사랑이나 맞바꾸기 사랑의 수준을 넘지 못할 때가 많습니다. 물론 마음이 하나님의 사랑으로 가득 차 그것이 다른 사람에게로 흘러 넘치는 경우는 예외입니다.

받기만 하는 사랑은 가장 미성숙한 수준의 사랑이며, 누구나 때때로 이러한 사랑을 합니다. 그것은 자신의 필요만 생각하는 사랑입니다. 자기 중심적이며, 다른 사람에게 주는 일에는 관심이 없습니다. 받기만 하는 사랑에 사로잡히게 되면, 단지 자신이 살아 있다는 이유 하나로 사람들이 자신을 사랑해 주기를 기대합니다. 또는 머리를 쓰고, 조작을 하고, 화를 내어서, 자신이 원하는 대로 다른 사람이 자기 필요를 채워 주도록 만듭니다.

맞바꾸기 사랑에서는 다음과 같은 태도를 갖습니다. "만약 당신이 나를 사랑한다면 나도 당신을 사랑하겠다. 만약 당신이 그 정도로 사랑하면 나도 그 정도로 사랑하겠다. 당신이 조금 더 나아가면 나도 조금 더 나아가겠다. 그러나 당신이 뒷걸음질치면 나도 뒷걸음질치겠다." 맞바꾸기 사랑으로 사랑할 때는 언제나 공평한 거래가 이루어지도록 하기 위하여 주의 깊게 계산을 합니다.

하나님의 사랑은 다릅니다. 전적으로 다릅니다. 하나님의 사랑은 거룩하고 자기 희생적인 사랑입니다. 우리는 십자가를 바라봅니다. 거기서 하나님께서는 최고의 희생을 하셨습니다. 그러한 희생적인 사랑은 우리의 본성에서는 흘러나오지 않습니다. 낯선 사랑입니다. 하나님의 사랑을 받을 때만 그러한 희생적인 사랑을 할 수 있습니다.

　사람이 하는 사랑도 하나님의 희생적인 사랑을 이해하는 데 도움이 될 때가 있습니다. 혹시 어떤 철도원의 이야기를 들어 본 적이 있습니까? 일요일 오후, 그 사람은 다섯 살 먹은 아들과 함께 철길을 따라 산책을 하고 있었습니다. 그 둘은 철길 가까운 곳에서 나무와 꽃과 새들의 아름다움을 감상하고 있었습니다. 마침내 한 곳에 이르렀는데, 깊은 계곡 위로 다리가 놓여 있고 그 다리 위로 철길이 통과하고 있는 곳이었습니다. 그 철도원의 예리한 눈에 두 레일이 이어지는 부분에 틈이 있는 것이 보였습니다. 레일은 조금 느슨해져 있었으며, 탈선을 일으킬 수 있을 정도로 연결 부분이 벌어져 있었습니다. 탈선이 일어나면 어떤 열차라도 계곡 아래로 떨어지게 되어 있었습니다.

　그 사람은 승객들을 가득 실은 열차가 곧 그곳을 통과한다는 것을 알고 있었습니다. 그의 아들이 가까운 곳에 놀고 있을 때, 그는 미친 듯이 가까운 곳에 있는 사무실로 달려가 커다란 나무토막을 찾았습니다. 지렛대로 사용하기 위해서였습니다. 만약 그가 열차가 지나갈 수 있도록 지렛대를 사용하여 그 레일을 이어 붙이고 있을 수만 있으면 열차가 지나가고 나서 기술자에게 말하여 그 틈을 고치면 될 것입니다.

　그때 기적 소리가 들려 왔고, 열차가 다가오는 것이 보였습니다. 그는 재빨리 그 장소로 갔고, 있는 힘을 다해 지레를 사용하여 레일을 이어 붙이고 있었습니다.

　바로 그때였습니다. 그가 고개를 들자 아들이 어슬렁거리다 그 다리 위까지 와 있는 것이 보였습니다. 기차가 통과하기 전에 혼자서 되돌아가기에는 너무 많이 들어와 있었습니다.

그 사람은 선택의 기로에 섰습니다. 레일을 이어 붙이고 있는 것을 포기만 하면 달려가서 아들을 구할 수 있었습니다. 그렇게 되면 열차는 모든 승객들과 함께 계곡 아래로 곤두박질하게 될 것입니다. 아들을 구할 것인가? 아니면 열차 안에 있는 많은 사람들을 구할 것인가? 시간은 얼마 남지 않았습니다.

그 사람은 결국 열차를 구하기로 결정했고, 아들이 열차에 치어 죽는 것을 눈으로 보고 있어야 했습니다.

그 후, 목숨을 건지게 된 승객들 중에 이 사람이 한 일에 대해 들은 사람들이 있었습니다. 그들은 감사의 편지와 함께 선물을 보냈습니다. 한편, 자기 아들을 죽게 내버려 둔 것은 바보 짓이라고 하는 사람들도 있었습니다. 그러나 대부분의 승객들은 아무 감동도 받지 않았습니다. 그들은 그 일을 잊었고, 그런 일이 있기라도 했느냐는 듯 덤덤하게 살았습니다.

이 이야기는 우리를 향한 하나님의 사랑을 이해하는 데 도움이 됩니다. 하나님께서는 우리를 구원하시기 위해 하나밖에 없는 아들이 죽음의 고통, 하나님 자신으로부터 분리되는 고통을 당하게 하셨습니다. 그 아들은 자신의 생명을 구할 수 없었던 그 꼬마와는 달랐습니다. 그분은 성자 하나님인 예수님이며, 의도적으로 우리를 위해 그러한 고난을 겪으셨습니다. "그가 찔림은 우리의 허물을 인함이요, 그가 상함은 우리의 죄악을 인함이라. 그가 징계를 받음으로 우리가 평화를 누리고, 그가 채찍에 맞음으로 우리가 나음을 입었도다"(이사야 53:5). 예수님께서는 말로 다할 수 없는 고통과 슬픔과 고난을 겪으셨습니다. 오직 우리를 사랑하셨기 때문입니다.

그 열차의 승객들은, 그들을 구하기 위해 자기 아들을 잃은 그 사람에게는 남이었습니다. 마찬가지로 하나님께서는 우리가 아직 죄인일 때, 아직 남일 때 우리를 위해 아들을 희생하셨습니다. 그러나 우리는 자신의 선택에 따라 남이 된 사람들이었습니다. 우리는 의도적으로 하나님의 원수가 되었고, 하나님의 길을 버리고 우리 자신의 길을 갔습니다. 이것을 아시면서도 하나님께서는 아들을 보내어 우리 위해 죽게 하셨습니다.

그 열차의 승객들이 자신들을 구하기 위해 할 수 있는 것은 아무것도 없었습니다. 그 철도원만이 그들의 위험을 제대로 알고 있었고, 그들을 구할 수 있는 시간에 바로 그 자리에 있었으며, 그들을 구할 수 있었습니다. 예수님께서도 마찬가지였습니다. 로마서 5:6-8에서는 다음과 같이 말합니다. "우리가 아직 연약할 때에 기약대로 그리스도께서 경건치 않은 자를 위하여 죽으셨도다. 의인을 위하여 죽는 자가 쉽지 않고, 선인을 위하여 용감히 죽는 자가 혹 있거니와, 우리가 아직 죄인 되었을 때에 그리스도께서 우리를 위하여 죽으심으로 하나님께서 우리에게 대한 자기 사랑을 확증하셨느니라."

그리고 이 희생에 힘입어, 우리는 이제 우리로 화목을 얻게 하신 우리 주 예수 그리스도로 말미암아 하나님 안에서 즐거워할 수 있게 되었습니다(로마서 5:11 참조).

예수님께서는 "사람이 친구를 위하여 자기 목숨을 버리면 이에서 더 큰 사랑이 없다"(요한복음 15:13)고 말씀하셨습니다. 사람이 친구를 위해 죽는 것은 생각할 수는 있는 일입니다. 물론 엄청난 사랑을 가진 사람만이 감히 그런 행동을 할 수 있을 것입니다. 그러나 예수님께서는 친구가 아니라 원수들을 위해 죽으셨습니다. 우리를 친구로 만들며, 하나님과의 친밀한 관계로 이끌기 위해서였습니다. 그렇게까지 하실 정도로 하나님께서는 우리를 가까이하기 원하십니다.

오직 하나님만이 그러한 희생적 사랑의 원천입니다. 진정 하나님의 사랑은 모든 사랑 중에 가장 위대한 사랑입니다.

왕처럼 행복한 삶

하나님께서는 우리에게 어떤 것을 주실 때든 측량할 수 없을 정도로 후하십니다. 사랑을 베푸는 면에서도 마찬가지입니다. 하나님의 사랑은 주고, 또 줍니다. 결코 고갈되지 않습니다. 하나님의 능력과 자원은 아무 제한이 없기 때문입니다. 인색하게 주실 수밖에 없는 경우가 전혀 없습니다. 에베소서 3:20 말씀처럼, 하나님께서는 우리의 구하거나 생각하는 것을 넘치도록 주실 수 있습니다. 우리가 꿈꿀 수 있는 최상의 것을 초월해서 말입니다. 하나님만큼 잘 주시는 분은 없습니다. 주기를 즐기시며, 우리 위해 선을 행하기 좋아하시고, 그리하여 우리가 진정으로 풍성한 삶을 살 수 있게 하십니다.

어느 여성 잡지에서 다음과 같은 글을 읽었습니다.

> 삶은 수많은 것들로 가득 차 있다.
> 대부분은 혼란스럽기만 한 것들로.
> 그래서 우리 중에 왕처럼 행복한 사람들은
> 멍청이거나 정신병자임에 틀림없다.

그러나 정신병자가 되지 않고서도 왕처럼 행복하게 사는 길이 있습니다. 엄청나게 후한 사랑으로 하나님께서 우리에게 주신 특권과 자원을 활용하기만 하면 됩니다.

로마서 5:17은 그리스도께서 믿는 자들을 위해 무엇을 하셨는지, 그리고 어떻게 은혜와 의의 선물을 넘치게 받는 자들이 생명 안에서 왕 노릇할 수 있는지를 보여 줍니다. 풍성한 하나님의 은혜로 말미암아 왕처럼 살 수 있습니다. 앞에서 살펴보았듯이, 은혜란 "자격이 없는 사람에게 주어지는 은총"을 의미합니다. 우리 노력으로 얻어낼 필요가 없는 은총, 우리에게 걸맞지 않은 은총입니다. 사실 그 은총과 반대되는 것이 우리에게 마땅합니다!

그리고 그것은 누구의 은총입니까? 만왕의 왕의 은총입니다. 그분께로부터 흘러나와 우리에게 주어지는 은총입니다. 그 은총을 입고 있다는 것을 알 때, 그리고 온 우주를 통틀어 진정으로 중요한 분은 단 한 분밖에 없는데 그분의 은총을 누리고 있다는 것을 깨달을 때, 우리 마음속에 변화가 일어납니다.

에스더 왕후의 이야기가 생각납니다. 에스더는, 중대하고 생사가 달려 있는 요구 사항을 가지고 왕 앞에 나아가야 했습니다. 그러나 30일 동안이나 왕의 부름을 받지 못했고, 왕 앞에 나아가면 왕이 어떤 반응을 보일지 도무지 알 수가 없었습니다. 사실, 에스더는 두려웠습니다. 누구든지 부름을 받지 않고 왕에게 나아갔다가 왕이 홀을 내어 밀지 않으면 죽게 되기 때문입니다. 왕후도 예외가 아니었습니다.

그러나 에스더는 담대하게 왕 앞으로 나아갔습니다. 왕의 반응을 살펴보십시오.

> 왕후 에스더가 뜰에 선 것을 본즉 심히 사랑스러우므로 손에 잡았던 금홀을 그에게 내어 미니 에스더가 가까이 가서 금홀 끝을 만진지라. 왕이 이르되, "왕후 에스더여, 그대의 소원이 무엇이며, 요구가 무엇이뇨? 나라의 절반이라도 그대에게 주겠노라." (에스더 5:2-3)

왕은 선의를 나타냈으며, 무엇이든 요청하라고 했는데, 우리를 향한 하나님의 태도를 잘 보여 주는 예화입니다. 큰 차이점 하나만 빼고 말입니다. 우리 왕에게 나아갈 때는, 에스더처럼 두려움을 느낄 필요가 없습니다. 만왕의 왕께 속한 사람이라면, 그분께 나아갈 때마다 은총을 입으리라 확신할 수 있습니다. 하나님께서는 늘 은총을 베풀려는 마음을 가지고 우리를 바라보십니다. 에베소서 1:6은 "그의 사랑하시는 자 안에서 우리에게 거저 주시는 바 그 은혜의 영광"에 대해 말합니다. 하나님께서는 예수님으로 말미암아 우리에게 은혜를 베푸십니다. 하나님의 환영은 보장되어 있고, 우리는 자신감을 가지고 그분께 나아갈 수 있습니다. 하나님께 나아갈 때, 나는 그분이 나를 향해 홀을 내어 밀며, "왕후 룻이여, 그대의 소원이 무엇이며, 요구가 무엇이뇨? 나라의 절반이라도 그대에게 주겠노라"라고 말씀하시는 것을 그려 볼 수 있습니다. 하나님께서는 우리의 요청을 귀히 여기시며 우리에게 은총 베풀기를 좋아하십니다.

우리를 부요케 하심

하나님께서는 우리에게 기쁨을 주는 것들을 행하기 좋아하시며, 아낌없이 주십니다. F. J. 휘겔은 자신의 저서에서 이렇게 말했습니다. "하나님께서는 주실 때, 언제나 풍성하게 주신다. 그것은 끝없이 펼쳐져 있는 창공에 셀 수 없을 정도로 많은 별이 빛나고 있는 것과 비슷하다." 분명 하나님께서는 하늘에 그토록 많은 별을 두실 필요가 없었을 것입니다. 그러나 우리가 감상하고 경외감을 느끼며 그분을 찬양할 수 있도록 그토록 많고 아름다운 별들로 우리 밤하늘을 수놓으셨습니다. 무엇이든 풍성하게 베푸시는 하나님답지 않습니까?

그분은 인색한 하나님이 아닙니다.

물론 우리 모두를 물질적으로 부자를 만드는 것이 하나님의 뜻은 아닙니다. 이땅에 사실 때 예수님께서는 결코 물질적으로 부자는 아니셨지만, 참으로 중요한 모든 것에서는 부자이셨습니다. 그리고 천국의 부요를 뒤로하고 이땅으로 오신 것은 자신이 가지고 있는 참되고 영원한 보물을 우리와 나누시기 위해서였습니다. "우리 주 예수 그리스도의 은혜를 너희가 알거니와, 부요하신 자로서 너희를 위하여 가난하게 되심은 그의 가난함을 인하여 너희로 부요케 하려 하심이니라"(고린도후서 8:9).

이 부요케 하시는 일의 한 부분으로서, 하나님께서는 이땅에서 영적으로 충만한 삶과 감정적으로 만족스런 삶을 사는 데 필요한 모든 것을 사용할 수 있게 해주셨습니다. "그의 신기한 능력으로 생명과 경건에 속한 모든 것을 우리에게 주셨으니, 이는 자기의 영광과 덕으로써 우리를 부르신 자를 앎으로 말미암음이라"(베드로후서 1:3). 하나님을 더 잘 알고자 노력함으로써, 이 모든 것을 우리 것으로 누릴 수 있습니다.

하나님께서는 우리를 격려하시고 강하게 하시며 계발하시고 훈련하시기 위해 우리 삶 가운데서 역사하시는데, 이때도 매우 후하십니다. 하나님께서는 우리가 그분께 기대했던 것 이상을 하십니다. 이것은 지금까지 나에게 중요한 영향을 끼친 교훈입니다. 신앙 생활 초기에 나는 오랫동안 하나님에 관해 잘못된 개념을 가지고 있었기 때문입니다. 앞에서 언급했듯이, 나는 하나님께 삶을 전부 의탁하면 내가 진정으로 원하는 것들을 놓치게 될 것이라고 두려워했습니다. 그래서 십대 시절 몇 년 동안 내 삶을 움켜쥐고 놓지 않았습니다. 그러나 내 나름대로의 계획들을 이루느라 애쓸수록 점점 더 비참함을 느꼈고, 마침내 하나님께 내 삶에서 원하시는 어떤 것이라도 행하셔도 좋다고 말씀드렸습니다. 그제야 처음으로 깊은 만족을 경험하기 시작했습니다. 진정한 만족이었습니다. 나는 하나님의 계획은 선하다는 것과, 하나님께서는 나의 삶에 가장 좋은 것을 주신다는 것을 깨닫기 시작했습니다. 하나님께서 나를 사랑하신다는 것은 그분의 마음속은 나를 향한 선한 뜻과 선한 계획으로 가득 차 있다는 말입니다. "우리를 보살피시려고 갖고 계신 한도 끝도 없는 놀라운 계획, 어찌 다 이루 헤아려 말할 수 있을까요!"(시편 40:5, 현대어 성경)

시편 68:6은 "하나님은… 수금된 자를 이끌어 내사 형통케 하시느니라"고 말합니다. 대개 감옥에서 풀려난 죄수들은 방황하며, 아무것도 없는 상태, 혹은 그보다 더 못한 상태에서 다시 삶을 시작하여 자신의 무너진 삶을 다시 일으켜 세워야 합니다. 그러나 하나님께서는 우리를 영적, 감정적 감옥에서 나오게 하신 후 형통한 삶으로 인도하십니다. 하나님께서는 온갖 영적 자원들이 저축되어 있는 은행 계좌를 물려주시기 때문에 우리는 부자입니다. 우리는 단지 감옥에서 풀려날 뿐만 아니라, 영적으로 부유하고 형통한 삶을 삽니다.

시편 68:6은 이어서 이렇게 말합니다. "오직 거역하는 자의 거처는 메마른 땅이로다." 마음속에서 하나님을 거역하는 것, 다시 말해 하나님께 굴복하고 첫 자리를 내드리기를 두려워하는 것이야말로 영적으로 메마르게 하고 우리 삶에서 만족을 앗아가는 것입니다. 메마르고 만족이 없는 삶은 하나님께서 우리에게 원하시는 것도, 우리를 위해 계획하신 것도 아닙니다. 하나님께서 의도하신 바는 영적으로 형통한 삶, 모든 것이 충만한 삶입니다.

시편 84:11 말씀을 다시 생각해 보십시오. 그 구절은 "여호와께서… 정직히 행하는 자에게 좋은 것을 아끼지 아니하실 것임이니이다"라고 말합니다. 만약에 하나님을 우리 삶의 주님으로 모신다면, 좋은 것은 아끼지 않고 주시며, 조금도 움켜쥐지 않으십니다.

로마서 8:32 말씀을 한번 깊이 생각해 보십시오. "자기 아들을 아끼지 아니하시고 우리 모든 사람을 위하여 내어 주신 이가 어찌 그 아들과 함께 모든 것을 우리에게 은사로 주지 아니하시겠느뇨?" 하나님께서는 우리에게 가장 좋은 것을 주셨습니다. 사랑하는 아들이 고난을 받게 하심으로 우리가 자녀가 될 수 있게 해주신 것입니다. 그럴진대, 삶에서 우리의 진정한 기쁨을 위해 필요한 것 가운데 주기를 꺼리시는 게 있겠습니까? 예수님을 마음에 영접함으로 하나님의 친구가 되었다면, 하나님께서는 이 세상과 영원한 세상에서 우리를 돌보시지 않겠습니까?

두말할 필요가 없습니다!

컴퓨터와 같지 않으심

오래 전, 내 일을 놀라울 정도로 체계적으로 도와주는 것을 갖게 되었는데, 바로 휴대용 컴퓨터입니다. 나는 금방 그것의 문서 작성 기능을 좋아하게 되었습니다. 하지만, 때때로 컴퓨터가 나의 조그마한 실수도 허락하지 않고, 나의 선한 의도에 전혀 개의치 않을 때는 짜증이 났습니다. 내가 모든 조작을 정확하게 하지 않으면, 컴퓨터는 일하기를 거부했습니다.

그런 경험을 통해 나는 하나님께서 그 컴퓨터와 같지 않으신 것을 기뻐하게 되었습니다. 하나님 또한 체계적이십니다-성품이 변치 않으시며, 물리적인 우주를 운행하시는 방법에 있어서 정확하십니다. 그러나 우리와 관련해서는 얼마나 융통성이 있으신지! 하나님께서는 자신과의 관계에서 우리로 하여금 정확한 절차를 따르게 하지 않으시며, 우리가 모든 것을 정확하고 바르게 하지 않았다고 일하기를 거부하지도 않으십니다. 이사야 52:12은 하나님을 "우리 뒤를 호위하시는 분"이라고 말합니다. 우리 친구 론 쎄니는 하나님께서는 "우리가 실수를 하면 뒤따라오시면서 청소하시는 분"이라고 했습니다. 워렌은 "때로 하나님께서는 쓰레받기를 들고 그 일을 하시고, 때로는 커다란 쓰레기차를 필요로 하신다"라고 덧붙이기를 좋아합니다.

시편 103:8 말씀은 하나님께서 노하기를 더디 하시는 분이라고 했습니다. 하나님께서는 결코 "이 미련한 녀석! 그런 걸 왜 했니?"라고 하지 않으십니다. 때로 스스로를 "미련한 녀석"이라고 부릅니까? 자신에 대해 그렇게 말할 수밖에 없습니까? 물론 당신은 때때로 '미련한' 일을 행할 것이며, 고쳐야 할 영역도 있을 것입니다. 나도 마찬가지입니다. 그리고 죄를 자백해야 할 때도 있습니다. 그러나 당신은 자녀로서 하나님께 매우 보배로우며, 하나님께서는 자기 자녀를 당신이 "미련한 녀석"이라고 부르는 것을 좋아하지 않으십니다. 하나님께서는 당신이 스스로를 귀중히 여기기 원하십니다. 그분 자신이 당신을 귀중히 여기시기 때문입니다.

우리가 어떤 일에서 실패하든, 하나님께서는 늘 이해해 주십니다. 늘 동정을 느끼십니다. 비록 우리 죄를 눈감아 주시지는 않지만, 결코 우리를 정죄하시지는 않습니다(로마서 8:1 참조). 시편 103:13-14은 이렇게 말합니다. "아비가 자식을 불쌍히 여김같이 여호와께서 자기를 경외하는 자를 불쌍히 여기시나니, 이는 저가 우리의 체질을 아시며 우리가 진토임을 기억하심이로다."

그리고 우리는 불쌍히 여김을 받기 원합니다. 그렇지 않습니까? 우리는 이해받기를 원합니다. 다른 사람들이 우리를 이해하지 못한 경우는 너무나 많았을 것이며, 종종 우리 자신도 우리를 이해할 수 없을 때가 있습니다. 그러나 하나님께서는 우리를 이해하십니다. 다시 에베소서 1:8을 생각합니다. 이 구절이 어떤 번역에는 "그분은 우리를 잘 이해하시며, 늘 우리에게 가장 좋은 것이 무엇인지를 아십니다"라고 되어 있습니다.

부드럽고 강한 사랑

우리를 향한 하나님의 사랑은 부드럽기도 하고 강하기도 합니다. 어떤 번역으로 호세아 11:4을 보면, 하나님께서는 아버지가 허리를 굽혀 자기 아이를 들어 올려 그 아이에게 뺨을 비비는 것을 비유로 사용하여 백성들에게 말씀하십니다. 우리가 하나님과 더불어 누릴 수 있는 친밀한 관계와, 우리와 함께하실 때 하나님께서 느끼시는 감정을 잘 나타내는 그림입니다.

그러나 하나님의 사랑은 부드러운 것만큼이나 또한 강합니다. 이는 하나님께서 우리를 예수님의 아름다움으로 온전히 아름답게 하기 위해 역사하고 계시기 때문입니다. 그래서 하나님께서는 복과 시련을 섞어서 우리 삶에 보내시며, 비록 시련이 우리에게 아픔을 줄지라도 거두어들이시지 않습니다.

때로 무엇이 우리에게 가장 좋은 것인가에 대한 우리의 생각은 무엇이 가장 쉬워 보이느냐에만 기초합니다. 가장 쉬운 것이 가장 좋은 것이라고 생각하는 것입니다. 그러나 가장 쉬운 것이 언제나 가장 좋은 것은 아닙니다. 때로는 쉬운 것이 실제로 우리를 해칠 수도 있으며, 그런 경우 주님께서는 한 손으로 그것을 멀리 치우십니다. 다른 손으로 우리를 위해 더 좋은 것을 주시기 위함입니다. 때때로 그 '더 좋은 것'이란 매우 힘들거나 심지어 비극적으로 보일 수도 있습니다.

예레미야애가 3:33에서는 "주께서 인생으로 고생하며 근심하게 하심이 본심이 아니시로다"라고 말하고 있습니다. 하나님께서 우리 삶 속으로 매우 힘든 것을 가져오실 때도 있습니다. 그러나 이로 인해 우리가 고통스러워하는 것을 즐거워하지는 않으십니다. 대신 하나님께서는 친절한 외과 의사처럼 우리를 돌보고 계십니다. 외과 의사는 어떤 것을 절단하지 않으면 우리 생명을 앗아갈 수도 있다는 것을 알고 있습니다.

어떤 역경 속에서도 하나님께서는 견딜 수 있게 해주십니다. 그리고 언제나 우리와 함께하십니다. 하나님께서는 우리의 고뇌를 함께 느끼시며, 우리의 연약함을 이해하십니다. 이사야 63:9에서 하나님께서는 백성들의 모든 환난에 동참하신다고 말씀하십니다. 하나님께서 상기시켜 주시는 것은, 자기 백성들이 힘든 상황을 통과하고 있을 때는 언제나 함께 그 어려움을 느끼신다는 사실입니다.

이 말을 오해하지 마십시오. 자녀들이 어려운 처지에 놓이면 우리는 몹시 두려워하거나 걱정에 사로잡히곤 하는데, 하나님께서도 그렇다는 말은 아닙니다. 그러나 우리 자신이 힘든 상황을 거치고 있을 때보다 자녀들이 거치고 있을 때 우리가 더 고통을 느끼듯이, 하나님께서는 진정으로 우리의 고통을 함께 느끼십니다. 하나님께서는 우리를 사랑하시기 때문에 우리의 고통을 함께 느끼시며, 우리가 아파하면 함께 아파하십니다. 하나님께서 강한 사랑으로 우리를 엄하게 다루셔야 할 때마저도 그 마음은 부드러운 사랑으로 가득 차 있습니다.

하나님의 사랑은 우리를 내적으로 붙들어 준다는 면에서도 강한 사랑입니다. 하나님의 사랑은 철근 콘크리트 속의 철근과 같아서, 우리에게 내적 힘을 주어 삶의 동요 속에서도 우리가 무너지지 않게 해줍니다. 골로새서 1:11 말씀으로 인해 하나님께 감사를 느낍니다. 그 구절을 보면, 우리는 그리스도 안에서 하나님의 영광스런 능력에 힘입어 '모든 능력으로 능해질 수 있다'는 것을 알 수 있습니다. 이 구절은 "모든 면에서 강하게 되다" 혹은 "모든 종류의 능력을 받다"로 번역될 수도 있습니다.

하나님께서 우리가 언제나 사용할 수 있게 해주신, 신체적, 감정적, 영적 힘이 없다면, 어떻게 살아 나갈 수 있겠습니까?

시편 91편은 우리와의 관계에서 하나님의 강한 면과 부드러운 면 두 가지 다를 잘 보여 주고 있습니다. 시편 기자는 첫 구절에서 하나님을 "지존자" 그리고 "전능하신 자"라고 부릅니다. 그리고 나서 기자는 하나님께서 우리를 부드럽게 그 깃으로 덮고 그 날개 아래 피하게 하시는 것을 그리고 있습니다. 필리핀의 한 목사는 이 시편의 첫 두 구절을 풀어쓰면서, 그 구절에서 사용된 하나님의 성호의 의미까지 포함시켰습니다.

가장 강한 자, 하늘과 땅을 소유하고 계신 분의 은밀한 곳에 정착한 사람은 모든 것에서 충분하신 분이 모든 것을 보호해 주시는 그늘 아래 거하게 될 것이다. 나는 주님, 나의 영원한 구속자, 자신의 말씀을 지키시기로 약속하신 분에 대해, "그분은 내가 소망을 둘 수 있는 가장 좋은 장소요, 나의 요새와 같은 성이다. 그분 안에 나의 신뢰를 둘 것이다"라고 말할 것이다.

우리 하나님은 매우 강하십니다. 그러나 또한 아주 부드러우십니다.

포도주보다 낫고, 생명보다 나은 사랑

아가의 세 구절은 하나님의 사랑을 다음과 같이 묘사하고 있는데, 나는 이를 참으로 좋아합니다. 바로 "네 사랑이 포도주보다 낫다"(1:2), "네 사랑이 포도주에서 지난다"(1:4), 그리고 "네 사랑은 포도주에서 지난다"(4:10)라는 묘사입니다. 성경에서 흔히 포도주는 기쁨을 상징합니다. 그것은 정신적으로 억누르고 있던 것으로부터 벗어나게 해주고(때로는 너무 많이!), 그리고 두려움과 염려로부터 벗어나게 해줍니다. 그러나 하나님의 사랑은 포도주보다 더 뛰어나게 이러한 역할을 할 수 있으며, 더구나 포도주와는 달리 부작용이 없습니다. 당신은 원하는 만큼 한껏 하나님의 사랑을 즐길 수 있으며, 그리하고도 다음날 아침의 두통 걱정을 하지 않아도 됩니다. 하나님의 사랑은 포도주보다 낫습니다. 우리는 필요할 때마다 하나님의 사랑을 마실 수 있습니다. 그렇게 할 때 하나님의 사랑이 포도주보다 낫다는 것을 알게 됩니다.

다윗은 시편 63:3에서 "주의 인자가 생명보다 낫습니다"라고 기도했습니다. 하나님께 그와 같은 고백을 할 수 있을 때라야 우리도 하나님의 사랑 속에 깊이 잠기기 시작했다고 말할 수 있을 것입니다. 다윗의 고백처럼, 당신은 하나님의 사랑을 받지 못하느니 차라리 이 세상에서 사는 것을 포기하는 게 낫습니까?

정녕 하나님의 사랑은 생명보다 낫습니다.

아버지 하나님, 주님의 사랑은 극찬에 미칩니다. 주님의 사랑은 너무나 높고 깊이로워서 제 머리로는 다 알 수 없사오나, 제 가슴은 그 사랑을 즐거워하며 그 안에서 안식을 누립니다.

사랑이신 하나님을 찬양합니다. 주님께서 왜 저를 사랑하시는지 다 알 수가 없습니다. 그러나 주님의 본성 속에는, 그리고 주님의 마음속에는, 저를 사랑할 만한 완전한 이유들이 있으며, 앞으로도 계속 있을 것입니다. 이로 인해 감사드립니다.

영원토록 저를 사랑하시니 감사드리오며, 세계의 기초를 놓기도 전에 주님의 사랑을 제게 단단히 고정하셨으니 감사드립니다.

주님의 사랑은 절대로 변치 않는다는 사실이 기쁘고 또한 놀랍기도 합니다. 저의 가장 형편없는 면들까지 다 알고 계시면서도 주님의 사랑은 계속 제게 흘러 넘칩니다. 이로 인해 감사드립니다. 특히 주님께 불순종하거나 거스를 때도 저를 사랑하시니 감사드리고 싶습니다. 저와의 관계에서 주님께서는 너무나 성실하시고, 신실하시고, 헌신적이십니다. 그 사실이 너무나 놀라워 믿을 수가 없을 정도입니다. 주님께서는 한 번도 저를 버리신 적이 없고, 앞으로 버리시지 않으신다니 얼마나 안심이 되는지 모르겠습니다. 주님의 사랑은, 제게 주신 선물이요, 오래오래 간직할 수 있는 선물이요, 영원한 선물이기에 주님을 찬양합니다.

아버지 하나님, 저는 주님의 사랑이 필요하며, 앞으로도 늘 필요하다는 사실을 고백합니다. 주님께서 여러 가지 방법으로 저의 필요를 채워 주셨으니 감사드립니다... 또한 사랑으로 제 마음속에 임재하셔서 충만케 해주시니 감사드립니다. 그리고 제게 은혜를 쏟아 부어 주셔서, 저의 사랑에서 건져 주시고... 주님의 사랑받는 가족으로 맞이 주시고... 점점 더 친밀한 관계로 이끌어 주시니 너무나 감사드립니다. 내주하시는 주님과 더불어 앞으로도 이러한 친밀한 관계를 누리게 된다는 사실이 기쁩니다. 그것은 평생 동안 지속되고, 영원히 계속되는 관계입니다.

특히 하나님께서 저를 사랑하셔서 치르신 대가로 인해 감사드립니다. 하나님께서는 제게 남이와 원수없을 때 저를 위해 하나님의 아들이 고난을 받고 죽는 것을 지켜보기까지 하셨습니다.

제게 기쁨 주기를 즐거워하신다니 기쁩니다. 가장 중요한 축복들에서 저를 부요케 하심을 감사드립니다.

하나님의 강한 사랑으로 말미암아 제 삶에 허락하신 시련과 연단으로 인해 감사드립니다. 그러한 시련을 막지 않으시고, 제가 연단의 불 속을 통과할 때 계속 부드러운 사랑으로 보살펴 주시니 감사드립니다.

언제든 이러한 놀라운 진리들을 묵상함으로 소망을 가지며 격려를 받을 수 있으니 감사드립니다. 주님의 한없는 사랑을 탐구하는 것은 끊임없이 계속되는 모험과 같으며, 저는 계속 새롭게 그 사랑을 경험하게 될 것입니다. 이 모든 사실로 인해 주님을 찬양합니다.

예수님의 이름으로 기도드립니다.

묵상, 기도, 그리고 적용을 위한 질문

이 장에서 하나님께서 당신에게 특별히 말씀해 주신 성경 구절이나 진리는 무엇입니까? 이로부터 최대의 유익을 얻기 위해 무엇을 하겠습니까?

제 8 장

값으로 따질 수 없는 특권

어떤 특권이 현재의 삶에서 가장 중요한 의미를 갖습니까? 한번 생각해 보십시오. 아마 그러한 특권에는 당신에게 많은 유익을 줄 수 있는 사람들과 관계를 맺는 것이 포함될 것입니다. 우리에게 참으로 중요한 사람들에게 나아갈 수 있으며, 그들과 즐겁고 사랑을 나누는 관계를 맺는 것. 이것에 대부분의 사람들은 그 어떤 것보다도 가치를 부여합니다. 누가 그렇게 중요할까요? 가족들이나 가까운 친구들이 떠오를지도 모르겠습니다. 혹은 상담자, 목사, 교사, 또는 당신이 마음 깊이 존경하거나 가까이하고 싶은 그 누구일지도 모릅니다.

그러나 삶에서 누릴 수 있는 최고의 특권은 하나님을 알고 더 친밀하게 알아 가는 것이요, 하나님의 아들 예수 그리스도를 앎으로 하나님과 아는 사이가 되는 것입니다.

우리는 마음 문을 열고 "예수님, 제 마음속에 들어와 주시고, 저의 구세주와 주님이 되어 주소서"라고 기도할 때 처음으로 예수님을 '알게' 됩니다. 우리는 예수님께 믿음을 둡니다. 주님께서는 우리 죄를 용서하시며, 우리 삶 가운데로 들어오십니다. 그때 우리는 주님과 만났습니다. 우리는 더 이상 단지 주님에 대하여 지식적으로 아는 정도가 아닙니다. 우리는 주님을 만났고, 아는 사이가 되었습니다. 그리하여 평생에 걸친 추구가 시작되었습니다. 더 친밀히 주님을 알아 가는 모험, 평생 동안에 걸친 즐거운 모험이 시작된 것입니다. 이것이 우리 삶을 위한 최고의 부르심입니다.

궁금한 것이 있습니다. 당신이 삶에서 주로 추구하는 것은 무엇입니까? 진정으로 원하는 것은 무엇입니까?

실제로 삶에서 꼭 얻고 싶은 것은 무엇입니까? 꼭 가지고 싶은 것 하면 무엇이 떠오릅니까?

오래 전, 그러니까 딘과 사별하고 혼자 되었을 때의 일입니다. 글렌에리에 있는 우리의 3층 아파트에 앉아 있는데, '내가 바라지 않는 일들이 앞으로 일어나지나 않을까?' 하는 두려움이 몰려오기 시작했습니다. 그때 하나님께서 "룻, 네가 삶에서 정말로 꼭 얻고 싶은 것이 무엇이냐?"라고 물으시는 것 같았습니다.

나는 하나님께서 주셨으면 했던 것이 몇 가지 있었습니다. 그러나 이 질문이 요구하는 답변은 범위가 좁고, 단도직입적이고 한 가지에 초점을 맞춘 것이었습니다. "네가 정말로 꼭 얻기 원하는 것이 무엇이냐?"

나는 대답했습니다. "하나님, 꼭 얻고 싶은 것은 단 한 가지입니다. 감정적으로까지 그런 것은 아닐 때도 더러 있지만, 꼭 얻고 싶은 단 하나는 하나님입니다. 하나님을 더 잘 알고, 더 온전히 경험하고 싶습니다."

진정한 상을 위한 진정한 선택

그로부터 몇 년 후의 일입니다. 딸아이가 어느 날 학교에서 돌아오더니, 다른 애들이 "우리는 아빠가 있는데 너는 없지?" 하며 자꾸 놀리더라고 했습니다.

그런 말을 들을 때 어떤 느낌이 들었는지 잠시 알아 본 후, 이렇게 말해 주었습니다. "도린, 그 애들의 말은 사실이 아니란다. 너는 천국에 아빠가 계시잖아. 그리고 또 너는 하나님 아버지가 계시지. 그분은 왕이시란다. 그러면 너는 무엇이 되지?"

"그렇다면, 난 공주가 되는구나." 이 사실을 깨닫자 그 애는 친구들이 놀리는 것을 덜 두려워하게 되었고, 걱정도 덜 하게 되었습니다.

우리도 이 진리를 계속 기억하는 것이 좋습니다. 하나님께서는 우리가 자신의 아들과 딸이며, 만왕의 왕의 자녀라고 말씀하십니다. 그리고 하나님께서는 우리가 누구인지에 대해, 참으로 기뻐할 만한 말씀을 많이 해주셨습니다. 자신을 어떤 사람으로 볼 것인가 하는 것은 우리의 선택에 달려 있습니다. 자신이 누구인지에 대한 인식에 영속적인 변화를 일으키려면 밟아야 할 단계가 있습니다. 첫 단계는, 하나님을 더 잘 알아 가는 이 귀중한 특권을 깨닫는 것입니다. 하나님과 긴밀한 관계를 발전시키지 않는 한 하나님과 같은 시야로 계속 우리 자신을 보지는 않을 것입니다.

히브리서 11:6은, 하나님께서는 자신을 부지런히 찾는 자들에게 상 주시는 분이라고 말합니다. 그리고 예레미야 29:13에서, 하나님께서는 "너희가 전심으로 나를 찾고 찾으면 나를 만나리라"고 말씀하십니다. 하나님을 찾는 일에서 미지근해서는 안 됩니다. 가끔씩, 어쩌다가 편리한 시간이 날 때만 하나님과 시간을 보내서는 안 됩니다. 우리는 알고 있는 모든 것을 동원하여 하나님을 열심히 찾아야 하며 하나님을 첫 자리에 모셔야 합니다. 그때 하나님께서는 우리의 갈급한 심령을 만족시켜 주시며, 완전한 사랑과 선하심을 맛보게 해주십니다. 이것이 우리 자신에 대한 시야를 바꾸어 줍니다.

싱가포르의 어느 해 여름은 특히 바빴습니다. 우리는 다른 집으로 이사를 막 한 터였고, 거기다 아시아에 새로 선교사로 파송되는 사람들을 위해 8주간의 오리엔테이션 프로그램까지 인도하고 있었습니다. 어느 날, 너무나 혼자 있는 시간을 갖고 싶어서 모든 것을 제쳐 두고 가까운 찻집으로 갔습니다. 거기서 나는 맛있는 차를 들면서 히브리서 11장을 다시 찬찬히 살펴보고, 나의 생각을 기록하면서 멋진 시간을 가졌습니다. 나는 그때까지 며칠 동안 그 11장의 내용에 푹 젖는 것을 통해 기쁨을 누리고 있었습니다. 히브리서 11장을 통해 하나님께서는 바라는 것과 보이지 않는 것에 우리 생각의 초점을 맞추도록 하십니다. 현재 우리 삶에 있는 것, 즉 이땅에서 이루어지기를 바라는 것을 훨씬 초월하는, 놀랍고 보이지 않는 것들에 초점을 맞추게 하시는 것입니다.

히브리서 전체를 통해서도 그렇듯이, 11장에서도 시선을 끄는 말은 '더 낫다'입니다. 나는 하나님께서 영적인 면에서 공급해 주신 '더 나은 것들'에 계속 시선을 고정시켜야 하며, 또한 하나님께서 영원한 삶을 위해 약속하시는 '더 나은 것들'에 시선을 고정시켜야 합니다. 하나님께서는 내가 상에 초점을 맞추며, 이땅의 그 어떤 보물보다 더 가치 있는 보물에 초점을 맞추고, 그리고 그 무엇보다도 상 주시는 분에게 초점을 맞추기 원하십니다. 하나님께서는 보이지 않는 것들로 보이는 모든 것을 창조하시고 골격을 짜셨습니다. 하나님께서는 우리가 찾고 있는 영구한 도성을 건축하시고 만드신 분입니다. 하나님께서는 성실하시고, 죽은 자도 다시 살리실 수 있습니다. 하나님께서는 우리의 짧은 인생, 우리 세대와 세기를 초월하여 펼쳐지는, 경이롭고 장기적인 목적을 가지신 하나님이십니다. 바로 이 하나님께서 우리에게 오늘의 삶, 내일의 삶, 그리고 영원한 삶에 관해 전적으로 믿을 만한 약속들을 주셨습니다.

그러므로 우리는 "보이지 아니하는 자를 보는 것같이 하여 참아야"(11:27) 합니다. 우리는 앞에 있는 즐거움을 확신하면서, 진동치 못할 나라의 시민, 살아 계신 하나님의 도성의 시민이 된 것에 대해 감사하는 가운데(12:22-28) 참고 견뎌야 합니다.

히브리서 11장에 있는 하나님의 명예의 전당을 살펴보면, 믿음의 사람들 중 어떤 이들은 확실하고도 멋진 승리를 얻었습니다. 그러나 눈에 보이는 성공과 이익의 관점에서만 본다면, 치욕과 패배를 맛본 사람들도 있었습니다. 그러므로, 하나님께서 약속하신 상은, 주요 뉴스 거리가 될 만한 대단한 일을 행하는 사람들만을 위한 것이 아닙니다. 하나님의 상은 부지런히 하나님을 찾고 믿음으로 단순하게 그분의 뜻을 행하는 모든 이들을 위한 것입니다. 이 사실은 나에게 격려가 되었습니다! 그리고 지금도 격려가 되고 있습니다.

하나님께 쓰임받는 기쁨

하나님을 더 잘 알아 가는 삶에는, 매일 매일 그분과 긴밀히 동행하고, 작고 보잘것없어 보이는 일에서든, 크고 멋있어 보이는 일에서든, 하나님께서 원하시는 대로 그분을 섬기는 것이 포함됩니다. 나의 처지가 어떠하든, 어떤 일로 부르심을 받든, 다음 시가 늘 도움이 되었습니다. 그 시는 믿음으로 하나님 안에서 쉼을 누리며, 평안한 마음으로 내 삶을 주님께 투자하도록 해줍니다. 그리고 이땅에서 중요한 것이 아니라 내가 섬기는 분의 눈에 중요한 것에 시야를 고정하게 해주며, 상 주시는 분에게 눈을 고정시키며, 주님께서 약속하시는 궁극적이고 보이지 않는 상에 눈을 고정하도록 도와줍니다.

> 나는 단지 사용되리라,
> 궂은 일에든 영광스런 일에든 나 자신을 들이면서.
> 제단의 성직자든, 문지기든,
> 나의 주님께서 바로 그 일을 요구하시면
> 필요한 그 순간에 그 일을 하리라.
> 오 거룩한 섬김의 즐거움이여!
> 사랑하는 주님, 주님 안에서
> 뜻과 수고를 합치는 즐거움,
> 아무리 조그만 결과도
> 주님의 목적에 합치됨을 아는 즐거움이여.
> 나는 단지 사용되리라!

이 시는 내가 거룩한 일에 쓰임받을 수 있으며, 하나님 보시기에는 쓸모 있다는 사실을 상기시켜 주어, 나의 마음에 자유로움을 주고, 마음을 고양시켜 줍니다. 그것은 하나님께서 약속하신 보이지 않는 상을 굳게 믿고서 기쁨으로 크고 작은 의무와 일들을 감당하게 해줍니다. 이 상에는 하늘과 땅을 다스리시는 살아계신 하나님의 종이 되는 명예도 포함됩니다.

이미 나는 귀한 상을 많이 받았습니다. 당신이 이 책을 읽을 때쯤이면 나는 70회 생일을 지났을 것입니다. 좋은 나이입니다. 30세, 40세, 또는 60세 때보다 하나님을 더 잘 알고 있기 때문입니다. 그래서 젊었을 때보다 훨씬 더 풍성한 삶을 살고 있습니다. 나는 75세나 85세가 되면 하나님을 훨씬 더 잘 알게 해달라고 기도합니다.

그러나 전심으로 하나님을 추구하는 것이 반드시 더 쉬워지는 것은 아닙니다. 서른 살이나 쉰 살 때와는 또 다른 장애물이 있습니다. 하나님을 추구하는 것은 값으로 따질 수 없는 특권이긴 하지만, 지속적인 노력이 필요하며, 날마다 선택을 해나갈 때 계속 지혜가 필요합니다. 하나님을 더 잘 알고 관계를 더 깊게 하기 위해 힘써 노력할 때, 하나님의 사랑을 점점 더 많이 경험하게 됩니다. 다행스런 일입니다. 또한 그러한 사랑을 경험하는 용량도 커지고, 사랑을 경험하고자 하는 열망도 자라 갑니다. 그래서 하나님을 더 알고자 계속 노력하게 되는데, 그 일이 더 쉬워지는 것은 아닙니다. 그러나 점점 더 큰 상을 가져오며, 하나님을 더 잘 알고자 하는 동기력은 더 커지고, 하나님을 찾는 일에 미지근해졌다는 것을 알게 되었을 때는 자신이 뭔가를 잃어버리고 있다는 것을 더 잘 깨달으며, 다시 하나님을 찾아야겠다는 열망을 더 크게 느낍니다.

내가 삶을 통해 알게 된 것이요 또한 계속 기억해야 할 것이 있습니다. 그것은 하나님을 더 잘 알고 원하시는 방법으로 사랑하기 위해서는 삶을 위해 하나님 중심적인 목표를 세워야 한다는 것입니다. 다른 목표도 세울 수는 있지만, 이것이 나의 으뜸가는 목표가 되어야 합니다. 그러면 나에게 무슨 일이 일어나든, 어떤 손실을 겪게 되든, 어떤 시련이나 방해물이 들이닥치든, "하나님, 이것이 나의 진정하고 심오한 목표를 더 잘 이루도록 이끌

것입니다. 그 사실을 알고 감사드립니다"라고 말씀드릴 수 있습니다.

이 문제에 대해 앞에서 다룬 적이 있습니다. 그러나 다시 한 번 상기해 봅시다. 만약 하나님 중심적인 삶을 살기 원한다면 우리의 가장 중요하고 가장 전략적인 목표는 어떤 것이 되어야 합니까? 나의 일차적인 목표는 다음과 같다고 말할 수 있습니다. '나는 하나님을 더 잘 알며, 더 사랑하기 원한다. 하나님께 합당하게 예배하기 원하며, 하나님의 뜻을 행하기 원한다. 그리고 인격과 말과 행동을 통해 하나님을 영화롭게 하기 원한다.'

나는 이러한 목표를 내 앞에 두기를 좋아합니다. 그러나 사탄은 여러 가지 계략을 사용하여 이 목표로부터 멀어지게 하려고 합니다. 그러므로 내가 세운 목표를 꾸준히 성취해 갈 수 있도록 자주 기도해야 합니다.

어떤 것이 당신의 삶에서 으뜸가는 목표입니까? 기도하는 가운데 생각해 보십시오. 그리고 그것을 기록하고, 위해 자주 기도하십시오.

하나님을 개인적으로 경험하라

하나님과 더 깊은 관계를 추구하는 특권, 값으로 따질 수 없는 이 특권에는, 하나님과 하나님의 사랑에 관해 배워 알게 된 것을 자신의 것으로 받아들이는 것이 포함됩니다.

하나님의 사랑에 대한 진리들을 우리 개인의 것으로 받아들이면 들일수록, 그 사랑은 더욱더 우리 삶을 변화시킬 것입니다.

사실, 하나님을 아무리 '개인적인' 하나님으로 받아들여도 결코 지나치지 않습니다. 하나님께서는 실제로 내가 그분의 사랑을 매우 진지하게 받아들이기 원하십니다. 하나님께서는 내가 그분 자신과 그분의 사랑을 경험하기를 간절히 원하시며, 또한 그분에 대한 나의 경험이 계속적으로 더 풍성해지고 더 충만해지기를 원하십니다.

앞에서 살펴보았듯이, 하나님을 알아 가는 것은 단지 그분에 관한 지식을 쌓아 가는 것이 아니라, 매일의 삶에서 하나님께서 누구신지를 실제로 경험해 가는 것입니다. 그래서 주님께서는 자신이 떡이요, 생수요, 빛이라고 하신 것입니다. 그런 것은 모두 매일의 삶에서 꼭 필요한 것들입니다. 주님께서는 이러한 것들이 육체적인 필요들을 어떻게 채우는지 우리가 아주 잘 알고 있다는 것을 아시고, 이렇게 말씀하십니다. "나는 너의 속 사람이 필요로 하는 바로 그와 같은 존재이다. 내가 너의 영적 배고픔을 해결해 주는 떡이 되며, 너의 모든 갈증을 해결해 주는 생수가 되고, 네 속의 모든 어둠을 몰아내는 빛이 되게 해다오."

이것이 주님께서 원하시는 바입니다. 그리고 당신이 바로 지금부터 주님께서 그와 같은 분이 되도록 해드리기 원하시는데, 이는 당신을 개인적으로 사랑하시기 때문입니다. 조용히 멈추고 주님께서 다음과 같이 말씀하시는 것에 귀를 기울여 보십시오. 나는 너를 사랑한다. 나는 너의 필요를 채우고 싶다.

우리는 지금까지 하나님의 사랑이 어떤 사랑인지 자세히 살펴보았습니다. 아마도 지금까지 그렇게 자세히 살펴본 적이 없었을지 모릅니다. 하나님의 사랑은 아름답고 광활한, 기쁨의 바다와 같습니다. 그러나 어떻게 그곳에서 헤엄을 치며, 쉼을 누리며, 그 촉감을 즐길 수 있습니까?

시작하기 위한 한 방편으로, '하나님께서는 은혜로 말미암아 자기 사랑을 우리가 언제나 누릴 수 있게 하셨다'라는 진리를 깊이 묵상하며, 이 진리로 인해 하나님께 감사를 표현해 보십시오.
  그리스도인들은 누구나 하나님의 사랑을 경험하는 면에서 계속 더 깊어질 수 있습니다. 하나님의 사랑은 늘 준비되어 있으며, 우리 삶을 변화시키기 위해 기다리고 있습니다.
  하나님께서는 자신의 사랑에 대한 일시적인 감동이 아니라, 강하고, 꾸준하고, 점점 더 깊어지는 깨달음을 우리 각자에게 주기 원하십니다. 하나님께서는 자신이 우리를 얼마나 극진히 사랑하시는지를 우리가 알기 원하시며, 이러한 뜨거운 사랑을 우리 속에 충만히 느끼기를 원하십니다(로마서 5:5 참조). 하나님께서는 자신의 사랑을 우리가 진정으로 경험하고, 깊이 경험하며, 끊임없이 경험함으로 즐거움을 누리기 원하십니다.
  그러나 하나님과 얼마나 긴밀히 동행하는지에 따라 하나님의 사랑을 경험하는 것이 영향을 받습니다. E. M. 바운즈는, 하나님께서는 '황급히 왔다 가는 사람'에게는 자신을 나타내시지 않는다고 했습니다. 만약 그저 그런 관계에 안주한다면, 하나님의 사랑을 깊이 경험하지 못할 것입니다. 하나님을 멀리하면 하나님의 사랑이 변한다는 말은 아닙니다. 하나님의 사랑은 여전히 변함없이 충만하고 넘쳐흐르는 사랑이요, 놀랍고 강력한 사랑입니다. 그러나 하나님과 더 깊은 관계, 더 꾸준한 관계를 추구해야만, 그 사랑은 우리에게 거침없이 흘러 들어오게 됩니다.

하나님께 최고의 가치를 둠

다른 모든 가까운 관계가 그러하듯, 하나님과의 관계도 시간을 들이며, 함께하는 것이 필요합니다. 우리가 하나님께 마음을 쏟지 않거나, 무관심하거나 무슨 장벽을 만들면, 그 관계는 깊어지지 않을 것입니다. 자신을 하나님 앞에 있는 그대로 드러내며, 마음을 토하는 것이 필요합니다. 사람들과의 관계에서, 상대방의 말에 진정으로 귀를 기울이며, 신뢰를 계발하고, 그 신뢰를 계속 더 쌓아 가려면 시간을 내야 합니다.

나는 하나님께서 나의 첫 사랑이 되기 원하신다는 것을 신앙 생활 초기에 알게 되었는데, 어떻게 알게 되었는지를 앞에서 설명했습니다. 주님께서는 요한계시록 2장에서 같은 말을 사용하십니다. 주님께서는 에베소 교회가 인내하고 열심히 수고하고 진리를 옹호하고 있는 것에 대해 칭찬하셨습니다. 그러나 책망하실 것이 한 가지 있었습니다. "너는 너의 첫 사랑을 버리고 말았다" (요한계시록 2:4, 현대인의 성경).

이것이 주님의 마음속에서 가장 중요했다는 사실이 놀랍지 않습니까? 물론 주님께서는 그들이 계속 인내하고, 열심히 수고하고, 진리를 옹호하기 원하셨습니다. 그러나 주님께서 특히 원하신 것은, 그들이 첫 사랑을 생각하고 다시 그리로 돌이키는 것이었습니다.

젊은 여성이 처음으로 사랑에 **빠졌을** 때 얼마나 기뻐하고 얼마나 상대방에게 관심이 쏠려 있는지 생각해 보십시오. 그 여성은 사랑하는 사람과 같이 있고 싶어하고, 그를 즐겁게 해주고 싶어합니다. 그러나 그 사람과 그의 모든 것에 대해 점차 익숙해져 감에 따라, 첫 사랑은 서서히 빛을 잃어 갈 수 있습니다.

그리스도와의 관계에서, 우리는 열정이 식고, 첫 사랑을 잃어버리기가 참으로 쉽습니다. 주님께서 원하시는 것은, 우리 관심의 초점이 되시고, 우리 마음이 그분께 사로잡혀 있는 것이며, 그런 것이 우리의 "첫 사랑"의 일부입니다. 그러나 주님께서는 일시적인 감정 그 이상을 원하십니다. 우리가 찬양을 하거나 찬송을 들을 때 뜨거워지는 감정, 그 이상을 원하시는 것입니다. 주님께서는 주님과 단둘이 있는 시간을 기뻐하는 사랑, 주님께 기쁨을 안겨 드리고 싶어하며 주님을 닮아 가고 싶어하는 그런 사랑을 원하십니다. 그리고 주님께서는 우리가 첫 사랑을 넘어 더 깊고 더 성숙한 사랑으로 나아가기 원하십니다. 다시 말해, 주님의 목적들을 어떤 대가를 치르고서라도 이루어 가는 사랑으로 나아가기 원하시는 것입니다. 나는 그런 사랑을 위해 기도합니다. 늘 주님을 향한 첫 사랑의 신선함을 유지하며, 이와 더불어 사랑의 깊이가 더 깊어져 가게 해달라고 말입니다.

하나님의 가치 체계에서 사랑이 그토록 중요하다는 것을 알 때 참으로 큰 확신과 동기가 생깁니다. 우리는 먼저 한 분께로 부름받습니다. 우리는 또한 그분을 섬기도록 부름받습니다. 그리고 우리는 배우자, 자녀, 그리고 다른 사람들과의 관계로 부름받습니다. 그러나 그 무엇보다도 우리는 이 세상에서 가장 중요한 분이신 우리 하나님과의 관계로 부름받습니다. 우리는 그 하나님의 사랑 안에서 살도록 부름받습니다.

나를 신나게 하는 것은, 하나님께서는 내가 충분한 시간을 들여 말씀을 통해 자신에게 나아오기를 원하시며, 말씀을 통해 그분에 대해 알게 된 것을 개인적으로 받아들이기를 원하신다는 것입니다. 나의 구세주, 나의 목자, 나의 하나님, 나의 용사, 나의 친구, 나의 사랑하는 자로 받아들이기를 원하시는 것입니다. 그렇게 할 때라야 비로소 하나님께서는 내 마음속 깊은 곳에 있는 필요들을 채우실 수 있습니다.

주님을 첫째가는 사랑이 되시도록 하는 삶, 우리 삶의 최상의 동반자요 주님이 되시도록 하는 삶은 결혼 생활과 비슷한 점이 많습니다. 결혼 생활은 결혼 서약 때에 하는 한 번의 큰 "예"와 살아가면서 하는 수많은 작은 "예"로 이루어지는 것입니다. 주님께서는 그 한 번의 큰 "예"를 원하시며, 또한 매일의 삶에서 수많은 작은 "예"를 원하십니다. 각각의 "예"란 다음과 같이 고백하며 확실하게 인정하는 것입니다. "주님, 제 힘으로는 그것을 할 수 없으며, 무슨 장벽으로 인해 주님의 사랑과 축복을 누리지 못하게 되기를 원치 않습니다. 저는 주님이 필요합니다. 그리고 저는 주님의 것입니다."

각각의 "예"를 할 때마다 마음속으로 왜 주님께서 우리의 첫째 가는 사랑이 되실 만한 분인지 그 이유들을 생각해 볼 수 있습니다. 조지 맥도날드처럼 기도할 수 있습니다.

> 제가 상상할 수 있는 모든 지혜로운 것, 사랑스러운 것, 아름다운 것이 다 주님 안에 있나이다. 그리고 제가 상상할 수 있는 것보다 엄청나게 더 많이 있나이다. 주님 안에는 가장 훌륭한 사람이 줄 수 있는 모든 지혜로운 가르침과 그 이상이 있나이다. 가장 착한 아이의 모든 부드러움과 진실성과 그 이상이 있으며, 가장 진실한 여성의 모든 다정함과 헌신과 그 이상이 있나이다. 그러므로 저는 온전히 주님의 것이 되어야 하나이다. 저의 모든 소원, 저의 모든 예배, 저의 모든 존경, 저의 모든 사랑은 마땅히 주님께 집중되어야 하나이다.

다음과 같은 찬송시가 있습니다. "이땅이 주는 최고의 기쁨에서 만족 얻지 못하고, 나는 다시 주님께로 돌이키네." 우리는 삶을 통해 많은 기쁨과 사랑을 경험합니다. 하나님의 계획 안에서 이루어지는 결혼은 깊은 만족을 가져오며, 사랑하는 자들과 친구들과의 관계도 그렇습니다. 그러나 하나님의 사랑을 맛본 사람은 언제나 간절한 마음으로 그분께로 돌이킬 것이며, "오직 하나님의 사랑만이 저의 깊은 필요를 채우실 수 있나이다"라고 고백할 것입니다.

　우주의 최고 통치자께서 실제로 당신과 친밀한 관계를 가지면서 사랑을 나누기 원하십니다. 이 사실이 얼마나 놀라운지 다시 한 번 생각해 보십시오. 전능하시고 영원하신 하나님께서 이렇게 말씀하고 계십니다. "나는 네 친구이며, 네가 내 친구가 되었으면 한다. 너는 내 사랑하는 자녀이며, 나는 네가 '아버지, 사랑하는 아버지!'라고 부르는 것을 듣기 좋아하지. 넌 내게 너무나 귀중하고, 보배로우며, 깊이 사랑을 받는 존재란다."

　그리고 진정으로 친밀하고 삶을 변화시키는 관계를 하나님과의 관계에서 경험하느냐는 우리 자신에게 달려 있습니다. 하나님께 반응을 나타내면, 그분의 사랑은 강력한 힘을 발휘하고 변화를 일으킬 것입니다. 그 사랑은 놀라운 방법으로 우리 삶에 혁명적 변화를 일으킬 수밖에 없습니다.

　그때 허드슨 테일러와 같은 열망이 당신 속에도 있다는 것을 알게 될 것입니다. 그는 다음과 같이 기도했습니다.

　　주 예수님,
　　제게 살아 있고 분명한 실체가 되소서.
　　눈에 보이는 이땅의 어떤 대상보다
　　믿음의 눈에 잘 보이게 하소서.
　　이땅의 가장 달콤한 관계보다
　　더 소중하고, 더 친밀하고 가까운 관계로 이끄소서.

하나님께 반응하도록 도와주는 몇 가지 선물들

앞에서 나는 하나님께서 주신 사랑의 선물 다섯 가지에 대해 언급했습니다. 그 다섯 가지는 특별히 중요한 선물인데, 우리를 하나님께로 더 가까이 이끕니다. 그 다섯 가지가 생각납니까? 다시 한 번 살펴보는 것이 좋을 것 같습니다. 이것들은 하나님의 사랑을 확실히 느끼며 점점 더 많이 경험해 가는, 우리의 귀중한 특권을 누릴 수 있게 하기 때문입니다.

첫 번째 사랑의 선물은 하나님의 말씀인데, 이것은 우리가 날마다 이용할 수 있는 것입니다. 그리고 이용하면 할수록 점점 더 큰 보상을 받을 수 있습니다. 성령께서는 성경 말씀을 하나님의 사랑의 메시지로 가득 채우셨으며, 그것을 사용하여 우리 삶을 변화시키십니다.

하나님께서는 은혜의 말씀을 통해 날마다 우리에게 힘을 북돋아 주고 싶어하십니다. 시간을 내어 말씀에 귀를 기울이고 그리고 그 말씀을 믿을 때, 하나님께서는 우리 마음을 변화시키십니다. 또한 그분 자신을 아는 지식에서뿐 아니라 자신의 은혜 안에서도 자라 가게 하시며, 참으로 감사하는 마음으로 그분 자신을 사랑하고 순종하고 섬길 수 있게 하십니다.

말씀과 기도로 하나님과 단둘이 보내는 시간을 냄으로써, 하나님의 사랑을 알아 가고 또한 그 사랑을 신뢰하게 됩니다. 성경 말씀은 어떻게 하나님의 사랑 안에 살 수 있는지, 다시 말해 어떻게 진정으로 하나님의 사랑 안에 거하며 하나님의 사랑을 우리 속에 가득 채울 수 있는지 가르쳐 줍니다.

말씀을 통해 하나님을 보며 하나님께서 우리를 사랑하시게 해드릴 때 예배의 감정이 일어나는데, 이러한 감정은 일몰을 즐길 때 느끼는 감정과 매우 흡사합니다. 당신이 일몰의 황홀함을 느끼는 것은, 방안에 앉아 일몰의 황홀함을 느끼기로 하고 서쪽 하늘에서 일어나고 있을 장엄한 광경을 상상했기 때문이 아닙니다. (비록 당신이 상상력이 뛰어나다면 그런 느낌을 가질 수 있을지는 모르지만.) 일몰이 황홀함을 느끼게 한다면, 그것은 당신이 실제로 일몰을 보고 있기 때문이며, 그때 마음속으로 즐거움과 경이감을 느낍니다.

마찬가지로, 하나님을 즐기기 원할 때, 우리는 단지 경건의 시간에 의자에 앉아서 '자, 하나님을 사랑하고 예배해야지'라고 생각만 하지 않습니다. 그렇습니다. 우리는 말씀을 통해 하나님을 보아야 하고, 하나님을 유심히 관찰해야 합니다. 그때 하나님을 향한 사랑이 솟아나고, 예배하고픈 마음이 솟아납니다. 이때 느끼는 즐거움은 일몰을 즐길 때와는 비교할 수도 없습니다. 우리는 하나님의 사랑을 즐거워하게 되며, 하나님의 모든 것을 즐거워하게 됩니다. 말씀을 통해 하나님을 잘 보면, 그분이 당신의 찬양과 예배와 사랑을 받기에 지극히 합당한 분이심을 깨달을 수밖에 없습니다!

하나님의 사랑의 선물 가운데 두 번째는 우리 안에 거하시는 성령입니다. 우리 삶을 주님께서 다스리시게 해드릴 때(그 결과는 언제나 우리에게 선을 이룸) 성령께서는 우리 존재 속에 하나님의 사랑을 쏟아 붓습니다. 그때 부으시는 사랑은 하나님과 동떨어진 어떤 것이 아닙니다. 그렇습니다. 하나님은 사랑이시며, 우리가 그분을 우리 삶의 모든 영역에 초대하고, 우리 자신을 그분으로 가득 채울 때, 우리는 또한 하나님의 따뜻하고 만족을 주는 사랑으로 채워집니다.

이것은 하나의 과정을 통해 이루어집니다. 하나님께서는 단번에 우리를 변화시키시는 것이 아니라, 지혜롭고, 점진적인 방법으로, 시기 조절을 해가며, 변화시켜 가시기 때문입니다. 그것이 하나의 과정인 것은 우리 속에 있는 마땅히 제하여야 할 장벽들 때문입니다. 아마도 성령께서는 당신의 마음에 있는 그러한 장벽 가운데 어떤 것을 알게 해주셨고, 제하셨을지도 모릅니다. 또는 제하고 계시는 중에 있을 것입니다. "나 있는 그대로"라는 시의 한 연은 이렇게 되어 있습니다. "몰랐던 주님의 사랑, 모든 장벽 무너뜨렸네. 이제 주님의 것 되기 원하여, 주님의 것만 되기 원하여, 하나님의 어린양이시여, 제가 옵니다." 하나님의 사랑은 강력합니다. 그것은 불이 밀을 녹이듯이 우리의 내적 장벽들을 녹여 없앱니다. 우리가 주님께 나아가 그 사랑을 경험할수록 그 장벽들은 더 말끔히 제거될 것입니다. 그때라야 성령께서는 우리의 삶을 더 온전히 다스리실 수 있고, 하나님의 사랑을 더 깊이 경험하게 하실 수 있습니다.

에베소서 3:16-19은 내가 좋아하는 구절 중의 하나인데, 하나님의 사랑을 경험하게 하기 위해 성령께서 하시는 역할을 보여줍니다. 몇 개의 번역본을 참조하면서 깊이 묵상해 보십시오. 그리고 기도나 찬양을 할 때에 자주 사용할 수 있도록 암송해 보십시오.

세 번째 사랑의 선물은 **그리스도의 몸**입니다. 이 또한 우리가 하나님과 그 사랑을 깊이 경험하기 원한다면 절대로 등한히 할 수 없는 것입니다. 동료 그리스도인들은 우리가 영적으로 성장하게 도와줍니다. 그들은 자신들에게 있는 그리스도를 닮은 자질과 영적 은사를 통해 주님의 사랑과 진리를 우리에게 전달하는 통로가 됨으로써 우리의 영적 성장을 도와줍니다. 우리 몸의 지체들처럼, 그리스도의 몸 안에 있는 우리 모두가 함께 긴밀히 협동하고 다른 사람들의 필요를 채울 때 그런 일이 일어납니다. 그러므로 그리스도의 몸 안에 있는 다른 멤버들과 조화 가운데 사는 것은 하나의 선택 사항이 아니라 하나님의 명령입니다. "모든 겸손과 온유로 하고, 오래 참음으로 사랑 가운데서 서로 용납하고, 평안의 매는 줄로 성령의 하나 되게 하신 것을 힘써 지키라"(에베소서 4:2-3).

그리스도인들이 함께 모여 교제하는 것은 선택 사항이 아닙니다. "모이기를 폐하는 어떤 사람들의 습관과 같이 하지 말고, 오직 권하여 그날이 가까움을 볼수록 더욱 그리하자." 히브리서 10:25에서는 이렇게 권면하고 있기 때문입니다.

네 번째 사랑의 선물은 매일의 삶의 환경입니다. 우리의 모든 환경은 하나님께서 다스리십니다. 흔히 삶의 시련이 우리로 하나님의 사랑을 경험하게 해줍니다. 시련은 우리가 얼마나 약한 존재인지 알도록 해주며, 하나님의 얼굴을 찾도록 동기를 부여해 줍니다.

로마서 5장은 성령과 시련이 어떻게 하나님의 사랑을 더 많이 경험하게 해주는지 잘 보여 줍니다.

우리는 어떤 어려운 문제와 곤경에 처했을 때도 그것들이 가져다 줄 좋은 결과를 생각하며 기뻐할 수 있습니다. 시련은 오히려 우리에게 인내를 배우게 하고, 인내는 강인함을 길러 주어 하나님을 향한 우리의 희망과 믿음을 흔들리지 않는 굳건한 것으로 만들어 주기 때문입니다. 그렇게 되면 어떤 어려움이 닥치더라도 실망하지 않고 모든 일이 유익하다는 것을 알게 됩니다. 그리고 하나님께서 얼마나 극진히 우리를 사랑하고 계시는가를 알게 됩니다. 하나님께서 성령을 우리에게 주시고 성령께서 하나님의 사랑을 우리 가슴속에 채워 주시는 까닭에 우리는 이 따뜻한 사랑을 어디서나 마음으로 느낄 수 있는 것입니다.(로마서 5:3-5, 현대어 성경)

우리는 어떤 환경에서도 진정으로 기뻐하는 가운데 하나님을 신뢰해야 하며, 이것이 하나님께서 간절히 원하시는 바입니다. 기쁜 일이 있을 때뿐 아니라 시련을 당했을 때도 기뻐하려면 몇 가지 선택을 해야 합니다. 당신은 하나님을 떠나서는 진정한 만족을 얻을 수 없으며, 그래서 그분을 떠나 만족을 얻으려는 시도조차 하지 않겠다고 정직하게 결론을 내렸습니까? 우리는 하나님 중심적인 선택을 해야 합니다. 다음과 같은 말처럼 말입니다. "그 이상도, 그 이하도, 다른 것도 아닌, 오직 하나님의 뜻만." 나는 이 말이 올케의 부엌에 걸려 있는 것을 처음으로 보았습니다. 헌신을 위한 좋은 기도 내용입니다.

또 하나의 기본적인 선택이 있습니다.

나의 목적지는 바로 하나님.
평안이나 즐거움도
혹은 축복도 아니고
오직 그분, 나의 하나님.

하나님을 알고자 하는 우리의 열망이 너무나 강하여 정직하게 "하나님, 저는 어떤 대가를 치르든, 어떤 길을 통해서든, 하나님이 제 삶에서 사용하기 원하시는 어떤 환경을 통해서든, 하나님을 알고 싶습니다"라고 말씀드릴 수 있습니까? 그처럼 간절하게 하나님을 알기 원합니까?

시련을 당할 때, 야고보서 1:2-3에 있는 주님의 명령을 기억하십시오. "내 형제들아, 너희가 여러 가지 시험을 만나거든 온전히 기쁘게 여기라. 이는 너희 믿음의 시련이 인내를 만들어 내는 줄 너희가 앎이라." 그리고 나서 주님께 이렇게 말씀드리십시오. "주님, 주님께서는 늘 저의 최고의 유익을 염두에 두고 계신 줄 믿습니다. 지금 이 역경 속에서 주님의 사랑을 보여 주소서. 그리고 주님으로 말미암아 위로를 얻게 하소서."

늘 힘든 길만 있는 것 같은 인상을 주고 싶지는 않습니다. 하나님께서는 즐거운 길로 인도하실 때도 많으며, 기쁨도 많이 누리게 하십니다. 우리가 하나님의 사랑의 손으로부터 기쁨과 즐거움을 받을 때, 이런 것들 또한 그분을 더 잘 알게 합니다. 그러나 정말로 하나님과 하나님의 사랑을 알기 원한다면, 우리 삶을 그분께 개방해야 합니다. 그리하여 우리라면 결코 선택하지 않을 길로도 우리를 이끄실 수 있게 해드려야 합니다. 그렇게 할 때, 하나님의 사랑의 마음을 더 잘 알게 되며, 하나님께서 얼마나 진정으로 우리의 최선의 유익을 추구하고 계신지를 더 분명하게 이해할 수 있습니다.

그리고 다섯 번째 사랑의 선물인 순종의 길이 있습니다. 하나님께서는 우리가 살아가면서 기본적으로 두 길 가운데 하나를 선택할 수 있게 하셨습니다. 하나는 불순종의 길입니다. 그 길 위에는 짙은 안개와 먹구름이 드리워져 있어, 하나님의 사랑의 빛이 아주 조금밖에 비치지 않습니다. 위험하고, 패인 구덩이가 군데군데 있는 그 길에서는 하나님의 사랑을 빈약하게밖에 경험할 수 없습니다.

순종의 길 위에는 먹구름과 안개가 없습니다. 그리고 하나님의 따스한 사랑이 밝게 비춰며, 우리의 필요를 채워 줍니다. 매일 시간을 내어 하나님께서 성경을 통해 하시는 말씀을 듣도록 하십시오. 이러한 시간은 올바른 길을 알고 선택하도록 도와줍니다. 그리고 곁길로 빠지거나 우회로로 접어들면 성경 말씀은 최대한 빨리 순종의 길로 돌아오게 도와줍니다. 순종의 길에서 우리는 하나님과 동행하며, 하나님의 사랑을 점점 더 뜨겁고 풍성하게 경험하게 됩니다. 그리고 순종을 통하여, 하나님께서 우리를 더 친밀하게, 그리고 슬픈 마음이 아니라 기쁜 마음으로 사랑하시게 해드립니다.

하나님의 말씀 안에서 시간을 보내고 그분께 순종하면 하나님의 은혜와 사랑을 받을 만한 자격을 더 갖추게 된다는 말은 아닙니다. 하나님의 사랑이란 영적으로 특출한 것 같은 사람들만 받는다고 생각하거나, 자신이 '성공적인 그리스도인'이라고 느껴질 때만 받는다고 생각하는 것은 위험 천만한 일입니다. 이러한 생각이 위험한 것은 우리를 더 쉽게 낙담시킬 수 있기 때문입니다. 그리고 유혹에 대항하는 싸움을 포기하거나 계속 죄를 짓기가 더 쉬워집니다. 그러나 일단 하나님의 강렬하고도 개인적인 사랑, 언제나 모든 그리스도인들을 위해 준비되어 있는 그 사랑을 정말로 맛보고 나면, 당신 마음속의 필요들을 채움받았기 때문에 그분을 기쁘시게 해드리고 싶어집니다. 당신의 마음속에는 하나님을 향한 사랑이 샘솟듯 하며, 순수한 사랑의 동기에서 하나님께 순종하고 싶어하게 됩니다. 그리고 당신이 깨닫게 되는 것은, 의도적으로 죄를 범할 때마다 당신은 자신의 머리 위로 먹구름을 끌어오고 있으며, 하나님의 사랑의 햇살을 가리고 있고, 자신에게서 그 온기를 몰아내고 있다는 것입니다.

요한복음 14:21에서 예수님께서는 "나의 계명을 가지고 지키는 자라야 나를 사랑하는 자니, 나를 사랑하는 자는 내 아버지께 사랑을 받을 것이요, 나도 그를 사랑하여 그에게 나를 나타내리라"고 말씀하셨습니다. 순종을 통해 하나님의 사랑을 얻어낸다는 말이 아닙니다. 오히려, 하나님의 사랑이 방해받지 않고 비추고 있는 길을 택하고 있는 것입니다.

이 다섯 가지 사랑의 선물을 이용할 때, 하나님의 사랑을 점점 더 깊게 그리고 풍성하게 경험하게 될 것입니다.

지금 잠시 멈추고 다음 다섯 가지를 위해 하나님께 기도하는 것이 어떻겠습니까? 즉 (1) 하나님을 더 잘 알려는 마음으로 하나님의 말씀 안에서 시간을 더 보낼 수 있도록, (2) 점점 더 성령으로 충만하게 되고, 성령께서 당신을 다스리며, 당신의 마음을 하나님의 사랑으로 채워 주시도록, (3) 그리스도의 몸의 지체로서, 모든 기회를 이용하여 하나님의 사랑을 경험하고 표현할 수 있도록, (4) 삶의 모든 환경을 하나님의 사랑의 선물로 받아들이도록, (5) 늘 순종의 길을 택함으로 그 길에서 하나님의 사랑을 더욱더 누리게 되도록 기도하십시오.

하나님께서는 이러한 다섯 가지 사랑의 선물과 헤아릴 수 없을 정도로 많은 선물들을 우리에게 후하게 주셨습니다. 이 하나님께 대한 우리의 사랑을 명확하게 표현하는 데 여러 성경 구절이 도움이 될 수 있습니다. 그 가운데 하나는 시편 27:4입니다. 거기서 다윗은 이렇게 고백했습니다. "내가 여호와께 청하였던 한 가지 일 곧 그것을 구하리니, 곧 나로 내 생전에 여호와의 집에 거하여, 여호와의 아름다움을 앙망하며 그 전에서 사모하게 하실 것이라." 하나님께서 우리에게 말씀으로 사랑을 표현하시는 것을 들을 때, 우리는 사랑으로 다음과 같이 응답할 수 있습니다. "하나님, 저는 하나님의 임재를 누리며, 하나님의 아름다움을 보는 것말고는 삶에서 원하는 것이 없습니다. 하나님을 더 잘 알며 하나님의 사랑을 더 경험하고 싶습니다. 하나님은 참으로 놀라운 분이요, 저를 향한 하나님의 사랑은 너무나 지극합니다. 하나님을 사랑합니다."

하나님께 기쁨을 드리는 응답이 시편 27:8에도 나와 있습니다. "'너희는 내 얼굴을 찾으라' 하실 때에, 내 마음이 주께 말하되, '여호와여, 내가 주의 얼굴을 찾으리이다' 하였나이다." 다윗의 고백입니다.

그리고 시편 73:25이 다시 생각납니다. "하늘에서는 주 외에 누가 내게 있으리요? 땅에서는 주밖에 나의 사모할 자 없나이다." 이 말씀을 생각하며, 내가 워렌에게 "저는 당신을 원하지도 않고, 필요로 하지도 않아요. 제게는 하나님께서 계시거든요"라고 말한다는 말은 아닙니다. 우리는 모두 정당한 인간적 열망, 하나님께 기쁨이 되는 열망을 가지고 있습니다. 그러나 하나님을 향한 열망과 견주어 보면, 사람들을 향한 열망은 하도 보잘것없어 비교도 안 될 정도가 되어야 합니다. 종종 워렌과 나는 서로에게 "당신을 매우 사랑합니다. 하지만 당신은 두 번째입니다"라고 말하곤 합니다.

당신은 충분한 시간을 내고 있는가

지금쯤 당신도 알게 되었을 것입니다. 하나님의 사랑을 개인적으로 경험하려면 시간을 들여야 한다는 사실을 말입니다. 다른 방법은 없습니다. 하나님을 즐거워하고 하나님께서 나를 사랑하시도록 해드리려면 시간을 내야 합니다.

충분한 시간을 내고 있습니까? 대부분의 사람들은 참으로 하나님과 충분한 시간을 가지려면 다른 활동을 계속 잘라 내야 할 것입니다. 당신은 이미 어떤 활동을 잘라 내었습니까? 고려해 보아야 할 것이 더 있지는 않습니까?

사랑이 깊어지려면 시간이 필요합니다. 당신이 어떤 사람을 진정으로 사랑하고 친밀한 관계를 맺고 싶다면, 날마다 만나고 싶어할 것입니다. 매일 단둘이 있는 시간을 갖고 싶어할 것입니다. 물론 하나님께서는 늘 우리와 함께 계십니다. 그러므로 사람들과의 관계와는 달리 늘 하나님의 임재를 즐길 수 있습니다. 그러나 날마다, 그리고 될 수 있으면 아침에, 하나님께서 얼마나 우리를 사랑하시는지 성경 말씀을 통해 말씀하실 수 있게 해드릴 때, 그분과 매일 단둘이 갖는 시간은 특히 많은 보상을 안겨 줍니다.

그러나 형식적으로 '경건의 시간이라는 것'을 갖지는 마십시오. 단지 그리스도인의 의무를 다하기 위해서나, 양심에 가책을 받지 않으려고 성경 말씀으로 나아가지는 마십시오. 오직 말씀을 통해 하나님과 교제를 나누기 위해, 그리고 하나님이 누구시며 어떤 분이신지를 진정으로 알기 위해 시간을 내십시오. 그리하여 하나님의 놀라운 사랑이라는 흙 속에 뿌리를 깊이 내리도록 하십시오. 하나님을 더 잘 알기 위해, 하나님께서 간절히 원하시는 바 친밀한 관계를 발전시키기 위해, 경건의 시간을 갖도록 하십시오. 하나님께서 당신에 대해 어떻게 말씀하시는지, 그리고 당신을 얼마나 사랑하시는지, 당신 스스로 알아 나가십시오. 그리고 가끔씩 잠시 멈추고 조용한 친교를 나누십시오.

내 친구 헬렌 모컨에 대하여 이야기한 적이 있습니다. 경건한 여성인 그는 나에게 깊은 영향을 주었으며, 내 삶의 토대를 놓아 주었습니다. 헬렌이 암으로 세상을 떠나기 전의 일입니다. 우리는 종종 대화를 나누었는데, 한번은 그가 점심 식사를 준비하고 있을 때 부엌에서 대화를 나눈 적이 있습니다. 그때 헬렌은 "룻,

요즘 많은 사람들이 의사 소통에 대해 이야기를 하고 있어요. 친교에 대해서는 어때요? 친교는 어떻게 되고 있어요?"라고 말했습니다.

헬렌이 말한 친교는 하나님과 나누는 친밀하고, 달콤하고, 조용한 교제를 의미했습니다. 또한 시간을 내어, 말씀에 나와 있는 진리들을 묵상할 뿐만 아니라, 찬양으로 하나님께 반응하는 것("하나님, 하나님께서 그와 같은 분이시니 감사드립니다"라고 말씀드리는 것), 그리고 하나님의 임재를 조용히 즐기는 가운데 그분 앞에서 잠잠히 안식을 누리는 것을 의미했습니다.

여러 차례에 걸쳐, 나는 하나님 안에서 안전하게 보호받고 있다는 기분 좋은 느낌도 없고, 하나님의 풍성함을 즐기지도 못했습니다. 그런 일이 있는 경우는 반드시 무슨 뻔한 죄를 범한 때만은 아니었으며, 하나님의 은혜를 너무나 당연하게 받아들일 때도 그랬고, 하루를 살아가면서 자주 주님과 친교를 나누고 경건의 시간에도 잠시 멈추고 의식적으로 주님과 친밀한 교제를 나누어야 하는데 나누지 않았을 때도 그랬습니다. 그래서 나는 "주님, 제가 주님을 더욱 갈급해하게 해주소서! 날마다 주님과의 달콤한 친교 가운데로 자주 이끌어 주소서"라고 기도합니다.

하나님의 말씀 안에서 시간을 가질 때, 시편 143:8의 다윗처럼 기도할 수 있습니다. "아침에 나로 주의 인자한 말씀을 듣게 하소서. 내가 주를 의뢰함이니이다. 나의 다닐 길을 알게 하소서. 내가 내 영혼을 주께 받듦이니이다." 우리는 또한 하나님께 귀를 기울이게 해주시도록 기도할 수 있습니다. "하나님, 저는 말씀을 통해 반복해서 하나님의 음성을 들어야 합니다. 그때라야 하나님께서 원하시는 대로 하나님과 사람들을 사랑할 수 있습니다."

여러 말씀이 아침 시간과 사랑의 하나님을 바라보는 것을 연관시키고 있는데, 그중 하나가 시편 143편입니다. 하나님의 인자한 음성을 듣고 성경을 통하여 하나님의 사랑의 음성에 귀를 기울이며 하나님의 사랑을 느끼고 그분께 우리의 사랑을 다시 표현하는 데는 아침이 하루 중 가장 좋은 시간입니다. 아침 시간을 그날 하루를 위하여 하나님과 한마음이 되는 시간으로 삼으십시오. 그리하여 하나님의 사랑이 당신의 마음을 사로잡으며, 당신의 필요를 채우도록 하십시오. 아침에 충분한 시간을 내기가 어려울 수도 있습니다. 그럴지라도 잠시라도 시간을 내어 당신을 사랑하시는 하나님과 더불어 하루를 시작하십시오. 그런 다음 나중에 다시 시간을 내어 하나님과 함께 조용히 교제하는 시간을 가지십시오. 언제 어디서 그런 시간을 가질 것인지 구체적인 계획을 세우고 그대로 실행하십시오.

하나님과 교제를 갖기 위해 한 달에 한나절 정도를 따로 떼어 놓는 것이 얼마나 가치 있는 일인지 알고 있습니까? 하나님과 데이트를 하기 위해, 기도 시간을 보충하기 위해, 하나님의 말씀을 좀더 묵상하기 위해 한나절을 떼어놓는 것 말입니다. 아직 그런 시간을 가져 본 적이 없다면, 날짜와 시간을 결정해서 달력에 표시하십시오. 어떤 사람이 그 시간에 무슨 부탁을 하면, "죄송합니다. 이미 선약이 있어서요"라고 대답하십시오. 그날이 되면 조용한 장소를 찾아가십시오. 커피를 들면서 조용한 시간을 가질 수 있는 레스토랑일 수도 있고, 도서관일 수도 있고, 공원일 수도, 해변일 수도 있고, 그 밖의 다른 곳일 수도 있습니다. 하나님과 조용히 단둘이 있을 수 있고, 성경 말씀과 기도로, 찬양으로, 하나님께 초점을 맞출 수 있는 곳이면 됩니다.

기억하십시오. 하나님을 잘 알려면 허둥대면서 시간을 가져서는 안 됩니다.

질서 있고 초점 있는 삶을 위하여

하나님과 더불어 갖는 시간에 우선 순위를 두는 것. 이것은 해야 할 일과 하지 않은 채 놓아 둘 일을 지혜롭게 선택하는 전반적인 태도의 일부입니다. 나는 지혜롭게 선택하는 삶을 위해 계속 기도가 필요합니다. 그 이유는, 하나님의 인도와 우선 순위를 따르며, 눈앞에 닥친 일이나 긴급한 일들이 더 중요한 일들을 몰아내지 않도록 하려면, 하나님께 지혜를 구해야 하기 때문입니다. 또한 이렇게 기도합니다. "하나님, 저의 삶을 지켜 주셔서 허둥대지 않게 해주시고, 흐트러지지 않게 해주소서. 질서 있고 초점 있는 삶을 살아 하나님의 평안을 경험하게 해주소서." 질서 있고 초점 있는 삶을 사는 것은 얼마나 멋진 일인지 모릅니다!

우리 아버지께서 종종 인용하셨던 말이 생각납니다.

하나님께서 함께하시면 적은 것도 많은 것이다.
사람들의 바쁜 하루는 하나님의 1분보다 가치가 없다.

시편 84:10 말씀은 시간 사용과 관련하여 위로도 주고 교훈도 준다는 것을 알았습니다. "주의 궁정에서 한 날이 다른 곳에서 천 날보다 낫다"라는 말씀입니다. 생각해 보십시오. 하나님의 복된 통치를 받으며 하나님과 함께 하루를 사는 것이 그저 그렇게 3년을 사는 것보다 더 큰 축복과 열매가 있다는 말입니다.

나의 마음은 곧잘 시편 57:1-2로 달려갑니다. "하나님이여, 나를 긍휼히 여기시고 나를 긍휼히 여기소서. 내 영혼이 주께로 피하되, 주의 날개 그늘 아래서 이 재앙이 지나기까지 피하리이다. 내가 지극히 높으신 하나님께 부르짖음이여, 곧 나를 위하여 모든 것을 이루시는 하나님께로다." 하나님께서는 모든 것을 나를 위하여 이루시며, 완전케 하십니다. 나를 인도하시고, 내게 힘과 능력을 주시며, 그리고 나서 마무리 손질을 하십니다. 내가 하는 일이 완전한 수준과는 너무나 거리가 멀어도 그 속에 있는 결함들을 보완하여 주시고, 나의 부족한 점들을 보충하여 주십니다. 개인적인 목표를 성취하기 위한 일이나 다른 사람들을 섬기기 위한 일을 단 한 가지라도 내 힘으로 하려고 할 필요가 없습니다. 물론 하나님께서는 내가 다른 사람들을 돕기 원하십니다. 다른 사람들에게 말씀을 나누고, 그들의 말에 귀를 기울여 주고, 상담을 해주고, 격려하고, 실제적인 방법으로 돕기 원하십니다. 그러나 나의 섬김에 생명과 능력을 불어넣으시는 분은 하나님이십니다. 사람들에게 복 주시는 분, 삶을 변화시키시는 분, 내가 할 일이 끝난 후에도 계속 내가 한 일을 통해 일하시는 분은 바로 하나님이십니다. 삶의 어떤 영역에서든, 일 수행의 큰 몫은 언제나 하나님의 몫입니다. "하나님이 함께하시면 적은 것도 많은 것이다." 그렇습니다. 하나님께서는 모든 일을 나를 위하여 이루시고 완전케 하십니다.

시편 138:8의 약속을 살펴보십시오. "여호와께서 내게 관계된 것을 완전케 하실지라." 이것은 시편 90:17 말씀에 있는 기도를 할 때 하나님의 사랑의 응답입니다. "우리 손의 행사를 우리에게 견고케 하소서. 우리 손의 행사를 견고케 하소서."

우리 손의 행사가 하나님의 뜻인지 확인합시다. 그 이상도, 그 이하도, 다른 것도 아닌, 오직 하나님의 뜻인지를. 하나님은 노예를 부리는 사람 같지 않으십니다. 정신도 못 차릴 정도로 일만 시키는 분이 아닙니다.

흙 묻은 손가락이 유리컵 속으로

오랫동안 시편 103:13-14 말씀을 통해 격려를 받았습니다. 한번 살펴봅시다. "아비가 자식을 불쌍히 여김같이 여호와께서 자기를 경외하는 자를 불쌍히 여기시나니." 불쌍히 여긴다는 말은 하나님께서는 온유하시고 우리에게 동정적이시라는 말입니다. 14절에서 보여 주고 있듯이, 하나님께서는 우리의 체질을 아십니다. 우리가 진토임을 기억하고 계시기 때문에 우리가 하는 일이 완벽하기를 기대하시지 않습니다.

어떤 만화에 나오는 주인공 데니스가 생각납니다. 그 애의 아빠는 밖에서 잔디를 깎고 있었는데, 날이 더워서 이내 땀을 흘립니다. 데니스는 아빠가 의자에 털썩 주저앉는 것을 보고 '아빠가 목마르시구나' 하고 생각했습니다. 그래서 밖으로 나가 레몬 주스를 부어서 아버지께 갖다 드렸습니다. 그런데 컵을 들고 올 때 흙 묻은 엄지손가락이 유리컵의 주스 안에 들어가 있었습니다.

아버지가 자상하지 않은 사람이라면 이렇게 말할 수 있습니다. "더러운 손가락을 거기서 빼라. 좀 제대로 할 수 없겠니?" 만약 식당의 웨이터가 그런 식으로 레몬 주스를 가져 왔다면, 아마 되돌려 보냈을 것입니다. 그러나 아버지는 아들의 행동 뒤에 있는 그 사랑 때문에 아주 기뻐했습니다. 그래서 고마워하며 기쁜 마음으로 레몬 주스를 마셨습니다. 그들의 관계는 사랑의 관계요 진정한 부자 관계였습니다.

하늘에 계신 우리 아버지께서는 우리가 하는 모든 일에서 완벽하기를 기대하지 않으십니다. 우리가 할 수 있는 최고의 수준으로 했을 때라도 우리는 여전히 더러운 엄지손가락을 주스에 담고 있습니다. 모든 봉사에서 그렇습니다. 하늘나라에서는 우리가 온전한 수준으로 하나님을 섬기겠지만, 이땅에서는 결코 아닙니다. 그러나 하나님께서는 이해하십니다. 하나님께서는 우리가 온전하지 못하게 섬겨도 받으십니다. 사랑의 관계 때문입니다. 하나님 아버지께서는 우리가 그분 자신을 사랑하며 기쁘게 하기 원한다는 사실 그 자체를 기뻐하십니다.

어떤 일을 온전하게 하지 못하면 하나님께서 화를 내실 것이라고 생각하거나, 우리가 미처 깨닫지도 못하고 있는 어떤 죄 때문에 느닷없이 획 돌아서서 우리를 공격하실지 모른다고 느낀다면, 이는 하나님에 대해 그릇된 생각을 가지고 있기 때문입니다. 이러한 그릇된 생각은 하나님의 자비, 죄 사함, 그리고 자상한 사랑을 즐기지 못하게 합니다.

온전치 못한 면이 많아도 이 때문에 나를 포기하시지는 않습니다. 이 사실이 너무나 기쁩니다! 하나님께서는 포기하시는 것이 아니라 끊임없이 더 나은 수준으로 이끄십니다. 하나님께서는 나를 거룩한 삶으로 부르실 뿐만 아니라, 나를 온전히 거룩케 하시는 데 지금까지 헌신해 오셨습니다. 나의 삶이 그분의 부르심과 일치되게 하시기 위함입니다. 데살로니가전서 5:23-24에서 그렇게 약속하고 계십니다. "평강의 하나님이 친히 너희로 온전히 거룩하게 하시고… 너희를 부르시는 이는 미쁘시니 그가 또한 이루시리라."

하나님께서는 참으로 놀라우신 분입니다. 하나님께서는 언제나 우리의 필요에 대한 해답이며, 충분한 해결책이 되십니다! 그리고 하나님께서 성경에 자신을 계시하셨다는 것이 기쁘지 않습니까? 성경에서 하나님께서는 계속 우리 눈을 그분께 고정할 수 있게 해주십니다!

마른 땅이 비를 흡수하듯

하나님을 찾기 위해서는 충분한 시간을 내는 것만큼 중요한 것이 또 있습니다. 그것은 바로 '올바른 사고 방식'을 갖는 것입니다. 그것을 "마음의 상태"나 "생활 방식"이라고 부르는 게 좋을지도 모르겠습니다. 그것에는 생각하는 방식 그 이상이 수반되기 때문입니다. 그것은 우리의 감정적인 면과 긴밀한 관계가 있습니다. 올바른 사고 방식을 갖는다는 것은 하나님 앞에 정직해지는 것, 우리의 지엽적이고 사소한 약점들뿐만 아니라 타고난 전반적인 약점까지도 받아들이는 것, 그리고 하나님 앞에 우리 마음을 토하는 것을 의미합니다. 그러나 또한 올바른 사고 방식을 갖는다는 것은 하나님을 추구하는 일에 헌신하는 것이며, 감정이 따르지 않을 때도 헌신을 유지하는 것입니다. 그것은 우리 마음과 생각의 기본적인 경향이므로 우리는 그것으로 돌아갈 수 있으며, 거기에 견고히 닻을 내릴 수 있습니다. 감정이 우리에게 무슨 말을 할지라도.

올바른 사고 방식을 갖는다는 것은, 그 무엇보다도 마음이 열려 있는 것입니다. 그것은 하나님을 향해 수용적인 태도를 갖는 것입니다. 우리는 마음의 눈을 열고 하나님께로 시선을 돌립니다. 우리는 하나님께서 누구이신지를 보고, 마음으로 그 사실을 인정하며, 살아가면서 우리에게 필요한 것이 무엇이든 하나님께서 바로 그것이 되시게 합니다.

그러므로 우리가 할 일은 '필요로 하고 받는 것'입니다. 우리는 자신의 나약함에 대해 분노를 느끼거나, 창피를 느낄 수 있으며, 그래서 강한 척할 수 있습니다. 아니면 겸손하게, 그리고 기쁨으로, 자신이 파산 상태에 있으며 무능하다는 사실을 인정할 수도 있습니다. 다윗 왕은 "나는 가난하고 궁핍하다"고 했습니다. 바울은 자기의 약한 것들을 기뻐했습니다. 우리에게 있는 약점과 부족한 점들 때문에 하나님의 충분하심을 경험할 수 있습니다.

'받는 것'은 마른 땅이 비를 흡수하는 것과 같습니다. 그것은 아기가 어머니 품안에서 쉼을 누리면서 어머니의 사랑을 흠뻑 누리며, 어머니의 자장가를 듣는 것과 같습니다. 활짝 열린 방으로 햇빛이 들어와 방을 밝히듯이, 하나님의 은혜와 사랑은 진정으로 그분을 향해 활짝 열린 마음을 채우고 그리고 따뜻하게 합니다.

우리가 해야 할 일은 하나님께서 우리를 사랑하시게 해드리는 것입니다. 이것은 단순하지만 기본이 되는 일입니다.

하나님께서 당신을 사랑하시게 해드리십시오. 성경을 통해 당신에게 사랑의 말을 속삭이시도록 해드리십시오. 하나님으로 하여금 성령으로 당신을 충만케 하시며 당신을 다스리시도록 해드리고, 당신을 주관하시게 해드리십시오. 그리하여 성령께서 당신의 마음속에 하나님의 사랑을 쏟아 부으실 수 있게 하십시오. 하나님께서 원하시는 어떤 것이라도 당신 삶 속으로 가져오실 수 있게 해드리고, 힘들거나 고통스러운 것을 허락하실 때 하나님을 거스르지 마십시오. 하나님께서 어떤 방법을 원하시든 그대로 일하시게 해드리십시오. 그때 당신은 그 사랑을 더욱 충만히 경험하게 될 것입니다.

조지 마더슨은 스코틀랜드의 맹인 목사로서 1800년대에 살았습니다. 그가 쓴 기도문을 다시 생각해 봅시다.

> 오 성령이시여, 인생의 모든 일들 속에서 당신께서는 제 마음의 문을 두드리고 계시나니, 저로 당신께 응답하게 도와주소서. …항상 마음을 열고 받으리이다─아침에도,

정오에도, 밤에도, 봄에도, 여름에도, 겨울에도. …문을 두
드리소서. 당신께 문을 열어 드리겠나이다.

언제 어떤 환경에서나 '받기 위해' 늘 열어 두는 것. 언제든지 주시려고 준비를 갖추고 계시는 사랑의 아버지를 향해 이보다 더 나은 태도를 가질 수 있겠습니까? 고대 왕들은 총애하는 사람들에게 선물을 주었습니다. 예를 들면, 아하수에로 왕은 에스더에게 "나라의 절반이라도 주겠다"라고 했습니다. 우리의 아버지요 왕이신 하나님께서는 온갖 좋은 것들을 우리를 위해 활짝 개방해 두셨습니다. 무한한 용서, 능력, 안전, 기쁨, 지혜, 그리고 측량할 수 없는 사랑은 물론, 아들과 더불어 얻는 기업까지!

우리의 놀라운 신랑이신 주님께서는 우리에게 "모든 것을 후히 주사 누리게"(디모데전서 6:17) 하십니다. 하나님께서는 손을 활짝 펴시고 모든 생물의 소원을 만족케 하십니다(시편 145:16). 소원이 이루어진 것이 있습니까? 그것은 모두 우리를 사랑하시는 하나님의 손으로부터 온 것입니다.

그리고 나는 생각해 봅니다. '하나님께서 선물을 주실 때, 과연 우리는 그분께 감사하며, 그분이 우리 기쁨의 중심이 되시게 하는가? 그리하여 그 선물로 인해 그분과 더 가까워지는가?' 때때로 우리는 호세아에 나오는 여인과 같습니다. 그 여인은 사랑하는 남편이 자기에게 곡식과 포도주와 삶의 온갖 즐거움을 제공해 주었다는 것을 잊어버렸습니다. 그래서 남편에게 감사하고 사랑하는 대신, 다른 남자를 따라 도망쳤습니다.

우리는 하나님의 축복을 하나님보다 더 중요시하는 경우가 얼마나 많습니까? 그때 우리 마음은 나뉜 마음(그리고 마침내 불만으로 가득 찬 마음)이 되고 맙니다. 요즘 자주 생각나는 시가 하

나 있습니다. 오래 전에 하나님께 기도하면서 자주 사용했던 시입니다.

> 주님, 주님과 더불어 제 마음을 나누고 있는
> 이땅의 것이 제게 있나이까?
> 변치 않는 주님께 응답하여 고요히 흐르는 물을
> 곁길로 이끄는 것이 있나이까?
> 오 저를 가르쳐 속히 돌이키게 하소서.
> 제 마음이 새롭게 불타오르게 하소서.

하나님의 사랑이 먼저

"우리가 사랑함은 그가 먼저 우리를 사랑하셨음이라"(요한일서 4:19). 이 말씀은 주님과 우리의 관계가 시작될 때 사실이었습니다. 그리스도께서 우리를 너무나 사랑하셔서 우리를 위해 죽으셨다는 것을 깨달았을 때 말입니다. 우리는 주님께서 주시는 구원의 선물을 받아들임으로써 주님께 반응했고, 주님을 사랑하기 시작했습니다. 그러나 이 말씀은 우리가 그리스도인의 삶을 살아가는 동안에도 늘 사실입니다. 즉 주님께서 먼저 우리를 사랑하시며, 주님께서 먼저 사랑을 시작하십니다. 그리고 주님을 사랑할 수 있으려면, 먼저 주님의 사랑이 우리를 흠뻑 적시고 우리 속에 스며들게 해야 합니다.

우리의 사랑은 언제나 2차적입니다. 우리의 사랑은 언제나 주님의 사랑에 대한 반응인 것입니다. 이 때문에 주님을 제대로 사랑하려면 먼저 그분의 사랑을 경험하는 것이 꼭 필요한 것입니다. C. S. 루이스는, "하나님에 대한 우리의 사랑은 우리를 향한 그분의 사랑의 파도를 탄다"고 했습니다. 하나님께서 당신을 사랑하시게 해드리십시오. 그러면 당신은 하나님께 사랑의 반응을 충분히 나타낼 것입니다.

이 장에서 마지막으로 제안하고 싶은 것이 있습니다. 하나님의 사랑에 관한 성경 말씀을 깊이 묵상해 보십시오. 당신에게 진정으로 큰 의미를 갖는 말씀, 마음속으로 진정으로 하나님의 음성을 듣고 그 사랑을 깨닫게 되었던 말씀이어야 합니다. 잠시 그 구절들에 푹 잠기십시오. 자주 그 구절들로 돌아가십시오. 그 구절들을 암송하고, 그 의미를 묵상하며, 성령께서 그 진리로 당신의 마음을 사로잡도록 해드리십시오. 그럴 때 당신은 계속 그 구절들로 돌아가 해방과 풍성함을 경험할 수 있습니다.

저의 생명이 되시고 제게 삶을 주시는 하나님, 저는 주님을 알아야만 합니다. 진정 삶에서 꼭 필요한 단 한 분은 주님이시며, 그 누구도 없이 살 수 있지만, 주님 없이는 살 수가 없습니다. 주님을 부지런히 찾으며, 진지하게 주님과의 관계를 발전시켜 나가겠습니다. 주님은 저의 첫 번째 사랑입니다. 저의 목적지는 주님입니다. 주님께서 주시는 평안도, 기쁨도, 축복도 아니며, 오직 주님께서 저의 목적지입니다.

주님, 주님을 알아 가는 이러한 놀라운 특권을 허락해 주시니 감사드립니다. 그토록 큰 만족을 주는 길을 보여 주셔서 저의 시간과 에너지를 들이며, 생각을 들이게 하시니 감사드립니다. 주님, 주님을 찾고 알아 갈 수 있눈 용광을 계속 키워 주소서. 더욱 주님을 간증하게 해 주소서.

주님, 주님께서는 제가 참으로 진지하게 그리고 개인적으로 주님과 주님의 사랑을 받아들이기 원하십니다. 이 사실을 곰곰 생각해 볼 때 정말로 힘이 납니다. 모든 것을 아시면서도 사랑으로 가득 차 있는 주님의 눈으로 제 자신을 보겠습니다. 특히 아침에 성경 말씀을 열고 주님께 나아갈 때, 주님의 사랑의 음성을 듣게 해주소서. 성경을 통해, 주님의 사랑의 물결이 제 마음속으로 밀려들게 하소서. 주님의 사랑에 관한 진리 속에서 헤엄치게 해 주소서. 그리하여 제 삶이 변화되게 해주소서.

주님, 날마다 은혜를 주셔서 주님을 먼저 찾게 해주시고, 간절하게 찾게 해주소서. 주님과 단둘이 갖는 시간을 성실하게 가질 수 있게 해주소서. 부차적인 것들이 주님과 더불어 보내는 시간을 밀어내기가 쉽지만 그런 것들에 대해 "아니오"라고 말할 수 있게 해주소서.

주님, 제가 주님을 섬기는 것이 온전치 못해도 받아주시니 특히 감사드립니다. 이 때문에 주님을 더 열심히 섬기고 싶어집니다. 주님, 주님께서는 저의 모든 것과 저의 가장 좋은 것을 받기에 합당하십니다. 주님께 나타내는 반응으로 점점 더 큰 기쁨을 드릴 수 있게 도와주소서.

예수님의 이름으로 기도드립니다.

묵상, 기도, 그리고 적용을 위한 질문

이 장에서 하나님께서 당신에게 특별히 말씀해 주신 성경 구절이나 진리는 무엇입니까? 이로부터 최대의 유익을 얻기 위해 무엇을 하겠습니까?

제 9 장

하나님의 완전한 사랑의 능력

복음의 진리는 매우 오래 되었습니다. 그러나 결코 낡은 진리는 아닙니다. 로마서 1:16은 복음이 구원을 주시는 하나님의 능력이라고 말하고 있으며, 구원은 세 가지 시제를 가지고 있습니다. 나는 죄의 형벌로부터 구원받았습니다(과거). 이생에서 나는 죄를 이기는 것과 죄를 지었을 때 죄 사함 받는 것을 통해 죄의 권세로부터 구원받고 있습니다(현재). 그리고 영광 가운데 주님 앞에 나타날 때 내 속에 거하는 죄는 영원히 사라지고, 나는 죄의 존재로부터 구원받을 것입니다(미래).

로마서 8:1은 다음과 같이 말하고 있습니다. "그러므로 이제 그리스도 예수 안에 있는 자에게는 결코 정죄함이 없나니." 참으로 자유를 느끼게 하고 담대하게 해주는 말씀입니다.

하나님의 사람 데이비드 모컨은 정말 영적 깊이가 있는 분으로서, 오랫동안 나의 삶에 큰 영향을 미치고 있습니다. (그의 아내 헬렌과의 우정에 대해서는 앞에서 언급한 적이 있습니다.) 그의 말 중에서 내게 참으로 도움이 되었던 것이 많이 있었는데, 그중 하나가 "하나님께서는 나를 사랑하시고, 마귀는 거짓말을 한다"라는 말입니다. 또 하나는 "자녀들을 정죄하는 것이 하나님의 일이 아니다"입니다.

좋은 소식입니다. 그러나 온갖 죄가 나를 끈질기게 따라다니고 있는데, 어떻게 나를 정죄하지 않으실 수 있습니까? 하나님께서는 죄를 못 본 체하시면서 "신경 쓰지 마라. 괜찮아"라고 말씀하시는 하나님, 나약하고 타협적인 하나님이십니까? 어떻게 의로우신 하나님께서 "너를 정죄하지 않는다"라고 말씀하실 수 있습니까?

하나님께서 그렇게 말씀하실 수 있는 것은, 예수님께서 십자가에서 죽으실 때 나의 모든 죗값을 치르셨기 때문입니다. 예수님께서는 나의 평생에 걸친 모든 죄를 짊어지셨습니다. 나의 과거의 죄, 현재의 죄, 그리고 미래의 죄까지. 하나님께서는 "우리 무리의 죄악을 그에게 담당시키셨습니다"(이사야 53:6). 모든 시대의 모든 사람들의 모든 죄가 한데 모여 무거운 쇳덩이처럼 되었고, 그것이 예수님 위에 떨어져 예수님의 생명을 앗아갔습니다. 십자가 위에서 예수님께서는 우리의 죄를 짊어지셨습니다. 예수님께서는 우리 모두가 지금까지 지었고 또 짓게 될 모든 죄로 인한 고통을 다 담당하셨습니다. 예수님은 정죄되었고, 우리를 위하여 저주를 받으셨습니다(갈라디아서 3:13).

그러므로 만약 우리가 그리스도를 영접했다면, 우리 죄로 인한 정죄는 없습니다. 우리가 죄를 범해도, 다시는 정죄받지 않습니다. 만약 우리가 죄를 범할 때 정죄를 하신다면, 하나님께서 같은 죄에 대해 두 번 정죄하시는 것이 됩니다. 그것은 공정하지 않습니다. 그렇다면 우리가 죄를 범할 때 무슨 일이 일어납니까? 하나님과의 교제가 끊어집니다. 우리의 평안은 깨어지고, 기쁨은 사라집니다. 그러나 여전히 하나님의 자녀입니다. 그리고 하나님께서는 우리를 결코 정죄하지 않으시는데, 이는 하나님께서는 공정하신 분이고, 우리의 죗값은 완전히 치러졌기 때문입니다.

이것이 법적인 면에서 우리의 의로움입니다. 회계는 끝났습니다. 장부를 덮었습니다. 모든 빚은 청산되었습니다. 하나님께서는 우리가 모든 죗값으로부터 자유롭다고 선언하셨고, 더 이상 우리를 정죄하기 위해 죄를 세지 않으십니다.

나는 필립스 역의 로마서 8:33-34을 좋아합니다. 참신하고 핵심을 잘 파악하도록 도와주기 때문입니다. "누가 감히 하나님께서 선택하신 우리를 정죄하겠습니까? 재판관이 친히 우리가 죄에서 자유롭다고 선언하셨습니다. 누가 정죄하는 자리에 있습니까? 오직 그리스도, 우리를 위해 죽으신 그리스도, 우리를 위해 살아나신 그리스도, 그 그리스도께서 우리를 위해 권세를 가지고 다스리고 계시고, 그리스도께서 우리를 위해 기도하고 계십니다!" 우주의 최고 법정에 계신, 우주에서 가장 높으신 재판관께서 우리에게 자유를 선언하셨습니다. 그분의 판결을 뒤집을 법정은 없습니다. 그것은 최종적인 판결입니다.

오직 예수님만 우리를 정죄할 수 있는 권리가 있습니다. 그러나 예수님께서는 우리를 정죄하지 않으시며, 앞으로도 하시지 않습니다. 그러므로 우리에게는 결코 정죄함이 없는 것입니다.

요한복음 5:24에서 예수님께서는 친히 이렇게 말씀하셨습니다. "내가 분명히 너희에게 말한다. 내 말을 듣고 나를 보내신 분을 믿는 사람은 영원한 생명을 얻었으므로 심판(정죄)을 받지 않을 것이다. 그는 이미 죽음에서 생명으로 옮겨간 것이다"(현대인의 성경).

위험한 면허증?

내 기억으로, 하나님께서 나의 삶 속에 있는 죄를 들추어내시고, 여느 때보다 더 깊이 회개하도록 이끄셨던 경우가 몇 번 있었습니다. 때때로 그런 것이 우리에게 필요하다고 생각합니다. 그렇기는 하지만, 여전히 기억해야 할 것은 그런 경우에도 하나님께서 우리 죄로 인해 우리를 정죄하고 계신 것은 아닙니다. 단지 우리가 자백하고 그러한 죄를 버릴 책임이 있음을 보여 주실 뿐입니다. 예수님께서는 우리가 그러한 죄들 가운데 하나도 범하기 전에 그 모든 죄의 대가를 치르셨습니다.

그런 식의 완전한 죄 용서를 가르치는 데는 위험이 따른다고 생각하는 사람들이 있습니다. 사람들이 마음대로 죄를 범하고 나서는 주님께 돌아와 단지 "용서해 주소서"라고 함으로 자동적으로 죄 용서를 받고, 돌아가서 다시 죄를 범할 것이라는 것입니다.

그러나 그렇게 되지는 않습니다. 하나님께서는 우리에게 새 생명을 주셨기 때문입니다. 그 새 생명을 가지고 있는 사람은 결코 죄 가운데서는 행복을 느낄 수 없습니다. 새 생명을 가진 사람이 된다는 것은, 마치 돼지가 양으로 바뀌는 것과 같습니다. 두 동물은 전혀 다른 본성을 지니고 있습니다. 만약 당신이 돼지 한 마리를 끌고 와서 깨끗하게 씻기고, 머리에는 예쁜 리본을 달아 줍니다. 그리고 나서 놓아주면, 돼지는 곧장 진흙탕을 향해 달려가서는 거기에 드러누워 만족스러운 표정을 지을 것입니다. 그러나 양이 어쩌다 미끄러져 진흙탕에 빠지면 얼른 거기서 빠져 나옵니다. 양의 본성은 진흙탕을 좋아하지 않습니다. 만약 양이 진흙탕 속에서 즐거워하며 그곳에 오래 머물기를 좋아한다면, 자세히 살펴보십시오. 그것은 틀림없이 돼지일 것입니다. 양의 옷을 입은 돼지 말입니다. 만약 우리에게 하나님 아버지를 기쁘시게 하고자 하는 열망, 죄를 피하고자 하는 열망이 없으면, 자신을 시험해 보아야 할 것입니다. 그리하여 자신이 진정으로 그리스도께 속한 자인지 확증해야 합니다(고린도후서 13:5).

그러므로 우리 그리스도인들은 결코 다시는 죄 가운데 뒹굴면서 진정한 기쁨과 평안을 누리지는 못합니다. 새 생명을 가지고 있기 때문입니다. 우리는 죄를 책망하는 성령을 모시고 있습니다. 그리고 우리 아버지께서는 우리를 너무나 사랑하셔서 필요하다면 종아리라도 때리실 것입니다. 우리가 자신의 죄악 된 길을 고집하면, 돌이키도록 하기 위해 사랑으로 징계하기도 하실 것입니다. 하나님께서는 우리를 내버려두지 않으십니다.

그러므로 하나님의 완전한 죄 용서가 죄를 마음대로 지어도 좋다는 면허증이 되지는 않습니다. 우리는 그렇게 되지 않도록 해주는 안전 장치를 가지고 있습니다.

예수님의 의로 의로움

하나님께서 우리를 완전히 용서해 주셨다는 것은 무엇보다도 우리가 현재 의롭다는 것을 의미합니다. 우리는 언젠가는 의롭게 되기를 희망하고 있거나, 의로워졌으면 좋겠다고 바라고 있지 않습니다. 우리는 지금 현재 의롭습니다. 그리스도께서 우리 죄를 제하셨을 뿐만 아니라, 그의 의가 우리에게로 돌려졌기 때문입니다. 예수님의 의가 우리 것이 되었으며, 우리 계좌로 들어왔습니다. 그리하여 하나님의 법정에서 우리는 정말로 의롭습니다. 바로 그리스도의 의를 가지고 있는 것입니다.

그리고 하나님께서는 그리스도의 의를 법적으로 우리 것으로 돌리셨을 뿐만 아니라, 또한 영적으로도 의를 우리에게 주셨습니다. 예수님을 믿을 때, 그분은 우리 안에 거하기 위해 오셨습니다. 우리 속 깊은 곳에서 연합이 이루어졌는데, 주님의 생명과 우리 생명 사이에 연합이 이루어진 것입니다. 이제 우리는 주님의 생명으로 말미암아 영적으로 살아 있습니다. 그리고 주님의 생명은 의로운 생명이기 때문에 우리는 주님처럼 의롭습니다. 비유적으로 그렇다는 말이 아니며, 그렇게 생각할 수도 있다는 말도 아니고, 실제로 그렇다는 말입니다. 사실인 것입니다. 우리는 지금 그리스도 안에서 새로운 사람이며, 그래서 우리는 이렇게 말할 수 있습니다. "저는 그리스도의 생명으로 살아 있습니다! 그리고 그리스도의 의로 의로워졌습니다! 주님, 너무나 감사합니다!" 나중에 이 진리에 대해 좀더 자세히 살펴보겠습니다.

정의(定義)를 통해 '의로움'이라는 말의 의미를 살펴볼 수 있습니다. 의로움의 정의는 "사람으로서 모든 면에서 올바름"입니다. 그리스도 안에서 우리에게 주신 선물, 의의 선물(로마서 5:17) 때문에 우리는 현재도 그리고 영원히 올바른 사람입니다. 이 진리를 꽉 붙잡도록 하십시오. 자신을 어떤 사람으로 여기느냐에 따라 그처럼 살기 때문입니다. 우리가 그리스도 안에서 어떤 사람이 되었는지를 깨달으면 깨달을수록 새로운 자아상에 따라 살 수 있습니다. 만약 아직도 자신에 대한 주된 이미지가 죄 많고 정죄받고 있고 죄의 노예가 되어 있는 그런 사람이라면, 육신적인 삶을 살 가능성이 더 많아집니다. 죄에 굴복할 가능성이 훨씬 더 많아지는 것입니다. 그리고 다른 사람들을 이 놀라우신 예수님께로 이끌지도 않을 것입니다. 그러나 성경 말씀을 통해 우리가 그리스도 안에서 진정으로 어떤 사람인지를 마음 깊이 깨닫게 됨에 따라 로마서 5:17 말씀을 실제로 경험할 수 있습니다. 즉 은혜와 의의 선물을 넘치게 받음으로써 그리스도로 말미암아 진정한 생명 안에서 왕노릇할 수 있습니다. 우리는 참 생명 안에서 왕과 여왕처럼 살 수 있습니다.

이를 위해 하나님께서 우리 안에서 역사하고 계십니다. 하나님께서는 우리가 어떤 과정을 밟게 하시는데, 이를 통해 우리는 날마다 점점 더 그리스도와 함께 왕 노릇할 수 있게 됩니다. 하나님께서는 무한한 사랑과 능력을 가지신 분이시기에 실패하실 수가 없습니다. 그러므로 우리는 그분이 원하시는 대로 자신이 변화될 것을 확신하는 가운데 기뻐할 수 있습니다. 그렇게 변화될 때까지 하나님께서는 계속 역사하실 것입니다. 그리고 이에 필요한 환경을 허락하실 것입니다. 거기에는 역경도 포함되어 있는데, 역경은 우리의 성품이 더욱 주님을 닮아 가게 하며, 강하고 견고한 믿음을 갖도록 우리를 도와줍니다. 이 과정이 계속될 때 다음 말씀을 경험할 수 있습니다. "그렇게 되면 어떤 어려움이 닥치더라도 실망하지 않고 모든 일이 유익하다는 것을 알게 됩니다. 그리고 하나님께서 얼마나 극진히 우리를 사랑하고 계시는가를 알게 됩니다. 하나님께서 성령을 우리에게 주시고, 성령께서 하나님의 사랑을 우리 가슴속에 채워 주시는 까닭에 우리는 이 따뜻한 사랑을 어디서나 마음으로 느낄 수 있는 것입니다"(로마서 5:5, 현대어 성경). 우리가 그리스도 안에서 누구인지를 알수록, 즉 우리는 하나님의 은총을 받고 있으며, 죄 용서를 받았고, 정결하고, 극진한 사랑을 받는 존재라는 것을 알면 알수록 갖가지 환경에서 실망하지 않게 됩니다. 모든 것이 우리에게 유익하다는 것을 알기 때문입니다.

로마서 1:17은 복음(그리스도의 죽음과 부활에 관한 좋은 소식)에는 하나님의 의가 나타나서 믿음으로 믿음에 이르게 한다는 것을 보여 줍니다. 나는 그러한 믿음을 10세 때 처음으로 갖게 되었습니다. 십자가와 부활의 진리에 대한 이해와 믿음이 자라 감에 따라, 믿음은 계속 또 다른 진리에 대한 믿음을 가져왔습니다. 그러한 진리 가운데 하나가 내가 의롭게 되었다는 진리입니다. 로마서 5:1은 이렇게 말합니다. "그러므로 우리가 믿음으로 의롭다 하심을 얻었은즉, 우리 주 예수 그리스도로 말미암아 하나님으로 더불어 화평을 누리자." 이 얼마나 놀라운 진리입니까! 나는 의롭다 하심을 얻었습니다. 내가 결코 죄를 짓지 않은 것처럼 된 것입니다. 나는 하지 말아야 할 것은 한 번도 한 적이 없는 사람처럼 되었습니다.

"믿음으로 의롭다 하심을 얻었다"라고 그 구절은 말합니다. 우리가 의롭다 하심을 얻은 것은 오직 믿음에 의해서이지, 무슨 행위나 노력에 의한 것도 아니요, 그럴 만한 자격이 있어서도 아닙니다. 그리고 이것이 사실이기 때문에 하나님께서는 이제 우리가 그분 자신과의 화평을 즐기기 원하십니다. 하나님께서는 자신이 우리를 어떻게 보고 계시는지 우리가 분명히 알고 그 사실을 즐기기 원하십니다. 즉 우리는 죄에서 해방되었다는 선고를 받았으며, 의롭다 하심을 받았고, 우리가 헤아리거나 온전히 이해할 수 있는 수준 그 이상으로 하나님 보시기에 가치 있는 존재입니다.

하나님께서는 기본적으로 우리를 향해 화평의 태도를 가지고 계신다는 것을 알고 있습니까? 하나님께서는 우리를 향해 증오심이나 분노를 품지 않으십니다. 당신이 불순종할 때마저, 하나님께서는 당신을 향해 화를 내거나 분개하지 않으십니다. 대신 하나님께서는 그 죄가 당신을 해치고 자신과의 교제를 끊어 놓을 것을 아시기 때문에 깊이 슬퍼하십니다. 하나님께서는 당신이 회개하기 원하시며, 받아 주실 준비를 갖추고 당신이 돌아오기를 학수 고대하십니다.

　이처럼 하나님께서는 언제나 화평의 태도를 가지고 계시며, 우리가 이를 누리기 원하십니다.

　우리 아들 브라이언이 현대 철학의 손아귀에 붙잡혀 버둥대면서 영적 불구가 되는 것 같았던 시절이 있었는데, 이에 대해 앞에서 언급했습니다. 그 당시 하나님께서는 건전한 의미에서 나의 마음을 살펴보도록 촉구하셨습니다. 하나님께서는 이전에는 제대로 몰랐던 것들이 내 삶에 있다는 것을 알게 하셨으며, 나는 어떻게 엄마 노릇을 잘못했는지에 대해 주님께 구체적으로 자백했습니다. 그러나 브라이언이 그런 상황에 처한 데 대해 나 자신을 비난하지는 않았습니다. 그 상황에 이르는 어떤 선택들은 그 애 스스로 했으며, 그 선택들은 나의 통제 범위를 벗어난 것임을 알고 있었기 때문입니다. 그러나 어떤 식으로든 내가 브라이언의 문제에 책임이 있는 게 분명하고 그래서 참으로 후회가 되었습니다. 그래서 나는 싱가포르에서 그 애에게 편지를 쓰고, 내가 잘못한 것이라고 생각되는 것들에 대해 용서를 구했습니다. 답신에서 그 애는 물론 나를 용서했고, 그런 것들은 생각도 나지 않는다고 했습니다.

　그러나 사탄은 이를 기회로 내가 어머니의 역할을 형편없이 했다고 생각하게 만들려고 했습니다. 나는 브라이언의 문제가 나 때문이 아니라는 것을 알았으나, 사탄은 자책감을 계속 불러일으키곤 했습니다. 나는 어머니 역할을 더 잘하지 못한 데 대해 깊은 후회와 더불어 죄책감을 느끼곤 했습니다. 브라이언의 삶 가운데 있는 이 고통에 대하여 어떤 정도로든 내게 책임이 있다는 생각이 때때로 나를 압도했습니다. 그때 나는 그 모든 생각을 하나님께로 가지고 갔고, 그리하여 하나님께서 어쨌든 그 모든 것을 통해 그분의 때에 선을 이루실 것임을 깨닫곤 했습니다.

그 무렵에 워렌과 나는 몇 달간 휴가를 얻어 미국으로 돌아갔습니다. 어느 날 학교로 되돌아가는 브라이언을 차로 데려다 주고 있었는데, 그때 다시 한 번 그 애는 자신의 갈등과 의심에 대해 이야기했습니다. 그 애를 기숙사에 내려 주고 돌아올 때, 너무나 후회가 되어 집으로 차를 몰 수가 없었습니다. 커피숍이 눈에 띄기에 들어가 자리에 앉아 벽을 마주하고 커피를 마시는데, 두려움이 몰려오고, 두 뺨에 눈물이 흘러내렸습니다.

그때 별안간 '내가 예수님을 부러워하고 있구나' 하는 생각이 들었습니다. 예수님은 어떤 것도 후회하실 필요가 없는 분이기 때문입니다. 단 한 가지도.

이때 하나님께서 물으셨습니다. "룻, 너는 누구의 의로 의로워졌지?"

"예수님의 의죠."

"그리고 너는 얼마나 의롭지?"

"예수님의 의로 의로워졌기 때문에, 저는 정말로 의로워요. 저는 완전히 정결해요!"

"그러면 예수님은 후회할 것이 하나도 없는데, 왜 너는 후회로 가득 차서 그렇게 앉아 있어야 하지?"

얼마나 위로가 되었는지 모릅니다! 나는 새롭게 깨달았습니다. 내가 예수님의 의로 의롭고, 예수님께서는 전혀 후회할 필요가 없기 때문에 나 또한 후회할 필요가 없다는 사실을 말입니다.

그 말은 내가 죄를 자백할 필요가 없다거나 당사자에게 필요한 보상을 할 필요가 없다거나 하는 말은 아닙니다. 그러나 나는 후회하며 자책감에 빠져 살 필요는 없습니다. 후회 속에 빠져 있으면, 하나님의 말씀을 믿지 않고 있는 것입니다.

하나님께서는 용서하기를 좋아하신다

사탄은 하나님에 대해 거짓말하기를 좋아합니다. 사탄이 흔히 하는 거짓말 가운데 하나는 "네가 진지한 마음으로 한다면 무엇을 하든 아무 문제가 되지 않는다"라는 것입니다. "너는 네 자신의 생활 방식을 선택할 수 있고, 네 자신의 가치 체계를 확립할 수 있으며, 네 자신을 위해 가장 좋은 것이라고 생각하는 대로 살기만 하면 된다"라는 것입니다.

그것은 다 거짓말입니다. 하나님께서는 죄를 미워하시는 공의로운 하나님이시기 때문입니다. 하나님께서는 각 자녀들을 사랑하시며, 그래서 우리의 죄를 미워하시는데, 이는 죄는 치명적인 해를 가하는 독이기 때문입니다. 하나님께서는 죄를 지은 사람도 사랑하시지만, 우리가 죄에 빠지는 것을 생각조차 하기 싫어하시는데, 이는 부모 된 우리가 아기가 독성이 있는 것을 먹는 것이나 청소년기의 자녀가 탈선하는 것을 생각조차 하기 싫어하는 것과 같습니다.

사탄은 "하나님은 사랑의 하나님이니 너희들에게 아무 제한도 가하지 않으신다"고 거짓말을 하며, 그 거짓말을 믿는 사람도 있습니다. 그들은 하나님께서 우리의 자유를 제한하거나 우리의 즐거움을 망치고 싶어하실 리가 없다고 생각합니다. 그런 사람들은, 하나님께서 우리가 해야 할 것과 하지 말아야 할 것에 대해 매우 구체적인 명령들을 주셨으며, 이는 우리의 선을 위해서라는 사실을 받아들이지 못합니다. 그 결과, 삶에서 피할 수도 있는 곤궁에 처합니다. 그들은, 마음대로 살겠다고 가출을 했다가 막상 가출해 보니 자기 생각과는 다르다는 것을 알게 되는 자녀들과 같습니다. 사실, 우리에게는 제한이 필요하며, 우리 삶에 대한 사랑의 통제를 필요로 합니다. 하나님께서는 그 사실을 아시며, 우리를 위해 그렇게 해주십니다.

사탄의 또 하나의 거짓말은 "하나님께서는 자녀들이 죄를 범하면 가차없이 정죄하고, 용서하기는 주저하는 엄격한 재판관이다"라는 것입니다. 사탄은 우리가 죄를 범하면 하나님께서 "따끔한 맛 좀 보고 싶어?"라고 말씀하시는 것으로 생각하게 만듭니다. 그리고 우리가 용서를 구할 때, 우리는 하나님께서 다음과 같이 말씀하시는 것으로 생각합니다. "글쎄, 우선 네가 앞으로 어떻게 하는지 좀 두고 보겠다. 앞으로 며칠 동안 잘하면 용서해 주도록 하마. 네가 진심으로 뉘우치고 있다는 것을 먼저 행동으로 보여 다오." 참소자인 사탄은 우리의 구원의 확신을 무너뜨리고 주님과 나누는 교제를 방해하기 위해 이러한 전략을 사용하기 좋아합니다.

물론 우리가 죄악 된 방향으로 슬슬 나아갈 때마다 하나님께서 우리가 돌아서기를, 즉 회개하기 원하신다는 것은 사실입니다. 하나님께서는 우리가 자신에게 나아와 이렇게 말하기 원하십니다. "하나님, 저는 이러저러한 죄를 지었습니다. 그러나 이제 그 죄로부터 돌아서며 하나님께로 돌아갑니다. 저는 그 죄를 버리며, 하나님의 용서를 받아들입니다. 예수님께서 제 안에 계셔서 이 죄를 이길 수 있도록 해주시니 감사드립니다."

하나님께서는 우리를 용서하기 좋아하십니다. 이렇게 우리가 죄로부터 돌아서며 하나님께로 향할 때, 그분은 두 팔 벌려 우리를 맞아 주십니다. 마치 탕자의 아버지가 탕자가 용서를 구하기도 전에 환영하고 용서해 준 것과 같습니다(누가복음 15:18-24). 우리가 돌아온 후에는, 하나님께서는 단지 주님을 의지하며, 우리 안에 있는 주님의 생명을 의지하기 원하십니다. 그럴 때 우리는 이전처럼 쉽게 곁길로 나가거나, 빈번하게 나가지 않을 것입니다. 비록 우리 평생을 통하여 여전히 이런저런 죄를 종종 자백해야 할 필요가 있기는 하겠지만 말입니다.

탕자의 이야기는 큰 위로를 줍니다. 때때로 우리는 그 이야기가 마침내 그리스도께 나아오는 불신자들에게만 적용되는 것으로 생각합니다. 그러나 나는 그 이야기가 특히 그리스도인의 삶에 적용된다고 생각합니다. 이는 도망친 탕자는 원래부터 아들이었고, 먼 나라를 향해 떠나기 전에는 아버지의 가족으로서 사는 특권을 누렸기 때문입니다. 때로는 우리의 가출이 단지 '사소한' 죄를 한 가지 범하는 것이지만, 때로는 많은 죄를 쌓는 것이기도 합니다. 그렇게 죄를 범하다가 마침내 우리는, 우리 길을 가고 우리 마음대로 사는 삶이 얼마나 부질없는 삶인지를 깨닫습니다. 마치 그 탕자가 남의 돼지를 치며, 돼지 먹이인 쥐엄 열매로 자기 배를 채우려고 할 때 자기 잘못을 깨닫는 것과 같습니다. 우리는 죄가 끔찍한 결과를 가져온다는 사실을 발견합니다.

탕자는 "'지금부터는 아들이라는 소리를 들을 자격도 없다고 해야지"라고 결심했습니다. 당신도 하나님께 그런 말씀을 드리고 싶은 적이 있었을 것입니다. 그러나 탕자의 아버지는 그런 말을 듣고 싶어하지 않았습니다.

탕자는 자신이 아버지의 아들이라는 것은 자신이 그럴 만한 자격이 있느냐와 아무 관계가 없다는 것을 깨달았을 것입니다. 그가 아들인 것은 단지 아버지의 가족으로 태어났기 때문이었습니다. 그래서 아버지는 아들을 용서해 주고 원상 회복을 시켜 주고 싶어 기회를 찾고 있었고, 탕자가 돌아오자 즉시로 원상 회복을 시켜 주었습니다. 아들이 아니라 품꾼으로서 살려는 탕자의 계획에 대해서는 들으려고도 하지 않았습니다. 탕자에게 설교를 하지도 않았습니다. "뭘 좀 배웠느냐? 너를 잠시 시험해 보기 위한 기간을 갖도록 하겠다. 그리하여 네가 정말로 깨우친 게 있는지 살펴보겠다"라고 하지 않았습니다. 아버지는 그에게로 달려갔고, 목을 안고 입을 맞추었으며, 즉시로 가족으로 맞아들여 사랑과 풍성함을 누릴 수 있게 해주었습니다. 아버지가 아들에게 털끝만큼도 분노를 느끼고 있다는 증거를 찾아볼 수 없습니다. 우리 하나님께서도 그러하십니다. 우리는 하나님께 나아가 죄를 고백할 때, 케이 아더의 말처럼, "보좌가 있는 방으로 달려들어가 하나님께서 팔을 활짝 벌리고 계신 것을 봅니다."

하나님께서는 바로 이러한 태도를 나타내십니다. 우리가 그분이 매우 싫어하시는 것을 행한 데 대해 진지하게 용서를 구할 때 말입니다. 하나님께서는 결코 용서하기를 주저하지 않으시며, 언제나 극진히 사랑하는 자녀로 우리를 받아들이십니다. 이것은 하나님께서 우리의 죄를 미워하신다는 사실과는 별개입니다. 이 두 가지 사실을 구분하는 것이 중요합니다.

오래 전부터 전해 내려오는 이야기가 생각납니다. 한 젊은이가 부모와 함께 살고 있었습니다. 그는 부모가 만든 규칙과 부모가 제시하는 도덕 기준에 대해 점점 반항적이 되어 갔습니다. 그는 집에 있는 것이 불편하기 짝이 없었습니다. 부모에게 대들고 늘 어긋난 행동만 했습니다. 마침내 집을 나가기로 마음먹고는 성경에 나오는 탕자처럼 집을 떠나 아주 먼 곳으로 갔습니다.

드디어 원하는 것은 무엇이든 할 수 있게 되었습니다. 말리는 사람은 아무도 없었습니다. 꿈이 실현된 것이었습니다. 그러나 시간이 흘러가면서 계속 여러 문제들에 부딪쳤습니다. 삶은 점점 더 뒤죽박죽이 되고, 공허하고 비참해졌습니다. 마침내 자살을 해버릴까 하는 생각을 하는 데까지 이르렀습니다. 그러다가 생각했습니다. '내게 소망이 있다면, 집으로 돌아가는 것뿐이다. 난 너무나 부모님의 마음을 아프게 했어. 내가 돌아가면 그분들이 좋아하실까? 혹시 좋아하신다면…'

그래서 집에 편지를 썼습니다. 그 편지에서 자신의 잘못을 낱낱이 부모님께 말씀드리고, 용서를 구했으며, 집으로 돌아가고 싶다고 했습니다. 그리고 이렇게 썼습니다. "제가 돌아가는 것을 반가워하지 않으신다 해도 저는 충분히 이해합니다. 제가 탄 기차가 우리 집 근처를 지나게 될 것인데, 혹시 저를 받아들일 마음이 있으면 뜰에 있는 커다란 나무에 하얀 손수건을 하나 매달아 놓아 주세요." 만약 기차가 지나갈 때 하얀 손수건이 보이면 그 다음 정거장에서 내리고, 그렇지 않으면 계속 타고 갈 작정이었습니다.

기차가 고향집을 향해 덜커덩거리며 나아가고 있을 때, 그 젊은이는 옆자리에 앉은 승객에게 자기 이야기를 했습니다. 집이 가까워질수록 점점 더 초조해진 그는 옆 사람에게 "나는 도저히 쳐다볼 용기가 없습니다. 내 대신 창 밖을 좀 내다봐 주시겠습니까?"라고 했습니다. 마침내 집이 가까워지자 그는 고개를 숙이고 얼굴을 손으로 가렸습니다.

그런데 갑자기 옆 사람이 "보세요! 보세요!"라고 외치는 것이었습니다. 그래서 고개를 들고 밖을 내다보았더니, 고향집 뜰에 있는 나무가 온통 하얀 손수건으로 뒤덮여 있는 것이었습니다. 부모님이 무엇을 원하는지는 의심할 여지가 없었습니다.

하나님의 용서가 그러합니다. 우리가 예수님을 영접함으로 죄 용서를 받기 위해 처음으로 나아갈 때든, 죄를 자백하기 위해 백만 번째로 나아갈 때든, 하나님께서는 나무 전체에 흰 손수건을 매달아 두십니다. 하나님께서는 진심으로 우리를 집으로 맞아들이시며, 교제의 즐거움을 맛보게 해주십니다.

성부 하나님의 자비

죄 용서를 받을 뿐 아니라 죄 용서를 받았다고 느끼는 것은 우리의 특권입니다. 삼위일체 하나님(성부, 성자, 성령)께서 이 특권을 우리가 누리도록 하는 데 참여하십니다. 삼위일체 하나님께서 우리가 자유롭고, 담대하고, 승리하는 삶, 그리고 점점 더 그리스도의 형상을 닮아 가는 삶을 살도록 해주십니다.

성경은 성부 하나님에 관한 여러 가지 중요한 진리를 보여 주고 있는데, 그중 하나는 그분이 자비로우시다는 것입니다. 하나님의 자비란 우리가 받을 만한 형벌을 받지 않게 하시는 것이요, 은혜란 하나님께서 우리가 받을 만하지 않은 축복을 우리에게 주시는 것입니다. 이처럼 하나님께서는 우리가 받아 마땅한 진노와 형벌 대신에, 온갖 종류의 축복들, 우리 자신의 노력으로는 도저히 받을 수 없는 축복들을 우리에게 주십니다.

그러나 하나님께서 은혜로 주시는 이러한 풍성한 축복들을 다 진정으로 누리지는 못할 수가 있습니다. 하나님의 자비를 이해하지 못하고, 그 자비를 붙잡지 않을 때, 그리하여 자기 정죄라는 먹구름이 덮여 있는 죄의식의 감옥에 갇혀 있을 때 그렇게 됩니다. 영적 풍성함을 계속 누릴 수 있으려면, 하나님의 자비를 알아야 하고, 하나님께서는 우리 죄로 인해 받아 마땅한 것을 주지 않으신다는 것을 진정으로 믿어야 합니다.

하나님의 자비에 관해 보여 주는 구절 가운데 내가 특별히 좋아하는 구절은 시편 103:10-11입니다. "우리의 죄를 따라 처치하지 아니하시며, 우리의 죄악을 따라 갚지 아니하셨으니, 이는 하늘이 땅에서 높음같이 그를 경외하는 자에게 그 인자하심이 크심이로다." 우리를 향한 하나님의 자비[인자]하심은 작지 않고 매우 큽니다. 후하고 놀라운 방법으로, 하나님께서는 우리가 받을 만하지 않은 대우를 하십니다.

내가 좋아하는 구절이 또 있는데, 바로 시편 130:3-4입니다. 나는 마치 하나님께서는 나를 정죄하기 위해 내가 죄를 지을 때마다 죽 기록해 나가시는 것처럼 생각합니다. 그것은 사탄이 심어 주는 생각입니다. 그런 생각이 들 때마다 나는 이 구절을 자주 상기해야 했습니다. 그 구절은 "여호와여, 주께서 죄악을 감찰하실진대, 주여, 누가 서리이까?"라고 말합니다. 하나님께서 굉장히 크고 두꺼운 장부에 우리 죄를 계속 기록해 나가신다면, 하나님의 가족 중 단 한 명도 그분 앞에 서지 못할 것입니다. 그러나 그 구절은 계속해서 이렇게 말합니다. "그러나 사유하심이 주께 있음은 주를 경외케 하심이니이다." 하나님께서는 자신을 경외할 사람들, 그분을 존중하고 복종할 사람들을 찾고 계십니다. 그러나 하나님께서 자비롭지 않으시다면 한 명도 찾지 못하실 것입니다.

나에게 큰 축복이 된 구절이 또 있는데, 시편 23:6입니다. "나의 평생에 선하심과 인자하심이 정녕 나를 따르리니, 내가 여호와의 집에 영원히 거하리로다." 이 구절은 하나님을 목자로 그린 다윗의 시에 나옵니다. 하나님의 선하심과 인자하심이 두 마리의 양몰이 개와 같다고 생각할 수 있습니다. 양몰이 개들은 목자가 양을 보호하는 것을 돕기 위해 양들의 뒤를 따릅니다.

이처럼 하나님의 선하심과 인자하심은 우리를 따릅니다. 하나님의 선하심은 그분이 모든 선한 것들을 우리 삶에 쏟아 붓게 하고, 하나님의 인자(자비)하심은 우리에게 마땅한 형벌을 내리거나 끔찍한 삶을 살게 하거나 하지 않도록 합니다. 만약 양이 목자를 따르지 않고 도망하여 절벽 가까운 곳으로 간다면, 목자는 어떻게 합니까? 양이 자기 잘못 때문에 어려움을 당하게 내버려둡니까? 아닙니다. 선한 목자는 그 양을 찾아 나서며, 지팡이로 안전한 곳으로 인도하며, 양을 사랑하기에, 양을 보호해 주는 아늑한 양 우리 속으로 돌아오게 합니다.

시편은 그러한 선하심과 인자하심이 평생토록 나를 따를 것이라고 분명하게 말해 주고 있습니다. 내가 스무 살 때나, 마흔 살 때나, 예순 살, 여든 살, 혹은 일백 살일 때라도-내가 만약 그렇게 오래 산다면-그 모든 날 동안 하나님의 선하심과 인자하심은 나를 따를 것입니다. 하나님의 인자하심이 늘 나에게 필요합니다. 나는 영광에 들어갈 때까지는 결코 온전하지 않을 것이기 때문입니다. 나는 언제나 그 하나님의 인자하심을 누리겠습니다.

그러나 하나님께서는 우리에게 인자를 베푸시다가 지치지도 않으십니까? 물론 지치지 않으십니다. 예레미야애가 3:22-23을 보면, 하나님의 자비는 아침마다 새롭다고 했습니다. 우리를 향한 하나님의 자비는 날마다 새로워집니다.

성자 예수님의 자비

하나님께서는 사람들을 의롭다고 하시기를, 즉 사람들이 결코 죄를 범한 적이 없는 것처럼 만들기를 원하셨습니다. 하나님께서는 자비롭기 때문입니다. 그러나 하나님께서는 또한 공의롭습니다. 하나님의 공의는 만약 누가 죄를 범하면 죗값을 치르기를 요구합니다. 에스겔 18:4에는 "범죄하는 그 영혼이 죽으리라"고 말합니다. 어떻게 하나님께서는 공의로우시면서도 여전히 사람들을 의롭다 하시고, 그들을 의롭다고 여기실 수 있습니까? 사람들의 머리로는 풀 수 없는 문제입니다. 그러나 하나님께서는 아담과 하와를 창조하시기도 전에 그 방법을 생각해 내셨습니다. 하나님께서는 놀라운 계획을 가지고 계셨습니다. 그 계획을 통해, 하나님의 공의를 유지하면서도, 동시에 우리 죄로 인한 형벌을 우리에게 가하지 않고 자유롭게 온전히 용서하실 수 있게 될 것입니다. 이 계획에 성자 하나님께서 참여하셨습니다.

사탄은 이 세상에서 왕 노릇하게 되었습니다. 그는 이 세상 신이라 불려집니다. 사탄은 세상을 반역 가운데로 이끌었으며, 모든 인류를 자기 나라로 몰아넣었는데, 그 나라는 어둠의 나라요, 정죄 아래 있는 나라요, 무서운 죄를 지고 있는 나라요, 죽음을 두려워하는 나라입니다. 그러므로 하나님의 아들 예수님께서 이 땅에 태어나셨을 때, 그분은 적국의 영토에 침입하신 용사이셨습니다. 예수님께서는 사탄을 패배시키기 위해 오셨습니다. 그리고 십자가에서 죽으시며 우리의 죄악 된 본성과 모든 죄에 대한 형벌을 다 담당하심으로 사탄을 패배시키셨습니다.

하나님께서는 우리 죄로 인한 정죄로부터 우리를 자유롭게 해 주고, 전적으로 값없이 우리를 용서해 주기를 간절히 원하셨습니다. 그래서 기꺼이 그 아들 예수님이 말로 다 할 수 없는 고통을 당하게 하신 것입니다. 이사야 53:10을 보면, 하나님께서는 예수님이 상함을 받게 하시기를 기뻐하셔서 질고를 당하게 하셨습니다. 왜 기뻐하셨을까요? 예수님의 고난을 통해 헤아릴 수 없을 정도로 많은 사람들이 의롭다 함을 얻게 될 것을 알고 계셨기 때문입니다. 마치 그들은 한 번도 죄를 범하지 않은 것처럼 될 것입니다.

히브리서 10:14은 "저가 한 제물로 거룩하게 된 자들을 영원히 온전케 하셨느니라"고 말합니다. 거룩하게 된 자들이란, '하나님께서 정결케 하시고 자신을 위해 구분하신 자들'이라는 의미입니다. 우리는 영원히 온전케 되었습니다. 그것은 내가 지금도 온전하며, 언제나 온전할 것이라는 의미입니다. 예수님의 희생 때문입니다.

우리의 연약함이나 실패에 대해 예수님께서는 어떻게 느끼십니까? 히브리서 4:15-16을 보면, 예수님께서는 우리 연약함을 체휼하신다는 것을 알 수 있습니다. 예수님께서는 차가운 대제사장이 아닙니다. 그분은 "나는 이해할 수가 없어. 왜 그가 다시 그런 일을 했지?"라고 말하는, 냉철하기만 하고 이해심은 없는 변호사가 아닙니다. 주님은 우리를 동정하시며, 우리 연약함을 체휼하십니다. 그 이유가 그 다음 구절에 나와 있습니다. 바로 그분 자신이 친히 모든 일에서 우리와 한결같이 죄의 유혹을 받아 보셨기 때문입니다. 죄를 범치 않으셨다는 점만 우리와 달랐습니다. 주님께서 죄를 범치 않으셨다는 것이 그분께는 유혹을 이기는 것이 힘들지 않았다는 말이 아닙니다. 때로 어떤 유혹에 굴복하지 않고 견디는 것은 굴복하는 것보다 훨씬 더 어려움을 가져옵니다.

예수님께서는 유혹을 받을 때 어떤 감정이 되는지를 아십니다. 그리고 그 감정을 이해하십니다. 그러므로 주님께서는 정죄하시지 않습니다. 히브리서 7:24-25은 예수님께서 우리의 영원한 대제사장으로서 항상 살아서 우리를 위해 중보 기도를 해주시기 때문에 우리를 온전히 구원하실 수 있다고 말합니다. 그리고 요한일서 2:1은 "만일 누가 죄를 범하면 아버지 앞에서 우리에게 대언자가 있으니, 곧 의로우신 예수 그리스도시라"고 말합니다. 예수 그리스도께서는 법정에서 일어나셔서 우리를 변호해 주십니다.

　히브리서 2:17에서는 예수님을 "하나님의 일에 자비하시고 충성된 대제사장"이라고 묘사하고 있습니다. 그리고 예수님의 자비는 평생 동안 계속 우리와 함께하며, 영원한 세상의 완전한 삶으로 우리를 인도합니다. 유다서 21절은 하나님의 사랑 안에서 우리를 지키라고 명령합니다. 우리 주 예수 그리스도의 자비가 우리를 영원한 삶으로 인도해 갈 때, 하나님의 사랑이 미치고 우리를 축복할 수 있는 경계선 안에 언제나 머물라는 명령입니다.

　디모데전서 1:15에서, 바울은 "그리스도 예수께서 죄인을 구원하시려고 세상에 임하셨다 하였도다. 죄인 중에 내가 괴수니라"라고 고백했습니다. 어느 날 이 말씀을 깊이 묵상할 때, 새롭게 마음에 와 닿았습니다. 내가 바울과 같다는 것을 알았습니다. 만약 나 자신이 죄인임을 보여 주는 증거들, 내가 알고 있는 증거들을 지금 이 순간까지 죽 목록으로 만들어 왔다면, 내가 알고 있는 그 누구에 대해 만들 수 있는 목록보다 더 길 것입니다. 그러나 그리스도께서는 내 평생 동안의 모든 죄로 인한 모든 고소를 다 담당하셨습니다. "하나님께서는 이 죄목을 적은 명세서를 그리스도의 십자가에 못박아 무효로 만드셨습니다"(골로새서 2:14, 현대어 성경). 하나님께서는 우리를 정죄하려고 벼르고 계신 것이 아니라 용서하기 위해 기다리고 계십니다. 이것을 알기에, 나는 겸손하게 그리고 두려움 없이, 바울처럼 "나는 죄인입니다"라고 인정할 수 있습니다. "나는 죄인이었습니다"가 아니라 "나는 죄인입니다."

내 죄를 주님의 몸에

우리 친구 데이비드 모컨은 동남아시아의 수마트라 섬에서 오래 전에 선교사로서 주님을 섬겼습니다. 자기를 도와주는 한 현지인과 함께 그는 수마트라의 곳곳을 여행하며 복음을 전했습니다. 그의 여행 일정에는 나병 환자 마을을 방문하는 것도 포함되어 있었는데, 그곳 사람들은 모두 나병 환자였고, 어떤 사람들은 병세가 아주 심한 상태였습니다.

그는 그 나병 환자 마을에 복음 전파하는 일에 별로 진보가 없다고 느꼈습니다. 하나님의 사랑의 메시지와 그 아들 예수님이 그 사람들을 위해 하신 놀라운 일을 전해 그들을 하나님께로 인도하고자 했으나 그 일에 발전이 없었습니다.

어느 날 그 마을이 가까워지고 있을 때였는데, 그를 도와주는 그 현지인이 "선생님, 오늘은 제가 그들에게 말씀을 전해 볼까요?" 하고 물었습니다. 데이비드는 '설마 이 사람이 나보다 더 형편없이 전하지는 않겠지'라고 생각하며 그렇게 하라고 하였습니다.

사람들이 모여들자, 그 현지인은 어떤 사람에 대한 이야기를 들려주었습니다. 그 이야기의 주인공은 그 사람들이 살고 있는 곳과 같은 나병 환자촌을 방문했습니다. 그는 매우 친절했으며, 나병 환자들을 돕기 시작했습니다. 그래서 사람들은 그를 좋아했습니다. 그는 그 마을에서 밤을 새웠고, 다음날 다시 그들을 도왔습니다. 그는 아예 그 동네에 눌러앉을 것 같았습니다. 그래서 그 동네 사람들은 걱정을 했습니다. 일정 기간 나병에 노출되어 있으면 나병이 전염된다는 것을 알고 있었기 때문입니다. 그래서 그들은 "이곳을 떠나십시오"라고 했습니다. "우리야 당신이 여기에 있는 것이 좋습니다. 그렇지만 계속 있다 보면 당신은 나병에 걸리고 말 것입니다." 그러나 그 사람은 머물렀고 계속 그들에게 봉사했습니다.

마침내 그 사람의 몸에 흰 반점이 나타났습니다. 나병에 걸린 것이었습니다. 동네 사람들은 "이제 정말로 이곳을 떠나야 합니다"라고 말했습니다. 그 병은 초기 단계에는 약으로 치료할 수 있기 때문이었습니다. 그들은 "떠나십시오"라고 끈질기게 권했습니다. 그러나 그는 떠나지 않았습니다. 그의 병은 계속 더 심해져 갔습니다.

그런데 이상한 현상이 발견되었습니다. 나병이 그 사람의 팔로, 얼굴로, 발로 퍼져 나가자, 그 동네 사람들의 나병이 낫기 시작했던 것입니다. 나병이 그 사람의 몸 전체로 퍼지자, 다른 사람들은 그 병에서 완전히 나음을 입었습니다.

그 현지인은 이렇게 말을 맺었습니다. "실제로 이런 일이 일어난 곳은 세계 어디에도 없습니다. 그러나 이 이야기는 예수님께서 이땅에 오셨을 때 하신 일에 대한 그림입니다. 그분은 십자가 위에서 우리 죄를 지셨고, 그리하여 우리는 죄에서 완전히 벗어나 영생을 얻을 수 있게 되었습니다."

더 이상 내 것이 아닌 빚

나는 특히 골로새서 2:14을 좋아합니다. 어떤 번역에는 이렇게 되어 있습니다. "여러분이 하나님의 율법을 어긴 사실을 기록한 명세서를 지워 버리신 것입니다. 하나님께서는 이 죄목을 적은 명세서를 그리스도의 십자가에 못박아 무효로 만드셨습니다." 그래서 우리의 죄를 기록할 장소가 더 이상 없습니다. 죄목을 적는 명세서 자체가 없어진 것입니다.

　오늘날 사회에는 어떤 사람이 자신이나 사업에 대해 법적으로 파산을 선언할 수 있습니다. 다른 사람이 그가 진 빚을 징수할 수 없도록 하기 위해서입니다. 그러나 예전에는 엄청난 액수의 빚을 진 사람은 흔히 두 가지 중 하나를 선택해야 했습니다. 어떻게든 그것을 갚거나 아니면 감옥에 들어가거나.

　옛날 유대에는 다음과 같은 관습이 있었다고 합니다. 어떤 사람이 자기가 갚을 수 없을 정도의 빚을 지면, 그 빚을 목록으로 작성해서 자기 집 대문이나 자기가 갇혀 있는 감방의 문에 압정 같은 것으로 붙여 둡니다. 이때 목록의 위쪽과 아래쪽에 각각 하나씩 압정을 박습니다. 마음씨 좋고 돈 많은 사람이 거기를 지나가다가 그 사람에게 동정을 느끼면, 아래쪽의 압정을 뽑아 내고 목록을 접어 올린 후, 뒷면에다 자기의 이름을 기록합니다. 그것은 "내가 이 모든 빚에 대한 책임을 떠맡습니다"라는 의미였습니다. 그렇게 되면, 빚을 지고 있던 사람은 그 빚에서 완전히 해방되었습니다.

　이것이 예수님께서 십자가 위에서 하신 것입니다. 우리 평생 동안 지은 모든 죄를 적은 목록을 한번 마음속으로 그려 보십시오. 예수님께서는 그것을 접어 올리고, 거기에 자신의 이름을 기록하셨습니다. 그렇게 함으로 "내가 이 각각의 죄에 대한 죗값을 다 치렀다. 내가 이 모든 죄에 대한 모든 책임을 다 떠맡는다"라고 말씀하셨습니다.

　18세기 프러시아의 프레더릭 대제에 대한 이야기가 있습니다. 그는 밤에 변장을 하고 백성들 사이를 산책하면서 그들의 말, 특히 자신에 대한 말에 귀를 기울이기 좋아했습니다. 어느 날 밤 늦게 산책을 하고 침소로 돌아오다가 왕실 회계관들이 일하는 방 곁을 통과하게 되었습니다. 안으로 들여다보니, 한 회계관이 퇴근을 하지 않고 책상에 엎드려 손을 베개 삼아 자고 있었습니다. 그 회계관은 왕이 잘 알 뿐더러 총애하는 사람이었습니다. 가까이 다가가 그 사람의 어깨 너머로 보니 돈의 액수를 죽 적은 목록이 보였는데, 아래쪽에 나와 있는 합계는 엄청난 액수였습니다. 그 사람은 어쩌다가 큰 빚을 지게 되었던 모양이었습니다. 그런데 그 총액 밑에는 이렇게 쓰여 있었습니다. "너무나 큰 빚이로구나! 누가 이 많은 돈을 갚아 줄 수 있을꼬?" 그것을 본 왕은 조용히 펜을 들고 잉크를 찍어서 "나, 프레더릭"이라고 썼습니다. 왕이 친히 그 빚을 담당했습니다.

내 평생 동안의 모든 죄, 즉 나의 과거, 현재, 그리고 미래의 모든 죄 밑에다 예수님께서는 "나, 예수가 이 죗값을 지불했다. 나, 예수가 이 죄의 빚을 떠맡았다"라고 쓰셨습니다.

이 얼마나 기쁜 소식입니까!

성령을 통한 자비

그러면 성령께서는 어떤 역할을 하십니까? 지금까지 우리의 죄 용서를 위해 성부 하나님과 성자 하나님께서 어떤 일을 하셨고 또 하고 계신지를 살펴보았습니다. 그것으로 충분해 보일 것입니다. 성부와 성자께서 하신 일 때문에, 우리는 "만세! 난 자유를 얻었다! 이제는 죄의식이나 정죄감에 빠져 살 필요가 없다"라고 말할 수 있게 되었습니다. 우리는 그렇게 말할 만한 충분한 이유 그 이상을 가지고 있습니다.

죄 용서에 관한 진리들을 이해할 수 있게 해주심으로 죄의식에서 벗어나며 또한 이를 표현할 수 있게 해주시는 분은 바로 성령이십니다.

요한복음 16:8-10에서 예수님께서는 제자들에게 말씀하시면서, 죄와 의와 심판에 대해 세상을 책망하기 위해 성령을 보내시겠다고 하셨습니다.

예수님께서는 성령이 "죄에 대하여" 책망하실 것인데, 그 이유는 "사람들이 나를 믿지 않기 때문이다"라고 말씀하셨습니다. 예수님을 믿지 않는 것이 죄이며, 그 죄가 사람들을 정죄합니다.

또한 예수님께서는 성령께서 "의에 대하여" 책망하실 것이라고 하셨습니다. 그러시면서 "의에 대하여라 함은, 내가 아버지께로 가니 너희가 다시 나를 보지 못함이요"라고 하셨습니다. 그리스도께서는 죽은 자 가운데서 다시 살아나셨으며, 아버지께서 계신 곳으로 승천하셨습니다. 이를 통해 보여 주신 것은, 그분이 죗값을 치르신 것이 받아들여졌으며, 그분의 의는 받아들이는 모든 사람들의 것이 될 수 있다는 것이었습니다.

예수님께서는 "심판에 대하여라 함은, 이 세상 임금이 심판을 받았음이니라"라고 하셨습니다. 사탄은 심판을 받았습니다. 그는 정죄 아래 있습니다. 그리고 만약 그가 당신을 고소하려 오면, 당신은 확고한 믿음으로 이렇게 말할 수 있습니다. "사탄아, 하나님께서는 네가 심판을 받았다고 말씀하셨다. 네 말에 귀를 기울일 필요가 없다. 너는 나의 재판관이 아니다."

성령께서는 우리 눈을 열어 우리가 죄를 범했으며 구세주가 필요하다는 사실을 보게 하심으로 우리를 그리스도께로 이끄십니다. 지금 우리 그리스도인의 삶에서도 성령께서는 죄를 깨닫게 하십니다. 성령께서는 우리 안에 계시며, 우리가 잘못을 범하면, 사랑으로 지적해 주십니다. 우리를 정죄하기 위해서가 아니라 돕기 위해서입니다. 성령께서는 당신이 운전하는 차에 함께 타고 있는 친구와 같습니다. 당신이 잘못된 길로 접어들면, "자네는 거기서 잘못 꺾었네. 이것은 우리가 가야 할 길이 아니네"라고 말해 줍니다. 성령께서는 우리가 잘못된 길로 접어들면 주의를 환기시킵니다. 엉뚱한 길로 들어서서 삶을 허비하지 않도록 돕기 위해서입니다. 성령께서는 정죄하는 태도가 아니라 은혜로운 태도로 우리의 죄를 깨닫게 하십니다. 성령께서는 부드럽게 죄의식을 느끼게 하는데, 이 죄의식은 우리의 훌륭하고 신뢰할 만한 친구입니다. 그것은 마치 가축을 모는 막대기처럼 우리가 바른 길로 돌아가게 하며, 우리가 자백하고 회개하여 올바른 길로 돌아올 때까지는 마음에 평안을 누리지 못하게 합니다.

 죄의식을 느낄 때, 그것이 성령께서 죄를 깨닫게 하는 것인지, 사탄이 우리를 고소하는 것인지 어떻게 알 수 있습니까? 사탄은 정죄받고 있다는 막연한 느낌을 갖게 하는 반면, 성령께서는 구체적인 죄를 지적하여 자백하게 하십니다. 그리고 사탄은 가혹한 방법으로 죄의식을 느끼게 하나, 성령께서는 사랑이 가득 차고 부드러운 방식으로 그것을 느끼게 하십니다.

 성령께서는 우리에게 어떤 감정을 느끼십니까? 야고보서 4:5을 보면, 성령께서는 질투하시기까지 우리를 사랑하십니다(현대인의 성경 참조). 성령께서는 우리를 거룩하게 하고자 하는 열망을 가지고 계십니다. 그리고 에베소서 4:30을 보면, 우리가 죄를 범할 때 성령께서는 근심하십니다. 화를 내거나 분개하시는 것이 아니라 근심하십니다. 사랑이 담겨 있는 태도입니다.

 또 기억해야 할 것이 있습니다. 하나님 보시기에 죄란 단지 "하라"와 "하지 말라"를 기록한 목록을 무시하는 것이 아닙니다. 교만, 고집, 자기 신뢰, 하나님께 맡기지 않은 꿈과 야망도 죄에 포함됩니다. 또한 무관심, 적의, 원망, 염려, 자기 정죄 등과 같은 태도도 죄입니다. 믿지 않는 것 또한 죄에 포함됩니다. 그러므로 죄를 자백하고 나서 하나님께서 우리 죄를 용서해 주셨다는 것을 믿지 않는 것도 죄입니다!

계속 우리를 정결하게 씻어 주심

나는 의롭다 함을 얻었으며, 성령께서는 이 사실을 내 마음에 적용하십니다. 성령에 의해 나는 거듭납니다. 디도서 3:5에는, "중생(重生)의 씻음과 성령의 새롭게 하심"에 대해 언급하고 있습니다. 우리는 거듭남으로써 씻음받았습니다. 옛 생명을 가지고 있던 내가 성령을 통해 새 생명으로 태어났으며, 이제 나는 정결합니다. 나는 더러운 곳에 살다가 하나님 앞에 있는 새롭고 정결한 장소에, 새롭고 정결한 본성을 가지고 태어났습니다. 그것은 정말로 정결한 본성입니다!

요한복음 13장에서, 베드로는 자기 발을 예수님께서 씻기기 시작하시자 이를 거부하려고 했습니다. 어떻게 말했는지 기억하십니까? "내 발을 절대로 씻기지 못하시리이다"라고 했습니다. 그러자 예수님께서는 "내가 너를 씻기지 아니하면, 네가 나와 상관이 없느니라"라고 대답하셨습니다. 우리가 '더러운 발'을 가지고 있을 때는 예수님과 교제를 가질 수 없다는 말씀이었습니다. 그 말씀을 듣고 베드로가 "주여, 내 발뿐 아니라 손과 머리도 씻겨 주옵소서"라고 하자, 예수님께서는 "이미 목욕한 자는 발밖에 씻을 필요가 없느니라. 온 몸이 깨끗하니라"라고 말씀하셨습니다.

비슷한 방법으로, 성령께서는 하나님의 말씀을 사용하여 날마다 우리 발을 씻기시며 우리를 정결케 하십니다. 성경은 말씀과 성령 둘 다를 물에 비유합니다(요한복음 7:37-39, 에베소서 5:26). 말할 것도 없이 물은 강한 세척력이 있습니다. 앞에서 살펴보았 듯이, 그리스도를 믿고 있는 우리는 거듭남을 통해 완전히 정결 해졌습니다. 이 과정은 결코 반복할 필요가 없습니다. 이제 매일 씻어 내야 하는 것은 우리가 살아갈 때 우리 발에 묻는 더러운 먼지뿐입니다. 자비로우신 성령께서는 우리가 이 먼지로부터 깨 끗케 되도록 도와주십니다. 당신은 이 놀라운 세척에 대해 얼마 나 자주 하나님을 찬양합니까?

그리스 신화에 나오는 한 인물은 외양간들을 청소하는 일을 맡게 되었습니다. 그 외양간은 말로 다 할 수 없을 정도로 불결했 습니다. 깨끗하게 한다는 것은 불가능해 보였습니다. 그러나 그 사람은 기가 막힌 아이디어가 있었습니다. 그는 단지 강 하나의 물길을 돌려 강물이 그 외양간들을 거쳐가면서 씻게 했습니다. 물은 세척력이 있습니다!

성령께서는 하나님의 말씀을 사용하여 우리 삶으로부터 더러 운 것을 씻어 냅니다. 우리는 스스로를 씻으려고 애쓸 필요가 없 습니다. "주님, 제가 이 얼룩을 닦아 낼 때까지 기다려 주십시오. 그리고 나서 경건의 시간을 갖겠습니다" 식의 태도를 갖지 마십 시오. 우리는 단지 '있는 그대로' 나아갑니다. 그리고 성령께서 말씀을 통해 씻기시도록 해드립니다.

성경 말씀으로 나아갈 때, 성령께서는 어떤 때는 자백해야 할 구체적인 죄를 보여 주십니다. 또 다른 때는, 성경 말씀을 사용하 여, 우리가 알지도 못했던 것을 씻어 내십니다. 성령께서는 또한 말씀을 사용하여, 우리가 행위가 아니라 믿음으로 정결케 되었고 의롭게 되었다는 것을 재확신시켜 주십니다.

로마서 1:16-17에서 우리가 알 수 있는 것은 복음은 모든 믿는 자들에게 구원을 주시는 하나님의 능력이라는 것입니다. 왜 그렇습니까? 복음-기록된 하나님의 기쁜 소식-에는 하나님의 의가 나타나 있기 때문입니다. 그것은 오로지 믿음에 의한 의입니다. 우리 삶 전부가 믿음으로 이루어집니다. 단지 하나님을 믿음으로, 우리는 예수님께서 우리 위해 십자가에서 하신 일을 통해 의롭게 됩니다. 성령께서는 말씀을 사용하여 이 사실을 확신시켜 주시며, 믿음으로 우리는 "하나님, 예수님을 통해 제가 의로워진 것에 대해 감사드립니다"라고 응답할 수 있습니다.

죄 용서만으로 그치지 않고

매일의 삶에서 진정으로 의를 나타낼 수 있으려면 먼저 우리 자신이 그리스도 안에서 의롭다는 것을 깨달아야 합니다. 자신에 대해 어떻게 생각하는가가 우리의 행동과 태도를 결정합니다. 그러므로 정결한 생각과 삶을 원한다면, 우리 자신이 정결하다는 것을 알고 있어야 합니다. 우리가 정결해졌고 죄 용서를 받았다는 확신을 하나님께서 성령을 통해 주실 때, 우리는 새로운 삶을 살기 위한 내적 능력을 갖게 됩니다.

그리고 하나님께서는 죄를 용서하시는 것으로 그치지 않으십니다. 하나님의 용서는 인간의 용서와는 다릅니다. 감옥에 있던 어떤 사람이 사면을 받고 풀려나 사회로 돌아가서는 다시 악한 길을 걸을 수도 있습니다. 그러나 하나님께서는 죄를 용서해 주실 뿐만 아니라, 성령을 통하여 우리 삶에서 변화의 역사를 시작하십니다. 세상에서는 가석방자를 보호 관찰하는 사람이 있습니다. 성령께서는 그러한 보호 관찰관보다 훨씬 더 효과적으로 일을 수행하십니다. 보호 관찰관은 가석방자와 늘 같이 있을 수는 없으며, 그가 가까운 곳에 없으면, 가석방자는 살금살금 도망을 가서 나쁜 일을 다시 저지를 수 있습니다. 그러나 성령은 언제나 우리 속에 계시며, 우리가 어떤 잘못을 저질렀는지를 부드럽게 알려 주시며, 의로운 삶을 살 수 있는 능력을 주십니다. 성령께서는 우리 속에 계시면서 우리를 올바른 길로 돌이키시며, 계속 우리를 변화시키시고, 새로운 열망을 주시며, 새로운 태도와 삶의 방식을 갖게 하십니다. 그러므로 우리 주 예수님의 복음은 죄의 결과로부터 우리를 구해 주실 뿐만 아니라 죄의 권세로부터도 우리를 구해 주는 참으로 좋은 소식입니다.

우리는 단지 감옥에서 석방만 된 것이 아니라, 변화받고 있습니다. 참으로 신나고, 가슴 벅차게 하는 좋은 소식입니다!

아버지 하나님, 하나님의 놀라운 지혜로 인해 감사드립니다. 그 지혜로 말미암아 독생자 예수님을 이땅에 보내셨습니다. 주님께서는 높이 떠오른 의로운 해와 같이, 죄와 죄의식이라는 어둠을 제게서 몰아내셨습니다. 주님께서 기꺼이 십자가의 고통을 당하신 것에 감사드립니다. 십자가에서 주님께서는 저의 모든 죄를 담당하셨습니다. 예수님을 구세주로 믿음으로 죄책에서 벗어나게 된 것을 감사드립니다.

새롭게 태어나게 하셔서 저를 온전히 정결케 해주신 것과… 주인되어 주신 것과… 지금 진정으로 의롭고 하나님께 완전히 응답되게 해주신 것으로 인해 하나님을 찬양합니다. 하나님께서는 값없이 저를 완전히 용서해 주시며, 저는 매일 매순간 이러한 하나님의 용서를 경험할 수 있습니다. 이러한 하나님의 용서를 믿을 때 얼마나 기쁜지 모릅니다.

성부, 성자, 성령 하나님께서 함께 역사하시니 날마다 삶에서 주님의 자비와 용서를 경험하게 해주시니 너무나 기쁩니다.

아버지 하나님, 주님께서는 사랑과 친절의 태도로 저를 대하십니다. 이 사실을 매일 매순간 기뻐하면서 제 마음을 주님께 드립니다. 주님께서는 용서하기를 즐기시는 분이십니다. 따지못해 용서하시는 경우가 한 번도 없으며, 늘 용서해 주고 싶어하십니다. 너무나 제게 자비롭고 은혜로우셔서, 제 잘못으로 인해 받아 마땅한 형벌은 주지 않으시고 제가 받을 자격이 없는 축복은 값없이 주십니다. 제게 어떻게 그토록 자비롭고 은혜로우실 수 있는지 제 머리로는 이해가 되지 않습니다. 주님의 은혜가 늘 제 앞에 답답히 나아가 저의 실패에 대해 충활히 여기심을 받고 때를 따라 돕는 은혜를 얻을 수 있게 해주시니 주님을 찬양합니다.

저의 대제사장이신 그리스도로 인해 감사드립니다. 그리스도께서는 저를 충활히 여기시며, 이해하시며, 제게 동정심을 가지고 계신 것을 인하여 감사드립니다. 주님께서 제 모든 연약함을 온전히 체휼하시며 저를 위해 기도하고 계신다는 것을 알 때 얼마나 기쁠지 모릅니다. 그리고 저의 대언자시요, 변호사이시며, 결코 저를 정죄하지 않으시고, 늘 저를 위하여 기도하고 계신다는 것을 알 때 참으로 기쁨이 넘칩니다.

성령을 보내사 제 안에 거하게 해주셔서 감사드립니다. 성령께서는 저를 깨닫고 자백하게 해주시고… 날마다 주님의 말씀이라는 물로 "제 발을 씻겨 주시고"… 은밀하고, 감추어진 잘못들에서 저를 깨끗케 해주시고 주복한 능력을 주시니 얼마나 감사한지 모릅니다. 성령께서는 저를 더욱더 거룩한 삶으로 이끌기 원하십니다. 이로 인해 감사드립니다.

주님, 이러한 진리들 위에 더 굳게 서게 해주시고, 더 변함없이 서게 해주시고, 더 감사하는 마음으로 서게 해주옵소서.

예수님의 이름으로 기도드립니다.

묵상, 기도, 그리고 적용을 위한 질문

이 장에서 하나님께서 당신에게 특별히 말씀해 주신 성경 구절이나 진리는 무엇입니까? 이로부터 최대의 유익을 얻기 위해 무엇을 하겠습니까?

제 II 부

하나님의 완전한 사랑 안에서

제 10 장

하나님의 완전한 사랑 안에서
나는 참된 생명이 있다

16세 때 "하나님께서 원하시는 것은 무엇이든 하겠어요"라고 말씀드리고 난 후, 나는 참으로 하나님을 기쁘시게 해드리고 싶어 했습니다. 그리고 실제로 그렇게 하려고 애를 썼습니다. 비록 뒤돌아보면, 내가 한 것이 데니스가 흙 묻은 엄지손가락을 담근 채 주스를 아빠에게 가져간 것과 같았지만, 그럼에도 많은 것을 통해 하나님을 기쁘시게 했을 것입니다. 하나님께서 너무나 은혜로우시고, 그분을 기쁘시게 하기가 너무나 쉽다는 것을 알기 때문입니다.

그러나 나에게 참으로 좌절감을 안겨 주는 죄도 있었습니다. 그러한 죄들은 끊임없이 나타나고 또 나타나고 했습니다. 그때마다 나는 "하나님, 용서해 주십시오"라고 기도하곤 했습니다. 그리고 좀더 나아지기 위해 더 열심히 애를 썼지만 얼마 있지 않아 같은 죄를 또 범하곤 했습니다.

고등학교 시절이 얼마 남지 않았을 때 친한 친구 한 명과 함께 길을 걸으면서 우리의 신앙 생활이 얼마나 실망스러운지에 대해 대화를 나누었던 기억이 납니다. 그리고 우리는 결론을 내렸습니다. 그리스도인의 삶에는 그 이상의 무엇이 있는 게 틀림없다고 말입니다.

　나는 그 해결책이 교회의 집회에서 결단의 표시로 앞으로 나가는 것이 아님을 알고 있었습니다. 나는 여러 차례 그렇게 했지만 여전히 여동생에게 화를 내곤 했습니다. 그것은 나를 가장 괴롭히는 죄였습니다. 우리는 사이가 좋았지만, 가끔 서로에게 정말로 불같이 화를 내었습니다. 우리가 말다툼을 벌일 때는, 동생이 나보다 더 고함을 쳤습니다(물론 내가 동생의 화를 더 돋구었기 때문입니다). 그러나 나도 속으로는 동생만큼 화를 내었으며, 어쩌면 더 내었을 것입니다. 나는 이것이 주님을 기쁘시게 하지 않는다는 것을 알고 있었고, 진정으로 이에 대해 괴로워했습니다. 나는 간절히 하나님께 도움을 요청했습니다.

　이 장에서 나의 기도에 하나님께서 어떻게 응답해 주셨는지를 나누고자 합니다.

새로운 깨달음

이 장은, 하나님을 기쁘시게 하고 늘 그분의 사랑을 즐기는 삶을 사는 데 굉장히 중요한 진리들을, 다른 어떤 장보다 더 많이 다루고 있습니다. 이 진리들은 성령께서 특별한 방법으로 영적 눈을 열어 주시지 않으면 아마 이해할 수 없을 것입니다. 우리 자신의 머리만으로는 결코 그 진리를 온전히 깨달을 수가 없습니다. 그 진리들을 여러 각도에서, 그리고 다소 반복적으로 살펴보겠습니다. 반복은 진리를 우리 마음과 생각에 결합시키는 영적인 풀과 같은 역할을 할 수 있기 때문입니다.

　하나님께 이 진리들을 새롭게, 그리고 명확하게 이해하게 해주시도록 기도하십시오. 지금 잠시 멈추고, 신선한 아침해가 아름답게 떠오르듯 이 진리들이 당신 속에 깨달아지도록 기도하십시오. 하나님께서 이미 깨닫게 해주셨다면, 삶에서 이 진리들을 지속적으로 경험하게 해주시도록 기도하십시오. 이 책을 읽을 다른 사람들을 위해서도 같은 기도를 해주십시오.

그리고 읽어 나가면서, 때로는 잠시 멈추고, 강하게 마음에 와 닿는 진리들로 인해 하나님께 감사하고 찬양하도록 하십시오. 찬양은 우리 마음을 열어 하나님을 더 충만히 경험하도록 하여 줍니다.

고등학교를 졸업하고 나서, 나는 더 갈급한 마음으로 말씀을 섭취하기 시작했고, 말씀의 진리들을 더 많이 알게 되었습니다. 그 해 여름을 나는 미네소타 주의 북부에서 친한 친구인 페이스 루잉과 함께 여름 성경 학교에서 가르치면서 보냈습니다. 당시 나는 저녁 시간에 종종 골로새서 3장을 깊이 묵상하곤 했습니다. 나는 '하게 하라'는 의미를 담고 있는 말씀에 깊은 인상을 받았는데, 우리는 하나님께서 어떤 것을 하시게 해드려야 하는 것입니다. 나는 그 말이 함축하는 바가 무엇인지 궁금했습니다. '하게 하는 것'은 '애쓰는 것'과는 매우 다른 것 같았습니다. 나는 그 장의 4절도 눈여겨보았는데, 그 구절은 '우리 생명이신 그리스도'에 대해 말하고 있었습니다. 그러나 그 당시 이러한 말씀이 보여 주고 있는 놀라운 진리는 아직 나의 마음을 사로잡지 않고 있었습니다. 그러나 우리가 말씀을 차분히 연구할 때, 말씀을 주의 깊게 살펴볼 때, 그러면서 그 의미가 마음속에 스며들게 할 때, 우리 마음은 준비되어 말씀의 진리들을 파악할 수 있게 되고 우리의 삶은 변화하게 됩니다.

그 해 가을, 나는 다음과 같은 말을 들었습니다. "나의 생명이 그리스도의 것이라는 것이 진실일 뿐 아니라, 나의 생명이 그리스도라는 것도 진실이다." 별안간 진리를 깨닫게 되었습니다. 내가 열 살 때 어머니가 요한복음 3:16을 들려주실 때 그 말씀을 깨닫고 주님께 단순한 믿음으로 반응할 때와 같았습니다. 그리스도가 나의 생명이라는 이 진리가 밝히 깨달아졌습니다. 그 깨달음은 엄청난 차이를 만들어 내었습니다!

그제야 나는 골로새서 3:4에 있는 "우리 생명이신 그리스도"라는 말의 의미를 파악할 수 있었습니다. 그리고 나는 이 진리를 내 것으로 주장할 수 있었습니다. "그리스도는 나의 생명이다."

나는 새로운 사실을 깨닫기 시작했습니다. 그리스도인이 될 때, 그러니까 열 살 때는 알지 못했던 사실이었습니다. 나는 그리스도께서 내 안에 계시기 때문에 내가 온전히 새로운 사람이라는 것을 깨닫게 되었습니다. 나는, 누구든지 그리스도 안에 있으면 새로운 피조물이요 '완전히 새로운 사람'이라는 고린도후서 5:17의 진리를 깨달았습니다. 그리스도를 믿는 각 사람은 완전히 새로운 생명을 가지고 있습니다. 바로 각 사람 속에 들어오신 그리스도의 생명입니다. 어떤 번역에서는 고린도후서 5:17이 "(우리는) 더 이상 똑같지 않습니다. 이는 옛 생활은 사라졌기 때문입니다. 새 생활이 시작되었습니다!"라고 되어 있습니다.

이러한 삶을 살도록 하나님께서 창세 전에 나를 택하셨다는 것은 사실입니다. 그러나 그리스도를 개인적으로 영접했을 때에야 비로소 나는 요한복음 1:12에서 말하듯이, 하나님의 자녀가 되는 권세를 갖게 되었습니다. 그때 나는 실제로 하나님께로부터 태어났습니다. 나에게 일어난 것은 출생이지 입양이 아닙니다(입양도 좋은 것이긴 하지만!). 나는 하나님께로서 났으며, 실제로 출생에 의해 그분의 가족의 일원이 되었습니다(13절). 나는 이제 새로운 생명을 가지고 있으며, 새로운 형질, 말하자면 새로운 영적 유전자를 가지고 있습니다. 내가 영적으로 태어났기 때문입니다. "이는 혈통으로나 육정으로나 사람의 뜻으로 나지 아니하고 오직 하나님께로서 난 자들이니라"(요한복음 1:13).

나는 바로 예수님의 생명을 가지고 있다

하나님께서 의롭게 하신 우리 그리스도인들은 실제로 예수님의 생명을 가지고 있습니다. 예수님의 생명이 지금부터 영원히 우리 것입니다. "아들이 있는 자는 생명이 있고"(요한일서 5:12).

이 생명을 가지고 사는 것이 바로 영생이며, 이 사실을 아는 것이 중요합니다. 요한일서 5:12의 앞뒤 구절이 이 사실을 분명히 합니다. "하나님이 우리에게 영생을 주신 것과 이 생명이 그의 아들 안에 있는 그것이니라… 내가 하나님의 아들의 이름을 믿는 너희에게 이것을 쓴 것은 너희로 하여금 너희에게 영생이 있음을 알게 하려 함이라." 나에게 있어서, 영생은 어린 시절 그리스도를 믿었을 바로 그때 시작되었습니다. 그것은 내가 죽을 때 시작되는 것이 아니며, 그리스도께서 나를 위해 예비해 둔 곳에서 영원히 그분과 함께 살 때 그 영생은 계속되고 있는 것입니다. 나는 영원한 생명을 가지고 있으며, 그 생명은 지금도, 앞으로도, 그리고 영원히 새로운 생명입니다. 그것은 그리스도의 생명이요, 지금도 내 안에 있고 영원히 내 안에 있는 생명입니다.

그리스도 안에 있는 이 새롭고 영원한 생명은 책의 낱장으로 비유할 수 있습니다. 만약 당신이 책 한 권을 선물로 받으면, 책 표지만 받는 것이 아닙니다. 그 속의 낱장도 함께 받습니다. 마찬가지로, 그리스도를 영접할 때 나는 또한 그분의 영원한 생명도 내 안에 받아들였습니다. 주님을 영접함으로 영원한 생명을 갖게 된 것입니다.

워렌은 몇 년 전에 13세 소년을 그리스도께 인도했는데, 그 소년이 구원을 확신하도록 돕기 원했습니다. 그래서 워렌은 그 소년과 함께 요한일서 5:11-13로 돌아갔습니다. "너는 예수님을 마음속에 영접했니?"라고 워렌이 물었습니다.

"네."

"그렇다면, 이 구절에서 뭐라고 말씀하고 있는지 읽어 봐."

그 소년은 읽었습니다. "아들이 있는 자에게는 생명이 있고, 하나님의 아들이 없는 자에게는 생명이 없느니라."

워렌이 물었습니다. "그렇다면 너는 영생을 가지고 있니?"

"아뇨… 그런 것 같지 않아요."

워렌은 다시 물었습니다. "너는 예수님을 영접했니? 너는 예수님을 마음속에 모시고 있니?"

"네."

"그 구절을 다시 읽어 봐."

그 소년은 한 번 더 읽었습니다. "아들이 있는 자에게는 생명이 있고, 하나님의 아들이 없는 자에게는 생명이 없느니라."

"너는 마음속에 예수님을 모시고 있니? 네 마음속에 들어와 주시도록 요청했니?"

"네."

"그러면, 너는 영생을 가지고 있니?"

"글쎄, 그렇게 생각되지 않아요."

"그 구절을 다시 읽어 보자." 그들은 그 구절을 서너 번 읽었습니다.

마침내 그 소년은 "야, 놀라운 말씀이군요! 이 구절은 내가 예수님을 모시고 있으면 영생을 가지고 있다고 말하고 있잖아요!"라고 말했습니다. 그 애는 의자에서 엉덩이를 들썩들썩하면서 기뻐 어쩔 줄을 몰라했습니다.

그 이야기를 할 때 워렌은 미소를 지으며 이렇게 말했습니다. "구원의 확신을 갖기 위해 의자에서 엉덩이를 들썩들썩할 필요는 없습니다. 그러나 하나님께서 말씀하시는 바를 알고 또 믿어야 합니다. 그리고 그때 '주님, 감사합니다. 저는 예수님을 영접했기 때문에 영생을 가지고 있습니다'라고 말씀드리는 것은 좋은 일입니다."

그리스도께서 내 안에 계신다는 것은 내가 영생을 가지고 있다는 것을 의미하지만, 그것은 영원히 하나님과 함께 사는 특권 그 이상을 의미합니다. 바로 지금, 우리는 살아 있습니다. 그리스도의 생명으로 우리는 지금 살아 있다는 말입니다!!! 우리가 지금 그리스도의 역동적이고, 충만하고, 모든 것을 이기는 생명을 가지고 있다는 것을 깨달을 때, 우리 또한 너무나 기뻐서 의자에 가만히 앉아 있지 못할 것입니다.

그리스도께서 마음속에 들어오시기 전의 나 자신과 지금의 나 자신은 한 가지 주요한 차이가 있습니다. 이전에는, 내가 죄와 연합되어 있었습니다. 나는 죄와 하나가 된 사람이었습니다. 죄가 나의 본성이요, 주인이었습니다. 너무 철저히 연합되어 있어, 죄와 나는 완전히 하나가 된 것과 같았습니다. 그것을 다음과 같은 그림으로 나타낼 수 있습니다.

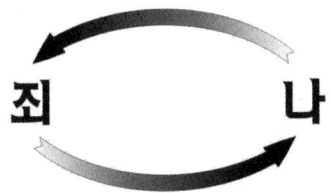

지금의 나는 매우 판이합니다. 지금은 그리스도와 연합되어 있습니다. 나는 이제 그리스도와 하나가 된 사람입니다. 지금은 그리스도와 나 사이에 연합이 이루어져 있습니다! 그것을 다음과 같은 그림으로 나타낼 수 있습니다.

지금은 이것이 진정한 나의 모습입니다. 이것이 나의 새로운 신원이요, 진정한 신원입니다. 죄는 여전히 내 안에 있습니다. 그러나 나의 합법적인 부분은 아닙니다. 죄는 더 이상 나의 본성도 나의 주인도 아닙니다. 죄는 여전히 나의 한 부분인 것처럼, 그리고 나의 동반자요 '친구'인 것처럼 행세하려고 합니다. 그러나 죄는 실제로는 내 속에 있는 반역자요, 거짓말쟁이입니다. 그것은 더 이상 '진정한 나'의 일부가 아닙니다. 나는 그리스도로 말미암아 그리고 내 안에 있는 그리스도의 생명으로 말미암아 완전히 새 사람이 되었습니다.

십자가의 오른쪽

이 진리를 다음과 같은 그림으로 설명할 수 있습니다.
　그림에서(우리 삶에서도), 십자가와 빈 무덤이 경계선이 됩니다. 그 경계선이 생명 쪽과 사망 쪽을 분리시킵니다.

사망 쪽에는 영적인 사망이 있습니다. 사망이란 소멸(消滅)을 의미하지 않습니다. 우리 인간에게 사망이란 결코 소멸이 아닙니다. 분리입니다. 나의 첫 남편이 죽었을 때, 그는 육체적으로 이 땅에서의 삶과 이땅의 사랑하는 이들로부터 분리되었지만, 더 좋은 삶으로 들어갔습니다. 이와 비슷하게, 영적인 사망은 하나님으로부터의 분리를 의미합니다. 그리스도를 구주와 주님으로 믿지 않은 불신자들은 하나님으로부터 영원히 분리됩니다. 요한복음 3:16 말씀을 깨닫고 예수님을 믿기 전에는 죄가 나와 하나님 사이에 장벽을 형성했습니다. 이 그림에서, 사망 쪽은 이처럼 하나님께로부터 영적으로 분리되고 격리된 곳입니다. 정죄와 죄의식은 이 사망 쪽에 속하는데, 거기서는 사탄과 육신이 우리를 주관합니다.

그러나 빈 무덤의 오른쪽은 생명 쪽이며, 하나님 쪽입니다. 이쪽에는 영적인 생명과 완전한 용서와 자유가 있습니다. 이쪽에서는 능력과 활력이 우리 것입니다. 우리는 예수님의 생명으로 살아 있기 때문입니다. 이것은 오직, 믿음을 통해 우리가 그리스도의 죽음과 부활에 동참했기 때문에 가능합니다.

십자가에 달리실 때, 그리스도께서는 우리의 모든 죄와 이로 인한 정죄, 그리고 피할 수 없었던 사망을 자신에게로 옮기셔서, 죽으시고 장사지낸 바 되었습니다. "우리는 그분의 죽으심과 연합하는 세례를 받음으로써 그분과 함께 묻힌 것입니다"(로마서 6:4, 현대인의 성경). 그리스도께서 죽음에서 부활하신 것처럼 우리는 온전히 새로운 생명을 지닌 자로 살아났습니다. "이것은 그리스도께서 죽은 사람 가운데서 아버지의 영광으로 살아나신 것처럼 우리도 새로운 생명 가운데서 살도록 하기 위한 것입니다"(로마서 6:4, 현대인의 성경).

거듭날 때, 나는 사망 쪽으로부터 생명 쪽, 의로운 쪽, 십자가의 오른쪽, 하나님 쪽으로 태어났습니다. 나는 성령을 통해 그리스도를 내 속으로, 나의 존재 깊숙한 곳으로 영접했습니다. 성령께서는 내 속에 거하여 나를 새 사람으로 만들기 위하여 오셨습니다.

그리스도께서 다시 오실 때까지 혹은 우리를 본향으로 부르실 때까지, 내재하는 죄는 계속 우리와 함께 머무를 것입니다. 그것은 죄악 된 경향을 가지고 있는 우리의 옛 자아요, 이전 자아요, 그리스도께서 우리 삶에 들어오시기 전의 우리 자신입니다. 그것은 우리 안에 있는 악입니다. 많은 사람들은 그것을 우리의 "옛 사람"이라고 부릅니다. 나는 그것을 나의 "이전 본성"이라고 부르기를 좋아합니다. 그것을 나의 진정한 자아로 여기지 않도록 도와주기 때문입니다. 이 이전 본성은 "육체의 일"을 낳습니다. 바로 하나님 없는 인간 본성에서 나오는 행동입니다. 여기에는 죄와 자기 중심적인 "의로운 행동"도 포함되는데, 그것은 하나님 보시기에는 더러운 옷과 같습니다(이사야 64:6). 이 이전 본성은, 우리가 내주하시는 그리스도를 의지하기보다는 우리 자신의 자연스런 욕구대로 살고 자기 생각과 힘을 의지할 때, 우리의 삶을 주관하게 됩니다.

내재하는 죄는 마치 더럽고 악취 나는 쓰레기통과 같습니다. 온갖 추악한 것들이 그것으로부터 나옵니다. 부도덕, 적대감, 분노, 염려, 시기심, 원망, 쓴뿌리, 자기 정죄, 두려움 등등. 내재하는 죄 때문에, 우리는 적대감을 해결하지 않으며, 분노를 올바로 다루지 않고, 염려에 휩싸이며, 두려움에 사로잡혀 하나님께서 "두려워 말라"고 하시는 말씀을 듣지 못합니다. 누구에게나 자주 쓰레기통 쪽의 삶을 경험하게 만드는 죄들이 있습니다. 사람마다 그 종류는 다를 수 있습니다. 그리고 우리 모두에게 있어서 가장 근본적인 죄는, 하나님을 의뢰하지 않는 것과 하나님께서 그분과 우리 자신과 올바른 삶의 방식에 대해 성경에서 말씀해 주시는 것을 믿고 의지하지 않는 것입니다.

죄를 지을 때마다 나는 십자가 왼쪽의 삶을 경험하며, 회개하고 자백하고 하나님의 용서를 받아들일 때까지 그쪽에 머물러 있습니다. 죄 용서를 받아들임으로써 나는 실제 삶에서 십자가

오른쪽의 삶, 즉 나의 새로운 신원에 따른 삶으로 돌아갈 수 있습니다.

이렇게 자신에게 물어 볼 필요가 있습니다. "나는 십자가의 어느 쪽과 동일시하고 있는가? 나는 어느 쪽에서 살기로 선택하고 있는가? 그리고 육신의 생각 쪽으로 옮아가면 나는 얼마나 빨리 진리(진리에 성령의 능력이 함께함)의 뚜껑으로 쓰레기통을 덮어 그러한 생각이 흘러나오지 않도록 하는가?"

죄를 자백하고 난 후에도, 사탄은 종종 우리에게 다가와 이렇게 속삭입니다. "어떻게 네가 죄 용서를 받았다고 생각할 수 있니? 똑같은 죄를 범하고 자백한 적이 한두 번이 아니잖아? 그런데 너는 그 죄를 또 범했어. 너는 하나도 안 바뀌었어! 너 같은 사람은 그리스도인이라고 생각할 자격도 없어." 그러나 하나님께서는 어떻게 말씀하십니까? 우리 자신을, 죄에 대해서는 실제로 죽고 하나님을 대해서는 산 자로 여겨야 한다고 말씀하십니다(로마서 6:11 참조). 우리 자신을 그렇게 여겨야 하는 이유는 하나님께서 우리를 그렇게 여기시기 때문입니다. 하나님께서 우리가 죄에 대해 죽었고 그분 자신에 대해 살아 있다고 말씀하셨기 때문에 우리는 이를 사실로 여겨야 하는 것입니다.

그러므로 그림에서 회색 부분은 "진정한 나"라기보다는 환영적(幻影的)인 존재입니다. 죄를 품고 있으며, 자백하고 버릴 마음이 없을 때, 나는 사망 쪽에 있으며 십자가 왼쪽에 있습니다. 그러나 죄를 자백하고 버렸는데도 십자가의 왼쪽에 붙잡혀 있는 것처럼 느껴진다면 어떻게 합니까? 내가 그리스도 안에 있으며 그분과 연합되어 있다는 진리를 상기함으로, 그리고 주님께서 내 안에서 자신의 삶을 사시게 해드림으로, 그쪽에서 벗어날 수 있습니다. 그렇게 함으로 쓰레기통에 뚜껑을 도로 덮습니다.

내재하는 죄(죄악 된 본성)는 나(그리스도와 함께 영원히 살게 될 나)의 한 부분은 아닙니다. 그 부분은 내가 무덤에 들어가거나 예수님께서 오실 때 벗어버리게 될 것입니다. 나는 '이전 본성'을 더러운 옷처럼 벗어버리게 될 것입니다. 그리고 현재 그것은 나(주님께서 더불어 교제하시는 나)의 한 부분이 아닙니다. 주님께서 더불어 교제하시는 것은 '진정한 나', 생명과 활력과 주님의 빛으로 충만한 나입니다.

나는 그리스도를 영접했기 때문에, '진정한 나'는 언제나 십자가 오른쪽에 있습니다. 이것은 새로운 사람이며, 나는 진정으로 중심 깊은 곳에서 새로운 사람입니다. 하나님과 나의 내적 관계는 내가 죄를 범해도 전혀 변치 않습니다. 나는 그리스도와 하나이며, 자유, 기쁨, 사랑, 빛, 생명, 풍성함, 온전한 죄 용서를 누리는 특권, 그리고 제일 좋은 것으로서, 살아 계신 하나님과 교제를 즐기는 특권을 언제나 가지고 있습니다.

그러나 하나님께서는 어느 쪽의 삶을 살지를 우리가 선택하게 하셨습니다.

그러므로 우리는 이렇게 물어 볼 필요가 있습니다. "나는 어느 쪽과 동일시하는가? 오늘 이 순간 어디서 살기로 하고 있는가?"

새 사람은 지금부터 영원히 하나님과 함께 사는 사람입니다. 새 사람은 언제나 생명 쪽에 거하고, 예수님의 생명으로 살아 있으며, 주님의 의로 의로운 사람입니다.

그러므로 당신과 나는 날마다 하나님 앞에서 이렇게 말씀드릴 수 있습니다. "아버지, 제 자신을 볼 때는 죄인입니다. 그러나 그리스도 안에서 저는 죄가 없으며, 정결하며, 순결합니다. '그리스도 안에 있는 자에게는 결코 정죄함이 없습니다. 이는 그리스도 예수 안에 있는 생명의 성령의 법이 죄와 사망의 법에서 우리를 해방했기 때문입니다'(로마서 8:1-2 참조). 주님의 말씀을 통해 이러한 확신을 주시니 감사드립니다. 제 머리로 이해할 수 있는 수준 그 이상으로 저는 주님께 가치가 있습니다. 이 사실을 알 때 얼마나 기쁜지 모르겠습니다. 이제는 하나님의 사랑의 빛 속에서 당당하게 살아갈 수 있습니다. 예수님께서 저를 하나님과 화목하게 했기 때문입니다!"

그리고 우리는 다음과 같이 확신시켜 주시는 말씀을 들을 수 있습니다. "아버지께서 나를 사랑하신 것같이 나도 너희를 사랑한다"(요한복음 15:9 참조). "나는 너를 보배롭고 존귀하게 여기고, 너를 사랑한다"(이사야 43:4 참조).

어느 쪽에서 살 것인지는 내가 선택하기 나름입니다. 믿음으로 나는 모든 추악한 것들이 쏟아져 나오는 쓰레기통을 진리의 뚜껑으로 덮을 수 있습니다. 나는 죄를 자백할 수 있고, 내가 완전히 용서받았다는 것을 믿을 수 있습니다. 그리고 이렇게 아뢸 수 있습니다. "하나님, 저는 새 사람이며, 예수 그리스도께서 내주하고 계십니다. 저는 부활하신 그리스도의 능력을 가지고 있으며,

그리스도로 말미암아 모든 것을 할 수 있습니다. 주님께서 제게 원하시는 것이 무엇이든 주님으로 말미암아 할 수 있습니다."

하나님께서는 나를 의롭다고 선언하셨을 뿐만 아니라 그리스도의 의로운 생명을 내게 주셨습니다. 이 사실을 기억하는 것이 중요하다는 것을 알게 되었습니다. 죄를 지어 깊이 회개한 직후에도 담대하게 이렇게 말할 수 있습니다. "저는 주님의 의로 살아 있습니다. 그리고 주님으로 인해 제 삶을 바꿀 수 있으며, 주님을 더 닮아 갈 수 있습니다."

나 자신이 잘 알고 있듯이, 나의 어떤 성격은 아직도 바뀌지 않았습니다. 그러나 하나님께서는 점차적으로 나를 변화시키고 계시며, 나의 문제 영역을 점점 더 지속적으로 자신의 통제하에 두고 계십니다. 나는 주님의 생명을 가지고 있기에 주님의 능력을 가지고 있으며, 주님을 점점 더 닮아 갈 수 있습니다. 하지만 우리 각자가 그리스도를 닮아 가는 것은 하나의 과정입니다. 성령께서는 우리를 단번에 주님의 형상으로 바꾸시는 것이 아니라, 한 단계 또 한 단계 주님의 영광에 이르게 하십니다(고린도후서 3:18 참조). 여기에는 기도, 하나님을 더 잘 알아 가는 것, 하나님을 더 의지하는 것, 그리고 시간이 필요합니다. 하나님께서는 하나씩 고쳐 나가십니다. 하나님께서는 고쳐야 할 것을 다 적은 목록을 우리 앞에 내미시며 단번에 고치라고 하지 않으십니다. 오히려 성장의 과정을 밟도록 인도하시며, 예수님의 아름다움이 조금씩 조금씩 우리의 인격에 스며들게 하십니다.

하나님께서는 나의 육신적인 태도를 바꾸는 일에서 하셔야 할 것이 많습니다. 하나님께서는 내가 영광에 이를 때까지 그 일을 계속하실 것입니다. 그러나 '진정한 나'는 새롭게 태어나는 것을 통해 이미 정결케 되고 순결하게 되었습니다. '진정한 나'는 바로 그리스도의 의로 가득 차 있으며, 성령으로 충만합니다. 내 속 깊은 곳에 있는 '진정한 나,' 새로운 나는 영원히 정결합니다.

하나가 됨

골로새서 3:3 말씀이 종종 나에게 상기시켜 주는 것이 있습니다. 나의 생명이 그리스도와 함께 하나님 안에 감추어져 있다는 사실입니다. 이 말씀은 특별한 친밀성을 나타냅니다. 나는 언제나 하나님과 친밀한 관계 가운데 있습니다. 의식적으로 그 관계를 즐기고 있을 수도 있고 그렇지 않을 수도 있지만. 그리고 나는 특권을 가지고 있는데, 언제든 나의 마음과 생각이 하나님 안에서 쉼을 누리는 특권입니다. 그분이 임재해 계신 은밀한 곳, 나의 진정한 생명이 감추어져 있는, 특별하고, 외부로부터 차단된 내적 성소에서 쉼을 누릴 수가 있습니다.

이것은 다음 노래를 생각나게 합니다. 하나님과 우리의 연합에 관한 노래입니다.

> 곤하고 지친 내가 주님 안에서 쉼을 찾네.
> 그 사랑 시원하고 그늘진 정자 같기 때문이네.
> 그분은 수정같이 맑은 샘 같아,
> 순간 순간 모든 필요를 채워 주시네.

심리학자였다가 목사가 된 모리스 와그너 박사는 이렇게 말했습니다. "살아가는 일에서 하나님과 나는 사랑의 관계로 연합해 있다." 연합되었기에, 하나님과 나는 함께 삶을 살아갑니다.

연합되어 있다는 것은 책상 서랍에 책 두 권을 함께 넣는 것과 같지 않습니다. 두 책은 같은 장소에 있기는 하나, 여전히 서로 분리되어 있습니다. 그것은 함께 있으나, 같은 공간을 차지하고 있지는 않습니다. 그러나 하나님과 우리는 진정한 내적 연합을 이루고 있으며, 하나님의 영은 내 영과 하나로 융합되었습니다. 하나님께서는 내 곁에만 계신 것이 아닙니다. 내 존재 깊숙한 곳에서 하나님과 나는 하나가 되었습니다.

이것은 빈방에 두 종류의 기체를 채우는 것에 비유할 수 있습니다. 만약 벽에 나 있는 두 개의 주입구를 통해 무게가 비슷한 두 가지 기체를 방안에 불어넣는다면, 그 두 기체는 서로 분리된 채 있지는 않을 것입니다. 시간이 흐르면 그 분자들은 서로 섞이게 될 것이며, 방 전체는 두 가지가 혼합된 기체로 가득 차게 될 것입니다. 이와 비슷하게 하나님의 영과 우리의 영은 서로 뒤섞인 것처럼 됩니다. 다른 점이 하나 있다면, 우리의 영과 하나님의 영의 연합은 결코 다시는 분리할 수 없는 영속적인 것이라는 것입니다.

당신이 금 숟가락 하나와 은 숟가락 하나를 가지고 있는데, 두 숟가락을 연합시키기 원한다고 합시다. 이를 위해, 두 가닥으로 된 튼튼한 끈으로 그 두 숟가락을 묶을 수도 있습니다. 그러나 그것은 당신을 속이고 있는 것입니다. 그것은 진정한 연합이 아닙니다. 가위나 칼만 있으면 언제든지 그 둘을 분리시킬 수가 있기 때문입니다.

또는 기술자를 데려와서 그 둘을 용접을 해서 붙일 수도 있습니다. 이제 그것은 좀더 강한 연합을 이루었습니다. 그리고 쉽게 분리시킬 수가 없습니다. 그러나 두 숟가락은 붙어 있는 것일 뿐 진정으로 하나가 된 것은 아닙니다.

만약 두 숟가락을 진정으로 연합시키려면, 그 두 개를 도가니에 넣고 가열을 하면 됩니다. 그러면 두 숟가락은 녹을 것이고, 금과 은은 서로 뒤섞이게 될 것입니다. 그리고 나서 그 혼합물을 금형에 부으면, 완전히 새로운 금속으로 된 숟가락을 얻습니다. 이 과정을 통해 두 개의 숟가락은 완전히 하나가 되었습니다.

이와 비슷하게 우리는 하나님의 영, 그리스도의 영과 하나가 되었습니다. 우리는 '그리스도 안에' 있습니다. 혹은 어떤 번역본에서 보여 주듯이, '그리스도와 연합되어' 있습니다. 우리는 그리스도와 하나가 되었습니다. 그래서 그리스도 안에서 새로운 피조물이요, '완전히 새로운 사람'입니다.

이 때문에 예수님께서 어떤 분이신지를 아는 것이 우리의 실제 삶에서 강력한 영향을 미칩니다. 나는 친밀하고도 경이로운 연합을 통해 예수님과 연합되었고, 예수님의 모든 것과 연합되었습니다. 이 놀라운 분이 나의 구세주가 되었고, 지금 나는 계속 주님을 더 잘 알아 가는 즐거운 모험을 하고 있으며, 이를 통해 점점 더 주님의 생명으로 살아가게 됩니다.

고린도전서 6:17에서, 하나님께서는 우리가 그리스도와 한 영임을 상기시켜 주십니다. "주와 합하는 자는 한 영이니라." 그리스도와 한 영! 이것이 얼마나 놀라운 일인지 한 번 깊이 생각해 보셨습니까? 우리는 예수님과 하나입니다. 이 사실로 말미암아 나는 할렐루야를 외칩니다!

나는 내 안에 있는 그리스도의 생명으로 살아 있습니다. 이 사실을 묵상하면 얼마나 기쁜지 모릅니다! 나는 그리스도와 영원한 연합을 통해 하나가 되었습니다. 내 안에는 이전 본성 또한 자리잡고 있지만, 하나님과 친교를 나누고 하나님께서 교제를 나누시는 '참된 나,' 하나님께서 능력을 주시는 '진정한 나'는, 그리스도와 하나가 된 이 '나'입니다.

이사야 선지자는 예언하기를, 우리 메시야가 "임마누엘"이라고 불리게 될 것이라고 했습니다. '하나님이 우리와 함께 계시다'라는 의미입니다(마태복음 1:23 참조). 예수 그리스도는 우리와 함께 계시는 하나님이시며, 그분께만 가능한 방법으로 우리와 함께하십니다. 그러므로 우리가 알 수 있는 것은, 언제나 우리는 가장 좋은 것을 우리와 함께 그리고 우리 안에 가지고 있다는 것입니다. 우리는 결코 주님과 헤어지지 않습니다!

그리스도의 의를 옷 입고

나는 그리스도의 생명으로 살아 있으며, 그분의 의로 의롭습니다. 이 사실 때문에, 의라는 말이 의미하는 모든 것이 그 어느 때보다 더 기쁨으로 다가오지 않습니까? 의란 우리 각자가 삶에서 경험할 수 있는 것이기 때문입니다. 우리는 자신을 주님께 속한 사람이요, 그분의 극진한 사랑을 받는 사람이요, 그리스도의 의로 정결하고 순결한 사람이요, 넉넉히 승리의 삶을 살아갈 수 있는 사람으로 봅니다. 우리는 친밀한 연합을 통해 주님을 모시고 있고, 주님의 능력을 가지고 있기 때문입니다.

만약 그리스도를 믿는다면, 그리스도께서는 우리의 힘으로 의를 얻으려는 노력의 마침이 되십니다. 로마서 10:3은 이 사실을 이해하지 못하는 불신자들에 대해 말하고 있습니다. "(그들은) 하나님의 의를 모르고 자기 의를 세우려고 힘써 하나님의 의를 복종치 아니하였느니라." 이런 사람들은 의롭게 되기 위해, 자기 힘으로 나름대로의 방법대로 애쓰는 쪽을 선택했습니다. 그 결과 그들은 하나님 앞에서 가질 수 있는 유일한 의를 사실상 거부하고 있었습니다. 그 다음 구절은 계속 이렇게 말합니다. "그리스도는 모든 믿는 자에게 의를 이루기 위하여 율법의 마침이 되시니라." 이 의는 노력을 통해 얻는 것이 아닙니다. 노력할 필요가 없습니다. 이 의는 거저 우리 것이 됩니다. 우리는 단지 받아들이고 즐기기만 하면 됩니다.

이사야 61:10은 그리스도 안에서 우리가 의롭게 되는 것을 그리고 있는데, 내가 좋아하는 구절입니다. "내가 여호와로 인하여 크게 기뻐하며, 내 영혼이 나의 하나님으로 인하여 즐거워하리니, 이는 그가 구원의 옷으로 내게 입히시며 의의 겉옷으로 내게 더하심이, 신랑이 사모를 쓰며 신부가 자기 보물로 단장함 같게 하셨음이라." 여기서 이사야는 의를, 아름다운 결혼 예복과, 기쁨과, 즐거움과 연관짓고 있습니다. 한 경건한 사람은 아침에 일어나서 이불을 개면서, "나는 주님의 의로 옷 입노라!"라고 말하곤 했다고 합니다.

우리는 믿음으로 아침마다 마음속으로 그리스도의 의를 옷 입을 수 있습니다. 그 의는 이미 우리 안에 있으나, 우리는 결심을 통해 그 의를 기쁜 마음으로 기억할 수 있으며, 우리의 태도와 행동에서 그 의를 '입기로' 선택할 수 있습니다. 성경이 영적인 '옷'에 대해 말할 때, 그것은 우리 자신의 참 모습 위에 옷처럼 걸치는 어떤 것이 아닙니다. 우리의 의는 우리의 추악한 참 모습을 보이지 않게 가리워 주는 무슨 망토나 겉치장이 아닙니다. 우리의 육신(우리의 타고난 본성, 독립적이고, 자기 의존적인 인간성)은 죄악 되지만, 그리스도 안에 있는 우리의 '진정한 자아'는 그렇지 않습니다. 그러므로 우리가 입고 있는 "의의 겉옷"이란, 그리스도와 연합하고 있는 '진정한 나'에서 발산되는 아름다운 광채입니다. 우리가 기뻐할 수 있는 것은, 하나님께서 자신의 영광스러운 의를 우리에게 주셨고 그 의가 실제로 우리 모습의 일부가 되게 하셨기 때문입니다. 의에서 성장한다는 것은 우리의 참된 실체가 점점 더 바깥으로 빛을 발하게 하는 것입니다. 이 사실로 인해 하나님께 감사드립시다. 의에서 자라나는 것은, 단지 우리 자신, '새로운 우리 자신'이 되는 것을 배움으로 우리의 창조주와 아버지이신 하나님께 영광을 돌리는 것입니다.

놀랍지 않습니까! 하나님께서 실제로 우리에게 그분 자신의 의를 주셨습니다. 그것은 하나님께서 예수님 색깔을 한 유리로 우리를 보심으로 우리의 참 모습 대신 예수님처럼 보이게 하신다는 의미가 아닙니다. 주님의 의가 우리에게 주어졌습니다. 그러므로 "나는 진정한 자아에서, 존재의 중심에서 의롭다. 나의 영은 주님의 영과 연합되었고, 나는 의롭다"라고 말할 수가 있습니다.

예수님께는 아무 죄가 없었습니다. 그러나 하나님께서는 "우리로 하여금 저[예수님]의 안에서 하나님의 의가 되도록" 하기 위해 예수님을 우리 대신 죄로 삼으셨습니다(고린도후서 5:21 참조). 예수님과 연합함으로써, 의는 우리 왕의 법 체제에서 우리 것이 되었을 뿐 아니라, 개인적으로, 그리고 내적으로 우리 것이 되었습니다.

'진정한 나'

하나님의 방법은 우리가 전인격에서 하나님께서 뜻하신 대로 될 수 있는 유일한 방법입니다. C. S. 루이스는 자신의 한 저서에서 이 점을 명쾌하게 설명했습니다.

> 소위 "우리 자신"을 물러서게 하고, 하나님께서 우리를

맡아 주관하시게 해드릴수록, 우리는 더 진정으로 우리 자신이 된다… 하나님께서 우리를 만들어 두셨다. 하나님께서는, 작가가 소설에서 인물들을 만들어 내듯이 완전히 다른 사람들을 만들어 두셨다. 당신과 나는 그러한 사람이 되도록 의도되었다. 그런 의미에서 '진정한 우리'는 모두 하나님 안에서 우리를 기다리고 있다. 하나님을 떠나서 '나 자신이 되려고' 노력하는 것은 아무 소용이 없다. 하나님을 거스르고 독립적으로 살려고 할수록, 더욱더 나는 자신의 유전적 성질, 가정 교육, 환경 그리고 자연스런 욕망의 지배를 받게 될 것이다. 사실, 내가 그토록 자랑스럽게 '나 자신'이라고 부르는 것은 단지, 내가 시작한 적도 없고 멈출 수도 없는 일련의 사건들의 집합소가 된다… 자연 상태의 나는 내가 믿고 싶어하는 것과 같은 그런 대단한 존재가 아니다. 내가 "나"라고 부르는 것은 대부분 이렇게 매우 단순하게 설명될 수 있다. 내가 그리스도께 돌아올 때, 그분께 나 자신을 드릴 때, 비로소 나는 처음으로 나 자신의 진정한 인격을 갖게 되는 것이다.

'우리 뜻대로 행하는 것'이 우리의 이전 방식이자 자연스런 방식인데, 이런 삶이 만들어 내는 것은 쓰레기통 속의 혐오스러운 쓰레기요, 뚜껑을 열 때 그 쓰레기에서 풍겨 나오는 악취입니다. 우리가 쓰레기통과 같은 삶에서 벗어나는 때는, 우리 안에 계신 그리스도께 초점을 맞추고, 주님께서 보시듯이 우리 자신을 보며, 주님의 방식을 선택할 때입니다.

그리스도는 나의 생명-그리스도는 모든 것

골로새서 전체가 이 주제를 다루며, 나에게 기쁨을 주었습니다. 골로새서는 그리스도가 우리의 영적 삶과 섬김의 중심임을 보여줍니다. 즉 우리가 이끌리는 분도, 관심이 쏠리는 분도, 활동의 중심의 되는 분도 그리스도입니다. 마치 그리스도께서 우주의 중심인 것과 같습니다. "오직 그리스도는 만유시요, 만유 안에 계시니라"(3:11). 그리스도께서는 지혜와 지식을 위한 완전한 해결책이요, 생명과 성장을 위한 완전한 해결책이며, 죄 용서와 충만한 삶을 위한 완전한 해결책이며, 우리 영적 삶의 온갖 방해물로부터 벗어나기 위한 완전한 해결책이 되십니다. 그리고 우리는 그리스도 안에 있고, 그분은 우리 안에 있기 때문에, 우리는 새로운 신원을 가지고 있습니다. 우리는 옛 생활에 대해서 죽었으며, 그리스도와 함께 다시 살아났습니다. 그러므로 지금 우리는 부활하신 주님의 생명으로 살아 있습니다. 우리는 하나님께 선택받은 자들이요, 거룩한 자들이요, 사랑받고 있는 자들입니다. 이러한 진리들을 통하여, 주님께서는 동기를 부여해 주시고 힘을 공급해 주셔서 주님을 온전히 기쁘시게 하는 삶을 살게 해주십니다.

로마서 6-8장은 이러한 주제에 대한 진리의 또 다른 보고입니다. 이 장들을 여러 시간 동안 살펴보면서 그리스도와 우리의 연합에 관한 진리를 묵상했는데, 얼마나 큰 기쁨을 느꼈는지 모릅니다. 그것은 실로 우리 삶을 바꾸어 놓는 진리였습니다. 이전에 쓴 찬양의 31일(네비게이토 출판사 간)이라는 책에서, 로마서의 이 장들을 통해 주님께서 가르쳐 주신 진리를 나누었는데, 실로 삶을 변화시키는 진리였습니다.

그리고 나는 계속 새로운 구절들을 통해 이러한 진리들이 의미하는 바를 새롭게 깨달아 가고 있습니다.

어느 날, 요한복음 4:14을 읽게 되었는데, 거기서 예수님께서는 "내가 주는 물을 먹는 자는 영원히 목마르지 아니하리니, 나의 주는 물은 그 속에서 영생하도록 솟아나는 샘물이 되리라"라고 말씀하셨습니다. "영생하도록 솟아나는 샘물"이라는 말은 "영원히 솟아나는 샘물"이라고 번역되기도 합니다. 이 말씀을 나 자신에게 적용해 보았습니다. "나는 내 속에 생수의 샘을 가지고 있구나. 나는 메마르고, 시들어 가는 듯하고, 맥빠진 삶을 살 필요가 없다!"라고 생각하니 너무나 신이 났습니다.

성령께서 내 안에 거하기 위해 오신 이래, 우리의 속사람은 살아 계신 하나님의 거대한 저수지와 영원히 연결되었습니다. 그 저수지는, 신선하고 삶에 능력을 주는 물을 지속적으로 공급해 주는 저수지요, 결코 바닥이 나지 않는 저수지입니다. 단지 내주하시는 성령께 굴복하기만 하면, 주님의 생명은 우리 속에서 솟아나 우리를 소성케 하고 활력이 넘치게 합니다. 그것은 찌는 듯한 여름날 물 뿌리는 기계로 잔디에 물을 뿌리는 것과 비슷합니다. 다만 내적이고 영적이라는 것이 다를 뿐입니다. 혹은 시들고 축 늘어져 있던 식물에 물을 주어, 그것이 소생하게 하는 것과 같습니다. 그러나 우리는 시들고, 고갈되고, 목말라 죽을 지경이 되도록 기다릴 필요가 없습니다. 우리 속에 계신 생명 되신 분을 의지할 때, 계속 생수가 흘러나오며, 성령은 우리를 소성케 하고 새로운 힘과 열정과 활력을 우리에게 공급해 줍니다.

그리고 생수는 흘러 나와 우리를 가득 채우고 넘치기까지 합니다. 예수님께서는 "나를 믿는 자는 성경에 이름과 같이 그 배에서 생수의 강이 흘러 나리라"(요한복음 7:38)고 하셨습니다. 그 물은 우리 속에서 솟아나, 우리의 태도와 관점을 바꿉니다. 또한 다른 사람에게로도 흘러 넘칩니다. 우리는 다른 사람들에게 그리스도를 위해 신선하게 영향을 미쳐, 그들에게 생명과 활력을 주는 것입니다.

이 진리를 믿을 때, 삶이 변한다

에베소서 4:24은 우리가 그리스도를 통해 '하나님처럼 되도록' 혹은 '하나님을 닮도록' 창조되었다고 합니다. 그리고 나서 5:1에서는, "사랑을 입은 자녀같이, 너희는 하나님을 본받는 자가 되라"고 우리에게 명합니다.

하나님을 닮고 하나님을 본받는 것. 이것은 우리가 실제로 그리스도의 생명을 가지고 있기 때문에 가능합니다. 그리스도만이 지금까지 살았던 모든 사람 중에 유일하게 하나님께서 뜻하셨던 바와 똑같은 삶을 사셨습니다. 그런데 그분의 생명이 우리 것이 되었습니다! 이 사실은 우리 삶의 긍정적 변화를 위해 대단히 함축하는 바가 많습니다. 그리고 이 사실을 믿을 때, 그것은 내 삶의 방식과 다른 사람들에게 미치는 영향에 엄청난 차이를 만듭니다. 그 이유는, 나는 주님께서 내게 필요한 바로 그런 분으로 내 안에 계신다는 믿음으로 나아가기 때문입니다. 주님께서는 자신이 완전한 사랑을 가지고 우리 안에 계신다는 진리를 가르쳐 주심으로, 우리 삶을 완전히 뒤바꾸어 놓으실 수 있게 되었습니다. 주님의 생명이 우리 것이라는 이 진리를 온전히 받아들일수록, 하나님이 누구신가에 대한 각각의 진리는 더 새로운 의미를 갖게 됩니다. 나는 그 주님께서 내 안에서, 나에게, 그리고 나를 통하여 바로 그 진리처럼 되시게 해드릴 수가 있습니다.

우리는 그리스도 안에서 새로운 피조물이 되었으며, 우리 속에 계신 그리스도로부터 빛과 생명이 우리의 생각과 감정과 의지 속으로 점점 더 많이 흘러 들어올 수 있습니다. 그리스도의 아름다움은 점점 더 우리 속사람을 가득 채우며, 바깥으로 흘러 넘칠 수 있습니다. 그때 우리는 좀더 완전한 의미에서, "주님, 주님께서는 저의 생명이시니 감사드립니다"라고 고백할 수 있습니다.

  하나님이 누구시며 우리가 그리스도 안에서 누구인지에 대한 진리를 믿고 살아갈 때, 하나님께서는 알게 모르게 우리를 통해 자신을 영광스럽게 하십니다. 다음 시는 오랫동안 나에게 큰 축복이 되었습니다. A. S. 윌슨의 시입니다.

    우리가 하는 말을 통해서만 아니라
    했던 행동을 통해서만 아니라
    전혀 의식하지 못하는 방법으로
    그리스도는 드러난다.

    내게 그리스도가 드러난 것은
    당신이 가르쳐 준 진리 때문이 아니었다.
    당신에겐 아주 명료했으나, 내겐 아주 모호한 진리.
    그러나 당신이 내게 왔을 때,
    당신을 통해 그분을 이해하게 되었다.

    그리고 당신의 눈으로 그분은 내게 눈짓하고,
    당신의 마음에서 그분의 사랑이 쏟아져 나왔으며,
    마침내 당신은 내 시야에서 사라지고,
    그 대신 그리스도가 보였다.

친밀함의 네 가지 단계

우리 부부와 동생 부부가 첫 안식년을 맞이하여 아시아로부터 돌아왔을 때, 딘과 진은 선교 여행차 미국 서부 해안 쪽으로 갔습니다. 그들은 어떤 교회의 집회에 참석했는데, 거기서 노먼 그럽 박사가 말씀을 전했습니다. 그들은 돌아와서, 그럽 박사의 메시지 가운데 특히 감명 깊었던 내용을 들려주었는데, 그때부터 그 내용은 내 머리를 떠나지 않았습니다.

그럽 박사의 말에 따르면, 하나님과의 관계에 대한 우리의 인식은 전형적으로 몇 가지 단계를 밟으며 발전해 갑니다.

첫 번째 단계로서, 우리는 천국에 아버지가 계신 것을 깨닫습니다. 처음으로 예수님을 믿게 되면, 우리는 흥분을 느끼며 이렇게 생각합니다. "나는 하나님의 자녀다. 놀랍고, 가장 높으시고, 무한한 사랑과 능력을 가지신 하나님께서 천국에 계시며, 거기서 나를 돌보고, 지키고, 내 기도에 귀를 기울이고 계신다."

우리는 늘 그런 깨달음이 필요합니다. 그리고 하나님께서 천국에 계신 우리 아버지라는 이 진리는 살아가면서 새로운 의미를 지니게 됩니다.

두 번째 단계로, 우리는 다음 사실을 깨닫습니다. "하나님께서는 천국에 계실 뿐만 아니라, 내 곁에도 계신다. 하나님께서는 나의 목자가 되셔서 나를 안심시켜 주시고, 인도해 주신다. 하나님께서는 나와 교제를 나누시는 친구요, 나를 사랑하시는 분으로서, 내 오른손을 붙잡고, '두려워 말라. 내가 너를 도우리라'라고 말씀하신다."

이 또한 그리스도인의 삶을 살아갈 때 늘 기억할 필요가 있는 진리입니다. 하나님께서는 언제나 우리와 함께 계시며, 우리는 하나님과 대화를 나눌 수 있고, 하나님을 의지할 수 있습니다.

세 번째 단계에서, 우리는 하나님께로 더 가까이 나아갑니다. 다음과 같은 사실을 깨닫는 것입니다. "하나님께서는 또한 내 속에 계신다. 하나님께서는 날마다 인도자와 돕는 자로서 나와 함께 계실 뿐만 아니라, 내 속에 거하시며, 나와 그 어떤 인간 관계보다 더 가까운 관계를 맺고 계신다."

놀라운 진리입니다. 하지만 그것도 네 번째 단계에는 미치지 못합니다. 네 번째 단계에서, 우리는 하나님과 내적 연합을 하고 있다는 것을 깨닫게 됩니다. "하나님의 영이 내 속에 거하시며 내 영과 온전히 하나가 되었다. 이 어찌 깜짝 놀랄 일이 아닌가!"

성령으로 사는 삶

이러한 깨달음은 하나님의 완전한 사랑과 능력을 새로운 방법으로 경험할 수 있게 해줍니다. 그리스도 안에서 새 사람이 된 우리의 영은, 그리스도의 영이자 하나님의 영인 성령과 연합되어 있기 때문입니다. 그리고 우리 삶을 성령께서 그분의 방법(우리에게 최선의 유익을 보장하는 사랑에 가득 찬 방법)으로 다스리게 해드릴 때, 성령께서는 하나님의 사랑을 우리 존재 전체에 쏟아 붓습니다. 성령께서는 또한 우리 속사람을 강건케 하시며, 하나님의 뜻을 행할 수 있는 능력을 주셔서, 하나님께서 주신 일에 우리 자신을 드릴 수 있도록 해주십니다.

"심지가 아니라 기름을 태워야 한다"는 말이 있는데, 이 말을 상기하는 것이 도움이 되었습니다. 심지가 아니라 기름을 태우는 삶을 살려면, 의식적으로 우리 자신의 힘이 아니라 내주하시는 성령을 의지해야 합니다. 그렇게 하면 감정적 육체적 자원들이 고갈

되지 않게 되며, 육신적인 태도와 반응이라는 칙칙한 증기를 내뿜지 않게 됩니다.

다음과 같이 기도하는 것이 도움이 되었습니다. 이 기도의 끝부분은 로마서 8:11과 골로새서 1:29을 나 자신에게 적용한 것입니다. "주님, 주님께서 제가 태워야 할 연료입니다. 오늘 제게 힘을 주시고, 저를 통해, 저의 태도와 행동을 통해 빛을 발하소서. 그리하여 제가 자신을 의지함으로 '심지를 태우지' 않게 하소서. 주님을 의지하겠습니다. 주님의 성령으로, 제 속에 새로운 힘과 활력을 불어넣어 주소서. 제 속에서 능력으로 역사하시는 주님의 능력을 의지하여 제 모든 힘을 다해 수고하게 하소서."

그러므로 내게 주신 영적 은사를 사용하여 내가 여기서 당신과 이러한 내용을 나누게 하시는 분도 하나님이십니다. 내가 이 책을 쓸 때 성령께서 역사하고 계시며, 당신이 이 책을 읽을 때 성령의 역사는 계속됩니다. 마찬가지로, 당신의 영적 은사들을 사용할 때도, 하나님을 의지하면 그분은 같은 능력을 주십니다.

이러한 진리들은, 주님과 연합함으로써 우리가 어떤 사람이 되었는가를 보여 주며, 참으로 경이롭고, 삶을 변화시키는 진리들입니다. 우리는 마땅히 그 진리들을 명확하게 이해하고, 확신해야 하며, 그 진리들이 우리 마음을 사로잡게 해야 합니다. 이러한 진리들을 가볍게 생각하게 되면, 부정적인 감정과 육신적인 방식 때문에 계속 혼란스러운 삶을 살게 될 것입니다. 우리는 또한 하나님을 더 잘 알고 그분과의 친밀한 관계를 경험하기 위해 계속 힘써야 합니다. 우리는 하나님과의 경이롭고 사랑으로 가득 차고 친밀하기까지 한 연합을 했으며, 이로부터 많은 유익을 얻게 되었으나, 하나님이 누구신지 더 깊이 알지 못하면, 그러한 유익 가운데 많은 것을 놓치게 될 것입니다.

하나님께서 누구시냐 하는 것이 내가 누구인지를 결정합니다. 하나님께서 만왕의 왕이기 때문에 나는 공주요, 만왕의 왕의 딸입니다. 하나님께서 사랑이시므로, 나는 사랑을 받고 있습니다. 이처럼, 하나님에 관한 각각의 진리들은 내게 대해 어떤 것을 말해 줍니다. 이는 '내가 누구냐' 하는 것은 '하나님께서 누구시냐'에 토대를 두고 있기 때문입니다. 내가 하나님을 더 잘 알수록, 그리고 하나님의 속성이라는 거울로 나를 볼수록, 나 자신의 신원에 대한 나의 인식은 더 정확하고 안정이 될 것입니다. 이것은 내가 영적으로 성장하고 활력 있는 삶을 사는 데 견고한 토대를 제공합니다.

한 여성이 결혼할 때, 남편이 어떤 사람이냐 하는 것은 그 여성에게 매우 중요합니다. 한 가지 이유는, 그 남편은 결혼이라는 이 연합 속으로 자신의 많은 자질과 특성을 가지고 들어오며, 이에 따라 그 여성은 자신의 신원에 대해 새로운 인식을 갖게 될 것이기 때문입니다. 남편의 훌륭한 자질들은 그 여성이 스스로에 대해 자부심을 느끼게 할 것입니다. 그처럼 훌륭한 사람이 자기와 결혼하기로 했기 때문입니다. 남편의 사랑의 태도는 그 여성으로 하여금 자신의 가치를 잘 인식하도록 해줄 것입니다. 남편의 흠과 약점과 부정적인 태도는 앞의 것과는 정반대 영향을 미칩니다. 그 여성이 자신에 대해 내리는 결론은 정확할 수도 있고 그렇지 않을 수도 있으며, 그 자신에게 긍정적 영향과 부정적인 영향 둘 다를 미칠 수 있습니다.

이와 비슷한 일이 주님과 우리 사이의 사랑의 관계에서도 일어납니다. 그러나 그보다 훨씬 더 심오하고 긍정적인 영향을 미칩니다. 주님 안에서, 우리는 왕과 여왕처럼 사는 데 필요한 모든 것과, 우리를 사랑하시는 주님을 닮아 가는 데 필요한 자원을 다

가지고 있습니다. 두 가지 방법으로 이 자원들을 우리 것으로 삼을 수 있습니다. 첫째, 모든 면에서 매력적이고, 영원하기도 한 삶의 동반자이신 주님을 더 잘 알아 가야 합니다. 그리고 둘째로, 우리 자신이 누구인지, 우리가 주님과 하나가 되었기 때문에 우리의 신원이 새롭게 어떻게 바뀌었는지에 대해 배워야 합니다.

그렇게 되면, 우리는 자신에 대한 다른 사람들의 반응이라는 불충분한 토대를 근거로 자신이 누구인지를 인식하지 않게 됩니다. 또한 살아가고 섬기는 일에서, 우리 힘으로 예수님을 닮으려고 애쓰지 않게 됩니다. 주님을 더 많이 의지할수록 주님을 더 닮아 가게 됩니다. 주님을 신뢰하고, 주님께 대해 믿음을 가지며, 주님을 의지할수록 말입니다. 그리고 우리의 믿음은 어떻게 자랍니까? 단지 하나님을 더 잘 앎으로 자라 갑니다. 참모습 그대로의 하나님을 알게 되면, 하나님을 믿고 의지하지 않을 수가 없습니다.

사랑하는 삶

그리스도의 생명을 내 안에 가지고 있습니다. 이 생명은 어떤 생명입니까?

먼저, 그것은 사랑을 하는 생명입니다. 성령의 첫 번째 열매요 가장 중요한 열매는 사랑입니다. 새로운 생명을 가지고 있는 우리는 하나님과 다른 사람을 사랑하는 데 필요한 것은 무엇이나 가지고 있으며, 사랑하는 삶은 진정으로 그리스도를 닮은 삶의 핵심입니다.

성경은 여러 곳에서, 성령을 통한 그리스도의 내주와 사랑을 강조해서 연관시키고 있습니다. 요한복음 14:23에서, 예수님께서는 자신을 사랑하고 순종하는 사람은 하나님의 사랑의 임재를 경험하게 될 것이라고 약속하셨습니다. "내 아버지께서 저를 사랑하실 것이요, 우리가 저에게 와서 거처를 저와 함께하리라." 그 후에 예수님께서는 그분 자신 안에 우리가 거하는 것을 가지가 포도나무에 붙어 있는 것으로 비유하시면서, 이렇게 덧붙이셨습니다. "아버지께서 나를 사랑하신 것같이 나도 너희를 사랑하였으니, 나의 사랑 안에 거하라"(15:9).

갈라디아서 2:20에서 바울은 더 이상 자기 자신이 사는 것이 아니라, 그리스도께서 자기 안에 사신다고 선언하면서, 예수님을 "나를 사랑하사 나를 위하여 자기 몸을 버리신 분"이라고 묘사했습니다.

특히 요한일서에서, 우리를 향한 하나님의 사랑, 다른 사람을 향한 우리의 사랑, 그리고 성령을 통해 하나님께서 우리 안에 내주하는 것 사이의 긴밀한 관계를 발견합니다.

> 사랑하는 자들아, 하나님이 이같이 우리를 사랑하셨은즉 우리도 서로 사랑하는 것이 마땅하도다. 어느 때나 하나님을 본 사람이 없으되 만일 우리가 서로 사랑하면 하나님이 우리 안에 거하시고 그의 사랑이 우리 안에 온전히 이루느니라. 그의 성령을 우리에게 주시므로 우리가 그 안에 거하고 그가 우리 안에 거하시는 줄을 아느니라. …하나님이 우리를 사랑하시는 사랑을 우리가 알고 믿었노니 하나님은 사랑이시라. 사랑 안에 거하는 자는 하나님 안에 거하고 하나님도 그 안에 거하시느니라. (요한일서 4:11-13,16)

하나님께서는 내 안에 거하시기 때문에, 나는 어떤 인간적인 사랑의 관계에서보다 더 친밀하게 하나님의 사랑을 경험할 수 있습니다. 하나님은 사랑이십니다. 그러므로 하나님께서 나의 지성과 감정과 의지를 다스리시게 해드리고, 하나님께서 나의 속사람을 채우고 흠뻑 적시고 있음을 믿을 때, 하나님께서는 나를 사랑으로 채우십니다.

우리는 사랑의 새로운 원천을 가지고 있습니다. 우리는 하나님께서 원하시는 수준으로 다른 사람을 사랑할 수 있는 능력이 없습니다. 그러나 이 무능력에서 벗어나게 해주는 완전한 사랑을 가지고 있습니다. "이 비밀은 너희 안에 계신 그리스도시니, 곧 영광의 소망이니라"(골로새서 1:27). 그리스도께서 우리 안에 계시기 때문에, 사랑할 수 있는 능력을 얻기 위해 그분을 의뢰할 수 있습니다. 그러므로 사랑과 거리가 있는 반응이 나타날 때마다, 우리는 다시 주님께로 돌아가, 주님께서 그분의 사랑으로 우리를 통해 사랑하시도록 해드리면 됩니다.

내가 자주 자백할 필요가 있는 죄로는, 염려(주님을 신뢰하지 못한 것 포함)와 다양한 형태로 나타나는 사랑 부족(방어적인 태도, 조급하고 인내하지 못하는 태도 등)이 있습니다. 최근에 워렌과 마찰이 있었는데, 그의 말을 통해 나에게 아주 좋지 않은 면이 있는 것을 알게 되었습니다. 나는 자신을 합리화하고 문제가 모두 그의 잘못인 것처럼 보이게 만드는 버릇이 있었던 것입니다. 나는 내가 옳고, 그는 틀린 것처럼 보이게 만들곤 했습니다. 이 사실을 깨닫자 너무나 괴로웠습니다. 이 죄는, 비록 오랫동안 별로 진지하게 다루지는 않았지만, 긴 역사를 가지고 있었습니다. 홍콩에 살고 있을 때, 동생 남편이 그것에 대해 말해 준 적이 있었습니다. 그리고 클 때는 메리에게도 자주 그렇게 했다는 것을 알고 있습니다. 나는 전혀 변하지 않았는가? 나는 과연 이 나쁜 경향으로부터 자유로워질 수 있을까?

  이 문제 때문에 낙심이 되어 갈등하다가 깨닫게 된 사실은 내재하는 죄가 반드시 근절되는 것은 아니라는 것이었습니다. 하나님께서는 종종(어쩌면 대개?) 그 죄 된 성향을 근절시키시지 않고 그대로 두심으로 우리를 겸손케 하고 좀더 그분을 의지하게 하십니다. 우리의 죄악 된 경향과 관련하여, 대개의 경우 영적 성장은 우리가 한 번도 죄를 범하지 않는 것을 의미하는 것이 아니라, 죄를 범하는 빈도는 떨어지고 더 빨리 회개하는 것을 의미합니다. 성장했다는 것은, 십자가의 왼쪽(사망과 패배 쪽)에서 시간을 점점 더 적게 보내고, 오른쪽(생명과 승리 쪽)에서 점점 더 많은 시간을 보내는 것을 의미합니다. 그래서 나는 십자가 왼쪽에 속한 낙담으로부터 하나님의 완전한 용서의 기쁨을 누리는 쪽으로 돌이켰습니다. 그리고 이 죄를 빨리 깨닫게 되고, 더 큰 겸손과 사랑을 더 지속적으로 나타낼 수 있게 해주시도록 기도했습니다.

능력 있는 삶

내 안에 그리스도의 생명을 가지고 있다는 것은 또한 내가 삶에 능력, 혁명적인 능력을 가지고 있다는 의미입니다. 그 혁명적인 능력은 나의 성품을 변화시키며 나의 봉사가 효과적이 되게 합니다. 그리스도께서는 온갖 종류의 환경에 있는 온갖 사람들의 마음속에 있는 온갖 필요를 다 채우실 수 있다는 증거가 너무나 많이 있습니다. 나는 이에 관해 S. D. 고든이 한 말을 좋아합니다. (현대어로 바꾸고 약간 단순하게 만들었습니다.)

인간의 상상력으로는 왕 되신 그리스도로부터 흘러나오는, 삶을 송두리째 바꿔 놓는 놀라운 능력을 알지 못한다. 그 능력은 심령이 가난하고 감사의 태도를 가진 사람들의 삶으로 부드럽게, 오묘하게, 그러나 거침없이 흘러 든다. 이 능력은 성령의 은혜로운 통치 아래 있는 사람들을 통해 온전히 흘러 나간다. 그들은 그리스도와 얼굴과 얼굴을 마주하며 살아가고, 필요가 생길 때마다, 그리고 성령께서 절대 주권적으로 인도하실 때마다 그 능력을 받아들이는 사람들이다.

우리는 능력 있는 삶, 주님의 부활의 능력이 함께하는 삶을 살 수 있습니다. 그 이유가 무엇입니까? 그것은 그리스도께서 부활하셨고, 이제 주님의 부활한 생명, 능력 있고 모든 것을 이기는 생명이 우리 생명이기 때문입니다. 그것은 또한 하나님께서는 "우리 가운데서 역사하시는 능력대로 우리의 온갖 구하는 것이나 생각하는 것에 더 넘치도록 능히 하실" 수 있기 때문입니다 (에베소서 3:20 참조).

할 수 있다는 것을 진정으로 믿음

그러므로 우리는 십자가 오른쪽에서 살아야 합니다. 이를 위해서는, 자신이 새로운 사람이며, 우리 속에 성령께서 계신다는 것을 단순하게 믿고, 자발적으로 성령께 굴복하며, 성령의 은혜로운 영향력에 따라 사는 삶을 살아야 합니다. 그때 우리는 새로운 능력을 갖습니다. 우리는 주님의 생명으로 살아 있으며, 주님의 영으로 소성함을 얻고 능력을 입었기 때문입니다. 이 사실을 진정으로 믿을 때, "나는 할 수 있다!"라는 느낌을 갖습니다.

바울은 빌립보서 4:13에서 자신의 그러한 경험을 말하고 있습니다. "내게 능력 주시는 자 안에서 내가 모든 것을 할 수 있느니라." 내 생각에, 그는 여기서 자기를 내세우지 않는 태도, 거짓 겸손의 태도로 말하고 있지 않습니다. 그렇습니다. 하나님께서는 그에게 '나는 할 수 있다'라는 강한 확신을 주셨습니다. 그것은 물론 그리스도 중심적인 확신이었습니다. 내게 능력 주시는 그리스도로 말미암아 나는 모든 것을 할 수 있습니다. 바울은 자신과 그리스도의 내적 연합을 의지했으며, 그래서 모든 것에 대처할 수 있었고, 살아가다 부닥치는 어떤 것도 감당할 수 있었습니다. 우리도 그렇게 될 수 있습니다. 우리 자신이 모든 것을 할 수 있는 것이 아닙니다. 그렇게 하려고 하다가는 금방 힘이 바닥나게 될 것입니다. 그러나 우리 안에 있는 주님의 생명으로 말미암아, 우리는 주님께서 원하시는 모든 것을 행할 수 있습니다.

나는 종종 고린도후서 3:5 말씀으로 돌아갑니다. "우리 자신에게는 능력이 없습니다… 우리의 능력은 하나님께로부터 나옵니다"(NIV). 이 말씀의 시제가 현재 시제로 되어 있다는 사실에 주목하십시오. 우리의 능력은 바로 지금 하나님께로부터 나옵니다. 나중에 우리가 좀더 성장한 후에 나오게 될 것이다가 아닙니다. 이 사실이 좋습니다. 그래서 이렇게 기도할 수 있습니다. "주님, 단지 주님을 의뢰할 때, 바로 지금도 저는 주님께로부터 오는 충분한 능력을 가지고 있습니다. 전능하신 주님께서 그 능력을 가지고 제 속에 계십니다. 장차 주님께서 점점 더 제 삶을 주장하실 것이며, 주님의 능력과 아름다움이 점점 더 저의 전인격에 충만하게 될 것으로 인해 기쁨을 느낍니다. 그러나 바로 지금도 주님께서는 저의 충분한 능력이십니다. 그래서 주님께 감사드립니다."

예수님께서는 "나를 떠나서는 너희가 아무것도 할 수 없음이라"(요한복음 15:5)라고 말씀하셨습니다. 어느 날 주님께 이렇게 말씀드렸습니다. "주님, 이 말씀이 다 이해되지는 않습니다. 그러나 주님께서 그렇게 말씀하셨으니, 그런 줄 믿습니다. 하지만 약간 혼란스러운 것이 있습니다. 저는 주님을 의지하지 않고도 할 수 있는 게 많습니다. 접시를 닦고, 편지를 쓰고, 아이들을 키우기도 합니다. 주님 없이도 아이들에게 고함을 칠 수도 있고, 대개는 친절하게 대할 수도 있습니다. 그러니 주님, 주님 없이는 아무것도 할 수 없다는 이 말씀이 무슨 뜻입니까?"

그때 주님께서 상기해 주신 것은, 자신이 성적을 매기는 분이시라는 것이었습니다. 주님만이 나의 모든 노력이 어떤 가치를 갖는지, 진정으로 어떤 의미가 있는지를 결정하십니다. 그리고 주님께서 요한복음 15:5에서 말씀하고 계신 것은, 내 힘으로 어떤 것을 하고 있으면 나의 점수는 0점이라는 것입니다. 그때는 아무 상급도 기대할 수 없습니다. 그때 내 말이나 행동은 십자가의 왼쪽으로부터 나오고 있기 때문입니다. 그것은 나의 육신적 노력의 산물입니다. 그런데 육신적인 일마저도 주님께서 나의 생명과 호흡을 유지시켜 주지 않으시면 할 수가 없습니다.

물론, 그리스도로 말미암아 모든 것을 한다는 것이, 흔들의자에 앉아서 "주님, 제가 저녁 식사 준비를 하기 원하실 때는 저를 일으켜 주세요. 성령께서 일으켜 주실 때까지 여기서 기다리겠습니다"라고 말하는 것을 의미하지는 않습니다. 그것은 하나님께서 특별한 방법으로 동기를 부여해 주실 때만, 식사 준비를 하거나, 직장으로 가거나, 사람들과 관계를 맺는 것을 의미하지 않습니다. 하나님께서는 그런 식으로 일하시지 않습니다. 내 쪽에서

해야 할 일이 있으며, 내가 주도권을 잡고 그 일을 하면서 힘과 지혜와 사랑을 공급받기 위해 하나님을 의지해야 합니다.

그러나 차이점은 다음과 같습니다. 당신은 진공 청소기의 스위치를 올리고 집 전체를 청소할 수 있습니다. 또는 원하기만 한다면, 청소를 하는 것과 똑같은 동작을 하면서, 스위치만 올리지 않을 수도 있습니다. 당신은 두 번 다 똑같은 양의 일을 하지만, 두 번째 방법으로는 아무 결과도 얻지 못합니다. 단지 먼지와 쓰레기를 헤치고 다닐 뿐입니다. 당신은 청소를 위해 필요한 힘을 전혀 공급받지 않고 있습니다.

한편, 당신은 스위치를 올리고 나서 "진공 청소기야, 청소 시작!"고 말하고 나서는, 자리에 앉아서, 진공 청소기가 "윙" 소리를 내며 각 방을 돌아다니면서 모든 쓰레기와 먼지를 빨아들일 것을 기대하면서 귀를 기울이고 있지 않습니다.

우리는 전원 스위치를 올립니다. 그리고, 그 전기의 힘을 이용하여 청소를 합니다. 마찬가지로, 우리는 믿음으로 주님의 능력을 사용하며, 그 능력으로 주님의 일을 합니다.

남편은 고린도전서 15:10 말씀을 좋아합니다. "그러나 나의 나 된 것은 하나님의 은혜로 된 것이니, 내게 주신 그의 은혜가 헛되지 아니하여 내가 모든 사도보다 더 많이 수고하였으나 내가 아니요, 오직 나와 함께하신 하나님의 은혜로라." 이 구절은 하나님의 일과 우리의 일을 설명하고 있는데, 우리의 영적인 삶, 가정 생활, 봉사, 인간 관계, 직장 일, 그리고 우리가 하는 그 외의 모든 일에서 진정으로 성공하기 위한 비결을 요약합니다. 이 비결을 샌드위치로 비유할 수 있는데, 윗조각과 아랫조각은 하나님의 은혜이고 그 가운데 열심 있는 수고가 들어 있습니다.

베티 스탬은 중국으로 간 선교사였는데, 거기서 남편과 함께

1930년대에 공산주의자들에게 죽임을 당했습니다. 베티는 다음과 같은 글을 썼습니다.

> 예수님이 본이 되시기는 하나,
> 나는 예수님처럼 살 수가 없다.
> 주님은 강하신 분이요 이기심이 없으시나
> 나는 자신에게 매여 있기 때문이다.
> 나는 예수님처럼 살 수가 없다.
> 나의 영혼은 결코 자유롭지 않고,
> 내 생각은 강하고 고집스러우며,
> 나의 사랑은 약하고 보잘것없다.
> 그러나 나는 예수님께 기도했다.
> 내 속에서 주님의 삶을 사시도록.

오랫동안 나에게 축복이 되고 있는 또 다른 시가 있습니다. 그것은 대드 바이어스가 자주 인용했는데, 그는 남부 신사로서 내가 대학에 다닐 때 채플 예배에서 종종 말씀을 전했습니다. 그는 이 시가 자신에게는 글로 기록된 것 가운데 가장 큰 의미를 가졌다고 했습니다. 물론 성경은 빼고 말입니다. 그 시는 다음과 같이 시작됩니다.

> 오, 만왕의 왕이신 예수님,
> 제 속에서 주님의 삶을 사시옵소서.
> 바로 주님께서 제 모든 질문에 대한 답이 되소서.
> 제 안에서 주님의 삶을 사시고,
> 모든 것을 다스려 주소서.

제가 투명한 매체가 되게 하사
주님의 영광을 드러내게 하소서.

그것이 십자가의 오른쪽에서 사는 삶이요, 예수님의 생명을 의지하는 삶입니다.

주님, 감사합니다. 주님께서는 놀라운 내적 연합을 통해 제 속에 거하시며, 저를 너무나 사랑하셔서 이런 방법을 통해 저를 온전케 하여 주셨습니다. 주님께서는 제 마음 속의 모든 필요와 처한 모든 상황에서 모든 필요를 채우실 수 있으시며, 또한 채우시기 위하여 제 속에 거하시니 주님을 찬양합니다.

하나님 말씀인 성경은, 제 안에 계신 예수 그리스도로 말미암아 제가 실제로 새로운 사람이 된 것을 보여 줍니다. 얼마나 기쁜 일인지 모릅니다. 참된 생명을 선물로 주신 것이 얼마나 감사한지요! 저는 정결하고 의로우며, '진정한 저'는 온전히 그리고 영원히 주님께 받아들여집니다. 이 사실을, 제 안에 있는 주님의 생명으로 인해 믿음으로 압니다. 주님의 아름답고 영광스러운 이름 제게 주시고, 그것이 실제로 제 것이 되게 해주시니 감사드립니다.

십자가의 엄청난 부활의 능력을 생각할 때 참으로 기쁩니다. 그 능력으로 주님께서 저를 십자가의 빈 무덤의 사망 쪽에서 생명 쪽으로 영원히 옮기셨습니다.

하나님, 단순한 믿음으로 예수님의 이름과 부활하신 생명을 저의 생명으로 받아들입니다. 제 속에 있는, 저의 쓰레기통으로 옮아갈 때 알게 해주시고, 나쁜 태도, 생각, 행동이 나올 때 진리의 뚜껑으로 덮어서 중지시키게 해주소서.

제가 하는 모든 일에서 주님과 사랑으로 연합되어 있으니 감사드립니다. 제 안에 있는 주님의 생명을 의지할 때 점점 더 자신감과 활력을 심어 주시리라 믿습니다. 주님, 주님의 사랑과 능력이 저를 통해 흘러 넘치게 하셔서 다른 사람의 삶에 영향을 미치게 하소서. 그리하여 오늘 주님을 영화롭게 할 수 있게 해주소서.

예수님의 이름으로 기도드립니다.

묵상, 기도, 그리고 적용을 위한 질문

이 장에서 하나님께서 당신에게 특별히 말씀해 주신 성경 구절이나 진리는 무엇입니까? 이로부터 최대의 유익을 얻기 위해 무엇을 하겠습니까?

제 11 장

하나님의 완전한 사랑 안에서
나는 참으로 자유롭다

하나님의 사랑을 이해하는 면에서 나는 아직 초심자라는 생각이 듭니다. 때때로 하나님에 대한 지식이라는 광활한 바다에 발을 담그기도 하고, 그 물 속에 뛰어들어 수영을 약간 할 때도 있습니다. 또는 한가롭게 그 물 위에 둥둥 떠 있기도 합니다. 그러나 이 모든 것은 바닷가에서만 이루어집니다. 하나님에 대해 알아야 할 것이 더 많이 있습니다. 가까운 바다에도 수평선 저 너머에도. 그러나 비록 초심자이기는 해도, 나는 하나님의 사랑 때문에 안전할 뿐만 아니라 자유롭다는 것을 알고, 기쁨을 느낍니다.

안전과 자유를 동시에 경험하는 것. 그것은 오묘한 일입니다. 그 두 가지는 보통 함께 있지 않습니다. 그러나 이 장과 다음 장에서 그 둘에 대해 좀더 자세히 살펴보면서, 하나님의 사랑을 경험할 때, 어떻게 그 두 가지가 그토록 아름답게 어울리는지 살펴보겠습니다.

역사를 통하여, 크고 작은 운동의 주창자들은 자신들의 목표에 함께하는 모든 이들에게 자유를 약속했습니다. 이러한 약속들은 대부분 거짓임이 드러났습니다. 베드로후서 2:19에서 하나님께서는, 자유를 약속하면서 곁길로 이끄는 사람들에 대해 경고합니다. "저희에게 자유를 준다 하여도 자기는 멸망의 종들이니, 누구든지 진 자는 이긴 자의 종이 됨이니라." 자유를 약속하는 사람들이 많이 있지만, 대부분은 그들 자신이 뭔가의 종이었습니다. 더구나, 그들이 자유라고 생각한 것은 실제로는 자유가 아니었습니다.

하나님의 완전한 사랑을 이해하고 경험하는 것이 진정한 자유에 이르는 유일한 길입니다. 사실, 그것은 자유로워지는 것 그 이상으로 이끄는 길입니다.

십자가는 자유의 표상

예수님께서는 자유를 약속하시는데 그 약속은 진실합니다. 왜 주님께서 이땅에 오셨습니까? 누가복음 4:18에서 그 이유를 설명하고 있습니다. 주님께서 이땅에 오신 것은 포로 된 자에게 자유를, 눈먼 자에게 다시 보게 함을 전파하며, 눌린 자를 자유케 하기 위해서입니다. 주님께서는 '해방'과 '보게 함'과 '자유'를 주기 위해 오셨습니다.

그리고 요한복음 8:36에서, 예수님께서는 "(내가) 너희를 자유케 하면 너희가 참으로 자유하리라"고 말씀하십니다. 주님께서 주시는 자유는 진정한 자유입니다. 그 자유는 주님과의 개인적인 관계를 통하여 우리 것이 되며, 주님께 가까이 나아갈 때 주님께서 개인적이고 사랑스런 손길로 우리 삶에 함께하심으로서 우리 것이 됩니다.

스코틀랜드의 R. 레너드 스몰 목사는 예수님에 대해 다음과 같이 묘사했습니다. 내가 좋아하는 말입니다.

예수님께서는 해방군의 사령관과 같아서, 오랫동안 포위되어 있던 요새로 진군해 들어가, 굶어 죽어 가던 생존자들의 환영을 받는다. 그분은 그들의 해방자요, 그들의 구세주이시며, 억압하고 있던 자들로부터 그들을 해방시키시는 분이시다.

그는 예수 그리스도는 "인간 마음속의 갈망을 채우기 위해 하나님께서 오래 기다리셨다가 친히 주신 해결책"이라고 덧붙였습니다. 우리는 모두 자유를 갈망해 왔으며, 그리스도께서는 그 갈망이 실현될 수 있게 하셨습니다. 사탄의 전체 계획은 우리를 자기 노예로 삼아 자기 목표에 추종하도록 하는 것입니다. 사탄의 목표는 우리가 하나님으로부터 독립해서 살게 만드는 것입니다. 우리는 하나님으로부터 '독립'하면 진정한 자유를 누릴 것으로 생각하지만, 실제로는 죄와 사망의 노예가 될 뿐입니다. 그러나 우리가 사탄의 종이 되어 있을 때도, 하나님께 반역하고 있을 때도, 예수님께서는 우리를 사랑하셨습니다. 그리하여 자유를 가장한 속박으로부터 우리를 해방하셔서 참 만족을 얻을 수 있게 해 주셨습니다.

십자가는 자유의 표상입니다.

그리고 거듭나 하나님의 자녀가 된 지금도 주의 깊게 우리 삶을 살펴보면, 아직도 노예 상태에 있는 영역들을 발견하게 될 것입니다. 그런 줄도 몰랐던 영역입니다. 우리는 자신이 과거의 배경, 사람들을 향한 원망이나 분노, 잘못된 목표의 노예가 되어 있는 것을 알게 됩니다. 우리는 벗어버릴 수 없는 태도에, 자신의 욕망, 자신의 감정, 자신의 사고 방식에 노예가 되어 있습니다.

그러나 하나님을 더 많이 알고 그 사랑을 더 많이 경험할수록,

우리는 더 자유로워집니다. 하나님의 말씀으로 나아가 성령의 가르침을 받을수록 더 많은 자유를 경험합니다. 점점 더 우리는 자유롭게 되어 하나님께서 뜻하신 아름다운 인격을 갖추어 갑니다.

그것은 기쁨이 넘치는 자유입니다. 시드니 러니어가 묘사했던 것과 똑같습니다. "습지와 하늘 사이 모든 공간을 꽉 채운 자유 안에서 습지의 새가 날아오르듯, 나는 하나님의 위대하심 안에서 날아오르리라."

말라기 4:2은 자유를 시각적으로 보여 주는 또 하나의 그림으로서 자주 내게 힘을 북돋아 줍니다. "내 이름을 경외하는 너희에게는 의로운 해가 떠올라서 치료하는 광선을 발하리니, 너희가 나가서 외양간에서 나온 송아지같이 뛰리라." 특히 뒷부분에 있는 약속이 좋습니다. 해가 뜰 때 외양간에서 송아지를 내놓으면, 송아지가 자유를 얻은 기쁨으로 껑충껑충 뛰는 것을 본 적이 있습니까? 그처럼 우리는 구세주가 이땅에 오신 것, 다시 말해, 오랫동안 기다렸던 의로운 해가 떠오른 것을 기뻐할 수 있습니다. 우리 주님께서는 지금도 여전히 치료하는 광선을 발하여 우리를 영적으로 새롭게 하며, 육적으로까지 새롭게 하십니다. 기뻐할 만한 일입니다!

이러한 진정한 자유는 언제 우리 것이 됩니까? 하나님으로부터 독립하여 육신에 따라 마음대로 사는 거짓된 자유를 포기하고, 하나님의 포로, 하나님의 완전한 사랑에 포로가 될 때 우리 것이 됩니다. 조지 마더슨은 하나님의 비할 데 없는 사랑에 포로가 된다는 것이 어떤 의미인지 다음 시에서 잘 표현했습니다.

주님, 저를 사로잡으소서.
그러면 자유로워지리이다.

저의 검을 내려놓게 하소서.
그러면 제가 정복자가 되리이다.
제 힘으로 서 있을 때면,
삶 속의 두려움 때문에 가라앉나이다.
주님의 두 팔 안에 갇힐 때,
제 손은 강하게 되리이다.

십자가의 은혜로 자유롭게 됨

자유케 해주는 하나님의 사랑을 믿으면 우리 마음이 고양되며, 어떤 환경에서도 기쁨을 누릴 수 있습니다. 그러한 하나님의 사랑은 우리의 요새가 되며, 우리는 어떤 공격 위협에도 끄떡하지 않게 됩니다. 자신과 다른 사람을 비교합니까? 다른 사람의 인정을 받지 못하고 있거나, 또는 그럴 가능성이 있다고 두려워하고 있습니까? 자신의 약점과 죄 때문에 낙심이 됩니까? 우리를 사랑하시는 왕께서는 비교하지 않으십니다. 하나님께서는 우리 각자를 즐거워하시며, 우리를 기뻐하십니다(시편 149:4). 하나님께서는 우리를 정죄하거나, 비난하거나 거부하지 않으십니다. 하나님의 은혜는 변함이 없습니다. 그 은혜는 우리가 뭔가를 잘했다고 커지지도, 뭔가를 잘못했다고 작아지지도 않습니다. 그리고 우리가 허락하기만 하면 삶 속을 밝게 비춥니다.

그러면 왜 걱정 때문에 밤잠을 이루지 못합니까? 왜 다른 사람을 비난하고, 자신을 책망하고, 변명 거리들을 생각하느라 시간을 낭비하고 있습니까? 이런 것은 다 불신의 증상들입니다. 하나님의 은혜가 아니라 다른 것을 의지하고 있음을 보여 주는 증상인 것입니다.

다음과 같은 일이 일어납니다. 우리는 누군가의 인정을 받는 것이 필요하며, 만약 의식적으로 하나님의 인정을 기억하지 않으면, 자동적으로 사람들로부터 인정을 받으려고 하게 됩니다. 우리는 자신이 '훌륭한' 사람이고, 매력적이고, 호감이 가고, 능력 있고, 믿을 만한 사람이라는 것을 다른 사람들과 자신에게 입증하려고 합니다. 그러나 이곳에서는 찡그리는 얼굴을 만나고, 저곳에서는 꾸지람을 듣습니다. 그리하여 불안이 엄습해 옵니다. 그럴 때 세상적인 치유책을 사용해 보려고 합니다. 걱정합니다. 다른 사람들의 생각을 바꾸어 보려고 하고, 자신의 말과 행동을 고쳐 보려고 합니다. 기도를 하기까지 합니다. 그러나 그렇게 하여 어느 정도 안도감을 얻었다 해도 그것은 일시적입니다. 원인이 아니라 증상을 다루고 있기 때문입니다. 그 원인은 여전히 깨닫지 못하고 있습니다. 원인은 하나님을 믿지 않고, 그 은혜를 의지하지 않는 것입니다.

치유책은 무엇입니까? 하나님의 은혜입니다. 하나님의 과분한 은총, 하나님의 다함이 없는 친절, 부족하기 짝이 없는 우리를 향한 하나님의 사랑이 치유책입니다. 우리는 죄(증상과 원인)를 자백해야 하고, 죄 사함을 받았다는 사실과 예수님 안에서 부족함이 없는 존재라는 사실을 말씀에 따라 굳게 믿어야 합니다. 성령께서는 하나님의 치유책을 시행하시며, 원인을 다루시고, 내부로부터 치료하십니다. 하나님의 은혜는 우리의 내적 질병을 치료하는 약이며, 이것을 자주 복용하면 재발이 최소화될 것입니다.

"하나님께서는 지극히 놀라운 분이어서… 우리 인간 본성 깊숙한 곳의 요구들을 만족시키고 흘러 넘치게까지 하실 수 있다. 비록 그 본성이란 이해하기 어렵고 깊은 곳에 감추어져 있을지라도." 그 요구에는 "우리 자신에 대해 좋게" 느끼는 것, "괜찮은 사람"이라고 느끼는 것도 포함됩니다. 세상 사람들도 그렇게 느끼고자 하는데, 이를 위해, 죄의 실체를 부인하거나 의로우신 하나님 앞에서 진정으로 죄가 있다는 사실을 부인합니다. 소위 세상의 '권위 있는 자들'은 그들에게 죄의식은 잘못된 것이며 무시해야 한다고 말합니다. 그래서 그들은 무시해 보려고 합니다. 그러나 그런 해결책은 거짓말에 기초한 것이며, 그 효과가 그리 오래가지 않습니다. 실제로 죄가 있고, 죄는 회개와 용서를 필요로 하기 때문입니다.

십자가만이 우리를 자유롭게 해주며, 현실적인 방법으로 우리 자신에 대해 좋게 느끼게 합니다. 예수님의 십자가로 말미암아 우리는 정결케 되었고, 용서받았으며, 조금도 죄의 얼룩이 남아 있지 않습니다. 우리는 죄의식을 느끼지 않고 살 수가 있습니다. 그리고 우리 자신이 참 생명으로 살아 있으며, 강하고, 능력이 있으며, 하나님께서 원하시는 것을 하기에 충분하다고 느낄 수 있습니다. 주님께 얼마나 감사를 드려야 할지!

대적을 흩으시는 하나님

우리는 하나님께서 주시는 자유를 하나의 돌파(흩음)로 볼 수 있습니다. 그것은 그 자유를 매우 실제적으로 보는 방법입니다. 지난해 워렌과 나는 하나님의 축복을 엄청나게 받았습니다. 하지만, 우리 부부와 우리가 사랑하는 이들과 우리가 선교하고 있는 사람들은 압력과 시련도 많이 겪었습니다. 우리는 압력과 시련 속에서 종종 사무엘하 5:20 말씀으로 돌아갔습니다. 그 구절을 보면, 다윗은 큰 승리를 거둔 후에 "여호와께서 물을 흩음같이 내 앞에서 내 대적을 흩으셨다"고 했습니다. 그리고 나서 그곳

이름을 바알브라심('돌파하시는 주')이라고 불렀습니다. '흩음'은 돌파, 격파, 타개 등으로 번역될 수도 있습니다.

'돌파하시는 주'이신 우리 하나님께 기도하는 것은 얼마나 안도감과 축복을 안겨 주는지 모릅니다. 하나님께서는 우리의 대적, 우리의 문제, 우리의 괴로움, 우리의 깊은 필요 속으로 들어가 이를 격파하실 수 있고, 또 그렇게 하기 원하십니다. 하나님께서 크고 두려워할 만한 능력을 가지고 우리를 도우시려 하늘을 타고 오십니다. 하나님께서는 우리를 보호하는 방패요, 승리의 검이요, 대적들을 우리에게 복종하게 하시는 분이십니다(신명기 33:26-29). 우리 하나님은 모든 종류의 속박에서 자기 백성들을 해방하신 오랜 역사를 가지고 계십니다.

우리는 기도를 시작할 때 다음과 같이 하나님을 찬양하기 좋아합니다. "하나님께서는 '돌파하시는 주'로서, 강력하시고 노련하시며, 깊고 성실하신 사랑이 동기가 되어 움직이시고, 언제든 필요하다고 여길 때는, 단번에든 점차적으로든, 역사하시는 하나님이십니다."

그리고 나서 우리 자신과 다른 사람들의 해방을 위해 어떤 돌파나 흩음이 필요하든 그것을 위해 기도합니다. 주님의 사랑으로 자기 중심적인 태도, 분노, 원망을 흩어 버려 주시고, …주님의 기쁨으로 슬픔과 침체를 대체해 주시고, …주님의 화평으로 근심과 불안과 마찰을 몰아내 주시고, …주님의 소망으로 낙담과 좌절을 물리쳐 주시고, …주님께서 주시는 건강으로 질병을 이기게 하시고, …주님의 임재를 통해 소성케 하고 활기차게 해주시고, 등등. 우리는 주님께서 육신과 육신적인 방법, 세상과 그 정욕, 사탄과 그 목적을 물리쳐 주시도록 간구합니다. 다른 말로 하면, 돌파하듯이 장애물을 물리치시고 이런 저런 형태의 새로운 자유를 가져다 주시도록 기도합니다.

우리 부부는 혼자서나 둘이서 함께 "돌파(흘음)를 위한 기도"를 하는데, 부부들을 위해서, 각 개인을 위해서, 우리 자신을 위해서, 자녀들과 십대들을 위해서, 주님의 종들을 위해서, 그리고 믿지 않는 이들을 위해서 기도합니다. 우리는 마음이 특히 쓰이는 몇몇 사람과 필요를 위해 기도하는 것으로 시작합니다. 마음이 쓰이는 이유는 아마도 최근에 전화 통화를 했거나 편지를 받았거나, 함께 대화를 나누면서 그들의 큰 필요를 알게 되었기 때문입니다. 우리는 가까운 곳과 먼 곳에 있는 사람들을 위해 기도하되, 비슷한 돌파(흘음)와 축복을 위해 기도합니다. 우리는 특별히 필요한 돌파를 기록한 간단한 목록을 가지고 있으며, 올해 그 중 몇 가지에 대해서는 놀라운 응답을 받았습니다. 나머지 것들을 위해서는 계속 기도하고 있습니다.

몇 주 전의 어느 날 밤이었습니다. 근심 걱정으로 잠이 깨었습니다. 다시 잠을 이룰 수가 없어 일어나 따뜻한 털 스웨터를 걸치고, 내가 좋아하는 의자에 가 앉았습니다. 성경을 펴자 역대하 7장이 나왔습니다. 솔로몬은 하나님의 거하실 처소로 성전을 지었는데, 이 성전과 관련하여 하나님께서는 그 7장에서 솔로몬에게 특별한 약속들을 주셨습니다. 하나님께서 나에게 상기시켜 주신 것은, 이제는 이 약속들이, 하나님의 성전이 되고 하나님께서 거하시는 특별한 처소가 된 우리 각자에게 해당된다는 것이었습니다. "이곳에서 하는 기도에 내가 눈을 들고 귀를 기울이리니, … 내 눈과 내 마음이 항상 여기 있으리라"(15-16절). 진심 어린 마음으로 변함없이 관심을 쏟고 계시는 바로 이 하나님께 우리는 돌파(흘음)와 축복을 위해, 그리고 자신의 큰 필요와 다른 사람들을 위해 기도합니다. 하나님께서는 들으시고 응답하십니다. 비록 어떤 응답은 오는 데 시간이 걸리지만, 결코 때늦게 오지는 않습니다.

거듭거듭 하나님께서는 난관을 돌파하시고 대적을 흩으시며, 다른 사람들과 우리에게 자유를 주십니다. 즉 괴롭히는 것들로부터 자유롭게 해주시거나, 그런 것들 속에서 마음을 자유롭게 해주시는 것입니다.

어디서 자유는 시작되는가

하나님의 사랑 안에 자유가 있는데, 이 자유를 경험하려면 먼저 생각이 바뀌어야 합니다. 흔히 잘못된 생각 때문에 하나님의 사랑을 신뢰하지 못하기 때문입니다. 잠언 4:23 말씀을 좋아하는데, 이렇게 번역되어 있는 곳도 있습니다. "당신이 어떻게 생각할지를 조심하라. 당신의 삶은 당신의 생각에 따라 모양이 결정될 것이다."

느닷없이 어떤 감정이 일어나는 것이 아니며, 대개 감정은 어떤 생각을 하느냐에 따라 결정됩니다. 어떤 곤경에 처해 있는데, 그 상황이 특히 끈질기게 감정적으로 힘들게 할 수 있는 경우라도, 어떻게 생각하느냐에 따라 비참한 느낌을 아주 약화시킬 수도 있고, 강화시킬 수도 있습니다. 그 선택은 우리에게 달려 있습니다.

현실적으로 산다는 것은 하나님께서 가르쳐 주신 놀라운 진리들을 잘 알고 그대로 산다는 뜻입니다. 우리는 하나님, 우리 자신, 올바른 삶의 방식, 그리고 죄와 사탄을 이기는 법에 대한 진리들을 제대로 알아야 합니다. 성경을 가득 채우고 있는 긍정적인 사실들에 생각의 초점을 맞추는 것이 특히 중요합니다. 빌립보서 4:8은, 참되며, 경건하며, 옳으며, 정결하며, 사랑할 만하며, 칭찬할 만하며, 덕이 되며, 기릴 만한 것이 무엇이든, "이것들을 생각하라"고 말합니다. 그렇게 하면, 우리를 덫에 걸리게 하고 속박하는 생각에서 자신을 지킬 수 있습니다. 또한 참되지 않은 것, 경건치 않은 것, 그릇된 것, 정결하지 못한 것, 혐오할 만한 것, 비판받을 만한 것이나 비난받을 만한 것에 생각의 초점을 맞추지 않게 됩니다.

종종 시편 103:1-5에 끌리곤 합니다. 여기서 다윗은 하나님을 찬양하는 것으로 시작합니다. "내 영혼아, 여호와를 송축하라. 내 속에 있는 것들아, 다 그 성호를 송축하라." 나의 전인격이 하나님을 찬양해야 합니다. 먼저, 의지와 지성이 이 일에 참여해야 합니다. 나는 하나님과, 하나님의 말씀과, 하나님의 약속들에 생각의 초점을 맞추기로 할 수 있습니다. 그리고 빌립보서 4:8에 나오는 것과 같은 긍정적인 생각을 꾸준히 함으로 감정이 영향을 받게 할 수 있습니다. 또는 잠시 멈추고 어떤 말씀 하나를 조용히 떠올리고, 자꾸 생각함으로 잠잠히 하나님의 실체를 묵상합니다. 내가 종종 사용하는 말씀은 "너희는 가만히 있어 내가 하나님 됨을 알지어다"(시편 46:10)라는 말씀이나 "오직 여호와를 앙망하는 자는 새 힘을 얻으리니"(이사야 40:31)라는 말씀입니다.

다윗은 이어서 시편 103:2에서 "그 모든 은택을 잊지 말지어다"라고 했습니다. 그리고 나서 하나님의 은택을 죽 열거하는데, 이 내용은 감사의 마음을 갖는 데 참으로 도움이 될 것입니다.

하나님께서는 나의 모든 죄악을 사하신다. 나는 완전히 용서받았습니다. 그리스도의 희생으로 말미암아 나는 하나님 보시기에 지금도 그리고 앞으로도 영원히 온전합니다! 조그마한 죄의 얼룩도 남아 있지 않습니다.

하나님께서는 나의 모든 병을 고치신다. 성령에 의해, 하나님께서는 나의 전존재에 건강과 힘과 활력을 가져오십니다(로마서 8:11 참조).

하나님께서는 나의 생명을 파멸에서 구속하신다. 이것은 육체적인 면일 수도 있고 감정적인 면일 수도 있습니다. "나를 기가 막힐 웅덩이와 수렁에서 끌어올리시고"(시편 40:2).

하나님께서는 나에게 인자와 긍휼로 관을 씌우신다. 어떤 번역에서는 "인자와 긍휼로 나를 둘러싸셨다"로 되어 있습니다. 나는 하나님의 강력한 사랑에 둘러싸여 있으며 하나님의 사랑의 그늘 속에 있습니다.

하나님께서는 좋은 것으로 내 소원을 만족케 하신다. 그리하여 나의 청춘을 새롭게 하여 독수리같이 날아오를 수 있게 합니다. 우리가 모시고 있는 하나님이 어떤 분인지를 잘 보여 주고 있습니다. 하나님께서는 수많은 은택의 원천이시며, 우리 마음에서 찬양이 우러나게 하십니다.

시편 126:3은 "여호와께서 우리를 위하여 대사를 행하셨으니 우리는 기쁘도다"라고 말합니다. 단순하면서도 힘있는 묘사가 아닙니까? 하나님께서 가족인 우리를 위해 행하신 큰 일들과 다른 사람들의 삶에서 행하신 큰 일들을 돌이켜볼 때, 하나님 안에서 기뻐할 수 있습니다. 그리고 조용히 멈추고, 하나님의 존전에서 기뻐할 수 있습니다.

기쁨이란 감정은 그토록 마음에 활력이 넘치게 합니다. 이 때문에 주님께서는 매우 활력을 주시는 분입니다. 우리 왕께서는 최고의 기쁨과 즐거움의 기름으로 기름 부음 받으셨기 때문입니다(시편 45:7).

이러한 진리들에 초점을 맞추는 것은 문자 그대로 우리의 생각을 바꿀 수 있으며, 그리하여 우리의 감정과 삶도 바꿀 수 있습니다. 그것은 우리로 마음놓고 하나님을 신뢰하게 합니다.

내적 승리의 기술

생각 방식을 바꾸기 위해서는 4장에서 소개한 진리들로 다시 돌아가야 합니다. 거기서 소개한 세 단계가 생각과 감정의 문제를 다루는 데 매우 도움이 된다는 것을 알게 되었습니다. 그 세 단계는 부정적인 생각이나 감정으로부터 벗어나야 할 때 재빨리 밟을 수 있는 하나의 과정으로서, 우리를 자유롭게 하여, 참된 평안 가운데 사람들을 섬기며 하나님의 뜻을 행할 수 있게 합니다.

먼저, 우리가 생각하고 있는 것이나 느끼고 있는 것을 인정합니다. 그리고 그 바람직하지 못한 생각이나 느낌을 주님께 털어놓습니다. 한 예로, 마감일 때문에 쫓기고 있다면 이렇게 말씀드릴 수 있습니다. "주님, 저는 마감일을 맞추지 못할 것이라는 두려움, 그리고 이것이 저의 장래에 미칠 영향에 대한 부정적인 생각으로 가득 차 있습니다." 우리는 자신의 감정을 무시하거나 억누르지 않습니다. 예를 들면, 다윗은 자신의 부정적인 감정을 감추지 않았습니다. 그는 스스럼없이 그러한 감정을 하나님 앞에서 표현했습니다. 그리고 나서는 "어쨌든 주님을 찬양하겠습니다" 식의 태도를 취할 수 있었습니다.

때때로 인정이란 단계에는 죄를 자백하는 것도 포함됩니다. 우리는 잠시 동안 부정적인 생각과 감정에 휩싸였고, 그것은 죄이기 때문입니다. 이런 말이 있습니다. "새가 당신의 머리 위를 날아다니는 것은 막지 못해도, 당신의 머리에 둥지를 틀지 못하게는 할 수 있다." 부정적이고 성서적이지 못한 생각과 반응은 일어나게 마련이지만, 그것을 사로잡아 재빨리 조치를 취하는 법을 배울 수 있습니다. 그리고 재빨리 조치하지 않고 사로잡힐 때마다 이를 죄로 인정하고, 자백하고, 그리고 앞으로 나아갈 수 있습니다. 우리는 "주님, 이러한 두려운 생각에 온통 사로잡히는 바람에 주님을 신뢰하지 못했습니다. 용서해 주소서"라고 말씀드릴 수 있습니다. (그리고 게으름을 피우다가 일이 밀렸다면, 그것에 대해서도 자백하는 것이 좋을 것입니다.)

두 번째 단계는, 인정하고 자백한 부정적인 태도나 감정을 물리치는 것입니다. 그 마감일 문제의 경우, 다음과 같이 기도함으로 두려움을 물리칠 수 있습니다. "주님, 이러한 두려운 생각과 느낌을 거부하겠습니다. 그런 생각과 느낌이 저를 지배하며, 제게서 에너지를 고갈시키며, 힘을 빼도록 두지 않겠습니다. 대신 성령께서 저를 지배하시도록 하겠습니다."

이것을 회개하는 것 또는 거부하는 것으로 부를 수도 있습니다. 그것은 뒤돌아서는 것입니다. "주님, 저는 그러한 감정으로부터 주님께로 돌아섭니다. 저는 주님께 기쁨 대신 슬픔을 드리면서 하루를 보내고 싶지 않습니다. 그래서 이러한 부정적인 생각과 태도를 거부합니다."

세 번째 단계는 감사하는 마음으로 진리를 생각하는 것입니다. "주님, 이러한 부정적이고 두려운 생각을 버리고 '제게 능력 주시는 자 안에서 제가 모든 것을 할 수 있다'고 생각하겠습니다. 주님께서 제 안에서 역사하고 계시며, 마감일을 맞추든 못 맞추든 저의 장래가 주님의 손 안에 있으니 감사드립니다."

우리는 하나님의 말씀의 진리를 생각합니다. 두려운 생각, 염려하는 생각, 교만한 생각, 또는 그 밖의 어떤 부정적인 생각이든, 그러한 생각이 쏟아져 나오는 쓰레기통에 뚜껑을 덮는 진리를 생각하는 것입니다. 그리고 감사하는 마음으로 그러한 진리를 생각합니다. 감사는 우리 믿음을 북돋아 주기 때문입니다. 감사는 하나님을 그 상황 가운데로 모셔들이며, 우리 믿음을 확증합니다.

그 세 단계를 사용하는 것은 다양한 상황에서 도움이 되었습니다. 어떤 그룹에 말씀을 전하거나 누구에게 상담을 해줄 때 내가 어떤 인상을 줄지 염려가 됩니다. 그때 나는 그 감정을 인정하고, 나의 염려를 부채질하는 교만한 생각을 거부하고 물리칩니다. 기도로 그렇게 할 수 있습니다. 예를 들면 이렇게 기도합니다. "주님, 저는 이 일을 잘하지 못하면 어떡하나 염려가 되며, 사람들이 저를 어떻게 생각할지 두렵습니다. 저는 사람들에게 영광을 구하고자 하는 모든 열망을 거부하겠습니다."

그리고 감사 가운데 진리를 생각합니다. 이 특정한 염려에 대해서는, 시편 115편의 첫 구절이 좋았습니다. "여호와여, 영광을 우리에게 돌리지 마옵소서. 우리에게 돌리지 마옵소서. [나는 "하나님, 영광을 제게 돌리지 마옵소서. 제게 돌리지 마옵소서"라고 말합니다.] 오직 주의 인자하심과 진실하심을 인하여 주의 이름에 돌리소서." 그리고 이어서 감사로 나아갈 수 있으며, 이와 같이 말씀드립니다. "주님, 요한일서 5:14 말씀에 따르면, 주님께서는 주님 뜻대로 구하는 기도를 들으시고 응답하십니다. 이에 대해 감사드립니다. 저의 영광이 아니라 주님의 영광을 구하는 이 기도에 응답해 주시리라 믿습니다. 그리고 이 일이 제가 아니라 주님을 영화롭게 할 것을 알기에 안심이 되고 기쁩니다. 이로 인해 감사드립니다." 그때 또한 나 자신의 영광에 대한 생각은 잊어버리게 되며, 염려는 씻은 듯이 사라집니다.

R. K. 해리슨은 시편 115:1을 이렇게 번역했습니다. "주님, 우

리에게 명예를 돌리지 마소서. 그 대신 주님의 명성을 드높이소서." 나는 이렇게 기도하는 것도 좋아합니다.

인정하고, 물리치고, 그리고 감사함으로 진리를 생각하는 것. 이 세 가지 단계를 밟는 것이 내적 자유를 얻기 위한 기술입니다. 이 단계를 밟을 때 하나님께서는 얼마나 자주 우리의 염려와 적대감과 자기를 정죄하는 생각을 기쁨으로 변화시키시는지 모릅니다. 하나님께서는 "희락의 기름으로 그 슬픔을 대신하며, 찬송의 옷으로 그 근심을 대신하게" 하십니다(이사야 61:3). 그리고 우리가 근심하는 자 같으나 항상 기뻐할 수 있게 하십니다(고린도후서 6:10 참조). 바울처럼 말입니다.

흔히 시간에 맞추는 문제 때문에 이 세 단계가 필요합니다. 예를 들면, 손님들이 도착하기 전에 식사를 다 준비해 두어야 한다든지, 저녁에 계속 일이 있는데 다음날 시작되는 장기 여행을 위해 짐을 싸서 두어야 한다든지, 중요한 시험을 앞두고 이를 위해 준비해야 한다든지, 납부일에 맞추어 돈을 입금해야 한다든지…. 때로 나는 자신의 필요를 인정하는 데 더딥니다.

1987년의 일입니다. 나는 예배와 찬양과 감사에 관한 책인 찬양: 하나님의 존전에 이르는 문(네비게이토 출판사 발행)의 마감일을 두 주간 앞두고 있었습니다. 그런데 마감일에 맞추어 원고를 넘겨 줄 수 있을지 계속 염려가 되었습니다. 그러나 잠시 멈추고 왜 염려가 되는지 그 원인을 살펴보는 대신, 염려되는 마음을 무시하거나 피상적으로만 그 문제를 하나님께 맡기면서 계속 매진했습니다. 마침내 하나님께서는 어느 날 밤에는 잠을 이루지 못하게 하셨으며, 그 염려의 원인을 알아보게 하셨습니다. 그 원인으로는 원망하는 마음도 있고, 마감일 문제에서 손을 활짝 펴고 하나님께 온전히 맡기며 하나님의 때가 나의 때와 일치하든 그렇지 않든 하나님의 때에 초점을 맞추어야 하나 그렇게 하지 못한 것도 있었습니다. 더 근본적인 문제가 있었습니다. 나는 하나님 한 분만을 신뢰하기보다는 나의 저술 능력을 신뢰하고 있는 것을 다시 한 번 깨닫게 되었습니다. 나를 받쳐 주는 그처럼 든든한 지지대가 있는데 그토록 형편없는 지지대를 다시 의지해서야 되겠습니까?

우리 아들 브라이언이 결혼을 하고 나서 1년 후, 아들 내외는 아시아에 와서 5주간 동안 머물었는데, 싱가포르의 우리 집에 머물기도 했고, 우리 부부와 함께 말레이시아와 홍콩을 여행하기도 했습니다. 그것은 주님께서 이끌어 주시고 축복해 주신 특별한 시간이었습니다. 우리는 허심탄회하게 마음을 나누는 대화를 많이 나누었고, 즐거운 시간과 휴식 시간도 많이 가졌으며, 기도와 말씀으로 교제하는 시간도 풍성하게 가졌습니다. 우리는 그 시간을 통해 관계가 깊어지게 해달라고 기도를 많이 했는데, 주님께서는 우리가 구한 것 이상으로 풍성하게 응답해 주셨습니다. 그들과 함께하는 모든 시간을 통해 기쁨을 누렸습니다. 그 다섯 주가 끝나 이별의 아픔으로 눈물을 흘릴 때도 기쁨이 있었습니다.

그들이 떠나던 날, 역대하 20:3 말씀이 마음에 와 닿았습니다. "여호사밧이 두려워하여 여호와께로 낯을 향하여 간구하고." 나를 힘들게 하는 감정이 어떤 것이든(이때는 사랑하는 이들과의 이별로 인한 슬픔), 여기에 해결책이 있었습니다. 그것은 바로 일어나는 감정을 경험하고, 솔직한 기도, 찬양, 그리고 말씀에 반응을 나타내는 것을 통해 관심을 하나님께로 돌리는 것입니다.

여호사밧은 하나님이 누구시며, 과거에 무엇을 하셨으며, 무엇을 약속하셨는지에 관심을 돌리고 이를 생각했습니다. 그는 자기와 자기 백성들이 매우 힘든 위기 상황을 맞이했는데, 그 상황을 극복할 만한 능력이 자기들에게는 전혀 없다는 것을 인정했습니다. 그는 하나님께서 역사하실 것을 기대하는 마음으로 그분을 바라보았으며, 하나님의 지시 사항들에 순종했습니다. 그리고 그 모든 과정에 찬양과 경배와 기대에 찬 믿음의 찬송을 곁들였습니다. 두려움으로부터 자유로워지기를 원할 때 우리가 따를 만한 본으로 참으로 좋습니다! 아마도 우리가 시련을 통과하며 괴로운 감정을 느낄 때가 바로 하나님께서 "너는 내 얼굴을 찾으라"고 가장 자주 말씀하시며, "하나님, 제가 하나님의 얼굴을 찾겠습니다"라는 우리의 응답을 듣고 싶어하실 때일 것입니다(시편 27:8 참조).

죄의식으로부터의 자유

하나님께서는 여러 가지로부터 우리를 자유롭게 하시지만, 그 가운데 가장 기본이 되는 것이 죄의식과 죽음의 공포로부터 자유롭게 하시는 것입니다. 하나님께서는 요한복음 3:16을 이해하게 하심으로서, 가장 먼저 이 두 가지로부터 나를 자유롭게 해주셨습니다. 처음으로 나는 마음속 깊이 그리고 개인적으로 구원의 진리를 깨달았습니다. 그 구원의 진리란, 예수님께서 나를 위해, 나의 죄를 위해 죽으셨고, 단지 예수님을 믿기만 하면 나는 하나님으로부터 영원히 분리되어 지옥의 형벌을 받지 않고 영생을 누리게 된다는 것이었습니다. 나는 그 진리를 진정으로 믿었고, 고개를 숙이고 이렇게 기도했습니다. "고맙습니다! 주님께서 제게 영생을 주셨습니다." 바로 그 순간, 나는 죄의식과 죽음 이후에 일어날 일에 대한 두려움에서 자유로워졌습니다. 그 진리가 나를 자유케 했던 것입니다.

우리 재판장이신 하나님 앞에서 우리가 어디에 서 있는지를 충분히 알고 기억하는 것이 매우 중요합니다. 요한일서 2:1에는 예수님을 아버지 앞에 있는 우리의 변호사로 그리고 있는데, 나는 이를 좋아합니다. 참소자인 사탄은 법정에서 하나님께 이렇게 고소합니다. "당신의 자녀인 이 사람이 무엇을 했는지 보십시오! 그는 정죄받아야 마땅합니다!" 그러나 예수님께서는 우리를 변호하기 위해 일어서시더니 이렇게 말씀하십니다. "아버지, 나는 그 사람과 그의 모든 죄를 위해 죽었습니다." 그때 아버지께서는 "소송을 기각한다"라고 선언하시고 망치를 두드리십니다. 그리고 이 구절을 주목해 보십시오. 예수님께서 이렇게 우리를 변호하시는 것은 우리가 죄를 자백할 때가 아니라 죄를 범할 때입니다. 우리의 법적인 의로움은 끊임없이 자백을 하는 데 달려 있지 않습니다. 법적으로, 우리는 용서를 받았으며, 영원히 하나님께 받아들여졌습니다. 필립스는 로마서 8:33-34을 이렇게 풀었습니다. "누가 감히 하나님께서 선택하신 우리를 정죄하겠습니까? 재판관이 친히 우리가 죄에서 자유롭다고 선언하셨습니다. 누가 정죄하는 자리에 있습니까? 오직 그리스도, 그리스도께서 우리를 위해 죽으시고, 그리스도께서 우리를 위해 살아나시고, 그리스도께서 우리를 위한 권세를 가지고 다스리고 계시고, 그리스도께서 우리를 위해 기도하고 계십니다!"

그것이, 우리의 정죄 문제에 관한 한, 죄의 해결책입니다. 더 해결해야 할 것이 있는데, 그것은 가족 사이의 조화와 하나님과의 친밀한 교제와 관련이 있습니다. 앞에서 보았듯이, 우리는 단순하고 진지한 자백을 통해 하나님과 교제를 회복할 책임이 있습니다. 우리는 밖으로 뛰어나가 진흙탕 속에서 놀다 온 꼬마와 같습니다. 엄마가 그 꼬마를 보면, 곧바로 껴안지 않습니다. 먼저 그 애는 엄마가 물로 자기를 씻기도록 해야 합니다. 그 다음 엄마는 그 꼬마를 안아 주고, 안으로 데려가 함께 식사를 하며, 모든 것은 정상으로 회복됩니다. 마찬가지로, 우리는 자백하고 죄를 씻음으로 하나님과 교제를 회복합니다.

이 모든 것을 이해하고 있을 때라도, 죄를 범하면 법정에서 일어나는 어떤 광경이 자꾸 마음속에 떠오릅니다. 우리 대적 사탄이 고소를 하는 광경입니다. 우리는 감정적으로 사탄의 말에 동의합니다. 고소당했다고 느낍니다. 자신이 선하지 않다고 느낍니다. 우리가 할 수 있는 생각은 오직 "난 또 그 죄를 지었어"뿐입니다.

내가 그런 생각과 느낌을 갖고 있을 때도, 하나님의 용서라는 햇빛은 여전히 밝게 빛나고 있습니다. 그러나 나는 여러 가지 방법으로 블라인드를 닫고 햇빛을 차단할 수 있습니다.

한 가지 방법은, 나의 죄를 인정하기를 거부하는 것입니다. 성령께서는 "룻, 그런 태도는 죄니까 자백해야 해"라고 말씀하십니다. 그러면 나는 '글쎄, 그것은 단지 인간적인 거죠. 여자들은 대개 다 그래요'라고 생각합니다. 또는 '제가 그런 반응을 보인 것은 그 사람의 행동 때문이에요"라고 말합니다. 자신을 정당화하는 것입니다. 우리 죄를 하나님 앞에 가지고 갈 때마저, 자백하는 것으로 시작하여 변명하는 것으로 끝낼 때도 있습니다.

블라인드를 닫는 방법이 또 있습니다. 그것은, 용서를 얻어내려고 시도하는 것입니다. 거기에는 긍정적 접근법과 부정적 접근법, 이렇게 두 가지가 있습니다. 우리는 "정말로 앞으로는 더 잘하겠습니다"라고 약속을 드립니다. 그것은 긍정적 접근법입니다. 우리는 "절대로 다시는 그런 죄를 범하지 않겠습니다"라고 하나님께 말씀드립니다. 그리고 '꽤 오랫동안 같은 잘못을 범하지 않으면, 하나님의 은혜를 도로 회복할 수 있겠지'라고 생각합니다. 또는 한동안 특별하게 훌륭한 삶을 삶으로써 죄의식을 해결하고자 합니다. 그리하여 두 가지의 균형을 잡으려고 하는 것입니다. 혹은 부정적인 접근법을 쓰기도 합니다. '죄 때문에 꽤 오랫동안 어려움을 겪는다면, 꽤 오랫동안 자신을 호되게 꾸짖는다면, 꽤 오랫동안 후회하고 괴로워한다면, 아마 용서받을 만한 자격을 갖출 거야'라고 생각하는 것입니다. 우리는 스스로 부과한 속죄 행위로 자신을 징계합니다. 이런 방법들은 죄를 다루는 세상적인 방법이지 하나님의 방법은 아닙니다. 그런 방법은 단지 값없이 따뜻하게 흘러내리는 하나님의 자비와 용서를 차단할 뿐입니다. 내가 용서받았다는 진리를 받아들이지 않으면, 사실상 나는 하나님을 믿지 않음으로써 죄를 더 범하고 있습니다.

성경적인 반응은 로마서 8:33-34의 진리를 기억하는 것입니다. 재판장이신 하나님께서 우리가 죄에서 자유롭다고 선언하셨습니다. 사탄이 고소할 때, 예수님께서는 자신의 보혈을 가리키십니다. 그러므로 우리는 히브리서 4:16 말씀처럼 하나님께 담대히 나아갈 수 있습니다. 사탄이 "너는 지금 하나님 앞에 나아갈 수가 없어! 그럴 만한 자격이 없어!"라고 속삭일 때, 우리가 기억할 것은 우리는 한 번도 무슨 자격이 있어서 하나님 앞에 나아가는 것이 아니라는 것입니다. 우리가 나아가는 것은 하나님께서 완전한 사랑 가운데서 언제나 용서할 준비를 갖추고 계시기 때문입니다.

로마서 4:8은 "주께서 그 죄를 인정치 아니하실 사람은 복이 있도다"라고 말합니다. 하나님께서는 우리에게 죄를 지우시지 않습니다. 우리 죄를 기록하고 계시지 않으며, 헤아리고 계시지도 않습니다. 왜 그렇습니까? 우리 죗값은 그리스도께서 다 지불하셨고, 모든 계산은 끝났기 때문입니다. 우리가 죄를 범할 때 그 죄는 나에게 돌아오지 않습니다. 예수님께서 십자가에서 내 모든 죄를 지셨고, 나는 하나님 앞에서 주님의 의로운 신분을 공유하고 있기 때문입니다. 안전하고 영원한 신분입니다.

완전한 사랑으로 말미암아 하나님께서는 자기 정죄로부터 우리를 해방하셨습니다. 그리고 자기를 정죄하는 것이 얼마나 현실과 동떨어진 것인지를 우리에게 보여 주십니다. 하나님께서는 우리를 사랑하시며, 받아들이시고, 용서하셨으며, 우리가 그릇된 것을 한 번도 하지 않은 것처럼 여기시기 때문입니다.

그것은 진정 그토록 단순합니다. 요한일서 1:9은 우리가 죄를 자백하면, 하나님께서는 미쁘시고 의로우셔서 우리 모든 죄를 용서하시며, 모든 불의에서 우리를 깨끗케 하여 주신다고 말합니다. 성령께서 마음에 떠오르게 해주신, 알고 있는 죄를 자백한다는 것은 단지 그것을 인정하는 것입니다. 구체적으로, 그리고 터놓고, 시인하는 것입니다. 그때 하나님께서는 그 죄를 용서하시며, 우리의 양심을 깨끗케 씻어 주십니다. 우리가 자백만 하면 하나님께서는 이렇게 양심을 깨끗케 해주십니다. 이를 통해 최대의 유익을 얻으려면, 우리를 용서해 주신 하나님을 찬양하는 것도 도움이 됩니다. 마치 우리가 죄를 아예 짓지 않았던 것처럼 여기시는 하나님을 찬양하는 것입니다.

경건한 상담자요 저술가인 모리스 와그너 박사는 우리가 죄를 자백한 후에 스스로 물어 보아야 세 가지 질문을 제시했는데, 매우 도움이 되는 질문입니다.

첫 번째 질문은, "누가 나를 소유하고 있는가?"입니다. 하나님께서 나를 소유하고 있다는 것을 인정하는 것은 모든 죄의 기초가 되는 뿌리, 밑에 숨어 있는 뿌리를 제거합니다. 죄는 우리 삶의 통치권을 우리에게로 가져오는 것이기 때문입니다. 나는 에베소서 4:31 말씀("너희는 모든 악독과 노함과 분냄과 떠드는 것과 훼방하는 것을 모든 악의와 함께 버리고")에 순종하지 못하고 누군가에게 분을 낼지 모릅니다. 그러나 내가 그렇게 한 것은 근본적으로는 하나님께서 하나님이 되시게 하지 않았기 때문입니다. 마치 내가 나의 생명을 소유하고 있고 하나님의 명령과 관계없이 내 맘대로 할 수 있는 자유를 가지고 있는 것처럼 행동한 것입니다.

그러므로 나는 이 첫 번째 질문에 다음과 같이 답변합니다. "하나님, 하나님께서 저를 소유하고 계십니다. 제 삶에 대한 통치권을 다시 하나님께 넘겨 드립니다."

두 번째 질문은 "누가 나를 용서하시고 깨끗하게 하셨는가?"입니다. 그 대답은 "바로 하나님"입니다. 나를 소유하고 계시는 바로 그 하나님께서 또한 나를 용서하시고 의롭다고 선언하십니다. 하나님께서 내가 깨끗하다고 말씀하시면, 그것은 사실입니다. 그것은 진실입니다. 무슨 큼직한 회계 장부에 나를 정죄하기 위해 죄가 줄줄이 기록되어 있는 게 아닙니다.

세 번째 질문은 "누가 나를 교제로 회복시키는가?"입니다. 다시 한번 그 답은 "하나님"입니다. 마치 누가복음에 나오는 탕자의 아버지처럼 하나님께서는 아들인 나를 교제로 회복시키십니다(누가복음 15:11-24 참조). 하나님께서는 완전하게 회복시키시며, 마치 내가 죄를 짓지 않았던 것처럼 하십니다.

그때 나는 이 세 가지 놀라운 진리로 인해 하나님을 찬양할 수 있으며, 하나님의 전적인 용서를 즐거워할 수 있습니다. 나는 계속 십자가와 빈 무덤의 오른쪽에서 살 수 있으며, 내가 완전히 정결하다는 것을 알고 느낄 수 있습니다. 이것은 얼마나 자유를 가져다 주는지 모릅니다!

그릇된 사고 방식으로부터의 자유

완전한 사랑을 가지신 하나님께서는, 우리를 해롭게 할 수 있는 사고 방식과 감정으로부터 계속 우리를 자유롭게 하십니다.

예를 들면, 내가 늘 '난 할 수 없어. 난 할 수 없어' 하고 생각하고 있다면, 나의 믿음 부족은 내가 할 수 있는 일의 범위를 제한합니다. 그때 하나님께서 우리가 나아가 어떤 일을 행하기 원하시면, 나는 자신이 능력이 없다고 느낄 것입니다. 나는 순종의 첫 단계를 밟는 것이 두려울 것이요, 아마 내키지도 않을 것입니다. 하나님께서는 그 기회나 상황을 위해 힘과 능력을 공급해 주시려고 기다리고 계시지만, 나는 그것을 믿음으로 받을 준비가 되어 있지 않을 것입니다.

잘못된 믿음과 사고 방식은 나를 곁길로 벗어나게 하며, 나의 평안을 깨뜨리지만, 말씀의 진리들은 지난 세월 동안 그러한 잘못된 믿음과 사고 방식을 물리치는 데 몇 번이고 도움이 되었습니다. 그런데 6-7년 전쯤, 하나님께서는 나에게, 나의 생각과 감정을 좀더 면밀히 살펴보며 그것들 가운데 내가 이전과는 다른 새로운 방식으로 다루어야 할 것이 있는지 알아보라고 하시는 것 같았습니다. 그래서 나는 이렇게 기도하기 시작했습니다. "하나님, 제 속에 하나님과의 동행을 방해하는 것이 있습니까? 하나님의 뜻을 온전하게 행하지 못하게 막는, 하나님이나 제 자신에 관한 잘못된 생각이 있습니까? 제가 적극적으로 다루지 않은 아픔이나 슬픔이 있습니까? 다시 말해, 아픔이나 슬픔을 하나님 앞에 털어놓아 하나님께서 치료하시며 위로하시도록 해드림으로 적극적으로 다루어야 하는데, 그렇게 하지 않은 것이 있습니까? 아직도 저의 처세술과 제 능력을 의지하고 있는 영역이 있습니까? 잘못된 믿음인데 단호하게 떨쳐 버리지 않고 있는 것은 없습니까? 삶의 어떤 영역에서도 하나님을 물리치고 싶지 않습니다!"

나는 아주 어렸을 때부터 당시까지 어떤 사건들이 있었고, 그때 내가 어떻게 느꼈는지에 대해 기도하기 시작했습니다. 그리고 나에게 큰 영향을 주었던 많은 것들을 기록했습니다. 많은 사람들이 겪은 것에 비하면 사소한 것일지 모르지만 내게는 큰 영향을 끼친 것들이었습니다. 예를 들면, 어린 시절부터 느끼기 시작하여 그 후에도 자주 느끼곤 했던 것은, '나 혼자다'라는 고통스런 느낌이었습니다. 이 깨달음은 나를 놀라게 했습니다. 나는 그러한 느낌들을 그대로 드러낸 적은 없었지만 그러한 느낌들은 은근히 나를 괴롭혀 왔습니다.

내가 발견한 것들에 대해 워렌과 대화를 많이 나누었는데, 특히 말레이시아의 산 속에서 함께 휴가를 보낼 때 많이 나누었습니다. 그때 나는 몇 개의 목록을 만들었는데, 나의 잘못된 사고방식(내가 자신에게 말해 왔던 크고 작은 반쪽 진실이나 거짓말), 그리고 내가 잘 사용하는 나 중심적인 처세술이 포함되었습니다. 나중에, 홍콩의 어느 조그만 도서관에서 워렌과 단둘이 있을 때, 나는 그 목록들을 가지고 기도하면서, 각각의 잘못된 사고방식과 잘못된 처세 방식에 대해 자백했고, 이를 버리겠다고 하나님께 말씀드렸습니다. 이사야 30:15 말씀이 동기를 주었습니다. "너희가 돌이켜 안연히 처하여야 구원을 얻을 것이요, 잠잠하고 신뢰하여야 힘을 얻을 것이어늘."

내가 발견한 것 가운데 몇 가지를 소개하겠습니다. 내가 육신적으로 살 때 하는 잘못된 생각 중 하나는 "나는 아주 의미심장한 방법으로 일을 성취해야 한다"라는 것입니다. 또 다른 그릇된 믿음은 "나의 삶은 내가 헤쳐 나갈 수 있다. 다른 사람의 도움은 불필요하다"라는 것입니다. 그리고 아주 어렸을 때 했던 다짐으로서, 자라면서 더 강화시켜 온 것이 있습니다. 이런 것입니다. "나는 강한 사람, 자신을 의지하는 사람이 되자. 독립적이 되고, 자기 문제는 스스로 대처할 수 있는 사람이 되자. 다른 사람들은 '어린아이'처럼 될 수 있으나 나는 아니다." 이러한 잘못된 생각이나 신념들을 좀더 단호하고 깊게 다루는 것이 도움이 되었습니다. 내가 발견한 이러한 것들에 대해 다른 사람들과 나누면서, 이렇게 기도 부탁을 했습니다. "이러한 옛 패턴들이 고개를 내밀 때마다 신속하게 하나님께 합당한 반응을 보이며, 하나님께서 주시는 통찰을 얻는 데 깨어 있도록 기도해 주십시오."

이러한 과정은 필요한 것이었지만 쉬운 것은 아니었습니다. 나는 눈물을 흘렸으며, 또한 하나님의 사랑과 자비를 느꼈습니다. 누가복음 1:78-79 말씀과 말라기 4:2 말씀을 통해 힘을 얻은 적이 한두 번이 아닙니다. 예수님 안에서 성취된 예언들입니다. "이는 우리 하나님의 긍휼을 인함이라. 이로써 돋는 해가 위로부터 우리에게 임하여, 어두움과 죽음의 그늘에 앉은 자에게 비취고, 우리 발을 평강의 길로 인도하시리로다… 내 이름을 경외하는 너희에게는 의로운 해가 떠올라서 치료하는 광선을 발하리니, 너희가 나가서 외양간에서 나온 송아지같이 뛰리라."

아마 당신도 자신을 살펴보는 시간을 가지고, 당신 삶 속의 어떤 문제 뒤에 어떤 사고 방식이 자리잡고 있는지 알아보아야 할 것입니다. 알게 해주시도록 기도하십시오.

이것 또한 쓰레기통 뚜껑을 닫기 위해 진리를 사용하는 문제입니다. 사탄은 우리가 자기 권세 아래 있다가 벗어나서 그리스도의 나라의 자유로 들어간 것에 화가 나 있습니다. 그래서 우리를 혼란에 빠뜨리고 낙심시키려고 합니다. 사탄은 우리가 자기 정죄의 먹구름 아래서 방황하기 원하며, 이를 위한 속임수를 수없이 가지고 있습니다. 사탄은 온갖 거짓말을 합니다. 그러나 우리는 하나님의 계시된 진리를 가지고 있습니다. 그 진리가 사탄의 거짓말을 밝혀내고 우리를 보호해 줍니다.

그리스도인으로 성장하기 위해 중요한 것은, 단지 성경으로 나아가 하나님에 관해 우리가 잘못 생각하고 있는 것이 무엇인지 말씀을 통해 밝혀 내는 것입니다. 예를 들면, 하나님이 우리가 알고 있는 어떤 사람, 우리에게 부당한 대우를 한 어떤 사람과 같을 것이라고 생각할 수 있습니다. 우리는 말씀을 통해 알고 확신해야 합니다. "아니야. 하나님께서는 그런 분이 아니야"라고 말입니다. 그러므로 우리는 성경 말씀을 살펴봅니다. 그러면서 "제 눈을 열어 하나님이 참으로 어떤 분인지를 보게 하심으로 하나님에 관한 진리들을 믿을 수 있게 해주소서"라고 기도합니다. 말씀 속에서 하나님에 관한 특별한 진리들을 살펴볼 때, 우리를 참으로 자유롭게 해주는 진리를 한두 개 발견합니다. 우리는 그 진리들에 대해 생각하고, 그 속에 잠기며, 때가 되면 그 진리들은 아름답게 빛나는 보석들이 됩니다. 우리 묵상으로 연마된 보석들입니다.

염려로부터의 자유

아마도 극심한 염려가 내가 가장 자주 빠져드는 부정적 혹은 파괴적인 내적 패턴일 것입니다. 나는 쉽사리 그러한 패턴에 걸려 넘어집니다. 염려에 사로잡힐 때, 하나님과 말씀에 초점을 맞추면 하나님께서 나를 자유롭게 해주시는 것을 경험합니다.

오래 전의 일이 생각납니다. 나는 우리가 알고 있는 어떤 부부가 나를 별로 좋지 않게 여기고 있을지 모른다고 염려하고 있었습니다. 그들이 나를 좋지 않게 여기게 되면, 주님을 섬길 수 있는 특별한 기회뿐 아니라 매우 귀중한 친구 관계가 해를 받을 것이라고 두려워했습니다. 이 염려에 대해 기도하자 하나님께서는 시편 84:11 말씀을 통하여 새롭게 격려해 주셨습니다. "여호와 하나님은 해요 방패시라. 여호와께서 은혜와 영화를 주시며, 정직히 행하는 자에게 좋은 것을 아끼지 아니하실 것임이니이다."

맨 먼저 생각해 볼 것은, 하나님께서 은혜를 주신다는 것입니다. 하나님께서 내게 호의를 가지고 있습니다. 그 사실을 생각하면, 사람들의 인정이란 별것이 아닙니다. 그러나 하나님께서는 또한 사람들의 은혜도 얻게 하십니다. 내가 정직히 행한다면, 하나님께서는 나 자신과 그분의 영광과 복음의 진보를 위해서 유익이 되지 않는다면, 어떤 악평도 허락지 않으실 것입니다.

그러므로 나는, 좋지 않은 평을 얻는 것에 대해 염려할 필요가 없으며, 그들의 호의를 계속 얻어야 한다는 생각으로 짐을 느낄 필요도 없습니다. 모든 것이 나에게 달려 있는 양 말입니다. 나의 할 일은, 단지 정직히 행하고 하나님을 의뢰하며 하나님께서 내게 호의를 가지고 계시며 은혜를 베푸신다는 사실을 기뻐하는 것입니다.

그때 이후, 여러 상황에서 하나님께서는 시편 84:11 말씀을 12절 말씀과 함께 자주 생각나게 해주셨습니다. "만군의 여호와여, 주께 의지하는 자는 복이 있나이다." 진리에 대한 믿음은 나의 염려를 물리칩니다.

대적을 치시는 하나님

우리가 인도를 여행하고 있을 때의 일입니다. 나는 뉴질랜드 출신의 동역자이자 친구이기도 한 사람과 아침 약속을 잡았습니다. 그를 론다라고 부르겠습니다. 론다는 이전에 우리가 싱가포르에서 진행한 장기 오리엔테이션 프로그램에 참석했던 사람입니다. 그 프로그램을 통해 우리는 참석자들에게 인도 문화에 적응하는 데 도움이 될 만한 것들을 많이 가르쳤습니다. 인도 여성의 겉옷인 사리를 바르게 입는 법으로부터 시작하여 인도 카레를 먹기 위한 준비로서 양념이 들어간 음식을 먹는 법까지. 개인적으로, 집중적으로, 그리고 장기간에 걸쳐 그 훈련을 시켰기 때문에, 참석자들과 우리는 서로를 잘 알게 되었습니다. 워렌과 나는 진정으로 그 사람들을 사랑하게 되었습니다.

내가 론다를 만나기로 한 날의 전날 저녁이었는데, 우리 부부는 사랑스러운 한 인도 부부와 저녁 식사를 함께 했습니다. 나는 그 집 부엌에서 부인 되는 사람과 대화를 나누게 되었는데, 그 부인은 생각했던 것보다 훨씬 더 빨리 마음을 열었습니다. 비판적인 태도는 보이지 않으면서, 그는 론다의 어떤 행동에 대해 이야기했는데, 그것 때문에 인도 사람들이 론다와 친해지기가 어렵다고 했습니다.

'어떻게 해야 하나?' 하고 나는 생각했습니다. 내가 알기에, 론다는 이미 문화적인 적응 문제와 스트레스로 어려움을 겪고 있었습니다. 그런데 론다가 인도 사람들과 간절히 사귀고 싶어해도, 자신의 서구식 생활 방식 가운데 무엇이 그들의 신경을 건드리는지 모르면 친구를 얻지 못할 것 같았습니다.

다음날 아침, 나는 은혜롭고 긍정적인 태도로 말하려고 최선을 다하면서 론다와 그 문제에 대해 이야기했는데, 론다는 내 말을 잘 받았습니다.

그러나 그 이튿날 아침 눈을 뜨자 염려가 몰려오기 시작했습니다. '도대체 내가 왜 그런 말을 했지? 론다는 그렇잖아도 스트레스를 잔뜩 받고 있는데 또 다른 스트레스를 더해 준 게 아닌가? 사탄이 이 스트레스를 이용해 론다를 낙심시켜 선교를 그만두게 하지는 않을까? 아니면, 론다는 다시는 내게 조언을 부탁하지 않을지도 몰라. 어쩌면 나와 가까이 지내려고도 하지 않을 거야.'

대개 이러한 상황에 처하면 역대하 20:15를 묵상하곤 했습니다. "이 전쟁이 너희에게 속한 것이 아니요 하나님께 속한 것이니라"라는 말씀이었습니다. 자주 그 말씀은 염려를 물리치도록 도와주었습니다. 그러나 이번에는 성경을 열면서 "주님, 오늘은 저를 위해 새로운 말씀을 보여 주세요"라고 기도했습니다.

그날 늦게 한 친구에게 쓴 편지에서 이 일에 대해 말하면서, 어떻게 하나님께서 염려에서 건져 주시고 나의 필요를 채워 주셨는지 설명했습니다(관련된 사람들의 이름은 언급하지 않고).

> 이 염려가 내 힘을 다 **빼놓도록** 해서는 안 된다는 것을 알고 이에 대해 주님께 말씀드렸고, 말씀을 통해 그 문제를 해결해 주시도록 요청했다. 주님께서는 이사야 42:13로 이끄셨는데, 나는 "(여호와께서) 그 대적을 크게 치시리로다"라는 말씀에 밑줄을 그었다. 하나님께서는 무적의 용사, 능하신 용사이시며, 안팎의 어떤 대적이나 생각할 수 있는 어떤 장해물보다도 크신 분이시다. 나 자신과 내가 염려하고 있는 일을 위해 하나님께서는 대적을 치

실 것이다.

그리고 같은 장의 4절을 통해 알게 된 것은, 하나님께서는 자신의 목적을 성취할 때까지 결코 쇠하지[실패하지] 않으시며 낙담[낙심]하지 않으신다는 것이었다. 이것은 세상에 대해 가지고 계신 넓은 목적들과 관련하여 진실이다. 그리고 내가 주님을 바라볼 때 나의 삶과 사역에서도 진실이다. 하나님께서는 내게 대해 낙심하지 않으실 것이며, 나의 삶과 환경과 사랑하는 이들 속에서 자신의 뜻을 성취하시는 데 실패하지 않으실 것이다.

3절은 "상한 갈대를 꺾지 아니하며 꺼져 가는 등불을 끄지 아니하고"라고 말한다. 하나님께서는 짓눌리고, 상하고, 낙심하고, 뛰어난 글재주가 없고, 전달 능력이 부족한 사람을 꺾거나 버리시지 않으실 것이다. 또한 어떤 식으로 낙심하거나 실패한 사람을 꺾어 놓거나 거칠게 다루지도 않으실 것이다. 우리 모두가 그런 사람이다! 우리를 위한 하나님의 영광스런 이상을 따라 사는 데 우리는 모두 실패한다. 그럼에도 하나님께서는 우리를 매우 귀중하게 여기시며, 우리 안에서 시작하신 일을 성실하게 계속 이루어 가신다.

"하나님께서는 결코 실패하지도 않으시고 낙담[낙심]하지도 않으시고… 하나님께서는 대적을 크게 치실 것이다."

하나님께서는 실패하지 않으시고 낙심하지 않으십니다. 여기서 실패한다는 말은 저버린다는 의미도 있습니다. 나는 이 진리를 론다와 관련한 나의 염려에 적용했습니다. "주님, 주님께서는 실패하거나 낙심하지 않으실 것입니다. 주님께서는 내 친구나 그와 나의 우정을 저버리지 않으실 것입니다. 주님께서는 론다가 너무 낙심되게 함으로 그를 저버리지 않으실 것입니다. 주님께서는 대적을 치실 것이요, 론다가 변화되고 인도 여성들과 좋은 친구 관계를 맺도록 능력을 주실 것입니다. 이에 대해 미리 주님께 감사드립니다!" 이렇게 기도하고 나니 염려는 눈 녹듯 사라졌습니다. 요한복음 8:31-32에 나오는 예수님의 말씀을 다시 한 번 경험한 것입니다. "너희가 내 말에 거하면… 진리를 알지니, 진리가 너희를 자유케 하리라."

그 후 하나님께서는 이사야 42장에 나오는, 이 간단하고 능력 있는 말씀을 사용하여 여러 차례 나를 염려로부터 건져 주셨습니다. 지금 그 말씀을 돌아볼 때 하나님께서는 다시 내 마음에 확신을 주십니다.

시편 94:19의 기자도 같은 경험을 했습니다. "내 속에 생각이 많을 때에 주의 위안이 내 영혼을 즐겁게 하시나이다."

초조해하거나 불평하지 말라

염려하는 것의 가까운 인척은 초조해하는 것, 안달하는 것 또는 불평하는 것입니다. 시편 36편과 37편은 내가 안달하거나 불안해하지 않고, 기쁨을 주시고 신뢰할 만한 하나님께 초점을 맞추도록 종종 도와주었습니다. 이 두 장을 한번 살펴봅시다.

시편 37:1은, 악을 행하는 자들 때문에 안달하지 말라고 합니다. 이 말씀에 따라, 나는 어찌할 수 없는 이 세상의 악에 대해 불평하지 않습니다. 또한 그 말씀을 경건한 사람들 중에 있는 죄악 된 면에 대해 초조해하지 말라는 주의로도 받아들입니다. 그들의 그릇된 행동이 중요 뉴스 거리가 되든, 나에게 직접 영향을 미치든, 초조해하지 말라는 것입니다. 내게 상처를 주는 조그만 악행(혹은 악행으로 보이는 것)에 대해 때때로 얼마나 쉽게 초조해하는지 모릅니다. 시편 37:3-5에서, 하나님께서는 악을 행하는 사람들로 인해 초조해하지 말고 그 대신 무엇을 해야 하는지 말씀해 주십니다. 나는 하나님을 신뢰해야 하고, 덩달아 악을 행하기보다는 선을 행해야 합니다. 거기에는, 악에 대해 그릇된 태도를 취하지 않는 것도 포함됩니다. 초조해하는 대신, 하나님께서 그리스도 안에서 공급해 주신 풍성함 속에서 안연히 거하고, 내 길을 하나님께 맡기며, 하나님께서 행동하실 것을 믿고 맡겨야 합니다. 나는 하나님 앞에 잠잠히 있어야 하며, 인내심 있게 하나님을 기다려야 합니다.

또한 하나님을 즐거워해야 합니다. 그렇게 하는 것이 내적 자유를 누리는 데 중요한 열쇠임을 알게 되었습니다.

홍콩의 어느 이른 아침, 나는 워렌이 어떤 일을 행했다고 불평하기 시작했습니다. (어쩌면 그가 어떤 일을 하지 않았다고 그랬는지도 모릅니다. 너무나 사소한 일이라 기억도 나지 않습니다.) 조금 후 경건의 시간에 시편 37편을 묵상하려고 하는데, 앞 칸에 있던 시편 36:5-6에 눈길이 머물렀습니다. "여호와여, 주의 인자하심이 하늘에 있고, 주의 성실하심이 공중에 사무쳤으며, 주의 의는 하나님의 산들과 같고, 주의 판단은 큰 바다와 일반이라."

누구의 사랑과 인자함이 하늘에 미칩니까? 나의 사랑은 아닙니다. 워렌의 사랑도 아닙니다. 우리는 서로를 깊이 사랑하지만, 오직 하나님의 사랑만이 하늘에 미칩니다. 오직 하나님만이 그릇된 일을 하지 않으십니다. 오직 하나님만이 언제나 공평하십니다. 얼마나 기뻐할 만한 하나님이신지 모릅니다. 흠이라고는 찾아 볼 수 없는 최고의 동반자요 친구이십니다! 최고로 기쁨을 누리는 인간 관계도 결코 완전한 사랑이나 완전한 신뢰성을 제공하지는 못합니다. 오직 하나의 관계만이 완전할 수 있는데, 그 관계는 내 쪽에만 결함이 있습니다.

이 두 시편을 통해 주신 하나님의 말씀은, "룻, 왜 초조해하느냐? 왜 그만 초조해하고 기뻐하기로 선택하지 않느냐?"였습니다. 어느 순간에 내가 얼마나 만족한 삶을 사느냐는 다른 사람이 한 일이나 하지 않은 일에 달려 있지 않습니다. 내가 어디에 초점을 맞추기로 선택하느냐에 달려 있습니다. 하나님을 기뻐하기로 할 때, 하나님께서는 내 마음이 소원하는 바를 이루어 주십니다. 37편에 있는, 영혼에 쉼을 주는 다른 명령을 순종할 수 있는 능력까지도 포함해서 말입니다.

과중한 짐으로부터의 자유

해야 할 일도 많고, 놓치고 싶지 않은 황금 같은 기회도 많고, 마감 시간에 걸려 있는 것도 많고, 요구받고 있는 것도 많고, 할 일 목록에 올라와 있는데 아직 마치지 못한 것도 많고, 답장을 보내야 할 편지도 많고…

또 다른 것은 없습니까?

때로 내가 깨닫는 것은, 압력을 느끼게 하는 이러한 것들을 내가 믿고 사는 대신에 그런 것들 밑에 깔려 살아가고 있다는 것입니다. 왜 그렇습니까? 하나님의 해결책에서 벗어났기 때문입니다. 믿음과 찬양을 통해 하나님께 마음의 초점을 맞추는 것. 이것이 하나님의 해결책입니다.

종종 나의 지나친 스트레스, 다시 말해 할 일이 너무 많아 짓눌리는 듯한 느낌은 모든 것이 나에게 달려 있다는 생각과 관계가 있습니다. 눈뜨고 있는 시간 내내 일하지 않으면, 많은 중요한 일이 이루어지지 않을 것으로 느끼고 있는 것입니다. 그러나 그 모든 것이 내게 전적으로 달려 있는 것이 아님을 기억한다면, 짐을 주님의 어깨에 올려놓으며, 주님께서 그 압력을 감당하시게 해드릴 수 있습니다.

우리의 내적 반응은 분노일 수도 있습니다. "잭이 자기 몫을 제대로 하지 않아 그 모든 짐이 내게 떨어졌어." "존이 너무 많은 것을 기대하기 때문이야." 그래서 우리는 마음속에서 다른 사람과 논쟁을 벌이거나 속으로 분노를 터뜨림으로 삶에 더 많은 스트레스를 첨가합니다. 와그너 박사는 우리가 다른 사람과 줄다리기를 하고 있는 것으로 여겨야 한다고 했습니다. 우리는 단호하게 밧줄을 하나님의 손에 넘겨 드려야 하며, 하나님께서 그 줄을 당기시게 해드려야 합니다. 그리고 그 밧줄이 다시 우리 손에 들려 있으면, 또 하나님께 넘겨 드릴 수 있습니다. 자녀들에게 화를 내는 것도 자기 능력을 의지하는 것입니다. 우리는 무엇을 의지하고 있습니까? 하나님의 능력입니까? 아니면 우격다짐입니까?

완전하고 능력을 겸비한 사랑으로 말미암아 하나님께서는 과중한 짐, 맥빠지게 하는 내적 반응으로부터 우리를 자유롭게 하십니다.

시편 68:19-20의 진리를 받아들일 때 하나님께서 어떻게 우리를 자유롭게 하시는지 그저 놀라울 뿐입니다. "날마다 우리 짐을 지시는 주 곧 우리의 구원이신 하나님을 찬송할지로다. 하나님은 우리에게 구원의 하나님이시라." 그래서 나는 하나님께 말씀드립니다. "하나님, 무거운 짐이 여기에 있습니다. 해야 할 수많은 일, 해결해야 할 수많은 문제들이 여기에 있습니다." 그리고 그 짐을 하나님께 맡깁니다. 그리고 나는 많은 것에 대해 "아니오"
라고 말할 수 있는 지혜를 주님께 구합니다. (네비게이토 선교회
회장이었던 론 쎄니는 우리 중에는 '할 일' 목록보다 '하지 말아
야 할 일' 목록이 더 필요한 사람이 많다고 했습니다.)

시편 127편은 이렇게 시작됩니다. "여호와께서 집을 세우지 아
니하시면 세우는 자의 수고가 헛되며, 여호와께서 성을 지키지
아니하시면 파수꾼의 경성함이 허사로다."

'헛되며 허사가 될 수 있다'는 이 경고 말씀을 읽을 때 몇 가지
긍정적인 사실을 깨달았습니다. 하나님께서 세우시고 하나님께
서 지키십니다. 내가 하나님을 의지할 때 하나님께서는 세우시
고, 지키십니다. 그때 나의 수고는 헛되지 않습니다. 해야 한다고
생각했던 것을 죄다 했든 못했든, 하나님께서는 나의 수고가 의
미가 있게 하시고, 그 결과가 오래가게 하십니다. 워렌이 종종 이
야기하듯이, "끝내지 못한 일을 끝내지 못한 채 두는 것도 믿음
입니다."

하나님께서 일하신다는 것이 우리가 소극적이 되어야 한다는
말은 아닙니다. 자신의 삶을 바꾸는 일에서나 다른 사람들의 삶
에 좋은 영향을 미치는 일에서나 우리는 적극적으로 임해야 합
니다. 세울 것은 적극적으로 세우고, 악과 위험에 대항하여 자신
을 지켜야 합니다. 그러나 하나님께서 세우시고 하나님께서 지키
신다는 위대한 진리를 항상 마음속에 간직한 채 그렇게 해야 합
니다.

그럴 때, 강박관념을 가지고 눈코 뜰 새 없이 수고하는 삶에서
벗어나게 됩니다. 그리고 모든 것이 우리에게 달려 있다는 막연
한 느낌 때문에 우리 마음속 밑바닥을 흐르고 있는 염려의 물줄
기로부터 벗어나게 됩니다. "여호와께서 그 사랑하시는 자에게

는 잠을 주시는도다"(127:2). 언제나 하나님께서는 주시는 분이며, 세우시는 분이며, 지키시는 분으로서, 우리 안에서 일하시고, 우리를 통해 일하시고, 우리를 위해 일하십니다.

하나님께서 역사하고 계신다는 것이 느껴지든 그렇지 않든, 하나님께서 내 안에서 그리고 나와 더불어 일하시도록 의뢰하면서 믿음으로 나아가야 합니다. 그러면서 하나님의 뜻을 행하기 위해 내가 져야 할 책임을 감당해야 합니다. "그 이상도, 그 이하도, 다른 것도 아닌, 오직 하나님의 뜻만."

어디까지가 하나님의 책임이고 어디까지가 우리의 책임입니까? 말할 수가 없습니다. 하나님께서 일하시는 것과 우리가 일하는 것은 분리시킬 수 없으며, 서로 영향을 미치기 때문입니다. 하나님께서 역사하심에 힘입어 우리는 일을 하고 또한 하나님을 의지합니다. 우리가 그렇게 할 때 하나님께서는 우리를 통해 놀랍게 역사하십니다. 바울이 말한 바와 같습니다. "나도 내 속에서 능력으로 역사하시는 이의 역사를 따라 힘을 다하여 수고하노라"(골로새서 1:29). 이 구절을 다음과 같이 번역하기도 합니다. "나는 내 속에서 능력 있게 일하시는 분의 능력에 의지하여 내 모든 힘을 발휘합니다." "나는 내 속에서 매우 능력 있게 역사하시는 그리스도의 위대한 힘을 사용하여, 일하고 애씁니다." 바울은 열심히 일했으나, 자기 안에서 그리고 자기를 통하여 역사하시는 하나님의 역사를 의지하면서 열심히 일했습니다. 그럴 때는 내적인 쉼이 있습니다.

예수님께서는 "아버지께서 내게 하라고 주신 일을 내가 이루었다"(요한복음 17:4)라고 하셨습니다. 우리의 책임은 오직 한 가지입니다. 그것은 오직 하나님께서 원하시는 것을 행하는 것, 하나님께서 행하시는 것에 보조를 맞추는 것입니다. 워렌이 종종

하는 말이 있습니다. 우리가 졸음을 물리치는 약을 먹어 가며 하루 24시간 동안 일한다 해도, 하고 싶은 일을 다 하지는 못한다는 것입니다. 심지어 우리가 반드시 해야 한다고 생각하는 것도 다 하지 못할 것입니다.

많은 일이 내 어깨 위에 놓여 있어 아주 쉽게 스트레스와 긴장을 느끼지만, "그 어깨에는 정사를 메었고"라는 이사야 9:6 말씀을 통해 격려를 받습니다. 종종 나는 이 구절에 나오는 '정사(政事)'를 내 삶을 다스리는 것에다 적용합니다. 내가 주님의 멍에를 지고 주님을 의지한다면 주님께서는 내 삶을 다스리실 것입니다. 주님께서 단지 내 곁에서 멍에의 무게 중 대부분을 감당하고 계신 것이 아니라, 내 안에 계셔서 자신의 강력한 어깨로 나의 어깨를 강하게 하시며, 한편으로는 나의 어깨를 쉬게 하시는 것으로 그려 보는 것이 도움이 되었습니다. 세상을 다스리는 책임을 지고 있는 주님의 어깨는 나의 어깨를 강하게 하고 고통과 심한 긴장으로부터 보호하기에 얼마나 넉넉한지 모릅니다.

이사야 40장의 끝부분에는 "오직 여호와를 앙망하는 자는 새 힘을 얻는다"라는 말씀이 있습니다. 그 장의 앞부분에서 알 수 있는 것은, 하나님께서는 강하신 분이요, 영원히 계시는 강하신 분이시라는 것입니다. 하나님께서는 결코 다함이 없는 힘과 능력을 가지고 계십니다. 하나님께는 에너지 위기나 전력 부족과 같은 것이 없습니다. 하나님께서는 스스로 존재하시는 분이요, 아무것도 부족한 것이 없는 분입니다. 이 하나님을 내적 힘의 원천으로 삼을 때 삶을 살아나가는 데 필요한 힘을 충분히 갖게 됩니다. 그러한 특별한 방법으로 하나님께서는 우리를 과중한 짐으로부터 해방시켜 주십니다. 시편 68:19 말씀과 같습니다. "날마다 우리 짐을 지시는 주, 곧 우리의 구원이신 하나님을 찬송할지로다."

냉장고 밑에서 바위 위로

몇 년 전 마음에 짐이 하나 있었습니다. 어쩌다가 갖게 된 큼지막한 냉장고 때문에 오랫동안 갖고 있던 짐이었습니다. 나는 한 낯선 고장에서 야외 생활을 하고 있었는데, 어떻게 그 큰 냉장고를 여기저기 옮겨 다니고 있는지 스스로 생각해도 놀라웠습니다. 어디를 가든 그 냉장고는 나를 따라다녔습니다. 그러나 곧 이러한 놀라움은 좌절감으로 바뀌었습니다. 나는 어디를 가든, 쓸모 있기는 하나 덩치가 너무 큰 이 물건을 둘 만한 장소를 마련해야 했습니다. 한 번은 이 장소 저 장소를 알아보았지만 허사였고, 걱정이 되어 잠이 오지 않았습니다. 부담이 되었습니다. 마음이 짓눌리고 있는 느낌을 받았습니다. 꼭 해야 할 일이 있을 때 흔히 느끼던 감정과 같았습니다.

마침내 나는 결심했습니다. 차라리 잠자리에서 일어나 주님과 함께 시간을 보내는 것이 낫겠다고 생각한 것입니다. 잠시 골똘히 생각해 보았지만, 여전히 그 짐을 느꼈습니다. 그때 주님께서는 "이 짐은 네가 지지 말고 내게 맡겨도 된다"고 상기시켜 주셨습니다. 그래서 이렇게 기도했습니다. "주님, 이것은 주님의 냉장고입니다. 그래서 그것을 주님께 맡기며, 그것을 가지고 다니는 일을 주님께 맡기옵니다." 나는 그 짐에서 벗어났습니다. 얼마나 홀가분함을 느꼈는지 모릅니다!

시편 61:2 말씀으로 돌아간 적이 한두 번이 아닙니다. "내 마음이 눌릴 때에 땅 끝에서부터 주께 부르짖으오리니, 나보다 높은 바위에 나를 인도하소서." 선택은 내게 달려 있습니다. 나는 이 안전하고 높은 바위를 무시하고 계속 짓눌리는 마음으로 살 수도 있고, 주님께서 나를 번쩍 들어 바위 위에 두도록 해드릴 수도 있습니다. 그 바위 위는 안전합니다. 그리고 주님의 시야로 모든 것을 볼 수 있습니다. 내 힘으로 바위 위로 기어올라갈 필요는 없습니다! 주님께서는 나를 들어올려 주고 싶어하십니다. 그렇게 하시도록 해드리기만 하면 곧바로 들어올리십니다. 내가 생각하는 속도만큼, 선택하는 속도만큼 빨리 말입니다. 또는, 당신은 이렇게 고백할 수도 있습니다. "주님께서 나를 이끄시네. 피난처 되신 주님을 새롭게 경험하는 삶으로. 주님의 자유와 기쁨과 빛 가운데로. 폭풍우로부터 안전하고, 그 맹렬함을 피할 수 있는, 주님의 임재라는 은밀한 처소로. 주님의 영원한 품속으로. '비바람이 칠 때와 물결 높이 일 때에, 사랑하는 우리 주, 나를 품어 주소서'라는 찬송가처럼."

모든 것을 조용히 하나님께 맡겨 드리라

성령 대신 육신을 의지할 때, 내가 가지고 있는 그릇된 믿음과 전략은 내 안에 쓸데없는 스트레스를 불러일으킵니다. 내가 알게 된 사실이 있습니다. 하나님의 능력의 말씀은 기도와 더불어, 내 마음에 안식을 주고 내적 긴장을 없애 준다는 것입니다. 긴장이나 압력을 느낄 때 시편 62:1-2 말씀이 특히 도움이 되었습니다. "나의 영혼이 잠잠히 하나님만 바람이여, 나의 구원이 그에게서 나는도다. 오직 저만 나의 반석이시요, 나의 구원이시요, 나의 산성이시니, 내가 크게 요동치 아니하리로다." 이 말씀은 다음과 같이 기도하게 합니다.

주님, 주님의 손에
제게 오늘 스트레스를 줄 수 있는 모든 것을

조용히 맡겨 드립니다.
주님께서 제가 하기 원하시는 것과
 마치지 않은 채 두거나
 시작도 하지 않은 채 두기 원하시는 것을.
주님께서 제가 갖기 원하시는 관계와
 보류하거나 멀리하기 원하시는 관계를.
주님께서 제 삶에 가져오기 원하시는 기쁨과
 허락하시거나 보내실 시련을.
주님께서 저로 성공하게 하실 것과
 실패하게 하시거나 실패처럼 보이게 하실 것을.
주님께서 제가 받아들이기 원하시는 기회와
 제가 내버려두기 원하시는 기회를.
주님께서 열기 원하시는 문과
 닫기 원하시는 문을.
제가 주님을 영화롭게 할 것과
 저 대신 다른 사람들을 사용하실 것을.
주님께서 제가
 적극적으로 사람들의 필요를 채우기 원하시는 때와
 단지 경청하기만을 원하시는 때를,
 혹은 곁에서 "단지" 기도하기만 원하시는 때를.
주님께서 제가 대기 원하시는 마감 시간과
 대지 못하기 원하시는 마감 시간을.
대단하든 보잘것없든, 눈에 띄든 감추어져 있든,
 저의 수고의 결과를.
제가 남들에게 복이 되거나 실망이 될 일과
 그들이 제게 복이 되거나 실망이 될 일을.

주님께서 허락하실 사람들의 인정과
　　주님의 은혜로운 판단을 의지하게 하는 비난을.
주님, 저는 이 모든 것들을
　　주님께 잠잠히 맡겨 드리오며,
주님께서 저와 제가 사랑하는 이들 안에서
　　역사하시도록 구하오니,
　　먹이시며 보호하시고,
　　무너뜨리시고 세우시고,
　　상하게 하시고 치료하시고,
　　책망하시고 인도하소서.
지혜와 사랑이 풍성하신 하나님 아버지,
주님께서 최선으로 여기시는 대로 행하소서.
저는 주님의 자리에서 걸어나오고
주님의 책임들을 주님께 맡겨 드립니다.
저는 주님의 뒤를 따름으로
　　주님께서 정하시는 보조로 걷겠습니다.
제게 내적 긴장이 있을 때 금새 알게 하시고,
　　"그 모든 것을 잠잠히 주님께 맡기게" 하소서.

저는 주님의 종입니다.
　　주님의 목적들을, 그리고 주님의 목적들만을,
　　주님의 때에 주님의 방법으로 이루시도록,
　　저를 주님께 드립니다.
아멘.

잘못된 행동으로부터의 자유

완전하고 오래 참으시는 사랑으로 하나님께서는 또한 우리 자신에게 해로운 행동 패턴에서 우리를 해방시켜 주십니다. 일이 잘못되어 가면, 우리는 어떤 반응을 나타냅니까? 움츠러들고 말이 없어지는 사람들도 있습니다. 나도 그런 사람입니다. 움츠러들지 않는 사람들도 있는데, 그들은 금방 목소리를 높이거나 분별 없는 행동을 하거나 합니다. 그 두 반응 사이에서 왔다갔다하는 사람들도 있습니다. 어떤 때는 움츠러들고, 어떤 때는 무분별하고 침착하지 않은 언행을 합니다. 두 가지 다 잘못된 반응입니다.

하나님께서는 이 두 가지 잘못된 반응 모두로부터 벗어나게 해주십니다. 삶에서 만나는 어려움들을 적절하고 경건한 방법으로 대처하는 법을 말씀을 통해 가르쳐 주시기 때문입니다. 예를 들면, 가족들 상호간에 어떻게 행동해야 하는지를 가르쳐 주시는데, 그것은 은혜와 기쁨을 누리게 하는 행동 양식입니다. 그 방식은 원만한 가족 관계를 유지하는 데 참으로 효과가 있습니다.

또한 하나님께서 주신 놀라운 약속 가운데 어떤 것은 우리 마음을 잠잠하게 해줍니다. 문제를 우리 손으로 옮겨옴으로 움츠러들고 말이 없어지거나 다른 사람에게 비난을 퍼부을 수가 있는데, 그렇게 하지 않도록 해주는 약속도 있습니다. 이러한 약속들 가운데 하나가 시편 37:5-6인데, 내가 좋아하는 말씀입니다. "너의 길을 여호와께 맡기라. 저를 의지하면 저가 이루시고." 어떤 번역에서는 "저가 행동하시고"라고 되어 있습니다. 놀랍지 않습니까? 내가 단지 어떤 문제를 하나님께 아뢰며, 맡겨 드리고, "하나님, 하나님께서 행동하실 줄 믿습니다"라고 말씀드리기만 하면, 하나님께서 그 일에 개입하실 것입니다. 그러기로 약속하셨습니다. 얼마나 안심이 되는지 모릅니다!
다음 시가 그 사실을 잘 묘사하고 있습니다.

> 생각 없고 조급한 손으로
> 우리는 주님께서 세워 두신 계획을 엉클어 놓는다.
> 고통 속에 부르짖으면 주님께서 말씀하신다.
> "얘야, 조용해라. 엉켜 있는 것을 내가 풀고 있다."

우리의 행동이나 반응을 통해 일을 엉키게 하고, 호전시키기보다는 더 악화시키는 경우가 얼마나 많은지 모릅니다. 그러나 너무나 사랑이 많으신 하나님께서는 은혜롭게 우리와 함께 일하셔서 엉켜 있는 것을 풀고, 스스로를 해치는 행동 패턴에서 벗어나게 하시며, 더 건설적인 생활 방식으로 이끄십니다.

자유롭게 사랑할 수 있게 됨

우리 능력으로는 다른 사람을 제대로 사랑할 수 없으나, 하나님의 완전한 사랑만이 그런 상태에서 벗어날 수 있게 합니다. 가족이나 친구를 사랑하기 원하나 생각대로 되지 않아 좌절감을 느낀 적이 얼마나 많습니까? 어떤 때는 우리가 원하는 것과는 정반대 되는 행동이 튀어나오기도 합니다. 자신이 그들을 사랑해야 한다고 생각하고 있는데, 실제로는 약하게나마 여기저기서 그들에게 상처를 주고 있는 것을 알게 됩니다. 그러나 우리를 향한 하나님의 사랑을 알고 그 안에서 쉼을 누림에 따라, 우리는 사랑할 수 있는 능력을 갖게 되며, 좀더 자유롭게 하나님의 사랑을 다른 사람들에게 전달할 수 있게 됩니다.

한편, 다른 사람들을 향한 적개심 때문에 내 삶으로부터 사랑이 흘러 나가지 못하게 막게 되면, 하나님의 사랑의 내적 흐름도 방해를 받습니다. 다른 사람을 향해 나쁜 감정을 품고 있으면 삶 전체가 질식됩니다. 하나님뿐만 아니라 다른 사람과도 화목한 가운데 있는 것이 꼭 필요합니다.

하나님께서는 우리 부부가 서로에게서 큰 기쁨을 누리게 해주셨으며, 매우 감사한 것은 워렌이 우리 시간의 99%에 걸쳐서는 나를 향한 하나님의 사랑과 은혜의 통로가 되고 있다는 사실입니다. 나는 이러한 그의 사랑을, 그 사랑의 원천이 되시는 하나님을 인정하면서 하나님 중심적으로 즐겨야 마땅하지만, 온통 남편의 사랑만을 의지하며 그를 내 삶의 지지대로 삼을 때가 종종 있습니다. 하나님을 먼저 의지하고 다음에 남편을 의지하는 것이 아니라, 하나님 대신에 그를 의지하는 것입니다. 이렇게 되면 문제가 생깁니다. 그렇게 하는 것은, 내 속에 계신 고요하고 안정된 마음의 원천 되시는 분과 연결이 끊어지는 것을 뜻하기 때문입니다. 그렇게 되면, 조만간 무슨 이유로 나는 남편이 부당하거나 나를 사랑하지 않는다고 느끼게 됩니다. 그리고 종종 그런 상황에 대하여 이야기를 나누면서 나는 바로 나 자신의 어떤 행동이 그의 그런 반응을 유발한 것을 알게 됩니다. 의지 대상을 잘못 잡은 결과입니다.

내가 자초한 시련 속에서도 하나님께서 다정하게 내 마음 문을 두드리시는 것은 얼마나 격려가 되는지 모릅니다! 나의 실패마저도 하나님을 만날 수 있는 멋진 기회가 됩니다! 새롭게 의지하는 마음으로 하나님께 우리 자신을 열 때, 우리 부부는 하나님께서 우리의 여러 가지 내적 필요를 채워 주시는 것을 발견합니다. 그리고 하나님께서는 우리 부부의 사랑에 달콤함을 회복시키는 일에서 우리와 함께 일하십니다.

두려움으로부터의 자유

우리를 향한 강렬하고 개인적인 사랑으로 말미암아, 하나님께서는 모든 종류의 두려움에서 우리를 해방시켜 주십니다.

브라이언과 도린이 초등학교에 다닐 때, 우리 가족이 함께 시편 34편을 암송했습니다. 어느 날 그 애들에게 그 시편이 어떤 면에서 가장 도움이 되었는지 물었습니다. 하나가 대답했습니다. "더 자유롭게, 두려움과 염려에서 건져 주시도록 기도하게 돼요. 일이 잘못되어 갈 때 말이에요." 이것은 얼마나 신나는 일인지요! 두려움에 질린 반응으로부터 자유로워지기 위해 매일 매순간 하나님께 나아감으로써 나는 그분께 슬픔이 아니라 기쁨을 안겨 드릴 수 있습니다!

내가 하나님을 슬프게 하는 주된 방법 가운데 하나는, 사람들, 특히 가까운 사람들의 비난이나 반대를 두려워하는 것입니다. "사람을 두려워하면 올무에 걸리게 되거니와, 여호와를 의지하는 자는 안전하리라"(잠언 29:25). 그래서 나의 큰 기도 제목 중 하나는 더 굳건하고 변함없이 하나님을 신뢰하게 해달라는 것입니다. 두려움 속에 빠져들 때 금방 깨닫게 되고, 하나님을 기쁘시게 하는, 상대방에 대한 신뢰와 사랑의 태도로 금방 돌이킬 수 있도록 기도하는 것입니다.

우리는 또 다른 두려움을 종종 경험하는데, 그것은 실패에 대한 두려움입니다. 때때로 내 마음속 깊이 염려나 두려움이 자리 잡고 있는 것을 발견하는데, 그것은 내가 어떤 것을 하거나 어떤 사람이 되는 데 실패해 온 것과 관련이 있습니다. 이와 함께 오는 느낌은, 지난날에 한 실패나 잘못은 결코 충분할 정도로 만회할 수는 없다는 것입니다. 감추어져 있는 이러한 느낌을 드러내는 것이 무척이나 도움이 되었습니다. 특히 하나님의 은혜를 묵상하고 그 은혜가 내 마음속을 밝게 비추게 할 때 도움이 되었습니다.

또 하나님께서 내게 보여 주신 것은, 육신이 나를 사로잡기 위해 이용하는 또 하나의 방법이 있는데 그것은 다음과 같은 두려움을 통한 것이라는 사실입니다. 그것은 막연하지만 강력한 두려움입니다. 그것은 상을 받기 위해서는 먼저 저울에서 선과 악을 달아 보아야 할 것이라는 두려움입니다. 예를 들어, 내가 행한 것 가운데 선이 51%이고 악이 49%라면, 내게는 고작 2%의 선만 남습니다. 끔찍한 결과입니다. 나는 주님으로부터 따뜻한 환영을 받을 뿐만 아니라(이에 대해서는 충분한 확신이 있음), "잘 하였도다"라는 애정 어린 칭찬을 듣고 싶기 때문에 두려운 것입니다. 그럴 때 하나님께서는 상기시켜 주셨습니다. "결국 2%만 남는다는 그 생각은 옳지 않다. 만약 네가 행한 것의 49%가 악이라면(사랑하지 않은 것, 믿지 않은 것, 혹은 어떤 것이든), 내 아들이 그 모든 것을 없앴고, 내 회계 장부에는 어떤 목적으로도 기록되지 않는다. 절대로! 그리고 '잘 하였도다'라는 칭찬을 하기 위해 그 51%는 기록해 두겠다." 내 잘못은 지워 버리시고, 내게 능력을 주셔서 할 수 있게 해주신 것에 대해서는 상을 주시는 것. 이것이 바로 은혜입니다!

자유를 주는 빛의 원천

우리는 어렸을 때 어두움을 두려워했습니다. 우리가 경험하는 많은 두려움이 그 어두움에 대한 두려움과 비슷합니다. 그러나 "하나님은 빛이십니다"(요한일서 1:5).

시편 36:7-9에서 기자는 하나님께서 우리에게 주시는 안전과 만족과 기쁨에 대하여 말하고 나서 이렇게 덧붙입니다. "대저 생명의 원천이 주께 있사오니, 주의 광명 중에 우리가 광명을 보리이다."

요한복음은 예수님을 생명이요 빛이라고 함으로써 생명과 빛을 연관시킵니다. 예수님은 생명의 빛이며, "그 생명은 사람들의 빛입니다." 우리 주님은 빛의 유일한 원천이십니다. 영적인 빛, 감정적인 빛, 방향을 보여 주고, 분별력을 갖게 하고, 어둠의 위험으로부터 벗어나게 하는 빛의 원천인 것입니다. 주님은 밝고, 변함없고, 확신을 주고, 깨달음을 주고, 치료하는 빛이십니다. 그리고 주님께서는 우리에게 빛을 주십니다. 주님 자신이 우리의 생명이기 때문입니다.

싱가포르의 우리 이웃에 사는 힌두교도들은 매년 한 차례씩 빛의 축제를 열곤 했는데, 자기 집에서 한길로 통하는 길과 울타리를 따라 작은 기름 그릇을 줄지어 놓고, 대문 앞에도 둡니다. 그 기름 그릇에는 심지가 있어서, 거기다 불을 붙이면 얼마나 아름다운지 모릅니다. 그러나 그 빛은 일시적인 빛이요, 그들의 수고가 있어야 불을 밝힐 수 있습니다. 그와 대조적으로 우리가 지니고 있는 빛은 영원하고, 우리 속에 간직되어 있습니다. 그 빛은 그리스도의 생명을 가짐으로 우리 것이 되었으며, 그 결과 이제 우리는 "주 안에서 빛입니다"(에베소서 5:8).

그러므로 나 자신의 빛을 발할 필요가 없습니다. 단지 신뢰하고 순종하는 마음으로 주님께 초점을 맞추기만 하면 됩니다. 보잘것없는 원천에서 영속적이거나 충분한 빛을 얻기를 기대해서는 안 됩니다. 우리가 더러 어두움 가운데 있는 것은, 인간적인 원천으로부터 빛을 기대하거나 요구하고 있기 때문이 아닙니까? 참으로 어리석은 일입니다. 비록 주위에 칠흑 같은 어둠이 깔려 있어도, 우리는 '생명의 빛'을 가지고 있기 때문입니다. 참된 안전과 만족과 기쁨의 원천인 '생명의 빛'을 말입니다.

그리고 하나님께서는 바로 나에게 자신의 빛을 비추십니다. "여호와께서 나의 빛이 되실 것임이로다." 미가 7:8에 있는 이 진리가 참으로 내게 힘을 줍니다. 하나님께서는 스스로 빛을 발하는 항성이시며, 우주에 있는 그 어떤 별보다 한없이 더 밝습니다. 하나님께서는 그 이름을 경외하는 우리들의 삶 속에 떠오르시며, 밤이 물러가게 하시고, 밝음과 따스함을 가져오십니다. 하나님께서는 떠오르셔서 "치료하는 광선"을 발하십니다. 영적으로 치료하고, 감정적으로 치료하고, 때로는 육체적으로까지 치료하는 광선을. 칠흑 같은 어둠이 세상을 뒤덮고 있으나, 우리는 그런 어둠을 한 순간도 경험하지 않습니다. 그리고 어두운 상황에 있을 때나 갈등이나 압력을 경험하고 있을 때도, 하나님께서는 우리 마음속을 빛으로 차고 넘치게 하십니다. 우리가 하나님께서 그렇게 하시게 해드릴 때 말입니다.

강하고 개인적인 사랑 안에서 하나님께서는 우리의 빛이 되십니다. "하나님, 감사합니다. 지금, 바로 이 순간, 주님께서 저의 빛이시며, 저를 위한 피난처이십니다!"라고 고백하는 것은 얼마나 즐거운 일인지 모릅니다. 하나님의 사랑으로 말미암아 얻게 되는 자유 안에서 이러한 은혜를 누리다니요! 참으로 놀라운 은혜입니다.

주님, 주님께서는 사랑으로 말미암아 완전한 치유를 약속하실 뿐만 아니라 또한 그러한 치유를 주고 계시니 감사드립니다. 주님께서는 저의 해방자요 구세주가 되사, 사탄에게 사로잡혀 있던 제 삶 속으로 진정히 들어오셔서, 죄로부터 그리고 죽음의 공포로부터 저를 영원히 해방시키셨습니다.

주님께서는 저의 주님이요, 주인이십니다. 제 삶에서 주님께 더 온전히 통치권을 넘겨 드려야 할 영역이 있으면 보여 주소서. 통치권을 주님의 손에 넘겨 드릴수록 진정으로 더 치유로워진다는 것을 압니다. "주님, 저를 사로잡으소서. 그러면 치유로워지리이다."

주님께서 제 삶에서 지금까지 이루신 일들로 인하여 감사드립니다. 저의 필요들을 기도로 주님께 가지고 나아갈 때 앞으로 이루실 일들로 인하여 감사드립니다.

주님, 제 마음을 주님께 드립니다. 해로운 생각과 태도가 제게 있으면 깨닫게 해주소서. 주님께서는 제가 그런 생각과 태도에서 치유로워지기 원하십니다. 오직 사실에 토대를 둔 긍정적인 생각을 저의 마음속에 심어 주소서. 주님께서 진정으로 누구시며 제가 진정으로 누구인지에 대한 생각 말입니다.

내적 승리를 위한 기술을 사용하게 도와주소서. 그리하여 저의 부정적인 생각을 인정하고, 물리치고, 그 대신 진리를 생각하게 하소서. 성경 말씀에서 제게 개인적으로 큰 의미를 갖는 구절들로 이끌어 주소서. 그 구절들을 묵생하고, 성령께서 그 의미를 더 명확하게 더 깊이 깨닫게 하실 때, 그 구절들이 아름답게 빛을 발하는 보석이 되게 하소서.

주님의 완전한 사랑으로 인해 감사드립니다. 그 사랑이 죄의식, 분노, 염려, 갖가지 두려움으로부터 자유롭게 해줍니다. 그릇된 사고와 행동 패턴에서 벗어나게 해주시고, 과도한 스트레스와 과중한 짐에서 벗어나게 해주시며, 제가 원하는 대로 다른 사람을 사랑하지 못하는 무능력에서 벗어나게 해주시니 감사드립니다.

날마다 시시때때로 저를 도와주소서. 그리하여 주님의 사랑으로 말미암은 자유 안에서 힘을 얻으며, 또한 날아오르게 하소서.

예수님의 이름으로 기도드립니다.

묵상, 기도, 그리고 적용을 위한 질문

이 장에서 하나님께서 당신에게 특별히 말씀해 주신 성경 구절이나 진리는 무엇입니까? 이로부터 최대의 유익을 얻기 위해 무엇을 하겠습니까?

제 12 장

하나님의 완전한 사랑 안에서
나는 안전하다

우리에게 중요한 사람이 우리를 사랑하며 인정해 준다고 생각될 때, 우리는 안전을 느낍니다. 특히 그 사람이 진실하고, 판단력이 뛰어나고, 변덕스럽지 않은 사람이라는 것을 확실히 알 때에는 말입니다. 그런 사람의 사랑과 인정을 받으면 우리는 안정된 정체성을 갖게 되며, 자기가 용납될 만한 사람이라는 안정된 느낌을 갖게 됩니다. 우리는 거울을 통해 자신의 몸이 정상인지 알려고 하는 것처럼, 여러 거울을 통해 자신이 한 인간으로서 정상인지 알려고 합니다. 감정적인 면에서, 영적인 면에서, 정신적인 면에서, 우리는 거울을 필요로 하며, 이 거울을 통해 자신이 어떤 사람인지 알고자 합니다.

사람들이 가장 자주 보는 거울은 다른 사람들의 반응이라는 거울입니다. 다른 사람들이 자기에게 미소를 보이거나, 칭찬을 해주거나, 격려를 해주면, 뿌듯하게 느낍니다. 그러나 이러한 반응을 얻지 못할 때가 많습니다. 대신 찌푸린 얼굴로부터 지독한 험담에 이르기까지 여러 가지 부정적인 반응을 접합니다. 그럴 때는 의식적으로나 무의식적으로 '내게 무슨 문제가 있지?'라고 생각하게 됩니다.

  어떤 사람들은 다른 사람들이 자기에 대해 어떻게 생각하는지는 무시하려고 합니다. 그들은 그 대신 자기 속에서 거울을 찾으려고 합니다. 자신이 길러 온 능력이나, 자기가 다른 사람들만큼 훌륭하거나 또는 더 나은 면 등을 바라보는 것입니다. 그들이 깨닫지 못하고 있는 것이 있습니다. 그것은 자신에 대한 올바른 이해, 그리고 정확하고 안정된 이해를 얻고 싶으면, 자신이 누구인지에 대해 하나님께서 하신 말씀에 토대를 두어야 한다는 사실입니다.

  예수님을 믿는 우리 각자는 단 하나의 참된 거울, 즉 하나님의 사랑이라는 거울을 갖게 되었습니다. 언제나 이 거울은 우리가 진정으로 용납될 만하다는 것을 보여 주며, 우리가 누구인지를 정확하게 비춰 줍니다. 그 거울은 우리에게 놀랍고 신나는 진리들을 보여 줍니다. 그리스도 안에서 우리가 얼마나 환영받을 만한 존재인지, 하나님께서 자신이 독특하게 창조하신 우리 각자를 얼마나 가치 있게 여기시는지에 관한 진리들입니다. 그 거울은 또한 우리가 인간으로서 가지고 있는 여러 한계와 필요와 흠을 있는 그대로 보여 주어 우리를 겸손하게 합니다. 그 거울은 우리의 죄와 실패에 대해 적당히 얼버무리지 않지만 결코 그것들 때문에 우리를 정죄하지는 않습니다. 이 사실을 잘 이해할수록, 우리는 자신이 완전한 수준과는 너무나 거리가 멀어도 환영받고 안전한 존재라는 흔들리지 않는 인식을 갖게 됩니다.

  우리는 자신을 사랑받고 있고, 환영받고 있는 존재요, 안전한 존재로 여겨야 하며, 이것이 하나님께서 원하시는 바입니다. 실제로 우리는 그리스도 안에서 그런 존재이기 때문입니다. 이것은 사실이며, 하나님께서는 우리가 예수님 때문에 실제로 그런 존재임을 알기 원하십니다.

종종 로마서 8:38-39로 돌아가, 그리스도 안에서 우리가 완전하게, 변함없이, 언제까지나 용납되고, 안전하다는 사실을 묵상해 보는 것은 매우 좋은 일입니다.

> 내가 확신하노니, 사망이나 생명이나 천사들이나
> 권세자들이나 현재 일이나 장래 일이나 능력이나 높음이나
> 깊음이나 다른 아무 피조물이라도 우리를 우리 주 그리스도
> 예수 안에 있는 하나님의 사랑에서 끊을 수 없으리라.

하나님께서는 안전을 위한 방편들로 우리를 두르셨습니다. 시편 5:11에서, 다윗은 하나님께 피하고 하나님의 보호로 말미암아 기뻐 외치는 것에 대해 언급하고 나서 12절에서는 하나님께 이렇게 고백합니다. "여호와여, 주는 의인에게 복을 주시고, 방패로 함같이 은혜로 저를 호위하시리이다." 시편 32:10에서는 "여호와를 신뢰하는 자에게는 인자하심이 두르리로다"라고 말합니다. 생각해 보십시오! 우리는 영원한 은혜와 완전한 사랑에 둘러싸여 있습니다. 얼마나 안전한지 모릅니다! 얼마나 놀랍고 기뻐할 만한 환경인지 모릅니다! 그러니 이땅의 환경이 바뀌고 늘 우리가 원하는 환경이 아닌들 어떻습니까? 우리는 하나님 안에서 언제나 최고의 환경에 놓여 있습니다. 그것도 영원히 말입니다. 이 사실이 당신에게 '나는 안전하구나' 하는 강하고 안정된 인식을 갖게 하지 않습니까?

그토록 놀라운 하나님 안에서 그토록 안전을 누리고 있기에, 우리는 언제든 다음과 같이 기도해도 안전합니다. "하나님, 하나님을 영화롭게 하는 것들을 제 삶 속에서 행하소서. 제가 어떤

대가를 치르게 되더라도 그리하소서." 하나님께서는 믿을 만한 분이어서 우리가 영원히 감사할 만한 일만 행하십니다. 비록 우리와 의논하신다면 우리가 다른 것을 선택할 때가 때때로 있기는 하겠지만 말입니다. 하나님을 영화롭게 하고 순종할 때, 우리는 한 번도 속거나 손해를 보지 않을 것입니다. 욥을 기억하는 것이 도움이 되곤 합니다. 그는 결국 자기가 잃었던 축복의 두 배를 받았으며, 거기다가 하나님을 더 잘 알게 되는 놀라운 특권까지 누렸습니다.

집

많은 사람이 안전과 연관짓는 장소는 '집'입니다. 그리고 더욱 중요한 것은, 그곳에서 이루어지는 여러 관계입니다. 앞에서 나는 어머니가 미니애폴리스의 집에서 이사한 것에 대해 나눈 적이 있습니다. 그 집은 우리 가족 모두가 이땅에 정박할 수 있게 해준 집이었습니다. 그로부터 5년 후인 1985년 늦봄, 어머니는 며칠 동안 입원을 하셨습니다. 어머니는 89세였고, 몸은 쇠약해져 있었습니다. 그러나 어머니의 사랑과 기도는 언제나 그랬던 것처럼 나와 여러 사람들에게 계속 힘을 공급해 주고 있었습니다.

나의 형제인 제이크 바네트는 어머니가 더 이상 혼자 계실 수 없다는 것을 알았습니다. 언제나 넓은 마음을 갖고 있는 그는 나에게 은혜로운 제안을 해왔는데, 여행 경비는 자기가 부담할 테니 혹시 사정이 허락하면 아시아에서 귀국하여 한 달 정도 어머니와 함께 머물면 좋겠다고 했습니다. 다른 때 같았으면, 나는 계획을 바꾸어 이 기회를 잡을 수 있었을 것입니다. 그러나 그때는 일본에서 장기간 동안 선교 활동을 하기로 되어 있을 때라 갈 수가 없었습니다. 대신 동생 메리가 남편 돕는 일을 중단하고 집에 머물면서 특별한 사랑으로 어머니를 보살펴 드렸습니다. 어머니께는 그런 보살핌이 필요했습니다.

그 기간에 나는 다시 하나님께 마음을 열고 기도했습니다. 그리고 하나님께서 어머니의 소원을 이루어 주셔서 본향으로 데려가시는 것에 대해 나의 완전한 허락을 받았다고 말씀드렸습니다. 비록 그렇게 되면 나와 여러 사람이 값비싼 대가를 치르기는 하겠지만 말입니다. 그러나 완전한 허락을 해드렸습니다. 물론 하나님께서 나의 허락을 받아야 할 필요가 있는 것은 아니며, 이전에도 내가 허락하기를 싫어했던 것도 아닙니다. 그러나 나는 의식적으로 마음속으로 어머니를 놓아 드릴 필요를 느꼈습니다.

그 해 7월, 나는 태국의 방콕에 머무르고 있었습니다. 남편이 일주일간 미얀마에서 머물기 위해 떠난 직후였는데, 어머니가 세상을 떠나셨다는 소식을 들었습니다. 미국으로 날아가 가족들과 함께 있고 싶은 마음이 얼마나 간절했는지요. 그러나 그렇게 할 수 있는 상황이 결코 아니었고, 또한 주님의 뜻으로 생각되지도 않았습니다.

남편이 같이 있어서, 내 말을 들어 주고, 나를 격려해 주고, 함께 울어 주고, 내가 기대고 울 수 있게 따뜻한 어깨를 제공해 주었으면 하는 아쉬움이 얼마나 컸는지 모릅니다. 그러나 하나님께서는 나의 외로움을 사용하여 선을 이루셨습니다. 내가 확신하건대, 나는 남편이나 다른 가족이 가까이에 있었을 때보다 더 온전한 마음으로 하나님께로 향했습니다.

어머니를 주님 곁으로 떠나 보내고 깊이 슬퍼하고 있을 때, 계속 위로가 된 구절은 시편 91:1이었습니다. 이 구절을 살펴볼 때는 하나님의 히브리어 성호(聖號)와 그 의미를 첨가하기 좋아합니다.

　　엘리온(지존자, 하늘과 땅의 소유자)의 은밀한 곳에 거하는 자는
　　샤다이(전능하신 자, 충분하신 하나님)의 그늘 아래
　　거하리로다.

　거하는 자는 …에 거하리로다. 여기서 "거하리로다"는 "안식하리로다"로 번역될 수도 있습니다. 내 마음을 위한 올바른 처소(올바른 집)를 선택할 때, 내적으로 깊은 안식과 안전을 경험합니다. 이 사실이 슬픔 중에서 얼마나 내게 힘을 주었는지 모릅니다. 그리고 어머니가 지금 주님 안에 거하고 있고, 늘 그리고 완전하게 주님을 기뻐하는 삶을 살고 있다는 것을 기억하자 얼마나 큰 위로가 되었는지 모릅니다. 어머니의 소원이 이루어진 것입니다. 어머니는 집으로 돌아갔습니다!
　그 소식을 들은 날 자녀들에게 편지를 썼습니다. 그중 하나를 소개합니다.

　　브라이언 내외에게,
　　오늘 너희들과 직접 만나 이야기하고 싶은 마음이 얼마나 간절한지 모른다. 그러나 그럴 수가 없어 이렇게 편지로 만나기로 했다. 약 세 시간 전에 할머니께서 주님께로 가셨다는 소식을 들었다. 그때부터 많은 것이 내 마음과 생각을 스쳐 갔다. 귀국해서 장례식에 참석하는 것에 대해서도 생각해 보았다. 나의 위로가 필요한 사람이 있

어서가 아니라, 단지 사랑하는 사람들과 같이 있으며, 그들과 함께 한 시대의 종말을 경험하기 위해서지. 나는 비록 오랫동안 할머니를 가끔씩밖에 뵙지 못했지만, 참으로 이상한 것은, 할머니가 지구의 반대편에 계셔서 사랑하고, 돌보고, 기도하고, 계속 주님의 아름다운 향기로서 살고, 우리 집의 중심이요, 핵심으로 계신다는 것을 아는 것이 지극히 나에게 중요했고, 위로와 힘이 되어 주었다는 것이다.

할머니께서 돌아가셨을 때, 내 뒤가 허전한 것을 느꼈다. 내 뒤를 받치고 있던 강력한 후원자, 내 모든 것의 원천이 사라진 것같이 말이다. 이제 나는 우리 집이, 내가 날 때부터 그 집이 의미하고 있던 모든 것과 함께 사라진 것 같은 느낌이 든다. 어머니가 옛날에 살던 집으로부터 이사했을 때는 다른 방식으로 그러한 느낌을 받았다. 그때 나의 느낌은 집이라고 불리는 한 장소에 초점이 맞추어져 있었고, 지금은 집의 핵심에 초점이 맞추어져 있다. 어머니 없는 집은 상상할 수 없으니까 말이다.

지금 나는 결코 집이 없는 사람이 아니다. 싱가포르에 아빠와 함께하는 행복한 집이 있지. 그리고 자녀들인 너희들 각자의 집은 사랑스럽게, 신선하게, 새로운 세대를 기대하는 마음으로 특별하게 느껴진다. 그러나 내가 떠나온 집, 내가 사랑 많으신 부모님에게 양육받은 곳, 그리고 언제나 두 팔을 벌려 나를 환영해 주고 나를 붙들어 주는 것으로 상징되던 집은 더 이상 존재하지 않는구나. 그 집은 내가 태어나기 전부터 있었지. 그래서 눈물이 난다.

그리고 눈물을 흘리면서도, 나는 영구히 존재할 집, 세상의 기초가 놓이기 전부터 내가 환영받던 집, 그리고 내가 영원히 살 집으로 시선을 돌린다. 하나님 아버지께서 자녀들을 하나씩 하나씩 불러들이고 계신 곳, 지금 할머니와 할아버지와 너희 아빠가 살면서 여전히 사랑하고 돌보면서 사시는 곳이지.

그러나 더욱 중요한 것은, 집은 한 분이라는 것이다. 어머니가 나의 마음속에서 집이 되었던 것처럼, 훨씬 더 실제적으로 주님께서 나의 집이시다. "주여, 주는 대대에 우리의 거처가 되셨나이다. 산이 생기기 전, 땅과 세계도 주께서 조성하시기 전, 곧 영원부터 영원까지 주는 하나님 이시니이다." 여기가 방랑하는 사람들을 위한 본향이요, 지친 자들의 안식처이다. 어머니가 가꿔 오셨던 집은 독특한 장소로서, 내가 안식할 수 있었고, 용납되고 환영받는다는 느낌을 가지며, 판단받지 않는다는 느낌을 가지며, 관계에서 완전히 안전을 느끼는 장소요, 어린 시절을 연상하며 편히 쉴 수 있는 장소였다. 하나님 그분 안에 있는 나의 집은 그 모든 것을 제공하지. 더 만족스럽게, 더 완전하게 말이다. 그래서 나는 새로이 마음속으로 나의 남아 있는 가방들을 싸고 더 완전하게 그 집으로 이사를 하기로 했다.

그리고 할머니께서 생애 마지막 이사를 하셨다는 것은 얼마나 기쁜 일인지! 육체의 연약함으로부터의 이사, 진 삼촌과 메리 이모와 함께 사는 이땅의 훌륭한 집에도 있을 수밖에 없는 온전치 못한 것들과 한계들로부터의 이사, 전혀 슬픔과 실망이 섞이지 않은 완전한 기쁨 속으로 이사를 하셨다니.

너희 아빠가 돌아가셨을 때 위로가 되었던 시 하나가
이제 다시 떠오르는구나.
　　나는 떠나네. 나의 왕의 나라로 떠나네!
　　슬픔의 말일랑 하지 말고,
　　사랑하는 가슴일랑 찢지 말고,
　　도리어 기쁨의 종을 울리게.
　　이땅의 겨울 같은 삶이
　　영원한 봄으로 바뀌고 있기 때문이라네.

　… 곧 또 편지하마.

　　　　　　　　　너희들을 너무나 사랑하는 엄마가.

장례식날 나는 방콕에서 동생 부부에게 편지를 썼습니다.

　… 어제 나는 얼마나 엄마의 얼굴을 한 번 더 보고 싶었는지 모른다. 그리고 엄마가 입원한 후 함께 있기 위해 귀국할 수 없었던 것이 너무나 슬펐다. 한동안 이 문제로 씨름한 후, 나는 '엄마를 볼 수 있는 기회를 놓친 것'을 주님께 사랑의 선물로 드렸다.
　이것에 대해 생각하면서, 나는 마음속으로 주님과 함께 내 나름대로의 장례 의식을 거행하기로 결심했다. 영결 예배 순서를 다 진행한 것이다. 마음속으로 장례 설교를 했고, 고린도전서 15장에서 많은 내용들을 다시 살펴보았는데, 사망이 이김의 삼킨 바가 될 것이라고 말하고 있다. 찬송가를 몇 곡 부르고("할렐루야 합창," 그리고 아빠가 목사로 계실 때 우리가 많이 불렀던 찬송가인 "예수가 함께 계시니 시험이 오나 겁 없네" 포함), 주님과 엄마의 덕을 기리는 추도사를 하고, 기도를 하고, 관 옆을 지나가며 엄마의 사랑스런 얼굴을 만졌다. 그리고 여러 사랑하는 사람들을 만나 포옹하고, 잠깐씩 대화를 나누고, 장지(葬地)로 갔다. 그리고 슬픔과 기쁨을 아울러 느끼며, 나는 "욕된 것으로 심고 영광스러운 것으로 다시 살며, 약한 것으로 심고, 강한 것으로 다시 살며"라는 말씀을 상기했다.

참으로 도움이 되는 시간이었다…

하나님과 그분의 사랑은 우리의 안전한 거처로서, 우리가 슬픔이나 압력이나 실망을 느낄 때, 그리고 우리 인생에서 필요를 느끼는 계절마다 순간마다 들어갈 곳입니다. 거기서 우리 자신이 진정으로 누구인지를 발견할 수 있습니다. 우리의 신원과 안전에 대한 올바른 인식은 오직 하나님께서 주시는, 우리 신원에 대한 정확한 인식에서 비롯됩니다.

우리의 정당한 필요

우리가 겪는 모든 문제는(마음속의 것이든, 인간 관계상의 것이든), 자신의 신원에 대한 잘못된 인식, 즉 자신이 누구인지에 대한 확신 부족에서 비롯된다는 말이 있습니다. 적어도 나의 삶을 보면, 그것은 사실입니다. 나는 자신이 성령으로 말미암지 않은 무슨 부정적인 반응을 나타내면, "주님, 왜 제가 그런 반응을 보였지요?"라고 묻습니다. 그때 알게 되는 것은, 나의 신원에 대한 확신을 하나님의 변치 않고 완전한 사랑 안에서 찾지 않았다는 것입니다. 그 대신 다른 사람의 인정을 의지하는 삶으로 되돌아가 있었습니다. 나는 선택할 수 있는 거울이 두 개 있는데, 그 가운데서 잘못된 거울, 즉 어떤 사람이 나를 어떻게 생각하고 있는가 하는 거울을 선택한 것입니다. 내가 거듭 발견하는 사실이 있습니다. 그것은 바로 나의 불쾌한 감정은, 내가 어떤 사람인지 잘 알기 위해 하나님이 아니라 다른 사람을 바라볼 때 나타나는 증상이라는 것입니다. 분노, 불건전한 죄의식, 염려나 두려움 등이 특히 그렇습니다.

겉보기에는 강해 보이는 사람들이 있습니다. 우리는 자신감과 굳은 의지를 가지고 삶을 헤쳐 갑니다. 그러나 내부 깊숙한 곳을 들여다보면, 삶의 이 영역 혹은 저 영역에서 두려움 많고, 확신 없으며, 우유부단하고, 약간은 초조해하는, 나약하고 작은 '나'가 자리잡고 있습니다. 우리는 자신에 대해 좀더 완전한 사람으로 느끼고 싶은 열망, 좀더 안정되고 좋은 자아상을 갖고 싶은 간절한 열망을 가지고 있습니다. 자신이 괜찮은 사람이라는 것을 확실히 알고 싶어하는 열망입니다.

우리는 태어나고 나서 얼마 안 되어 사람들이 자기를 좋아한다는 증거를 찾기 시작했습니다. 먼저 부모님에게서 우리가 어떤 사람인가에 대해 실마리를 찾고자 했습니다. 그들이 감정적인 필요를 잘 채워 줄수록 우리 자신에 대해 좋게 느꼈습니다. 우리는 자기에게 마음이 쏠려 있었고, 어린 마음은 무의식적으로 모든 것을, 그것이 우리를 어떤 사람으로 비춰 주고 있는가와 관련시켰습니다. (지금은 그때보다 더 성숙했는지 모르겠습니다.)

물론 하나님께서는 어린아이가 부모로부터 자기 신원을 파악하게 하셨습니다. 어떤 면에서 부모는 아이들에게 하나님을 대신 한다고 볼 수 있습니다. 훌륭한 부모를 둔 아이들은 부모의 깊은 사랑을 통해 자신이 용납되고 인정받고 있다는 증거를 얻습니다. 아이는 자기가 누구에게 속해 있고 가치 있는 존재라는 느낌을 부모와의 관계에서 이끌어 냅니다. 부모의 훈육을 통해 안전감을 얻습니다. 그리고 부모가 어떤 일을 어떻게 하는지를 가르쳐 주고 그것을 잘할 때 칭찬해 주는 것을 통해 자기의 능력에 대해 인식합니다. 부모는 아이가 행한 것이 어른들과 견줄 정도가 되기를 기대하지 않습니다. 아이는 자라면서 다른 사람들(형제, 친구, 조부모, 급우, 선생님)의 반응을 살피면서 인정을 받고 확인을 하려고 합니다.

그러나 부모는 여러 단으로 된 로켓에서 궤도에 올려놓는 데 사용되는 부스터 부분과 같습니다. 그들은 자녀들을 하나님의 주위를 도는 궤도에 진입시켜야 합니다. 그리고 나서 서서히 떨어져 나갑니다. 아이들이 나이가 들어가면, 하나님께서는 그들이 그분 자신과 자신의 사랑 안에서 신원을 발견하기 원하십니다. 그곳이야말로 자기 신원에 대해 진정으로 성숙한 인식을 가져다 주는 유일한 곳이기 때문입니다.

나이와 상관없이 우리의 기본적인 필요는 똑같습니다. 우리는 완전한 단 하나의 사랑, 하나님의 사랑만이 줄 수 있는 자신감, 내적 확신, 그리고 안전감을 필요로 합니다. 우리는 자신에 대해 좋은 이미지를 갖고 싶어합니다. 자기는 가치가 있고, 어딘가에 속해 있으며, 능력 있다는 인식을 갖고 싶어하는 것입니다. 우리는 소위 자아 지지대를 필요로 하고, 이를 원하기도 하는데, 그 자체에 무슨 잘못이 있는 것은 아닙니다. 그러나 하나님을 떠나서 그것을 추구하는 데 잘못이 있습니다.

그리스도 안에서만 우리는 완전하고, 모든 것이 갖추어진 사람입니다(골로새서 2:10). 우리는 흔히 완전하다고 느끼기 위해 많은 다른 방법을 사용해 보지만, 핵심적인 어떤 것이 여전히 **빠져** 있습니다. 하나님께서는 우리를 창조하실 때, 그분 자신이 우리 안을 가득 채우도록 하셨습니다. 그리고 하나님께서 우리를 채우시도록 해드릴 때까지 우리는 계속 공허감을 경험하며, 우리 마음은 갈피를 잡지 못하고, 흐트러져 있고, 나뉘어 있는 것 같은 느낌을 받습니다. 어떤 사람이나 어떤 것이 아니라 오직 주님만이 우리를 완전하고 충만하게 할 수 있습니다. 오직 그리스도 안에서만 우리는 자신을, 부족한 면이 하나도 없는 사람, 온전하고, 충분하고, 환영할 만한 사람으로 볼 수 있습니다.

어떻게 우리는 자신을 "괜찮은" 사람으로 볼 수 있습니까? 로마서 10:3-4이 이 문제에 적용됩니다. 이 구절은 하나님의 의는 오직 그리스도께 대한 믿음을 통해서만 오는데도 불구하고 자기 자신의 의를 세우려고 애쓰는 사람들에 대해 말하고 있습니다. 신약성경에서 '의(義)'라는 말은 주로 용납되고 인정될 만한 상태를 의미합니다. 자기 신원에 대한 좋은 인식이란 '내가 용납되고 인정받고 있다'라는 것을 깨닫는 것입니다. 그러므로 로마서 10:3-4은 다음과 같이 풀 수도 있습니다. "그들은 하나님께서 주시는 신원 인식을 모르므로, 하나님으로부터 오는 신원을 받아들이지 않고 자기 자신의 신원을 확립하려고 애썼습니다. 그러나 그리스도를 믿는 모든 사람에게 그리스도는 자기 노력을 통하여 신원을 찾는 일, 다시 말해 어떤 규정들과 기대 사항들의 묶음대로 사는 것을 통하여 신원을 찾는 일의 마침이 되십니다."

외모, 능력, 지위

당신은 하나님의 완전한 사랑을 앎으로 자신에 대해 진정으로 좋게 느꼈던 때가 기억날 것입니다. 순간이었을 수도 있고, 몇 날이나 몇 달일 수도 있습니다. 당신은 하나님께 속해 있다는 것을 알게 되었습니다. 그리고 하나님의 인정을 받고 있다는 사실로 말미암아 힘이 났습니다.

그러나 우리를 내적으로 받쳐 줄 지지대를 다른 사람들의 반응에서 찾고자 하는 쓸데없는 노력으로 되돌아서는 때도 있습니다. 언제가 그런 때인지 알 수 있습니다. 화가 나고, 우리 마음속에 동요가 일어날 테니까요. 우리가 평안을 잃는 이유는, 누가 우리에 대해 실제로 반대나 비난을 하거나 아니면 그렇게 했다고 짐작하거나 또는 그렇게 하지 않을까 두려워하기 때문입니다. 우리는 화가 나거나(겉으로 드러내든 않든), 혹은 더 잘하지 못한 데 대해 스스로를 나무라고 벌을 가하거나, 아니면 염려와 두려움에 휩싸입니다. 거의 무의식적인 이런 저런 반응들이 우리 속에서 고개를 내밉니다. 우리가 원하는 반응은 아니지만 어쨌든 일어납니다. 다른 사람의 반대나 비난으로부터 자신을 지키는 데 실패했고, '난 괜찮은 사람이야'라는 느낌을 나름의 지지대로 받치는 데 실패했기 때문입니다.

다른 사람들로부터 인정을 받고 자기 신원을 받쳐 주는 지지대를 얻기 위해 우리는 기본적으로 세 가지를 의지합니다. 외모, 능력, 그리고 지위가 바로 그것입니다.

먼저 외모를 생각해 봅시다. 우리 외모가 다른 사람들의 눈에 얼마나 매력적이냐 하는 것입니다. 미국에서, 여자아이는 약간 거무스름한 피부를 가진 것만으로도 사람들이 자기를 귀여워한다는 것을 일찌감치 알게 됩니다. 나이를 먹어 갈 때, 그 애는 외모로 사람들의 인정을 받고자 하는 열망이 더 깊은 수준으로 채워지지 않으면, 아름답게 보이고자 하는 열망이 지나칠 정도로 커질 수가 있습니다. 한편, 타고난 미모를 가지지 못한 사람도 외모를 통해 사람들의 인정을 받고자 합니다. 우리는 자신이 다른 사람에게 보여 주고 싶은 이미지를 만듭니다. 격식 없는 수수한 모습으로 꾸미거나, 세련된 모습으로 꾸미거나, 머리 모양을 유행에 맞게 하고 예쁘게 꾸미거나, 보수적인 느낌을 주도록 꾸미거나, 일부러 단정치 못하게 꾸미기도 합니다. 누구의 인정을 가장 중요시하는지에 따라 그 선택이 이루어질 것입니다.

외모를 잘 가꾸는 것이 나쁘다는 말은 아닙니다. 만왕의 왕 되신 분의 자녀들은 될 수 있으면 외적으로도 매력적이어야 합니다. 그것도 주님을 위한 우리 간증의 일부라고 믿습니다. 그러나 외모에서 지지대를 발견하려고 하면, 그만큼 영적으로는 취약해지고 감정적으로는 불안정해집니다.

유행하고 있는 옷을 살 만한 돈이 없을 때 괴롭습니까? 몸이 불었다는 말이나 흰머리나 주름이 생겼다는 말을 들었는데, 이것이 우리가 연출하려는 이미지와 맞지 않을 때는 어떻습니까? 불편한 심기가 얼마나 오래갑니까? 또는 누가 우리의 외모에 대해 칭찬하면, 얼마 동안이나 마음속으로 그 사람의 말을 떠올려 보며 흐뭇해합니까? 칭찬을 들을 때 즐거워하는 것도 좋고, 칭찬을 해주는 것도 좋습니다. 성경에 보면, 어떤 일을 잘한 사람을 칭찬해 주고 격려해 주는 예들이 많습니다. 그리고 우리는 인간이기에 반대하거나 비난하는 말을 들을 때 괴로움을 느낄 수밖에 없습니다. 그러나 '하나님께서 우리를 어떻게 생각하시는가'라는 견고한 토대로 얼마나 빨리 되돌아갑니까?

그리고 능력이 있습니다. 우리가 얼마나 일을 잘하는가 하는 것입니다. 우리는 어떤 일에서 성공하기를 원합니다. 열심히 일하고 일을 능력 있게 하는 것이 나쁜 것은 아닙니다. 그러나 왜 성공하고자 합니까? 실력 있는, 교사나 경영자나 세일즈맨이나 기술자나 혹은 기업가로 알려졌으면 합니까? 또는 애를 잘 키운 부모로 알려지고 싶습니까?("그들의 자녀가 어떻게 되는지는 더 두고 보아야 합니다!") 다른 사람들이 우리를 말씀을 잘 전하는 사람, 능력 있는 인도자, 조직에 능한 자로 여겨 주었으면 합니까? 혹은 독실한 그리스도인으로 알아주었으면 합니까? 만약 그렇다면, 내적 지지대를 위해 하나님의 사랑과 인정을 의지하지 않고 사람들의 인정을 얻으려고 하고 있기 때문은 아닙니까? 어떤 일에 최선을 다하고 있다면, 그것은 명성을 쌓기 위해서입니까? 아니면 하나님을 기쁘시게 하고 하나님을 영화롭게 하기 위해서입니까?

우리는 능력 있는 자로 알려지기 원하고, 그래서 성공하려고 애를 씁니다. 우리는 자신이 실패했다는 것이나 실패할 것 같다는 것을 다른 사람들이 알지 못하게 하려고 전전긍긍합니다. 사람들의 인정을 얻고 비난을 피하려는 이러한 마음은 사소한 것을 통해서도 나타납니다. 누가 당신 집을 방문했을 때, 그때 집의 청소 상태가 만족할 만한 수준이 아닐 때 마음이 불편했던 적이 있습니까? 또는 누가 당신의 지저분한 차고나 작업장, 벽장, 혹은 뒤죽박죽이 되어 있는 책상 서랍을 언뜻 보았을 때는? 그것 때문에 얼마나 오랫동안 마음이 상했습니까?

그리고 지위가 있습니다. 우리가 얼마나 중요한 위치에 있는가 하는 것입니다. 당신의 승진, 재산, 성취, 심지어 주님을 섬기는 일에서 좋은 결과를 얻거나 황금 같은 기회를 얻은 것 등, 당신을 다른 사람들보다 더 중요해 보이게 만드는 것에 사람들이 관심을 가질 때 기분이 괜찮았습니까? 하나님 보시기에 이 세상의 지위는 아무 가치가 없습니다. 그렇습니다. 하나님께서는 옷 짓는 사람 도르가와 어부 베드로와 거지 나사로와 같은 종들을 왕이었던 다윗과 왕비였던 에스더와 똑같이 귀중히 여기십니다.

외모, 능력, 그리고 지위. 자신이 훌륭한 사람이라고 느끼기 위해 이러한 것들을 잘못 추구해 오지는 않았습니까? 기도하며 나의 마음을 살펴본 결과, 나는 이런 저런 형태로 이 세 가지 영역 모두에서 잘못을 범해 왔다는 것을 알았습니다. 살을 뺀 것을 다른 사람이 알아줄 때 기분이 썩 좋았습니다. 그러나 저울눈이 다시 몸이 불었다는 것을 보여 줄 때는 너무나 속이 상했습니다. 자녀들이 문제를 겪고 있을 때 너무나 걱정이 되었습니다. 그 문제가 해결되지 않으면 내가 어머니 노릇을 얼마나 잘했는지 사람들이 의문을 던지게 될 것 같았습니다. 우리의 선교 사역을 평가할 때, 실패에 더 가깝다는 것을 느낄 때는 참으로 갈등을 느꼈습니다.

움켜쥐는 것으로부터 받는 것으로

하나님을 떠나서 안전감을 얻는 방법으로 또 다른 것이 있습니다. 냉장고로 가서 강박 관념에 사로잡혀 간식을 후딱 먹어 치우는 것도 그중 하나일 수 있습니다. 적정 분량 이상을 먹는 것도 흔히 하나님의 사랑을 대체하는 것이며, 내적 감정적 필요를 채우기 위한 시도입니다. 인간적인 방법으로 내적 지지대를 찾다가 실패하다 보니, 이제는 먹는 것을 통해 그 아픔을 최소화하고, 만족을 느껴 보려고 시도하고 있는 것입니다. 같은 이유로 육신의 정욕을 추구하게 되어, 부끄러운 욕망에 굴복하거나, 즐기거나 발전시켜서는 안 된다는 것을 알면서도 여전히 하고 있는 생각들에 굴복합니다.

안전감을 추구하는 또 하나의 잘못된 방법은 가장 가까운 인간 관계를 통한 것입니다. 사람들과 마찰이 생기는 것은 대개 그들이 우리의 필요를 채워 주지 않는다고 우리 마음이 상해 있기 때문입니다. 우리는 사랑, 완전한 사랑을 갈망하고 있습니다. 그 갈망은 정당한 필요로부터 솟아납니다. 그러나 그 갈망 때문에 사람들의 사랑을 움켜쥐려고 하면 결국은 실망하고 맙니다. 배우자는 우리의 필요를 다 채울 수 없습니다. 자녀들도, 친구들, 가장 친한 친구들까지도. 오직 하나님과의 친구 관계를 통해서만 우리가 필요로 하는 그 사랑을 얻을 수 있습니다.

우리가 영적으로 얼마나 성숙했든, 우리 생애의 끝 날까지 우리는 한 몸의 지체이며, 몸 안의 다른 사람이 우리를 사랑한다는 것을 보여 주면 도움이 될 것입니다. 그러나 "주님, 그를 통해 주님의 사랑을 이렇게 특별하게 표현해 주시니 감사드립니다. 주님의 사랑은 모든 것 중에 가장 좋은 사랑이라서 감사드립니다"라고 말하는 대신, 그러한 친구들의 사랑을 지나치게 의지하면 심각하고 비극적인 문제가 일어납니다.

하나님께서 공급해 주신 것에서 즐거움을 누리는 것은 아무 잘못이 아닙니다. 하나님께서는 우리에게 "모든 것을 후히 주사 누리게 하십니다"(디모데전서 6:17). 거기에는 인간 관계들도 포함됩니다. 그러나 자신에 대해 좋게 느끼기 위해 하나님의 선물들을 의지하면, 순간적으로는 안전을 느낄지 모르나 오래가지는 않습니다. 결국은 불만족을 느끼고, 혼란에 빠지며, 상황은 나빠질 것입니다. 우리는 이상적인 사랑을 받으려고 하는데, 그것은 사람들이 줄 수 있는 한계를 벗어난 것입니다. 이상적인 사랑을 받고 싶어하는 이러한 열망을 하나님의 사랑으로 채울수록, 사랑을 움켜잡으려는 열망은 사랑을 주려는 열망으로 바뀔 수 있습니다.

내적으로 우리를 붙들어 주는 것이 누구이건 무엇이건, 그것이 바로 우리의 신(神)입니다. 그러므로 당신 자신에게 물어 보십시오. "내적 지지대를 위해 나는 누구를 의지하고 있지 않은가? 아니면 어떤 것을 의지하고 있지 않은가? 누가 내 마음의 왕좌에 앉아 있는가? 나 자신인가? 하나님이 아니라 어떤 것이나 어떤 사람인가?"

나는 누구 혹은 어떤 것을 의지하고 있는가? 매력적인 외모를 가꾸는 나의 능력인가? 어떤 일을 수행하는 나의 능력인가? 혹은 배우자를 통해 얻는 지위, 우리 가족들의 명성, 나의 학력, 나의 개인적인 성공, 또는 그 밖의 어떤 것인가?

그런 모든 것이 세상 사람들의 자랑거리이며, 그런 것을 통해 사람들은 다른 사람들이 보기에 뭔가가 되려고 애를 씁니다. 그럴 때는 명백한 교만의 형태를 취할 수도 있고, 겸손으로 가장한 교만의 형태를 취할 수도 있습니다. 어떤 경우든, 자아가 왕좌에 앉아 있고 쓰레기통은 뚜껑이 덮여 있지 않습니다. 가시적인 수준에서 내적 지지대를 발견하려는 이 모든 것이 바로 세상적인 것입니다.

교만은 우리에게 이렇게 말합니다. "네 스스로 하라. 중요하다는 느낌, 우월하다는 느낌, 용납될 만하고 인정받고 있다는 느낌, 그런 느낌을 갖기 위해, 세상적인 방법을 찾아 보라." 하나님께서는 이러한 이생의 자랑이야말로 세상적인 삶의 기본적인 증상이라고 말씀하십니다(요한일서 2:16 참조). 그래서 하나님께서는

"이 세상이나 세상에 있는 것들을 사랑치 말라"고 명령하십니다. 왜 그렇습니까? "누구든지 세상을 사랑하면 아버지의 사랑이 그 속에 있지 않기" 때문입니다(2:15). 혹은 어떤 번역본에서는 이러한 증상을 가진 사람은 "아버지의 사랑에 대해 생소한 이"라고 했습니다. 언제든 나에게 이러한 증상이 나타나면, 그것은 하나님의 사랑이 내 안에서 빛을 발하여 내적으로 나를 지지하도록 하지 않고 있기 때문입니다. 하나님께서는 내가 그분의 사랑과 주재권을 거처로 삼고 거기서 나의 안전을 찾기를 간절히 원하시나, 내가 그 열망에 반응하지 않고 있는 것입니다.

금이 간 거울들

자기 신원에 대한 인식을 그리스도 바깥에서 인간적인 방법으로 계발하면 그러한 인식은 어떤 것이든 일시적입니다. 그것은 결국 우리를 저버릴 것입니다. 그러한 속이는 거울은 깨어집니다.

그리고 깨어지지 않는다 해도 그것은 믿을 만합니까? 그러한 거울을 사용하는 것은 괴상한 거울들로 장식된 집에서 우리 모습을 비춰 보려고 하는 것과 같습니다. 거기서는 모든 거울이 우리 자신의 모습을 왜곡해서 보여 줍니다. 어떤 거울은 우리가 마치 온 우주의 중심인 것같이 느끼게 하고, 또 어떤 거울은 우리가 추악하거나, 선한 구석이라고는 조금도 없거나, 올바른 것이란 아무것도 할 수 없는 존재로 느끼게 합니다. 사람들의 인정은 변할 수 있습니다. 그것은 나날이, 시간마다 다를 수 있습니다. 우리 자신의 신원에 대한 인식을 사람들의 반응의 토대 위에 세우는 것은 모래 위에 세우는 것과 같습니다. 그것은 바람이 불고 비가 내리면 쉽게 허물어집니다. 그것은 오늘 그리고 평생 동안 우리에게 필요한 굳건한 토대를 제공하지 않습니다. 이런 저런 방법으로, 조만간, 사람들의 인정은 우리의 필요를 채우는 데 실패합니다.

그러한 사례는 많이 있습니다. 자신의 신원을 남편과 결혼 생활에서 찾았던 아내는 남편을 잃고 나면 비참한 삶을 삽니다. 중년의 운동 선수가 과거에 사는 것은 모든 기술과 실력이 사라졌기 때문입니다. 심장 마비 증세로 일선에서 물러날 때까지 자신의 모든 것을 사업에 쏟아 부었던 사람은 삶의 목적 상실로 마비된 삶을 삽니다. 젊고 매력적이라는 데 자기 신원의 토대를 두었던 여성은 더 이상 주름살을 숨길 수 없게 되자 자포자기 상태에 빠집니다.

몇 년 전에 친구로부터 편지를 받았는데, 하나님에 관해 깨달은 내용을 담고 있었습니다. "내가 요즘 배우고 있는 것은, 하나님께서 나를 사랑하시는 것은 현재 있는 그대로의 나 때문이지 나 자신이 원하거나 다른 사람이 원하는 나의 모습 때문이 아니라는 거야." 그렇습니다. 하나님의 완전하고, 영속적이고, 강하고, 개인적인 사랑만이 깊고 지속적인 안정감을 제공합니다. 하나님은 우리가 누구인가에 대해 정확한 모습을 보여 주는 유일한 거울입니다. 하나님께서는 우리가 자신의 선물들을 받기 원하십니다. 이상적이고 변치 않는 사랑, 완전한 용서, 우리가 필요로 할 때의 힘과 격려, 그리고 삶을 위한 훌륭한 목적 등. 이러한 선물들을 받아들일 때, 하나님께서는 우리가 진정 새로운 피조물이요 왕의 자녀들이며, 중요하고 사랑받으며 안전한 존재라는 확신과 깨달음을 견고하게 해주십니다.

견고한 자아 개념은 하나님께서 각 자녀들에게 주시는 특별한 선물이요, 개성을 발휘하여 디자인하신 선물입니다. 하나님의 사랑이라는 거울, 하나님의 말씀이라는 거울을 볼 때, 우리 자신이 진정으로 누구인가에 대해 변치 않는 진실을 알게 됩니다. 이 토대 위에 서 있을 때라야 어떤 일이 일어나든 진정으로 강하고 확신 있는 삶을 살 수 있으며, 안전을 느낄 수 있습니다. 우리 자신이 누구인지에 대해 하나님께서 말씀해 주시는 것을 잊어버리고 낙심하거나 좌절을 할 때도, 하나님의 사랑이라는 거울은 언제나 우리를 기다리고 있습니다. 그 거울로 달려가면 새롭고 더 심오한 방법으로 우리 자신에 대한 변치 않는 진리를 발견할 수 있습니다.

하나님께서는 말씀뿐만 아니라 시련을 사용하여 교만에서 우리를 건져내십니다. 하나님께서는 문제와 곤경을 통해 우리의 약하고 육신적인 내적 지지대들을 무너뜨리시며, 자신의 사랑이 우리를 내적으로 붙잡게 하십니다. 시련은, 우리가 얼마나 취약하며 우리의 신원 인식을 위협하는 것들 때문에 얼마나 쉽게 혼란에 빠질 수 있는지를 보여 줍니다. 이러한 삶의 압력들은 오직 하나님 한 분 안에서 신원에 대한 견고한 인식을 갖도록 이끕니다. 각각의 시련을 계기로, 우리는 자신이 하나님의 따뜻한 사랑으로 말미암아 안전하고, 보호받고 있으며, 돌보심을 받고 있다는 것을 확신하게 되며, 자신은 하나님의 개인적인 관심의 대상이요, 하나님께서 완전한 사랑과 능력으로 우리를 붙들고 계심을 확신하게 됩니다.

믿음의 장애물

삶의 모든 상황에서 하나님의 시야로 우리 자신을 보는 데는 믿음이 매우 중요합니다. 하나님께서는 매우 많은 구절에서 그분 자신을 믿고 신뢰하는 것에 대해 말씀하고 계시며, 이것이 우리 삶에서 찾으시는 것 가운데 가장 중요한 것임이 분명합니다. 그런데, 예수님께서는 요한복음 5:44에서, "너희가 서로 영광을 취하고 유일하신 하나님께로부터 오는 영광은 구하지 아니하니 어찌 나를 믿을 수 있느냐?"라고 말씀하셨습니다. 하나님을 떠나 다른 어떤 곳에서 인정과 칭찬을 구하는 것은 믿음에 장애물이 됩니다. 하나님을 더 의지하려고 했지만 그렇게 할 수 없었던 적이 있습니까? 더 큰 믿음을 가지고 싶은데 그런 믿음이 생기지 않는 것처럼 느낀 적이 있습니까? 말씀 속에 있는 이 약속 저 약속을 주장하지만 실제로 그 약속을 믿을 수는 없었습니까? 하나님께서 자신과 당신에 대해 말씀하시는 바를 읽지만, 믿음으로 줄기차게 그것을 붙잡지는 못하는 것 같습니까?

당신이 세상 사람들처럼 다른 사람들로부터 영광을 구하고 있다면 어떻게 믿음을 가질 수가 있겠습니까? 가질 수가 없습니다. 영광을 추구하는 것 자체에 무슨 잘못이 있는 것은 아닙니다. 하지만 하나님께로부터 오는 영광과 칭찬만을 추구해야 합니다. 그런 삶을 살려면 사람들 앞에서 하나님의 영광을 위해 살아야 하고, 우리 자신의 영광을 위해 살아서는 안 됩니다.

어떤 만화에서 두 여성이 골프를 치고 있는 것을 보았습니다. 한 사람이 공을 칠 차례였는데, 새 두 마리가 가까운 나무에 앉아서 보고 있자 공을 치지 못하고 멍하니 서 있었습니다. 그러자 친구가 이렇게 말했습니다. "얘, 공을 쳐!!! 저 새들은 네가 어떻게 치는지에 관심이 없단 말이야!"라고 했습니다. 때때로 우리 주위의 나무들에는 너무 많은 새들이 있습니다. 그리고 그 새들은 우리를 움직일 수 없게 하여 하나님 보시기에 의미 있는 것을 실제로 행하지 못하게 합니다. 그리고 의미 있는 어떤 것을 위해 하나님을 믿지 못하게 합니다.

사람들의 인정을 구하는 것에서 하나님의 인정을 구하는 것으로 돌아설 때까지는 믿음이 생길 수가 없습니다. 믿음은 믿는 것이요, 믿는 것은 기본적으로 받는 것입니다. 그러나 우리의 교만은 받는 자가 되는 것을 싫어합니다. 우리의 교만은 다음과 같이 인정하기를 싫어합니다. "나는 나 자신만으로는 아무것도 아니다. 나는 원래 자신의 힘으로 대단한 인물이 되도록 만들어지지 않았다. 그러나 나는 완전한 사람이다. 한 인간으로서 영원히 온전하다. 이는 그리스도, 내 죄를 위한 그분의 죽음, 그리고 나와 그분의 연합 때문이다." 우리는 하나님의 조건대로 하나님과 지속적인 관계를 맺음으로 자신의 신원에 대한 내적 확신을 인내심 있게 키워 가야 하나, 우리의 교만은 이러한 생각을 몹시 싫어합니다.

교만은 겸손하게 하나님과 동행할 때 오는 마음의 안식과 안전감을 앗아갑니다. 1800년대에 살았던 유명한 작가인 앤드루 머리는 이렇게 썼습니다.

> 겸손이란 마음의 완전한 평온을 말한다. 겸손은 초조해하거나 슬퍼하거나 실망하지 않는다. 겸손은 아무것도 기대하지 않으며, 내게 일어난 일을 이상히 여기지 않는다. 아무도 나를 칭찬하지 않을 때나 내가 비난과 멸시를 당할 때에도 겸손은 나를 평안하게 해준다. 그것은 사방을 둘러보면 시련의 바다뿐일 때에도, 주님 안에서 내가 들어가 쉴 수 있는 복된 집을 가지는 것이다.

하나님께서는 말씀을 통해 우리를 고양시키는 진리들뿐만 아니라 우리를 겸손케 하는 진리들도 보여 주심으로 우리의 교만을 꺾으십니다. 하나님께서는 우리가 광활한 우주 속에 있는 아주 조그만 알갱이 같은 존재에 불과하며, 우리를 향한 하나님의 영광스런 이상에 미치지 못하는 존재이며, 우리 자신만으로는, 부족하고, 가련하고, 궁핍한 존재라고 말씀해 주십니다. 겸손하게 만드는 이러한 진리들을 받아들임으로써, 우리 마음의 토양은 지금까지 살펴본 긍정적인 진리들을 받아들일 수 있도록 준비됩니다. 또한 시련(우리 자신의 실패를 포함하여)은 우리 자신을 고양시키는 진리들뿐 아니라 겸손케 하는 진리들도 받아들이도록 도와줍니다.

하나님의 뜻을 넉넉히 행할 수 있음

다니엘이 본 환상 가운데 하나에서, 하나님의 천사는 다니엘에게 "오직 자기의 하나님을 아는 백성은 강하여 용맹을 발하리라"(다니엘 11:32)라고 했습니다. 우리는 이 말씀과 어긋나는 어리석은 일을 하기 좋아합니다. 하나님을 알아 가지는 않으면서, 강하게 보이려고 하고 강하게 행동하려고 하는 것입니다. 누가 "잘 지내십니까?"라고 물으면, 우리는 "네, 잘 지냅니다"라고 대답합니다. 속으로는 곤궁한 사람으로 느끼고 있거나, 곧 쓰러질 지경이면서 말입니다.

우리는 또한 "용맹을 발하기" 원합니다. 반드시 무슨 대단한 뉴스 거리를 만들기를 기대하지는 않으나, 중요해 보이는 몇몇 사람들에게 자신이 일을 멋지게 수행하는 사람으로 보이고 싶어 하는 것입니다.

그러나 하나님께서는 그분 자신을 아는 것이 먼저라고 말씀하십니다. 그것이 강한 삶을 사는 데, 그리고 일을 잘 수행하여 하나님을 기쁘시게 하는 데 기본이 되기 때문입니다. 하나님을 더 잘 알아 갈 때, 단지 겉모습이 강해 보이는 삶이 아니라 실제로 내적 깊숙한 곳에 있는 힘으로 강한 삶을 살게 될 것이며, 그러한 힘은 우리 삶의 바닥이 내려앉는 것처럼 보일 때도 결코 사라지지 않습니다. 그때 우리는 하나님께서 불러 주신 진정으로 위대한 일을 용맹스럽게 감당할 수 있습니다. 진정으로 위대한 일은 우리 삶을 위한 하나님의 뜻이며, 그것은 언제나 선하고, 기쁨을 주고, 완전합니다.

아마도 우리가 얼마나 안전을 느끼고 있는지에 대한 가장 좋은 시험은, 하나님의 뜻이 무엇이든 이를 행하는 데 부지런하고 그 일에 만족하고 있는지를 살펴보는 것이라 생각됩니다. 단지 오늘 이 순간을 위한 하나님의 뜻을 행할 때 우리는 하나님의 사랑 안에서 얼마나 안전을 느끼는지 모릅니다. 여동생과 나는 "선하신 뜻을 가지신 하나님, 나를 더 한층 꼭 품어 주소서. 주님 안에서 내가 완전히 사라질 때까지"라는 찬송을 부르곤 했습니다. 이러한 기도는 하나님을 더 잘 알아 가고, 하나님 가까이에 머무는 즐거움을 누리게 해줍니다.

어느 해 하나님께서는 우리가 여행도 않고 훈련 프로그램을 진행하지도 않고 6주 동안 싱가포르의 우리 집에 머물 수 있게 하셨습니다. 기록적일 정도로 긴 기간이었습니다. 그 기간 동안 하나님께서는 나를 미가 6:8로 이끄셨습니다. 그 구절은 하나님께서 우리에게 원하시는 것을 지극히 단순하게 묘사하고 있습니다. "사람아, 주께서 선한 것이 무엇임을 네게 보이셨나니, 여호와께서 네게 구하시는 것이 오직 공의를 행하며, 인자를 사랑하며, 겸손히 네 하나님과 함께 행하는 것이 아니냐?" 하나님께서 주신 생각들을 소개합니다.

공의를 행하라. 나는 다른 사람들이 내게 공의를 행하게 하려고 애쓰면서 그들을 살펴보거나, "내 사정은 여호와께 숨겨졌으며, 원통한 것은 내 하나님에게서 수리하심을 받지 못한다"(이사야 40:27)고 불평해서는 안 됩니다. 이 구절을 읽을 때, 나는 어떤 것이 공정한 것 같지 않다고 마음속으로 불평하고 있는 것을 알게 되었습니다. 그렇게 하는 것은 하나님의 책임 분야를 넘보는 것입니다. 하나님께서는 단 한 분밖에 없는 공정한 재판관이시며, 그분만이 언제나 올바르게 심리하시는데, 그 하나님께서 나에게 "나를 신뢰하라"고 요구하십니다. 나의 책임 분야는 내가 다른 사람들에게 정의롭고 공의로워지는 것입니다. 하나님께서는 내가 '공의롭게 행하도록' 자원을 넉넉하게 공급해 주십니다. 그러나 '내게 공정한 삶'으로 만들도록 자원을 공급해 주신다는 말은 아닙니다.

인자를 사랑하라. 나에게 마땅한 형벌을 주시는 대신, 하나님께서는 인내심 있게 나에게 동정을 베푸십니다. 하나님께서는 나의 연약함을 체휼하십니다. 하나님께서는 언제나 용서해 주실 준비가 되어 있으며, 나는 손톱만큼도 그분의 사랑을 받을 만하지 않지만, 나에게 선을 행하기 기뻐하십니다. 그래서 나는 하나님의 풍성한 인자를 기뻐해야 하며, 그 인자를 다른 사람에게 전달하는 통로가 되어야 합니다. 내가 다른 사람에게 인자를 베풀지 않는 것은 하나님께서 내게 인자를 베푸시는 것을 방해합니다. "긍휼히 여기는 자는 복이 있나니, 저희가 긍휼히 여김을 받을 것임이요"(마태복음 5:7).

이런 이야기가 있습니다. 어떤 부인이 사진을 찍었는데, 사진이 나오자 사진사에게 사진이 올바르게 나오지 않았다고 불평했습니다. 실물보다 못하게 나왔다는 것입니다. 그 사진사는 잠시 생각하더니, 이렇게 대답했다고 합니다. "아주머니, 아주머니의 사진은 올바르게 나오는 것보다는 자비롭게 나오는 게 필요하죠." 놀랍게도 하나님께서는 공의(올바름)와 인자(자비로움) 둘 다를 행하시며, 우리를 내리깎는 말은 하지 않으십니다. 하나님께서는 우리가 다른 사람들에게 그렇게 행하기 원하십니다.

겸손히 네 하나님과 동행하라. 한없이 광대하시고, 거룩하시고, 모든 것에 충분하신 하나님을 예배하는 가운데 그분 앞에 고개를 숙이며, 내가 참으로 그분을 필요로 한다는 것을 겸손히 인정하는 것은 얼마나 복된 일인지 모릅니다. 하나님과 나 자신에 대한 진리를 확실히 믿을 때 겸손히 그분과 동행할 수 있으며, 하나님께서 나의 영을 소성케 하심에 따라 그분의 자비로운 임재를 즐길 수 있습니다(이사야 57:15).

하나님께서 요구하시는 것은 참으로 단순한 것들이지만, 우리가 그것들에 성실하게 주의할 때 오는 축복은 너무나 큽니다! 나 자신에게 마땅하다고 생각되는 공의와 자비로 대우받으려고 애쓰는 수가 있는데, 이것은 얼마나 어리석은 일인지 모릅니다. 단지 하나님의 뜻을 행하기만 하면 하나님께서 나의 최고의 유익을 추구해 주시는데, 괜히 삶을 복잡하게 하고 에너지를 고갈시킬 필요가 있겠습니까? 나 자신을 속일 필요가 있겠습니까?

이 문제를 해결하시기 위해, 하나님께서는 내가 부당한 대우를 받을 때 갖기 원하시는 태도를 상기시켜 주셨습니다. "오직 선을 행함으로 고난을 받고 참으면 이는 하나님 앞에 아름다우니라"(베드로전서 2:20). 부당한 대우를 받을 때는, 하나님의 마음을 기쁘시게 해드리고 하나님께서 주시는 은혜와 안전을 특별한 방법으로 누릴 수 있는 기회입니다.

하나님의 뜻을 행하는 데는 '무엇을 하느냐'와 '그것을 어떻게 하느냐'가 포함됩니다. 그것은 하나님께서 원하시는 것을 하나님의 방법으로 하나님께서 나를 위해 정해 주신 보조로 행하는 것을 의미합니다. 종종 피로와 에너지 소진으로 어려움을 겪을 때, 이사야 30:15로 돌아가곤 했습니다. "너희가 돌이켜 안연히 처하여야 구원을 얻을 것이요, 잠잠하고 신뢰하여야 힘을 얻을 것이어늘." 이 말씀은 시편 23:2 말씀과 이사야 8:6 말씀을 생각나게 합니다. "그가 나를 푸른 초장에 누이시며 쉴 만한 물가으로 인도하시는도다… 천천히 흐르는 실로아 물가로." 내가 종종 앉아서 글을 쓰곤 하는 테이블이 있는데, 그 모서리 부분에 다음과 같은 글을 붙여 놓았습니다. "당신의 삶을 하나님 뒤에 두고, 하나님께서 정해 주신 보조를 따르라." 현대인들은 성취를 향해 돌진하는 경향이 있는데, 내게 계속 필요한 것은 이처럼 정신 없이 달려가는 삶에서 약간 속도를 늦추어 단지 하나님의 뜻을 꾸준하고 잠잠하게 행하는 삶으로 돌아가는 것입니다. 때로 속도를 늦추며 적게 행하는 것, 흔들의자 같은 곳에 앉아서 하나님이 친히 행하신 일들과 신나는 추억들과 하나님을 기뻐하는 것은 좋은 일입니다. 나는 이 사실을 상기할 필요가 있습니다.

우리의 안전 테스트

그리스도 안에서 자신의 신원을 이해함으로 하나님의 사랑 안에서 참으로 안전을 느끼고 있습니까? 그렇다면, 특히 다른 사람들과의 관계에서 그것이 드러날 것입니다.

때때로 우리는 사랑하는 이들과 관련하여 무슨 두려움이 있으면 불안을 느낍니다. 그들이 육체적인 고통이든 다른 어떤 고통이든 고통을 겪으면 우리 마음이 어렵지 않습니까? 우리 딸 도린은 5년 이상 만성 피로 증세로 고생을 해왔습니다. 살림을 꾸리고 세 아이를 키워야 하는 그 애에게는 매우 힘든 일이었고, 그의 사랑하는 남편 게리에게도 어려움을 주었습니다. "지금 당장 그 애를 치료해 주세요"라고 하나님께 부르짖고 싶을 때가 얼마나 많은지 모릅니다. 그럴 때 하나님께서 내게 상기시켜 주시는 것은, 그 애와 그 남편과 자녀들과 우리 부부의 삶에서 행하고자 하시는 아름다운 일이 있으며, 그 일을 어떻게 행하실지 그분 자신이 가장 잘 아신다는 것입니다. 하나님께서는 자기 백성들이 하는 경험들을 하나도 헛되지 않게 하십니다. 이 사실을 알면 얼마나 기쁜지 모릅니다.

뿐만 아니라, 하나님께는 내가 상담을 해드리거나 조언을 해드릴 필요가 없습니다. 우리에게 무엇이 가장 좋은지를 늘 알고 있는 이가 하나님말고 또 있겠습니까? 그리고 나는 하나님께서 왜 어떤 일을 행하시며, 왜 그런 방식으로 행하시는지, 그 구체적인 이유를 헤아릴 수 있을 정도로 머리가 좋지도 않습니다. 그래서 나는 하나님을 나의 시간표에 집어넣으려는 생각을 물리치고 또 물리칩니다. 하나님께 시계나 달력을 건네 드리려는 것부터 그만두어야 합니다. 그 대신, "하나님, 이 어려움을 통해 그 애의 삶에서 행하기 원하시는 것을 다 행하셨을 때, 건강을 완전히 회복시켜 주소서"라고 기도합니다. 종종 시편 140:12 말씀이 나의 믿음을 굳게 해줍니다. "내가 알거니와, 여호와는 고난당하는 자를 신원하시며 궁핍한 자에게 공의를 베푸시리이다."

하나님의 방법과 지혜를 신뢰할 때, 우리는 마음이 놓이지 않아 늘 따라다니는 그런 부모가 되지 않을 수 있습니다. 장성한 자녀들을 늘 보호하며 이끌어 주려고 하는 데서 발을 뺄 수 있는 것입니다. 그렇게 하지 않으면, 실제로 그들의 안전을 해치며 가장 좋은 부모이신 하나님을 의지하는 삶을 약화시킬 수도 있습니다.

하나님의 사랑 안에서 안전을 느끼게 되면 이것은 또 다른 방법으로 사람들과 우리의 관계에 영향을 미치는데, 아마 그런 경우가 더 많을 것입니다. 종종 우리는 사람들(우리 자녀들 포함)을 이상한 방법으로 '돕습니다.' 그들을 성장시키겠다는 일념으로, 끊임없이 그들로 하여금 자신들의 잘못과 결점에 관심을 쏟게 만드는 것입니다.

우리 가운데 대부분은 훌륭한 방법으로 가까운 사람들을 세워 주고 있을 것입니다. 자녀들에게 말로 사랑을 표현하며, 껴안아 주기도 하고, 그들이 이룬 것에 대해 자부심을 느끼고 있다는 것을 보여 주기까지 합니다. 아침에 출근할 때 배우자에게 인사를 하며, 평소에 그의 실제적인 필요들을 채워 줍니다. 친구들의 말에 귀를 기울여 주며, 그들이 잘 지내는지 관심을 나타냅니다.

그러나 그들을 한 인간으로서 좋아한다는 것을 구체적으로 말로 표현합니까? 얼마나 자주 표현합니까? 표현해 본 적이 별로 없는 사람이 많을 것입니다. 우리가 입을 다물고 있거나 직접적으로 칭찬이나 감사를 표현하지 않으면 대개 부정적인 태도를 가진 것으로 비춰집니다. 그리고 매일을 살아가면서 하는 말은 쉽게 부정적인 방향으로 흘러갑니다. 직접적일 수도 있고, 암시적일 수도 있습니다. 심지어 다른 사람들 앞에서도 그런 부정적인 말을 합니다. "그 사람은 시간에 맞춰 온 적이 한 번도 없어." "그는 훈련이 안 되어 있어." "내가 그 말을 몇 번이나 해야 하니?" "우리 아내는 언제나 지나치게 예민해요." "당신은 이기적이고 몰인정해요." 밑바닥에 부정적인 태도와 비판적인 태도가 지속적으로 흐르고 있으면(자신도 잘 모를 것임), 우리는 가장 세워 주기를 원하는 사람들을 무너뜨리게 됩니다. 우리는 그들이 자신을 용납할 수 있는 토대를 허물어 버립니다. 기다렸다는 듯이 튀어나오는 제안이나 충고도, 그것이 비록 점잖게 이루어졌다 해도 부정적인 의미를 전달하며, 상대방의 사고력과 창의성에 의문을 던집니다.

하나님께서는 다른 사람의 사랑할 만하고 칭찬할 만한 면에 초점을 맞추라고 하십니다(빌립보서 4:8). 만약 부정적인 말을 되풀이하는 경향이 몸에 배어 있다면, 다음과 같은 다소 형식을 갖춘 접근법이 도움이 될 것입니다. 부정적인 말이나 고쳐 주는 말 한 가지를 하기 전에 긍정적인 관찰 세 가지를 나누는 연습을 해 보십시오. 비록 정확하게 3:1 비율을 고수할 수는 없을지라도, 구체적인 목표를 가지고 있으면 긍정적인 면을 관찰하기 위해 깨어 있는 데 도움이 됩니다.

입에 발린 칭찬을 하라는 말은 아닙니다. 우리가 좋게 여기는 것을 말해 주는 데 도움이 되는 방법이 있습니다. 그들이 우리에게 어떤 느낌을 갖게 하는지를 말해 주는 것입니다. "하던 일까지 멈추고 그렇게 도와주러 나오니 너무나 고맙게 느껴져요." "당신이 내 친구들에게 관심을 보일 때 참 기분이 좋았어요." "당신과 대화를 나누는 것은 정말 즐거워요. 당신의 생각은 자극이 많이 되어요." 이런 식으로 느낌을 나누면, 다른 사람이 자신의 가치에 대해 건전한 결론에 도달하게 되며, 또한 서로 감정적으로 더 가까워집니다. 느낌을 말로 표현할 때 때로 상대방을 바로 잡아 주는 일도 이루어질 수 있습니다. "네가 전화도 없이 그렇게 늦게 들어올 때 무슨 큰 일이 일어났는지 무척 염려가 되었어." "나는 네가 통 말이 없을 때 우리 관계에 대해 불안을 느꼈어." "화장실이 그렇게 엉망이 되어 있을 때 좌절감을 느꼈어. 내가 해야 할 일이 너무 많다는 느낌이 들었어." 이것이 "너는 형편없는 애야. 언제 바뀔 거야?" 식의 접근보다 낫습니다. 그런 식으로 우리의 느낌을 나누게 되면 상대방은 반항을 하거나 낙심하기보다는 우리와 동일시하게 됩니다.

한 가지 부정적 말을 하려면 세 가지 긍정적인 말을 하라는 것이 부정적인 말을 하기 위한 준비로 얼른 몇 가지 긍정적인 말을 하라는 말은 아닙니다. 그런 식으로 하다 보면, 긍정적인 말을 할 때 상대방이 움츠러듭니다. "아이쿠, 다음에 무슨 소리를 하려고?"

그보다는 지속적으로 긍정적인 것을 관찰하고 언급하는 태도를 가지라는 의미입니다. 일차적으로는 다른 사람들에게 있는 참되고, 옳고, 정결하고, 사랑할 만하고, 칭찬할 만한 것에 초점을 맞추라는 말입니다(빌립보서 4:8). 그럴 때, 바로잡아 주는 말이나 제안을 하면, 그 말은 지지와 격려로 부드러워진 흙 위에 떨어질 것입니다.

이 아이디어에 반대하는 사람들도 있을 것입니다. 그것은 교만을 조장할 것 같다는 이유에서입니다. 우리는 흔히 자신을 다른 사람의 겸손을 지켜 주는 수호자인 양 생각합니다. 그러나 지혜로우신 창조주께서 주신 긍정적인 자질과 능력을 감사하는 마음으로 인정하는 것은 교만이 아닙니다. 사실, 자신의 약점과 실패뿐 아니라 하나님께서 주신 강점과 성공을 현실적으로 보는 것은 교만에서 벗어나게 도와줍니다. 그것은 자신이 다른 사람보다 우월하다는 것을 입증하려는 끊임없는 노력에서 벗어나게 해줍니다. 또한 우리 자신이 열등하고 용납될 수 없는 자질들로 똘똘 뭉쳐진 사람일지 모른다는, 막연하고도 맥빠지게 하는 염려로부터 자유롭게 해줍니다. 다른 사람이 얼마나 죄가 많고 형편없는지에 눈을 돌릴 때 잠시 경감되는 그런 염려로부터 말입니다.

상대방의 교만을 조장해서는 안 된다는 것. 이것이 많은 사람이 자기가 사랑하는 이들에게 부정적인 말을 계속 내뱉는 이유가 될 수 있겠습니까? 이 패턴을 성공적으로 바꾸려면, 하나님께서 우리를 은혜와 사랑으로 양육하시도록 해드려야 합니다. 하나님께서는 우리의 밑바탕에 깔려 있는, 우리 자신에 대한 부정적인 감정들에서 우리를 해방시키기 원하십니다. 하나님께서는 우리가 누구인지에 대해 긍정적이고 영광스럽기까지 한 진리들을 말해 주시는 데 뛰어나십니다. 이러한 진리들을 깨달을수록 다른 사람들을 무너뜨리기보다는 세워 줄 수 있게 됩니다.

우리 자신을 사랑함

이 문제를 좀더 탐구해 봅시다. 다른 사람에게 있는 부정적인 면들에 초점을 맞추는 경향은, 흔히 우리 속에 있는 종양, 즉 고통스럽지만 정확하게 파악되지는 않고 있는 종양에서 풍겨 나오는 고약한 냄새입니다. 그 종양이란 바로 우리 마음속에 있는 불안감, 열등감, 자기 혐오 등의 감정입니다. 자기 자신을 싫어하기 때문에 다른 사람들도 깎아 내려야 합니다. 우리의 감정적 병으로부터 나온 독소는 우리의 인격과 다른 사람들을 향한 태도에까지 퍼져 나갑니다. 우리가 자신을 건전치 못한 시야로, 기본적으로 부정적인 시야로 보고 있다면(어쩌면 교만한 태도라는 가면을 쓰고 있을 수도 있음), 어떻게 다른 사람들이 그들 자신에 대해 건전한 시야를 갖도록 도와줄 수 있겠습니까?

예수님께서는 두 번째로 큰 계명이 "네 이웃을 네 몸과 같이 사랑하는 것"(마태복음 22:39)이라고 하셨습니다. 여기서 예수님께서 말씀하신 자기 사랑은 디모데후서 3:1-4에 나오는 것과는 다른 것입니다. "말세에 고통하는 때가 이르리니, 사람들은 자기를 사랑하며… 쾌락을 사랑하기를 하나님 사랑하는 것보다 더하며." 예수님께서 말씀하신 자기 사랑은 우리가 선천적으로 가지고 있는 자기 사랑, 즉 우리 몸에 영양분을 공급하고 보호하며, 먹이고 돌보는 건전한 사랑을 의미합니다(에베소서 5:28-29). 우리는 타고난 이러한 사랑을 확장하여 다른 사람들까지 사랑해야 합니다. 하나님을 더 알고 더 사랑하고 우리를 향한 하나님의 사랑을 더 경험할수록 다른 사람들을 더 사랑할 수 있습니다. 이것이 첫 번째로 큰 계명(전심으로 하나님을 사랑하는 것)이 두 번째로 큰 계명 앞에 오는 이유 가운데 하나일 것입니다.

자신에 대한 부정적인 시야와 다른 사람에 대한 부정적 태도를 고치는 이상적인 치유책이 있는데, 그것은 언제나 사용할 수 있는 치유책입니다. 그것은 우리 자신이 하나님의 사랑 안에서 얼마나 안전한지를 새롭게 배우는 것입니다. 하나님께서 우리를 향해 가지고 계신 긍정적인 태도, 사기를 북돋아 주는 태도는 얼마나 좋은 본인지 모릅니다. 하나님께서는, 그리스도 안에서 새사람이 된 우리의 신분에 대해 마음 뜨겁게 하는 묘사를 하심으로 늘 우리 힘을 북돋아 주고자 하십니다. 하나님의 사랑과 은혜에 관한 진리는 성경을 한 쪽 한 쪽 넘길 때마다 그곳에서 빛나고 있으며, 우리 자신이 이 진리들에 접할 때 하나님께서는 우리 속사람을 견고케 하시고 강하게 해주십니다. 그 결과, 우리는 하나님께서 성경을 통해 사랑으로 책망하시고 바르게 해주실 때 이를 잘 받아들일 수 있게 됩니다.

우리 마음이 우리를 향한 하나님의 긍정적인 감정과 태도를 접할 수 있는 곳으로 에베소서가 좋은데, 특히 첫 세 장이 좋습니다. 나는 그 장들을 여러 가지 번역본으로 읽었습니다. 그러면서 하나님의 가족들과 나 자신에 대해 하나님께서 어떤 시야를 가지고 계신지를 보여 주는 구절들을 베껴 쓰기도 하고 풀어쓰기도 하면서 엄청난 축복을 받았습니다. 우리 각 사람은 하나님께 전적으로 용납되고 있으며, 하나님의 극진한 사랑을 받고 있고… 모든 죄와 정죄로부터 자유로우며… 하나님께서는 우리를 자신의 보배로 삼아 소중히 여기시며 기뻐하시고… 우리는 측량할 수 없을 정도로 엄청나게 부요하며… 무한한 능력을 받고… 그리스도 안에서 지극히 높은 자리까지 높아져 있으며, 위대한 목적을 이루도록 부름받고, 그 목적을 이룰 수 있도록 구체적으로 은사를 받습니다.

이와 더불어, 하나님께서 우리 각자가 타고나게 하신 놀라운 독특성을 생각해 보십시오. 이것은 겸손과 감사의 마음으로 우리 자신을 용납하면서 고개를 들 수 있는 견고한 토대를 마련해 줍니다. 이 토대 위에서 다른 사람들과 긍정적인 관계를 계발할 수 있습니다. 그때 우리는 그리스도께서 우리를 받으신 것같이 서로를 받으며, 그리스도께서 우리를 사랑하시는 것같이 다른 사람을 사랑할 수 있게 됩니다.

그러므로 우리 자신의 부정적 태도에 대해 두 가지 방법으로 공격을 시작할 수 있습니다. 하나는 날마다 우리에 대한 하나님의 긍정적인 평가에 채널을 맞추는 것이요, 다른 하나는 자주 주위 사람들을 칭찬하고 귀중히 여김으로 하나님의 본을 따르는 것입니다.

하나님의 완전한 사랑이 우리의 안전감을 깊게 할수록, 우리는 다른 사람들의 안전감을 깊게 해주는 데 하나님의 더 나은 통로가 될 수 있습니다.

주 하나님, 주님의 사랑이라는 거울을 주셔서 기쁩니다. 그 거울을 통해 제가 진정으로 누구인지를 정확하게 볼 수 있습니다. 주님의 말씀을 통해 안전을 느끼게 하시니 감사드립니다. 그 말씀에서 주님께서는 제게 대한 진실을 보여 주십니다. 제 마음을 겸손하게도 하고 고양시켜 주기도 하는 진실입니다. 주님의 은혜로 인지로 지금도 저를 둘러싸고 계시고, 그리고 영원히 저를 둘러싸신다니 감사드립니다. 주님의 완전하고 강하고 개인적인 사랑은, 저에게 하나밖에 없는 참된 집이요, 거한 처소이며, 은신처와 방패요, 영원한 안식처입니다.

　주님, 날이 갈수록 제게 관한 주님의 진리들을 더 깊고 풍성하게 이해하게 하시고, 저를 어떻게 보시는지를 더 잘 알게 하소서. 그릇된 거울을 봄으로써 그릇된 방법으로 저의 신원과 안전을 추구하기가 쉽습니다. 그렇게 하지 않게 주님의 진리로 지켜 주소서. 저의 고단한 마음은 신원과 관련한 저의 내적 필요를 채우기 위해 주님을 바라보기보다는 다른 사람과 나 자신을 의지하기가 얼마나 쉬운지 모릅니다. 주님께서는 이를 잘 알고 계십니다. 그러나 주님, 주님과 주님의 사랑만이 그러한 필요를 완전히 해결할 수 있습니다. 그 필요를 주님이 충만함으로 늘 그토록 후하고 넉넉하게 채워 주심을 찬양드립니다.

제가 다른 곳을 바라볼 이유가 전혀 없습니다!
　　주님께서 주시는 이 안전이 저를 자유롭게 하여 다른 사람들(특히 사랑하는 사람들)을 사랑으로 세워 줄 수 있게 하니 감사드립니다. 주님께서 주시는 안전은 저의 견고한 토대가 되어 주님을 기쁘시게 하는 일을 잘 행할 수 있게 합니다. 주님은 저의 하나님이시오니, 저의 활동과 업무, 사람들과의 약속과 인간 관계를 다스려 주소서. 하나님의 장소에서 하나님의 뜻을 행하는 하나님의 자녀가 되고 싶습니다. 그리고 어떤 장소나 환경에 처하게 하시든, 주님께서 약속하시는 삶을 바라보면서, 영원한 새 삶에 들어갈 때까지 기꺼이 기다리겠습니다. 믿음과 소망 가운데 주님을 바라봅니다.
　　예수님의 이름으로 기도드립니다.

묵상, 기도, 그리고 적용을 위한 질문

이 장에서 하나님께서 당신에게 특별히 말씀해 주신 성경 구절이나 진리는 무엇입니까? 이로부터 최대의 유익을 얻기 위해 무엇을 하겠습니까?

제 13 장

하나님의 완전한 사랑 안에서
나는 중요한 존재다

평생을 살아왔지만 요즘 들어 특히 계절이 빨리 바뀐다는 것을 절감합니다. 한 주간도 엄청나게 빠른 속도로 지나가는 것 같으며, 한 주가 시작되었는가 싶으면 어느새 주말이 되어 있습니다. 시 하나가 떠오릅니다. 랄프 스폴딩 쿠시먼의 "나는 믿음을 원하네"라는 시인데, 오랫동안 내 삶에 큰 영향을 미치고 있습니다. 다음과 같이 시작됩니다.

> 나는 믿음을 원하네.
> 하루하루가 흘러가는 것을 시샘하지 않는 믿음을.
> 나의 모든 시간과 길을
> 별보다 더 영원한 의미를 갖는 것으로 보는 믿음을.
> 삶을 싸움과 반목의 그저 그런 날의 연속이 아니라
> 친구요, 모험가요,
> 빛이신 하나님과 함께하는
> 영원한 기쁨의 잔치로 보는 믿음을.

마지막 부분에 나타나 있는 관점을 특히 좋아합니다. 나의 친구, 나의 모험가요, 나의 빛으로서 하나님을 깊고 친밀하게 경험할 때, 나의 삶 또한 '영원한 기쁨의 잔치'가 될 수 있습니다. 이 땅에서의 날들이 흘러가는 것은 문제가 되지 않습니다. 믿음 안에서 나는 영원한 기쁨의 잔치를 할 날을 고대하기 때문입니다.

이 영원한 관점만이 내가 이땅에 머무는 짧은 생에 진정한 의미를 부여할 수 있습니다.

의미 있는 삶을 살게 하심

오래 전 싱가포르에서 있었던 일입니다. 우리 집에서 멀지 않은 곳에 선풍기가 돌아가는 조그만 중국식 커피숍이 있었는데, 거기서 경건의 시간을 가지고 있었습니다. 그때 시편 39:4에 있는 기도에 감명을 받았습니다. "여호와여, 나의 종말과 연한의 어떠함을 알게 하사 나로 나의 연약함을 알게 하소서." 주님께서 천 년이 하루 같다는 말씀이 생각이 나서(베드로전서 3:8 참조) 계산해 보니, 주님께서는 사람들의 팔십 평생도 대략 두 시간과 같았습니다!

그 비율대로 하면, 내가 이땅에서 살 날이 10년이 남았다면, 하나님께는 대략 15분 정도가 될 것입니다. 만약 내가 20년을 더 산다면 반시간 정도입니다. 얼마나 짧은 기간인지! 나의 일생은 얼마나 덧없는 것인지! 숨 한 번 쉬는 것 같고, 그림자 같고, 수증기 같고 "잠깐 보이다가 없어지는 안개"와도 같습니다(야고보서 4:14). 시편 39:5 말씀처럼 "나의 일생이 주의 앞에는 없는 것 같습니다."

이 사실이 얼마나 우리를 겸손케 하고 교훈을 주는지 모릅니다! 내가 두 시간밖에 더 살지 못한다고 합시다. 그렇다면, 중요해 보이는 활동들로 그 두 시간을 꽉꽉 채우느라 미친 듯이 뛰어다닐까요? 그 시간 동안 자신이 주위에 대단한 영향을 미쳤다는 느낌이 들게 말입니다. 아니면, 조용히 주님과 사람들을 사랑하고, 단지 이 순간을 위한 주님의 뜻을 행할까요?

그 반대도 사실입니다. 베드로후서 3:8은 또한 "주께는 하루가 천 년 같다"고 말합니다. 그러므로 내가 이땅에서 보내는 두 시간은 주님께 80년과 같습니다. 하나님께서는 우리처럼 시간 제한에 매이지 않으십니다. 하나님께서는 짧은 일생에 무한한 의미를 압축해 넣으실 수 있습니다. 예수님의 3-4년의 공생애 기간에, 그리고 십자가 위에 머무신 여섯 시간에 하나님께서 무한한 의미를 압축해 넣으신 것을 생각해 보십시오. 늘 예수님의 목표는 '성공적인 것'으로 보이거나 느껴지게 하는 것이 아니라 오직 아버지의 뜻을 행하는 것이었습니다. 주님께서는 "하나님께로부터 오는 영광만을 구하셨습니다"(요한복음 5:44 참조).

하나님께서는 우리 삶에서도 한 순간에다, 한 시간에다, 또는 한 달이나 한 해에다 의미를 압축해 넣으실 수 있습니다. 그것들이 우리 개인의 성장과 다른 사람들에게 미치는 영향에서 엄청난 의미를 갖게 하실 수가 있는 것입니다. 하나님께서 우리를 사용하여 얼마나 깊게, 얼마나 겉으로 드러나게, 또는 얼마나 넓게 영향을 미치시느냐는 우리가 선택할 사항이 아니며, 사랑 많으신 우리 아버지의 소관입니다. 하나님께서는 자신의 것을 가지고 자기 뜻대로 하실 수 없겠습니까?(마태복음 20:15)

어느 날 밤, 잠을 이룰 수가 없었습니다. 우리가 쓴 책 가운데 하나가 잘 나가지 않는다는 말을 얼마 전에 들었기 때문이었던 것 같습니다. 그래서 일어나 A. W. 토저의 책 하나를 죽 훑어보았습니다. 그 책은 매일 조금씩 읽도록 나누어져 있었는데, 어느 날의 제목이 관심을 끌었습니다. "하나님께서는 우리의 인간적 성공에 의존하지 않으신다"라는 제목이었습니다. "그러므로 하나님의 능하신 손 아래서 겸손하라"라는 베드로전서 5:6 말씀을 소개한 후, 토저는 다음과 같이 썼습니다.

> 예수님을 믿는다고 고백하는 교회가 실패와 성공에 관한 예수님의 명확한 가르침과 본으로부터 배운 것이 그렇게 적어 보이는 이유는 뭘까? 우리는 여전히 사람들이 생각하듯이 생각하고 있고 사람들의 판단 방식을 따라 판단하고 있다… 그리스도인은 이 모든 것에서 돌아서야 한다. 어떤 사람도 자기가 기꺼이 실패하고자 할 때까지는 성공할 만한 자격이 없다… 성공의 영광이 하나님께서 원하신다면 다른 이에게 돌아가기 원할 때까지는. 하나님께서는 자기 종을 연단시켜, 그가 행복해지기 위해서는 성공할 필요가 없는 수준까지 되었을 때… 성공이 자신을 하나님께 더 소중하게 만들거나 전체 계획에서 더 가치 있게 하지 않는다는 것을 배웠을 때, 그때 비로소 성공하도록 하실지 모른다.

나는 행복해지기 위해서나 하나님께 더 소중히 여김을 받기 위해서는 성공해야 한다고 느끼고 있었는가? 나는 기꺼이 성공 대신 실패할 마음이 있었는가?

이땅에서 머무는 두 시간의 삶에서, 내가 저명했던 다니엘과 같은 사람이 되든 멸시받는 목자와 같은 사람이 되든, 에스더 왕비와 같은 사람이 되든 연보궤에 두 렙돈을 넣은 과부처럼 되든,

무슨 차이가 있겠습니까? 다른 사람들과 나 자신의 눈에 이땅에서의 성공이나 실패로 보이는 것이, 나의 영원한 상급에 털끝만큼이라도 영향을 미칩니까? 아닙니다. 주님께서 "잘 하였도다"라고 말씀하시는 것은, 단지 내가 그분의 뜻을 그분의 능력으로 행하고, 어떻게 구체적으로 내 삶을 통해 그분을 영화롭게 할 것인가는 그분께 맡기는 것에 달려 있을 것입니다.

시편 84편의 기자는 이땅의 지위에 대한 거룩한 무관심의 태도와 하나님으로 인한 거룩한 기쁨의 태도를 가지고 있었습니다. 그는 이렇게 고백합니다. "주의 궁정에서 한 날이 다른 곳에서 천 날보다 나은즉 악인의 장막에 거함보다 내 하나님 문지기로 있는 것이 좋사오니"(84:10).

이러한 태도를 갖는 것이 두고두고 내 마음에 기쁨과 안식을 가져다 주었습니다. 아낌없이 베푸는 사랑, 무한한 지혜를 겸비한 사랑을 가지신 하나님께서는 나의 덧없이 흘러가는 날들과 단순한 일들을 의미로 가득 채우십니다. 그리고 그 과정에서 친구요, 모험가요, 빛이신 하나님의 임재를 계속 경험합니다.

우리를 모험으로 이끄시는 분

우리의 모험가로서 하나님께서는 사랑 가운데서 우리에게 삶을 위한 놀라운 목적을 주시는데, 우리가 자신을 위해 생각해 낼 수 있는 그 어떤 것보다 멋진 목적입니다. 하나님의 완전한 사랑으로 말미암아, 나는 목적 없고 의미 없는 삶에서 해방되었습니다.

현대인들이 가지고 있는 심각한 문제는 삶의 목적과 의미를 모른다는 것입니다. '나는 왜 살고 있는가?'를 모르는 것입니다. 많은 사람들이 삶의 목적을 찾고 또 찾아보지만, 의미 심장한 목적, 즉 진정으로 도전을 주고 실망과 좌절감을 맛보지 않도록 해 줄 만한 목적을 찾지 못하고 있습니다. 사람들은 뭔가 새로운 것을 시도합니다. 그것이 목적을 준다고 해서입니다. 그러나 용두사미로 끝나고, 다시 삶은 따분해지며, 아무 목적이 없습니다. 애당초 하나님께서는 친밀하고 사랑을 나누는 교제를 갖기 위해 우리를 창조하셨습니다. 그것이 우리를 창조하신 주목적이었습니다. 그래서 하나님과 교제를 나눌 수 있을 때까지는 늘 공허할 수밖에 없습니다. 우리가 이땅에 존재하는 주된 목적은 하나님을 영화롭게 하고 영원히 하나님을 즐거워하는 것입니다. 그러므로 하나님을 더 잘 알고, 하나님의 사랑을 좀더 온전히 알고 경험할 때까지는, 기쁨과 즐거움을 맛볼 수 없습니다.

"누군가 놀라운 사람이 당신을 사랑할 때까지는 당신은 보잘 것없는 사람이네"라는 노래가 있었습니다. 하나님의 사랑을 경험할 때, 우리는 '보잘것없는 사람' 그 이상이 됩니다. 우리는 그리스도 안에서 대단한 사람이 됩니다.

우주의 최고 통치자가 사랑의 관계, 친밀하고, 평생 가고, 영원히 계속되는 관계를 바로 '나'와 갖고 싶어하십니다. 다시 한 번 이것이 얼마나 놀라운 사실인지 곰곰 생각해 보며, 이 진리가 당신의 마음을 흠뻑 적시게 하십시오.

내가 좋아하는 성탄절 노래에 이런 가사가 있습니다.

> 오랫동안 죄와 허물 속에 신음하던 세상에
> 주님께서 오셨고 영혼은 자기 가치를 느꼈네.

우리 혀로는 제대로 다 찬양할 수 없는 분께 우리 머리로는 다 이해할 수 없을 정도로 우리가 가치 있는 존재임을 아는 것. 일년

내내 우리에게 진정한 '성탄절 감동'을 줄 수 있는 것이 있다면 바로 이것입니다.

그러나 우리가 자기 안에서 가치를 찾으려고 한다면, 그래서 인간적인 수준에서 우리가 선하고 옳고 중요하다는 증거를 쌓기 위해 애를 쓴다면, 하나님께서 갖게 해주시는바 '나는 가치 있는 존재다'라는 확고한 인식을 가질 수가 없습니다.

예수님께서 이땅에 오셨을 당시, 그분을 떠나서는 자신이 실패자요 무가치한 사람임을 알고 있는 사람들이 있었습니다. 그들은 주님의 용서와 사랑만이 가져다 줄 수 있는, '나는 가치 있는 존재다'라는 인식을 받아들일 준비가 되어 있었습니다. 그러나 그 밖의 사람들은 잘못된 '자부심'과 '자신이 선하다는 생각'을 먼저 산산조각 내는 것이 필요했습니다.

그리고 주님께서 이땅에 오신 사건이 담고 있는 역설은 이것입니다. 그것은 우리 죄가 엄청나다는 사실과, 우리가 하나님께 엄청나게 가치 있는 존재라는 사실을 동시에 나타내었습니다!

주님의 임재는 마치 햇빛과 같아서, 약한 빛에서는 드러나지 않는 '더러움'을 드러냅니다. 주님께 가까이 갈수록, 주님의 흠 없는 의로움과 대비되는바, 우리 육신 속의 악취 풍기는 죄를 더욱 더 깨닫게 됩니다. 그러나 우리 자신을 주님께 드린다면, 우리는 완전히 죄에서 해방되었다고 선언되고 의롭게 되며, 하나님께 엄청난 가치를 지니게 됩니다.

그러면 왜 우리는 오늘도 자기 죄를 합리화하면서 죄인이라는 증거를 덮으려고 하고 있습니까? 이런 식입니다. "나는 그 사람만큼 나쁘지는 않아." "그건 단지 내 성격이야." "그건 우리 집안 내력이야." "그건 존의 잘못이야." "게다가, 나는 피곤했어." 한심한 시도가 아닙니까? 우리는 그런 시도를 하는 데 명수인 것 같습니다.

　하나님께서는 우리가 그분을 떠나 가치 있다는 느낌을 갖도록 돕는 일에는 관심이 없으십니다. 그리고 하나님께서는 우리가 자백한 죄를 깨끗케 해주시지, 변명한 죄를 깨끗케 해주시는 것이 아닙니다. 그러므로 하나님께서는 죄를 인정하지 않으려는 우리의 시도를 무너뜨리기 위해 환경을 이용하십니다. 심지어 우리의 실패까지도 이용하십니다. 그리하여 마침내 우리가 솔직하게 자신의 구체적인 죄를 인정하게 하십니다.

　하나님을 떠나서 갖는 우리의 자존심이 산산조각 났다는 사실을 받아들이는 순간, 처음으로든 천 번째로든, 위대한 진리가 우리를 주장합니다. 바로 우리는 지극히 높으신 하나님께 속하며 그분은 우리를 기뻐하신다는 진리입니다. 아버지가 자녀를, 신랑이 신부를 귀중히 여기듯, 하나님께서 우리를 귀중히 여기십니다. 하나님께서는 우리에게 존귀한 신분, 변치 않는 신분을 주셨고, 우리 안에서 역사하셔서 그분 자신에게 기쁨이 되는 것을 원하게 하시고 행하게 하십니다.

　우리는 살아가면서 늘 자신의 죄와 약점을 인식함으로 겸손해질 필요가 있고, 그리스도 안에서 우리의 중요성과 가치를 인식함으로 자부심을 느낄 필요가 있습니다. 이 두 가지 인식을 다 유지하려면, 하나님의 도우심, 즉 말씀과 기도, 성령, 그리고 때때로는 다른 사람들을 통한 도우심이 필요합니다.

하나님의 큰 목적 속에서 내가 하는 큰 역할

이땅에서 나의 삶은 중요성과 의미를 가질 수 있습니다. 하나님께서는 세상에서 일어나는 모든 일을 위해 큰 목적을 가지고 계시기 때문입니다.

베드로전서 2:9에서, 하나님께서는 우리가 자신이 특별히 선택한 족속이요, 자신의 소유로 삼은 백성이며, 이땅에서 자신에게 특별한 보배와 같은 존재라고 말씀하십니다. 그리고 그러한 존재로 만드신 목적은, 우리를 어두운 데서 불러내어 자신의 기이한 빛에 들어가게 하신 분의 아름다운 덕을 선전하기 위해서라고 하셨습니다. 우리가 하는 모든 일에서, 모든 기쁜 일과 시련 속에서, 매일 행하는 힘든 일과 즐거운 일에서, 우리는 삶과 입술로 주님의 아름다운 덕을 선전하는 이 위대한 목적에서 한 몫을 담당하고 있습니다. 그러므로 우리는 한 사람으로서뿐 아니라 또한 주님의 종으로서 중요합니다.

하나님께서는 이 세상을 위해 기본적으로 두 가지 목적을 가지고 계시며, 그 외의 다른 목적들은 그 두 가지를 중심으로 하고 있다고 생각됩니다. 첫째, 하나님께서는 지금 이 타락된 세상에서 "자기 이름을 위할 백성"(사도행전 15:14)을 불러내기 위해 역사하고 계십니다. 예수님을 믿고 구주와 주님으로 모실 사람들을 불러내고자 하시는 것입니다.

둘째, 하나님께서는 "많은 아들(딸)을 이끌어 영광에 들어가게"(히브리서 2:10) 하고자 하십니다. 이것은 단지 우리를 천국으로 옮기시는 것만을 의미하지 않습니다. 우리를 영광스러운 백성, 예수님의 형상을 닮은 백성으로 변화시키시는 것도 의미합니다. 우리는 하나님의 아들딸들로 이루어진 거대한 가족의 일원이 되는데, 그들은 모두 흠도 없고 점도 없는 그리스도의 영광스러운 형상을 닮았습니다.

그런 가족들 속에서 영원히 산다는 것은 놀랍지 않습니까? 거기에는 더 이상 쓰레기통이 없습니다. 갈아 매끄럽게 해야 할 껄

끄러운 가장자리가 더 이상 없습니다. 불평 거리가 더 이상 없습니다. 더 이상 실망도, 욕도, 해로운 것도 없습니다.

우리보다 하나님께서 그날을 더 고대하고 계십니다. 그리고 현재를 위한 하나님의 계획은 모든 곳에서 그리스도의 제자들, 주님을 가까이 따르며 온전히 영화롭게 할 제자들이 일어나게 하는 것입니다.

이것이 하나님의 목적이며, 우리는 그 일에 한 몫을 담당하고 있습니다. 하나님께서는 얼마나 엄청난 중요성을 우리에게 부여하셨는지 모릅니다!

하나님의 사랑을 전달하는 통로가 됨

하나님께서는 또한 자신의 완전한 사랑이 나를 통해 다른 사람들에게 흘러가게 하십니다. 하나님의 사랑이 흘러가는 통로가 되는 것. 참으로 중요하고 의미 심장한 역할입니다. 에이미 카마이클은 이를 다음과 같이 묘사했습니다. 내가 좋아하는 말입니다.

> 우리 모든 사랑은 사랑이 가득 찬 하나님의 가슴으로부터 흘러나온다. 우리는 거대한 바다로부터 파도가 밀려와 바닷물로 채우고 넘칠 때까지는 말라 있는 조그만 웅덩이와 같다. 우리를 위한 하나님의 사랑이 바로 이 파도와 같다. 우리 속에는 사랑이 없다. 우리의 웅덩이는, 그 거대하고, 영광스럽고, 고갈되지 않는 사랑의 바다가 없다면 곧 텅 비게 될 것이다. 내가 주로 기도하는 것은 여러분의 웅덩이가 늘 가득 차고 흘러 넘치게 되는 것이다.

우리에게는 사람들이 필요로 하고 있는 것과 같은 사랑이 없습니다. 우리의 사랑은 너무나 보잘것없고, 변덕도 심합니다. 그러나 만약 우리가 하나님의 완전한 사랑에 흠뻑 젖는다면, 그리하여 우리를 향한 하나님의 태도와 하나님께서 우리에게 두시는 가치를 이해한다면, 다른 사람들에 대한 우리의 태도는 근본적으로 바뀝니다. 우리는 영적으로 민감해지며, 다음과 같은 사실을 깨닫습니다. "내가 하나님께 사랑을 받고 있고, 하나님께 독특한 가치가 있듯이, 이 사람도 그러하고, 저 사람도 그러하다." 우리를 향한 하나님의 사랑은 우리 개인에게 집중된 사랑이지만, 배타적인 사랑은 아닙니다. 하나님께서는 우리 안에 있는 그분의 사랑의 샘으로부터 한계가 없고 다함이 없는 사랑이 끊임없이 흘러나오게 하시며, 그것을 사용해 다른 사람들의 필요를 채우십니다.

로마서 15:7에서, 하나님께서는 그리스도께서 우리를 받으신 것처럼 서로를 받으라고 말씀하십니다. 그리스도께서 두 팔을 활짝 벌리고, 우리를 있는 그대로 조건 없이 받아들이시듯이, 우리도 다른 사람들을 그렇게 받아들일 수 있습니다.

골로새서 3:12은 아름다운 구절인데, 우리를 "하나님의 택하신 자"요, "거룩하고 사랑하신 자"로 묘사하고 있습니다. 그리고 하나님께 선택받고 거룩하고 사랑을 받는 자로서, 우리는 다른 사람들을 향한 사랑의 마음을 "입어야" 합니다. 바로 "긍휼과 자비와 겸손과 온유와 오래 참음"을 옷 입어야 하는 것입니다. "이 다섯 가지 중에서 요즘 내게 가장 필요한 것은 무엇인가?" 하고 스스로 물어 보십시오.

다른 사람들에게서 좋아하지 않거나 찬성하지 않는 어떤 것을 발견하면, 나는 속으로 비판적이 되기 쉽습니다. 그것이 때때로는 나의 외적 태도나 말 또는 행동으로 나타나기도 합니다. 어떤 사람의 성품에 좋지 않은 면이 보이면, 그것을 끄집어내어 그것이 마치 그 사람의 전부인 양 확대하며, 나 자신도 동일한 크기의 결점 덩어리를 가지고 있다는 사실은 잊어버립니다.

누가 썼는지 알 수 없는 다음 시는 하나님의 관점으로 다른 그리스도인들을 보도록 나를 도와줍니다.

오, 그리스도인들이 만나고 헤어질 때
모든 마음에 이 말이 새겨졌네.
그들은 하나님께 소중하다.

아무리 고집스럽고 어리석어도
우리는 그들을 사랑의 눈으로 보리라.
그들은 하나님께 소중하다.

아픔을 아픔으로 갚고 싶을 때,
이 생각이 우리 말을 삼가도록 해야 하리라.
그들은 하나님께 소중하다.

영원한 세상에서, 우리는 상상할 수 없는 기쁨을 누리며 이 그리스도인들과 함께 살게 될 것입니다. 거기서 우리 모두는 온전할 것이요, 서로에게 불쾌한 일은 하나도 없을 것입니다. 장차 올 영원한 세상에서, 예수님께서는 '거대한 가족' 안의 "맏아들"(로마서 8:29)이 되실 것입니다. 그들 모두는 한 가족으로서 서로 닮았을 것이며, 너무나 매력적이고 사랑이 넘치는 '맏아들'을 닮았을 것입니다. 우리가 영원히 속해 있는 가족은 얼마나 놀라운 가족인지! 그리고 우리가 함께 살게 될 사람들은 얼마나 놀라운 사람들인지! 데이비드 모컨이 말하곤 했듯이, "우리는 영원히 주님께 그리고 서로에게 속합니다."

그리고 지금도 우리는 "내가 너희를 사랑한 것같이 너희도 서로 사랑하라"고 하신 분께 순종하여, 있는 그대로의 다른 그리스도인들을 예수님의 사랑으로 사랑할 수 있습니다.

우리를 향한 하나님의 사랑은 초자연적인 사랑입니다. 성령께서 성경 말씀을 통해 우리에게 가르쳐 주시지 않는 한 그 사랑을 알 길이 없습니다. 또한 하나님께서 다른 사람들에게 하라고 하시는 사랑도 초자연적인 사랑입니다. 그것은 우리를 통해 흘러나가는 하나님의 사랑입니다. 그 사랑은 "그는 너무나 짜증스럽게 해. 하지만 아무리 날 힘들게 해도 사랑해야지"라고 스스로 다짐함으로 할 수 있는 사랑이 아닙니다. 오직 하나님의 사랑의 통로가 됨으로써만, 고린도전서 13장에서 묘사하고 있는 그러한 사랑을 할 수 있습니다. 바로 오래 참고 온유한 사랑, 투기하지 않으며, 자랑하지 않으며, 교만하지 않으며, 무례히 행치 않으며, 자기의 유익을 구하지 않으며, 성내지 않는 사랑, 악한 것을 생각지 않으며, 불의를 기뻐하지 않으며, 진리를 기뻐하는 사랑, 모든 것을 참으며, 신뢰를 버리지 않으며, 모든 환경에서 늘 소망을 가지고 인내하는 사랑입니다. 이러한 사랑은 하나님께서 우리를 향해 가지고 계신 사랑이며, 우리가 다른 사람들을 향해 갖기 원하시는 사랑입니다. 그 원천은 하나님이시며, 우리가 아닙니다.

하나님께서는 우리를 통해 사랑이 흘러나가게 하시는데, 그것은 파이프에 물이 흐르는 것과 같지 않고 시내에 물이 흐르는 것과 같습니다. 시내에서는 물이 먼저 바닥에 스며들어 흠뻑 적시고 난 다음에야 흘러갑니다. 하나님께서는 자신의 사랑이 우리를 가득 채우고 우리로 경이로움을 느끼게 하기 원하십니다. 그리고 나면 더 온전히 그 사랑은 우리를 통해 다른 사람들에게로 흘러갈 것입니다. 그리고 예수님께서 있는 그대로의 우리를 사랑하시는 것과 똑같이 우리는 있는 그대로의 그들을 사랑할 것입니다.

하나님께서는 우리가 있는 그대로의 우리 그 이상이 되기를 간절히 원하시면서도, 있는 그대로의 우리를 사랑하십니다. 그러므로 우리도 다른 사람들이(우리와 마찬가지로) 있는 그대로의 그들 이상이 되기를 기도하면서도 있는 그대로의 그들을 사랑할 수 있습니다. 서로를 위한, 그리고 우리 자신을 위한 가장 큰 기도는 "주님, 그(그리고 제)가 주님께서 받으실 만한 사랑으로 주님을 사랑하며, 주님께서 원하시는 사랑으로 다른 사람을 사랑하게 하소서"가 되어야 할 것입니다.

비록 우리가 주님께서 원하시는 대로 사랑하는 사람이, 같은 수준으로 우리를 사랑해 주지 않을지라도, 우리는 여전히 자신이 소모한 것을 끊임없이 보충해 주는 사랑의 원천을 하나님 안에 가지고 있습니다. 우리는 영속적인 연합으로 하나님과 하나가 되어 있기 때문입니다.

하나님의 일에 나의 삶을 투자함

하나님께서는 극진한 사랑으로 말미암아 우리에게 엄청난 중요성을 부여하시고, 자신의 증인이 되는 특권을 주셨습니다. 주님께서는 사도행전 1:8에서 "너희가… 내 증인이 되리라"고 하셨습니다. 우리는 믿는 자들과 믿지 않는 자들에게 주님의 증인이며, 우리의 삶과 말을 통해 주님을 증거합니다. 내가 믿고 있는 바는, 우리는 믿는 자와 믿지 않은 자들에게 그 두 가지 방법을 다 사용하여 증거하도록 부름받았다는 것입니다. 우리는 믿지 않는 사람들이 그리스도께 나아오도록 도와야 하며, 믿는 사람들이 주님과 더 가까이 동행하도록 도와야 합니다.

우리는 사람들이 그리스도를 알도록 도와야 합니다. 어떤 방법으로 하나님께서 능력을 주시든, 우리는 그리스도를 대변해야 합니다. 전도에 특별한 은사가 있어서 다른 사람들보다 더 많은 사람을 주님께로 인도하는 사람들도 있습니다. 그러나 우리 모두가 예수님이 우리에게 어떤 의미를 갖는지 나눌 수 있습니다. 누구라도 자신의 삶뿐만 아니라 말을 통해 예수님에 관한 좋은 소식을 단순하게 나눌 수 있습니다.

주님의 충성된 증인이 될 때, 사랑의 하나님께서는 우리가 삶을 다른 사람들에게 투자하는 의미 있는 삶을 살게 하십니다. 1949년, 네비게이토 선교회의 창시자 도슨 트로트맨이 미국 서북부에 있는 우리 대학의 캠퍼스에 와서 채플에서 말씀을 전했습니다. 부지런히 성경을 공부하며 말씀을 암송하는 것에 관한 내용이었습니다. 나는 성경 말씀을 몇 구절 암송한 적은 있었지만 거의 다 잊어버린 터였고, 그래서 진심으로 이에 대해 잘못을 느꼈습니다. 도슨은 내가 그 잘못을 딛고 일어서게 도와주었습니다. 그러나 그가 우리에게 전해 준 것 가운데 가장 도전이 되었던 내용은, 전세계에 그리스도를 전하는 것은 일대일로 제자를 삼는 일을 통해 가장 잘 이루어질 수 있다는 것이었습니다.

그는 다음과 같이 비교를 통해 설명해 주었습니다. 도슨은 우리에게, 개인 전도에 대단한 은사가 있어 매월 평균 1명을 그리스도께 인도하는 친구가 있다고 생각해 보라고 했습니다. 우리는 물론, 그 정도면 대단한 성과라고 생각할 것입니다. 1년이 지나면, 우리 친구는 12명의 새 신자를 얻었을 것입니다. 10년이 지나면 모두 합해 120명을 얻었을 것입니다. 더 한층 놀랄 만한 결과입니다!

그때 도슨이 던진 질문은 나를 매우 어렵게 만들었습니다. "여러분이 주님께 인도한 사람들 중에 여러분이 영적 성장을 도와주었기 때문에 오늘날도 그리스도와 동행하고 있는 사람이 얼마나 됩니까? 단지 교회로 인도한 것이 아니라, 당신이 제자로 훈련시켰고, 그래서 지금 충성스럽게 주님을 따르고 있는 사람을 말합니다." 한 대 얻어맞은 느낌이 들었습니다. 나는 많은 사람들을 주님께 인도했지만, 하나님과 동행하고 있는 사람은 한 사람도 생각나지 않았습니다.

재생산을 할 뿐만 아니라 배가하는 것의 필요성을 이해하도록 돕기 위해, 도슨은 설명을 계속해 나갔습니다. 나는 그가 말하는 바를 머리 속으로 그려 보았습니다. 그가 제안한 것처럼, 내가 "주님, 제게 영적 아기를 한 명 주소서. 마음이 준비되어 있어 제가 주님께로 인도할 수 있는 사람을 하나 보내 주소서"라고 기도하는 것을 상상해 보았습니다. 그리고 나면 하나님께서 하실 일은 어떤 일이고, 내가 하게 될 일은 어떤 일일지 상상해 보았습니다. 먼저, 하나님께서는 나의 기도에 응답하여 한 명을 보내 주실 것입니다. 그래서 나는 이 새로운 그리스도인을 제자로 훈련하는 데 1년을 들입니다. 이를 위해 정기적으로 그를 만나서, 그가 하나님의 말씀을 섭취하고, 기도하고, 성경 말씀을 암송하고, 하나님과 매일 교제 시간을 갖도록 돕습니다. 나는 그가 자신의 필요를 채우고 문제를 해결받기 위해 주님께 나아가고 말씀으로 나아가도록 돕습니다. 그리고 어떻게 복음을 나누며, 어떻게 자신의 간증을 나누는지도 가르칩니다.

한 해가 끝나 갈 무렵이 되어도, 그는 그리스도인의 삶에 대해 알아야 할 것을 다 배우지는 않았을 것입니다. 그러나 몇 년 동안 교회 예배에만 출석한 사람들보다는 틀림없이 더 성숙해 있을 것입니다.

1년 동안의 사역의 결과, 나는 나 자신을 '배가'했으며, 한 명의 제자는 이제 두 명의 제자가 되었습니다. 물론 우리 친구가 얻은 결신자 열두 명과는 비교도 되지 않지만 적어도 시작은 한 셈입니다.

그 한 해가 끝나 갈 때, 나는 이 새로운 제자에게 "당신이 영적으로 돕기 위해, 영적 열망이 있는 아기를 한 명 주시도록 기도하십시오. 당신은 내가 당신에게 가르친 모든 것을 그에게 가르칠 수 있습니다"라고 말합니다. 동시에 나는 나 자신이 제자를 삼기 위해, 또 한 명을 주시도록 기도합니다. 하나님께서는 우리 두 사람의 기도에 각각 응답하십니다. 그리하여 우리 두 사람은 두 번째 해 동안 각각 한 명의 새 신자를 돕습니다. 두 번째 해가 끝나 갈 때, 이제는 네 명의 성장하는 제자들이 있게 됩니다. 우리 친구가 얻은 24명의 결신자와는 아직도 엄청난 차이가 있습니다.

그러나 배가의 과정을 계속됩니다. 세 번째 해 동안, 우리 네 명의 제자들은 각각 1명의 새로운 그리스도인을 제자로 삼는 일에 사역의 초점을 맞춥니다. 그리하면 그 해가 끝나 갈 무렵에는 8명의 제자가 있게 될 것입니다. 우리 친구에게는 36명의 결신자가 있을 것입니다.

그 과정은 계속됩니다. 4년이 지나면, 우리는 모두 16명이 되고, 우리 친구는 48명의 결신자가 있습니다. 5년 후에는, 우리는 32명이 되지만, 우리 친구는 60명을 얻었습니다. 6년이 지나면, 거의 엇비슷해집니다. 64대 72 정도입니다.

이제부터 배가는 극적인 결과를 가져옵니다. 일곱 번째 해가 끝나면 제자들은 128명이 되고, 여덟 번째 해에는 256명이 되며, 아홉 번째 해에는 512명이 되고, 마침내 10년째에는 1,024명이 됩니다. 우리 친구가 10년 동안 전도하여 얻은 120명에 비하면, 8배가 넘는 숫자입니다. 14년 후에는 그 비율은 더 커져 거의 100배가 될 것입니다.

당신은 "그 과정이 그렇게 잘 진행될 것이라고 생각되지 않는데요"라고 하며 이의를 제기할지 모릅니다. 맞는 얘기일 것입니다. 그 과정이 그렇게 계산처럼 진행되지는 않을 것입니다. 하지만 그것은 배가의 잠재력을 보여 줍니다. 배가가 그처럼 완벽하게 이루어지지는 않겠지만, 다른 전도 방법도 마찬가지입니다.

이 모든 것을 알게 되자 나는 너무나 흥분을 느꼈습니다. 나는 선교지로 나갈 계획을 짰습니다. 하지만 거기서 무슨 일을 해야 합니까? 도슨이 설명했던 그 방법이 내가 어디에 가든 사용할 수 있는 전략적인 방법으로 보였습니다. 바로 나 자신을 일대일 사역에 드리는 것입니다. 그리고 그것은 내가 할 수 있는 일이었습니다! 사실, 우리 여성들은 이 일을 하는 데 참으로 유리한 조건을 가지고 있는 것 같았습니다. 양육하는 일은 우리에게 더 자연스러운 일이기 때문입니다.

나는 아시아로 가게 되었습니다. 거기서 딘과 결혼을 하고, 함께 타이완에서 주님을 섬기기 위해서였습니다. 아시아로 출발하기 전부터 나는 영적으로 도울 중국 여성을 보내 주시도록 기도하기 시작했습니다. 나는 결혼하면 곧 아기를 갖게 될 것이라는 것과, 현지 언어를 배우고 그곳 문화에 적응하느라 바빠질 것도 알고 있었습니다. 그래서 가족 외의 사람들을 위해 마음만큼 충분히 시간을 들이지는 못하겠지만, 그래도 한 여성을 영적으로 훈련하는 일에 자신을 드릴 수는 있을 것입니다.

타이완에 도착하여 딘과 이 문제에 대해 대화를 나눌 때, 그는 내가 도울 수 있는 여성을 한 명 알고 있다고 했습니다. 40대인 중국 여성이었습니다. 그 사람의 나이는 내게 의구심을 불러일으켰습니다. 당시 나는 겨우 스물네 살이었습니다. 미국에서조차 그 정도의 나이 차이는 어려움을 낳을 것 같았습니다. 하물며 미국에서보다 나이를 훨씬 더 중요시하는 중국 문화에서, 어떻게 그 사람이 내 말에 귀를 기울이겠습니까!

딘은 나를 격려했습니다. "그 부인은 열심이 있어요. 바로 그 사람이 당신이 기도한 사람이오"라고 말했습니다. 그래서 나는 그 부인을 만났고, 영적으로 도왔습니다. 그리고 그는 성장했고, 배가하기 시작했습니다. 하나님께서 그 부인을 사용하여 사람들을 주님께로 인도하고 훈련하시는 것을 볼 때, 참으로 신이 났습니다. 그 부인은 오랜 세월 동안 일대일로 다른 사람을 돕는 일을 계속했습니다. 우리는 지금도 그의 소식을 듣고 있는데, 80대 후반의 나이에도 여전히 주님과 동행하고 있습니다.

한 사람을 달라고 하나님께 기도하는 것은 정말로 가치 있는 일입니다. 그리고 하나님께서 그 한 사람을 주시고, 당신이 그 사람을 충성스럽게 훈련시킬 때, 그것을 시작으로 하나님께서 어떤 일을 하실지는 아무도 모릅니다.

하나님께 인정받는 일꾼

이처럼 하나님께서는 비할 데 없는 사랑으로 말미암아, 의미 깊고 중요한 일을 주셔서 그 일에 나 자신을 드리게 하십니다. 그리고 하나님께서는 또한 그저 그런 사람이 아니라 훌륭한 일꾼으로서 의미 깊은 삶을 살도록 제안하십니다. 디모데후서 2:15에서,

바울은 "네가 진리의 말씀을 옳게 분변하며, 부끄러울 것이 없는 일꾼으로 인정된 자로 자신을 하나님 앞에 드리기를 힘쓰라"고 했습니다.

이 말씀을 깊이 묵상할 때, "아니, 이것은 내가 아직 하나님께 인정받지 못하고 있었다는 의미인가? 나는 인정을 못 받은 사람인가?" 하는 생각이 들었습니다. 그 말이 아닙니다. 다른 성경 구절들을 보면, 우리 믿는 자들은 모두 하나님께 새 사람으로 인정받은 것을 알 수 있습니다. 그리스도를 믿고 있으면, 우리는 십자가와 빈 무덤의 오른쪽에 있습니다. 그러므로 우리는 완전히 새로운 사람입니다. 하나님께서 우리를 받아들이시는 것은 우리가 예수님의 의로 의로워졌기 때문입니다.

그러나 일꾼으로 인정받는 것은 별개입니다. 그것은 수고가 필요합니다. 이 일에서 우리를 돕기 위해, 그 다음 장(디모데후서 3장)을 보면, 하나님께서는 자신의 감동으로 된 말씀을 우리에게 주셨다고 하십니다. 날마다 우리는 그 말씀을 통해, 교훈을 받고, 잘못에 대해 책망을 받으며, 바른 길로 돌아서고, 의로운 삶을 살도록 교육을 받을 수 있습니다. 그리고 17절은 "이는 하나님의 사람으로 온전케 하며, 모든 선한 일을 행하기에 온전케 하려 함이니라"라고 말합니다. 어떤 번역에는 "성경 말씀을 사용할 때, 하나님을 섬기는 사람은 능력이 있을 것이며, 모든 선한 일을 행하기 위해 필요한 모든 것을 가지고 있습니다"라고 되어 있습니다. 성경 말씀은 우리를 무장시켜, 다른 사람이 성경 말씀을 알고 이해하고 사용할 수 있도록 도울 수 있게 합니다. 그러므로 일꾼으로 인정된 자가 되고 계속 그런 삶을 살려면, 하나님께서 계시해 주신 진리인 성경 말씀을 부지런히 배워서, 그것을 "옳게 분변하도록," 바르게 사용할 수 있도록 해야 합니다.

이와 같은 의미 심장한 삶을 사는 데는 준비가 필요합니다. 그 준비로서 먼저 우리 자신을 산 제사로 드립니다(로마서 12:1). 이것은 처음에 짐작한 것보다 더 많은 것을 수반하는 과정입니다.

딘이 주님께로 가고 혼자 되었을 때 우연히 다음과 같은 글을 읽었는데, 당황스럽기까지 했습니다.

> 그러나 단순히 우리의 모든 꿈과 야망과 좋아하는 것을 내려놓으며, 그것들에 대해 전혀 개의치 않고, 기꺼이 하나님께서 우리를 생의 장기판에서 어디로든 옮기시고, 생의 정원 어디에든 묻도록 해드리며, 우리 자신의 삶을 귀중히 여기지 않고, 그것을 죽도록 사랑하지 않으며, 하나님께서 선택하신 어느 곳에서든 어떤 방법으로든, 우리 자신으로 하나님을 기쁘시게 해드리기 위해 기꺼이 자신을 하나님께 양도하는 것-이렇게 하는 사람은 별로 없다.

이 말은 참으로 내게 도전을 주었습니다! 그리고 약간은 혼란스럽기도 했습니다. 나의 모든 꿈과 야망과 좋아하는 것을 내려놓으라고요? 하나님께로부터 온 것이라고 믿고 있는 꿈과 계획들까지 말입니까? 어떻게 그것들을 내려놓을 수 있겠습니까?

하나님께서는 나에게 상기시켜 주셨습니다. "룻, 완전히 버리라는 말이 아니라, 내 손에 내려놓으라는 말이다. 비록 그런 것들이 내가 원하는 것일지라도, 나는 네가 그것들을 움켜쥐기를 원하지는 않는다."

나는 "사람들이 별로 하지 않는 것"을 하고 싶은 마음이 들었습니다. 하나님께 기쁨을 드리고 싶었던 것입니다. 그래서 이렇게 응답했습니다. "좋습니다, 하나님. 그런 것들을 하나님의 손에 내려놓겠습니다."

앞에서 우리는 "나는 단지 주님께 사용되리라"라는 말로 시작되는 시를 살펴본 적이 있습니다. 단지 주님의 계획에 맞추기로 하는 것이 얼마나 큰 기쁨을 안겨 주는지요! 다음과 같이 주님께 말씀드릴 때 얼마나 큰 평안을 경험하게 되는지 모릅니다. "주님, 주님의 뜻을 행하기 위해 제가 여기에 있습니다. 주님의 뜻이 제 꿈과 취향, 그리고 이 시대의 가치관에 맞든 그렇지 않든, 그것을 행하기 원합니다."

우선 순위와 핵심적인 역할

하나님께 인정받는 일꾼으로서, 우리는 자기 힘으로 일을 성취하지 않습니다. 또한 압력을 가해 오는 일은 무엇이든 하면서 표류하는 듯한 삶을 삶으로 성취하는 것도 아닙니다. 그 대신 우선 순위를 정하며, 첫 번째 우선 순위를 첫 번째 자리에 둘 필요가 있습니다.

자신의 우선 순위에 대해 정직해야 합니다. 하나님께서는 우리 각자에게 어떤 핵심적인 역할을 주셨기 때문입니다. 하나님께서는 사람들 특히 가족들과의 관계에서, 우리를 불러 주신 특별한 위치에 맞는 기본적인 책임들을 주셨습니다. 나는 영원한 세상에 가서 주님 앞에 섰을 때, "주님, 제가 이것을 했고, 저것을 했습니다"라고 말하자 주님께서 다음과 같이 말씀하시는 것을 듣고 싶지 않습니다. "하지만, 너는 여성으로서, 아내로서, 그리고 엄마로서 꼭 해야 할 일이 있고, 그래서 그 일을 하라고 했더니 그것은 하지 않았구나."

이러한 핵심적인 역할, 중심이 되고 기본이 되는 책임은 남성과 여성에게 똑같은 것이 아닙니다. 성경을 죽 읽어 보면, 하나님께서는 남자들에게 가족을 부양하는 것을 기본적인 책임으로 주신 것 같습니다. 하나님께서 땅을 갈아 소산을 얻도록 지시하신 것은 남자에게였습니다. 그 말은 아내는 결코 돈을 벌어서는 안 된다거나, 그렇게 할 필요가 없다는 의미는 아닙니다. 그러나 하나님께서는 가족을 부양하는 책임을 일차적으로 남편과 아버지에게 부여하셨습니다.

하나님께서는 또한 남편에게 가정을 이끄는 것을 기본적인 역할로 주셨습니다. 그러나 폭군처럼 또는 무자비하게 이끌라는 말이 아닙니다. "연병장을 돌아!"라고 하면 아내와 자녀들은 "몇 바퀴나 돕니까?"라고 묻는 무슨 군대의 하사관처럼 되어서는 안 됩니다. 그리스도를 닮은 인도자가 되어야 합니다. 그리스도께서는 이끄는 사람들을 위해 죽으실 정도로 그들을 사랑하시는 인도자이십니다. 하나님께서는, 그리스도께서 교회를 위해 자신을 내어 주는 대가를 치르신 것처럼 남편들이 아내를 희생적으로 사랑하라고 구체적으로 교훈하십니다. 내가 느끼기에 하나님께서는 남편들에게 참으로 어려운 역할을 주셨습니다!

여성으로서 나의 우선 순위를 설정하며 그것을 잘 유지하는 데 도움을 주는 구절들이 있습니다. 나는 살아오면서 자주 그 구절들로 돌아갔는데, 마태복음 22:37-38, 잠언 31:10-31, 에베소서 5:22-33, 디도서 2:3-4 등과 같은 구절입니다. 이러한 말씀들은 나의 취향이나 우리 문화에 의해서가 아니라 하나님의 말씀에 기초하여 우선 순위를 설정하며 선택을 하도록 도와줍니다. 우선 순위와 관련하여 내가 얻은 결론을 나누려고 합니다. 이는 당신이나 다른 누구에게 나의 결론을 강요하기 위한 것이 아닙니다. 이 영역에서 나와 다른 생각을 가진 여성들을 판단하지는 않겠습니다. 다만 당신이 열린 마음으로 성경 말씀으로 나아가며 주님께서 당신을 인도하시게 해드리라고 권면하고 싶습니다.

우선 순위와 관련하여 내가 얻은 기본적 결론을 소개합니다. 나의 첫 번째 우선 순위는 하나님입니다. 하나님을 사랑하고, 하나님과의 관계를 발전시키고, 그 명령에 순종하는 것입니다. 두 번째 우선 순위(그리고 일차적인 사역)는 남편입니다. 이것은 영적인 사역입니다. 남편을 사랑하고, 그를 뒷바라지해 주며, 주님께서 그에게 부여하셨다고 내가 믿고 있는바 인도자로서의 그의 역할을 존중할 때, 나는 살아 계신 하나님을 섬기고 있습니다. 나의 세 번째 우선 순위는 자녀들입니다. 특히 그들이 한창 자라고 있을 때는 그러합니다. 네 번째 우선 순위는 바로 앞에서 소개한 두 번째와 세 번째 우선 순위와 밀접한 관련이 있는데, 그것은 집안 살림을 잘하는 것입니다. 다섯 번째 우선 순위는 운동을 하는 것, 충분한 수면을 취하는 것, 식사를 잘하는 것, 휴식을 위한 시간을 갖는 것, 머리 손질, 친구 관계 유지 등과 같은 나의 개인적인 필요를 채우는 것이라고 생각합니다. 이러한 것들도 결코 해도 되고 안 해도 되는 선택적인 것은 아닙니다. 그것들은 내가 다른 우선 순위들을 잘 행하도록 도와주기 때문입니다.

첫 번째에서 다섯 번째까지 이렇게 순서가 정해져 있다는 것이, 두 번째로 나아가려면 먼저 첫 번째 것을 위해 내가 할 수 있는 모든 것을 다해야 한다는 말은 아닙니다. 삶이란 그런 식으로 이루어지지는 않습니다. 그 모든 것을 잘 행하기 위해 지혜를 발휘해야 합니다. 한두 주 동안 그 우선 순위 가운데 하나에 집중해야 했다면(누가 아플 때와 같이), 그 다음에는 나머지 것들에 특별한 관심을 쏟습니다.

이러한 기본적인 우선 순위들을 행할 뿐만 아니라, 시간이 허락하고 주님께서 이끄시면 다른 활동도 하고 그 밖의 기회도 활용해야 합니다. 남편은 주님의 인도에서 중요한 역할을 합니다. 우리는 대부분 함께 결정을 내리지만, 나는 오래 전에 들은 다음과 같은 말을 중시하고 있습니다. "하나님께서 남편을 주신 것은 그를 통하여 많은 일에서 우리를 인도하기로 하신 것입니다."

잡동사니가 들어 있는 이 마지막 우선 순위에는 중요한 것이 많이 들어 있습니다. 예를 들면, 남편과 함께 선교 사역을 하는 것(이것은 두 번째 우선 순위의 일부이기도 합니다), 나의 영적 은사들을 사용하는 것, 다른 여성을 영적으로 돕는 것, 가정의 생활비를 조달하는 면에서 남편을 돕는 것(그렇게 하는 것이 지혜롭거나 필요할 때), 가난한 자들을 돕는 것, 취미 생활, 레저 활동 등등입니다. 브라이언과 도린이 장성하여 우리 곁을 떠난 후에는 (그리고 그들이 고등학교에 다닐 때도 약간은) 이러한 활동 가운데 더 많은 것에 시간을 들일 수 있었습니다. 그러나 애들이 어릴 때도 다른 사람들을 돕기 위해 노력했는데, 그것이 그 애들을 잘 키우는 데 도움이 된다고 생각했기 때문입니다. 그렇게 하는 것은 주님을 닮은 성품을 드러내는 것이요, "우리 네 식구가 제일이야. 다른 사람들에게는 신경 쓸 필요 없어" 식의 태도를 갖지 않게 했습니다.

지금 나이에도, 여전히 나의 우선 순위를 올바로 유지하기 위해 노력해야 합니다. 지금 내 곁에 자녀들은 없습니다. 그러나 주의하지 않으면, 때로는 남편을 뒷전으로 밀어낼 수 있습니다. 워렌은 온유하고 마음이 넓은 사람이라 나를 그대로 두기도 합니다. 적어도 잠시 동안은.

우리 중에 이 핵심적인 책임들을 온전하게 수행할 사람은 아무도 없을 것입니다. 나는 그렇게 하지 못했으며, 지금도 마찬가지입니다. 그러나 하나님께서 주시는 힘과 하나님의 인도에 힘입어 우리는 마음을 다해 그 책임들을 수행해야 합니다. 만약 어느 하나가 한동안 다소 소홀해졌다면, 얼마간 그것에 특별한 관심을 기울입니다. 그리고 남자든 여자든 우리의 첫 번째 우선 순위는 언제나 하나님과의 관계라는 것을 기억해야 합니다. 그 무엇보다도 중요한 사실은, 우리 각 사람은 하나님의 자녀이며 하나님의 사랑하는 자들이라는 것입니다. 하나님과 교제를 나누는 것은 우리에게 능력을 주어 모든 우선 순위들을 행할 수 있게 합니다.

개인 수업

하나님께서 우리에게 주시는 의미 심장하고 중요성 있는 삶을 산다고 반드시 삶이 쉬워지는 것은 아닙니다. 하나님께서는 알고 계십니다. 영원한 세상과 이 세상에서의 삶이 더 의미심장해지도록 우리를 충분히 준비시키려면 시련이라는 '개인 수업'이 필요하다는 사실을 말입니다.

딘의 암으로 어려움을 겪고 있을 때, 마서 스넬 니콜슨의 시를 알게 되었는데, 그 시는 당시뿐만 아니라 후에도 여러 번 나에게 도움이 되었습니다.

> 슬픔, 눈물,
> 그리고 고통이라는 괴로운 짐이
> 지기에 너무 힘들어 보이는가?
> 불평하지 말게.
> 당신은 주님과 함께 왕 노릇하기에
> 합당한 자로 만들어지고 있기 때문이라네.

그리스도 우리 주와 더불어
왕 노릇하기에 합당하게 된다니,
어찌 상상이라도 할 수 있는 일이랴.
당신과 나를
주님께서는 다스리는 자로 쓰신다니,
어찌 그런 일이 있을 수 있으랴.

우리는 전혀 합당하지 못하고,
배운 것 하나 없고,
왕다운 지혜와 지식을
가진 것 전혀 없네.
오빌의 금을 다 주어도
살 수 없다네.

왕께서 친히 하시는 개인 수업!
고통은 값지어라.
왕 노릇하는 법을 자녀들에게 가르치기 위해
하나님께서 사용하시기 때문이라네.
하나님께서 친히 가르치시는데,
우리는 불평한다네!

얼마나 내게 감명을 주었는지 모릅니다. 대개 우리는 그 시인이 말하고 있는 만큼 고통을 겪지는 않습니다. 그러나 어떤 사람에게 극도로 힘든 것이 다른 사람에게는 그렇지 않을 수 있으며, 그 역도 성립합니다. 고난이 얼마나 힘들게 느껴지는가는 신비한 것이어서, 고난의 종류마다 사람마다 다릅니다.

의미 깊은 삶이라는 길을 따라 가다가 힘든 곤경을 만나곤 하는 이유가 또 있습니다. 하나님께서 보여 주시는 의미 깊은 삶을 목표로 삼고 이를 실천하는 삶을 살수록, 대적에게 더 전략적인 공격 목표가 되기 때문입니다. 우리는 크고 작은 영적 전쟁을 더 많이 치르게 됩니다.

오래 전 딘과 내가 어떤 글에서 읽은 내용이 생각납니다. 사탄은 그리스도를 위한 승리를 거둔 후나 그리스도를 위한 모험을 시도하기 전에 공격하기를 특히 좋아한다는 것이었습니다. 그런 때 사탄의 공격에 대항하기 위해 기도할 필요가 있습니다. 특히 사탄의 작고 교묘한 공격에 대항하기 위해 기도해야 합니다. 예를 들면, 사탄은 조그만 시련을 이용하여 그 영향을 급작스럽게 확대시키기를 좋아합니다. 사소한 오해나 부당하다는 느낌이 자기 중심적이고 자기 방어적인 생각으로 발전하여 몇 시간 동안이나 그 생각에 빠져 있게 하는 것과 같은 것입니다.

우리는 자신의 삶을 위한 하나님의 위대한 계획들을 성취하고 시련 및 그 시련과 더불어 오는 대적의 공격을 이기기 원하나, 이에 필요한 것을 우리 자신은 가지고 있지 않습니다. 그러므로 하나님의 성호(聖號) 중 하나가 '엘샤다이'라는 것을 기억해야 합니다. 이 성호는 '전능한 하나님'이라는 뜻으로, 하나님께서는 어떤 일을 하기에도 충분한 능력을 가지신 하나님이요, 어떤 난관도 타개할 수 있는 분이요, 우리를 성장시키고, 우리에게 만족을 주고, 필요한 것을 공급하시는 데 능하신 분이심을 보여 줍니다. 그분은 모든 것이 충분하시고, 모든 것이 풍성하신 분이며, 그래서 축복과 충만함과 열매 풍성한 삶의 원천입니다. 하나님께서는 100세 된 아브라함에게 이삭을 주셨듯이(그 상황에서 처음으로 이 성호를 사용하셨음), 우리 삶을 사용하시기 위한 자신의 계획과 목적들을 능히 성취하실 수 있습니다.

그러므로 우리는 아브라함처럼 되어야 하며, 그리하여 하나님의 목적들을 성취하는 데 필요한 것을 가지고 있지 않다고 해서 불신으로 말미암아 비틀거리거나 요동해서는 안 됩니다. 그럴 때라야 열매 풍성한 삶이라는 가장 의미 있고 만족한 삶을 경험할 수 있습니다.

"나는 전능한 하나님(엘샤다이)이니라. 생육하며 번성하라"(창세기 35:11). 하나님께서는 우리 각자에게 "내가 너를 위해 계획한 방법으로 열매를 맺으라. 나는 네가 열매 맺도록 할 수 있다는 것을 믿으라"고 말씀하십니다. 하나님으로 말미암아 열매를 맺습니다. 하나님께서는 우리가 뿌리를 내리고, 자라고, 꽃을 피우고, 향기를 내고, 주님을 위한 열매를 맺기 위해 필요한 모든 것입니다(호세아 14:5-8). 시편 92편은, 여호와의 집에 심겨진 사람들은 흥왕하고, 늙어서도 열매를 맺는다고 말합니다. 그들은 여전히 진액이 풍족하고 빛이 청청하며, 다른 사람들에게 하나님의 정직하심을 나타낼 것입니다.

이것은 구약 시대에 사실이었습니다. 하물며 신약 시대에야 얼마나 더 그렇겠습니까? 은혜로 말미암아 그리스도께서는 우리와 아버지의 관계를 새롭게 하셨으며, 우리를 충만하게 하고 능력을 주시기 위해 성령을 주셨기 때문입니다.

행복하고 확실한 미래

은혜와 지혜를 겸비한 사랑을 가지신 하나님께서는 우리가 영원히 중요한 존재라는 사실에 초점을 맞추어 살 수 있게 도와주십니다. 이를 위해 어떻게 소망의 삶을 사는지를 가르쳐 주십니다.

나는 하나님께서 소망을 굉장히 강조하신다는 것을 깊이 깨닫게 되었습니다. 소망이란, '미래에 관해 갖는 기쁨에 찬 확신'을 말하며, 하나님께서는 이러한 확신을 우리가 갖기 원하십니다. 그 '미래'에는 이땅에서의 미래도 포함됩니다. 하나님께서는 이 땅에서의 미래를 위한 소망도 주시기 때문입니다(예레미야 29:11 참조). 그러나 훨씬 더 중요한 소망이 있습니다. 그것은 장차 예수 그리스도께서 모든 영광 가운데 나타나시고, 우리는 가장 사랑하는 주님을 얼굴과 얼굴을 대하여 보게 되며, 주님께서 뜻하신 영광스런 존재로 변화된다는 사실에 대한 기쁨에 찬 확신입니다. J. B. 필립스에 따르면, 그리스도의 재림은 "상상할 수 없을 정도의 영광스러운 사건"이 될 것이며, "깜짝 놀랄 정도로 경이로운 일"일 것입니다(데살로니가후서 1:9-10).

얼마나 놀라운 소망인지 모릅니다! 그래서 우리는 미래가 불투명해도 기뻐하며, 시련과 고난 중에도 말할 수 없는 영광스러운 즐거움으로 기뻐해야 합니다(로마서 5:2, 베드로전서 1:6-8). 당연히 그렇게 해야 합니다.

이 소망은 우리 영혼을 위한 튼튼하고 흔들리지 않는 닻이 됩니다. 그 소망은 순결한 삶을 살도록 동기를 부여해 주어, 우리 결혼 예복을 더럽히지 않는 삶을 살게 해줍니다. 소망은 있으면 좋고 없어도 그뿐인 사치품과 같은 게 아닙니다. 우리의 내적 삶에 기본이 되는 세 가지인 믿음, 소망, 사랑 가운데 하나이기 때문입니다.

나는 기쁨과 환희에 찬 소망이 새롭게 내 삶의 특징이 되게 해달라고 기도하고 있습니다. 하나님께서는 이 기도에 대한 응답으로 할 일을 분명히 보여 주셨습니다. 나는 성령의 능력에 힘입어 단순하게 믿어야 합니다(로마서 15:13). 그리고 예레미야와 같이,

소망을 주는 진리에다 마음을 고정시켜야 합니다(예레미야애가 3:21-24 참조). 즉 하나님께서는 한없는 사랑과 자비를 가지고 계시며, 지극히 성실하시고 선하시다는 사실을 상기해야 하며, 하나님은 지금부터 영원까지 삶에서 나의 분깃이요 나의 기업이라는 사실을 다시 확신해야 합니다. 이러한 견고한 기초 위에 서서, 나는 모든 소망을 예수 그리스도께서 나타나실 때 나에게 가져오실 은혜에다 고정시켜야 합니다(베드로전서 1:13).

소망의 삶을 위해 말씀은 얼마나 좋은 처방을 주는지 모릅니다. 소망의 삶을 살려면, 소망의 하나님께 초점을 맞추어야 합니다. 그리고 주님과 성도들과 더불어 언제나 그리고 영원히 즐거움을 누리게 될 미래, 부족한 것이 아무것도 없고, 영광스럽고, 환상적이기까지 한 미래에 초점을 맞추어야 합니다.

그리고 하나님께서는 소망 중에 느끼는 기쁨은 고난 중에 느끼는 기쁨과 밀접한 관련이 있도록 하셨습니다. 헬렌 모컨은 다음과 같이 말하곤 했습니다. "하나님께서는 우리 삶에서 찌꺼기가 위로 떠오르게 하려고 시련을 허락하십니다. 그러나 우리는 그것을 저어 금방 다시 뒤섞이게 하고 맙니다." 하나님께서는 우리가 그분 자신과 협력하여 그 찌꺼기를 걷어 내기 원하십니다. 그러나 우리는 시련에 대해 그릇된 반응을 나타냄으로 불순물이 금 속으로 도로 들어가게 만듭니다. 그리하여 좋은 기회를 놓치고 맙니다. 하지만 하나님께서는 성실하신 분이셔서 다른 시련들을 허락하심으로 다시 그 찌꺼기가 떠오르게 하실 것입니다! 하나님께서는 이 방법 혹은 저 방법으로 성취하실 영광스런 목적들을 가지고 계십니다.

그러므로 우리는 소망 안에서 기뻐할 수 있을 뿐 아니라, 환난 중에도 기뻐할 수 있습니다. 환난은 우리 속에 인내와 연단과 소망을 낳기 때문입니다. 그리하여 하나님의 사랑이 새롭게 우리 안에 부어지고(로마서 5:3-5), 우리를 통하여 흘러 나가게 될 것입니다.

성경에서 '기뻐하다'로 번역된 말은 '기뻐서 펄쩍펄쩍 뛰다'로 번역될 수도 있습니다. 승리의 기쁨을 나타내는 말입니다! 나의 경우에는 시련이 왔을 때 기뻐하려면 종종 시간이 좀 걸립니다. 사실, 기뻐하는 수준에 이르려면 때로는 하나님께서 내 마음속에서 강력하게 역사하실 필요가 있습니다. 그러나 시련 속에서 기뻐하는 것은 우리의 특권입니다. 시련과 역경을 만날 때마다 우리가 기뻐할 수 있게 하는 경이로운 사실이 있습니다. 그것은 바로 우리는 영원한 세상에서 살 영광스러운 존재로 빚어져 가는 과정에 있으며, 현재의 시련은 그때를 위해 우리를 준비시키고 있다는 사실입니다. 바울은 "(우리가) 참으면, 또한 (주님과) 함께 왕 노릇할 것이요"(디모데후서 2:12)라고 했습니다.

칭찬까지 받는 환영을

헬렌 모컨은 이렇게 말하곤 했습니다. "하나씩 하나씩 하나님께서는 자녀들을 집으로 불러들이고 계십니다." 우리가 죽을 때나 주님께서 다시 오실 때, 하나님께서는 우리를 집으로 부르실 것이며, 그것은 우리 모두에게 영광스러울 것입니다. 실로 깜짝 놀랄 만한 영광이요, 우리의 상상을 초월하는 영광일 것입니다. 그리고 우리는 하나님께서 우리를 반기시면서 "어서 오너라. 내 사랑하는 아들(딸)아"라고 하시는 것을 들을 것이요, 그것이 하나님의 음성임을 알 것입니다.

그러나 누구나 다 "잘하였도다. 착하고 충성된 종아"라는 칭찬을 듣지는 않을 것입니다.

 누구나 다 더할 나위 없고 숨이 멎을 것 같은 경이로움을 경험하게 되고, 누구나 다 주님의 따뜻한 환영을 받습니다. 그러나 어떤 사람들만 "잘하였도다"라는 칭찬을 듣습니다.

 나는 반기는 말씀과 칭찬의 말씀 둘 다 듣고 싶습니다. 당신도 그렇지 않습니까?

 주님 앞에 설 때, 주님께서는 우리가 사람들이 보기에, 또는 우리 자신이 보기에 얼마나 성공적인 삶을 살았는지 묻지 않으실 것입니다. 주님께서는 우리가 이땅에서 성공의 사다리를 얼마나 높이 올라갔는지를 묻지 않으실 것입니다.

 딘과 내가 타이완에서 머문 지 대략 1년 반쯤 되었을 때였습니다. 그 기간 동안 현지 언어를 배우고, 문화에 적응하고, 그리고 첫 아이를 낳았으며, 선교 사역에도 상당히 힘을 쏟았습니다. 하지만 선교 사역은 생각같이 잘 되지는 않았습니다. 우리는 가끔 수도인 타이베이로 올라갔는데, 우리보다 열매가 많은 것 같은 다른 선교사들을 방문하곤 했습니다. 우리는 그들과 우리를 비교하기 시작했습니다.

 한번은 딘과 내가 타이베이에서 돌아와, 역에서 3륜 택시(자전거가 끄는 인력거)를 타고 집으로 향하고 있었습니다. 그 택시 안에서 나는 이렇게 말했습니다. "여보, 사다리의 맨 아래 가로대에 서 있는 게 좋은 점도 있어요. 더 이상 내려갈 곳이 없잖아요." 그러나 그보다 더 낮은 가로대가 있다는 것을 나중에 알게 되었습니다. 그리고 더 세월이 흐른 후에 깨달은 것이 있는데, 하나님의 관점에서는 성공의 사다리라는 것이 아예 존재하지도 않는다는 것입니다.

 우리 마음속으로 그리는 그런 사다리와 자기를 다른 사람들과 비교하는 방법들은 하나님 보시기에 합당치가 않습니다. 우리 자신이 가지고 있는 지식은 너무나 제한되어 있고, 너무나 바뀌기 쉬우며, 너무나 흠이 많아서, 우리는 자신이나 다른 사람을 판단할 수가 없습니다. 오직 하나님만이 우리를 다른 사람들과 비교할 수 있을 만큼 충분히 알고 계시지만, 하나님께서는 결코 우리를 다른 사람과 비교하지 않으십니다.

그리고 예수님께서 이땅의 지위나 명예를 어떻게 평가하셨는지를 잊지 마십시오. 여기서는 먼저 되었으나 천국에서는 나중이 되고, 나중 되었으나 먼저 될 사람들이 많다고 하셨습니다.

고린도전서 15장에서 바울은 우리의 영원한 운명에 대해 설명하면서, '이 별과 저 별의 영광이 다르다'고 했습니다. 별은 다 빛나지만 그 빛나는 정도는 다르다는 말입니다. 그리고 나서 그는 "죽은 자의 부활도 이와 같다"고 합니다(고린도전서 15:42). 다른 말로 하면, 죽은 자가 부활할 때 그 부활의 영광이 서로 다르다는 말입니다. 그때 우리는 모두 영광스러울 것입니다. 그러나 내가 믿기로, 이생에서 얼마나 하나님을 사랑했는지는 다음 세상에서 매우 중요한 어떤 것에 영향을 미칠 것입니다. 그것은 우리가 얻게 될 영광의 크기일까요? 아니면, 하나님을 영원히 즐거워할 때 그 즐거움의 크기일까요?

거기서 상을 받을 것이나, 사람마다 상이 다를 것입니다. 주님과 긴밀한 관계를 발전시킨 데 대한 상이 있을 것입니다. 정말로 우리가 그렇게 했다면 말입니다. 주님께서 우리 성품을 계발하시도록 해드렸다면 그것에 대한 상도 있을 것입니다. 얼마나 주님께 순종하여 주님의 향기를 나타냈는지에 대한 상도 있을 것입니다. 시련이나 곤경에 처했을 때 기쁨으로 반응하고, 그리하여 그 시련을 무대로 삼아 주님께서 다른 사람들과 우리에게 자신을 드러내시며, 자신의 능력과 사랑이 얼마나 크고 놀라운지를 나타내시게 해드렸다면, 이에 따른 상도 있을 것입니다. 우리 자신의 핵심적인 역할을 충성스럽게 감당한 데 따른 상도 주실 것입니다. 그리고 그 밖의 많은 영역에서 우리가 어떻게 했느냐에 따라 상이 있을 것입니다!

주님께서는 자신을 섬기는 일에서 우리가 얼마나 유명했는지, 또는 사람들의 주목이나 갈채를 얼마나 많이 받았는지에 따라 상을 주지는 않으실 것입니다. 또한 우리 자신의 관점에서 얼마나 잘하고 있느냐에 따라 상을 주지는 않으실 것입니다. 오직 주님께서 원하시는 것을 얼마나 충성스럽게 했는지에 따라 상을 주실 것입니다.

그처럼 단순합니다. 기쁘게 해드려야 할 오직 한 분이 있고, 해야 할 일이 오직 한 가지 있습니다. 바로 주님을 기쁘시게 해드리는 일입니다.

그것이 주님께서 원하시는 것입니다.

그리고 주님께서 원하시는 대로 행한다면, 우리 자신의 우선순위를 잘 지키고 주님의 뜻을 꾸준히 행한 데 대해 상을 주실 것입니다. 그리고 "잘하였도다. 착하고 충성된 종아"라고 말씀하실 것입니다. 너무나 듣고 싶은 말씀입니다.

우리가 섬기고 있는 바로 이분이 섬길 만한 가치가 있는 유일한 분입니다. 그리고 그분을 섬기는 것이 중요하다는 사실을 지금은 믿음으로 알지만, 나중에 그 나라에 가서는 눈으로 보고 알게 될 것입니다. 우리는 완전한 사랑과 지혜를 가지신 하나님께서 우리의 영원한 본향에 쌓아 두신 영원한 보물들을 눈으로 보게 될 것입니다.

만물 위에 높이 들리신 주님, 만물을 다스리시는 영광스러운 통치자이시요, 저의 통치자이신 주님께 경배드립니다. 주님께서는 주님의 영광스럽고 영원한 목적에 저를 포함시키신, 완전한 사랑의 하나님이십니다. 주님, 중요하고 의미 있는 삶을 살게 하시고, 주님 안에서 모험적이고 열매맺는 삶을 살 수 있게 해주시니 감사드립니다. 주님의 놀라운 계획과 목적에서 제가 담당할 수 있는 몫으로 인해 감사드립니다.

이 타락한 세상에서 저를 불러내어 주님의 가족으로 삼아 주시고, 택함받고, 영광스럽고, 거룩한 백성이 되게 해주시니 감사드립니다. 저희를 영광에 이르게 하시기 위한 계획, 저희를 하나님의 아들 예수님의 형상으로 변화시키기 위한 계획을 보여 주시니 감사드립니다. 제가 주님과 주님이 사랑하시는 자들에게 영원히 속하고 있다니 감사드립니다.

사람들의 눈에 중요한 사람이 되려는 세상의 경주에서 제가 영원한 낙오자가 되게 하소서. 제 삶을 통해 어떻게 주님을 영화롭게 해드려야 할지 모르겠습니다. 그 구체적인 방법은 주님께 맡겨 드립니다. 날마다 주님께서 저를 사용해 주시고, 다른 용도로는 사용되지 않게 해주소서. 주님께 사랑받는 자요 주님의 종인 저는 주님 보시기에 너무나 중요한 존재입니다. 이 사실에 날마다 촛점을 맞추도록 도와주소서.

저를 깨끗하게 정련시켜 주셔서 주님의 본질연적인

사랑이 통로가 되게 해주소서. 그리하여 그 사랑이 저를 통하여 주위 사람들에게로 더 풍성하게 더 신선하게 흘러가도록 해주소서.

제게 주신 핵심적인 역할들을 잘 알게 해주시고, 그 역할들을 충성스럽게 감당할 수 있도록 넘치는 능력을 공급해 주소서. 특히 ＿＿＿＿＿＿＿(으)로서의 역할을 잘 감당하도록 은혜를 더해 주소서. 제 속에서 역사하셔서 주님 보시기에 기쁨이 되는 것을 이루소서.

주님, 제 삶을 다른 사람들에게 투자하고 싶습니다. 제게 사람을 보내 주시고, 믿음 안에서 자라도록 양육하며, 제자로 삼게 해주소서. 준비된 마음과 주님을 더 잘 알려는 열망을 가지고 있으며, 훗날 다른 사람을 양육하며 제자로 삼을 사람을 보내 주소서.

꿈과 야망과 좋아하는 것을 모두 주님의 손에 내려놓습니다. 그 모든 것이 주님의 소관이오니, 이루시든 않든 주님의 완전한 지혜를 따라 행하소서. 주님을 믿습니다.

사랑하는 주님, 주님 앞에 설 때 "잘하였도다"라는 칭찬을 듣고 싶습니다. 그래서 주님께 간절히 구하오니, 오늘뿐만 아니라 이땅에서 짧은 생을 살 때 늘 지혜롭고 충성스런 삶을 살도록 저를 도와주소서.

주님을 찬양합니다. 주님만이 저의 섬김을 받으시기에 합당하신 분이기 때문입니다.

아멘.

묵상, 기도, 그리고 적용을 위한 질문

이 장에서 하나님께서 당신에게 특별히 말씀해 주신 성경 구절이나 진리는 무엇입니까? 이로부터 최대의 유익을 얻기 위해 무엇을 하겠습니까?

제 14 장

하나님의 완전한 사랑 안에서
나는 존귀하다

"나는 너를 보배롭고 존귀하게 여기고, 너를 사랑한다." 하나님께서 우리에게 하시는 말씀입니다.

저를요? 저를 존귀하게 여기신다고요? 하나님께서는 지존하신 하나님, 만물 위에 높이 들리신 하나님이십니다. 하나님이야말로 존귀하신 분이시며, 우리는 하나님께 경외심을 느끼며 서 있습니다. 그런데 어떻게 그런 하나님께서 나를 존귀하다고 말씀하실 수 있습니까?

어떤 번역에서는, 이사야 43:4이 "너는 내게 매우 보배롭고, 매우 존귀하며, 매우 사랑스럽다"라고 되어 있습니다. 매우 존귀하다고요? 제가 하나님께 그러하단 말입니까? 말이 되지 않습니다. 제 머리로는 도무지 이해가 되지 않습니다. 그러나 그것은 사실입니다. 그리고 내 마음을 뜨겁게 합니다! 당신과 나는 최고의 특권을 누리는 자리로 옮겨졌습니다. 하나님께서 우리를 존귀하게 여기시며, 은총을 베푸십니다.

우리는 구약의 믿음의 영웅들보다 더 크다

마태복음 11:11에서, 예수님께서는 "내가 진실로 너희에게 말하노니, 여자가 낳은 자 중에 세례 요한보다 큰 이가 일어남이 없도다"라고 말씀하셨습니다. 약대 털옷을 입고 메뚜기와 석청을 먹으면서 광야에서 살았던 세례 요한은 당시까지 세상에 살았던 그 어떤 사람보다 더 큰 사람이었습니다. 아브라함, 모세, 다윗, 다니엘, 그리고 구약성경의 모든 위대한 영웅들과, 역사상 당시까지 살았던 모든 위대한 사람들을 다 포함해서 말입니다.

그리고 나서 예수님께서는 "그러나 천국에서는 극히 작은 자라도 저보다 크니라"라고 덧붙이셨습니다. 하나님 나라에서 가장 작은 자가 세례 요한보다 크다는 말씀입니다. 하나님 나라의 시민으로 태어났고, 흑암의 권세 아래 있다가 빛의 나라로 옮겨진 당신과 나는, 예수님의 길을 예비한 세례 요한보다 크며, 따라서 그의 앞에 왔던 어떤 하나님의 사람들보다 더 큰 자입니다.

주님께서는 이에 대해 에베소서에서 더 설명해 주십니다. 1:20에 보면, 하나님께서는 예수님을 죽음에서 일으키셔서 천국에서 자신의 오른편에 앉히셨습니다. 모든 정사와 권세와 능력과 주관하는 자들보다 훨씬 더 높은 자리에 앉히신 것입니다. 그리고 2:6에서는, 우리를 그리스도와 함께 일으키셔서 함께 하늘에 앉히셨다고 말씀하십니다. 우리는 이 지구상에 과거로부터 현재에 이르기까지 존재했던 그 어떤 나라보다 더 좋은 나라에 주님과 함께 있으며, 믿을 수 없을 정도로 존귀한 신분을 가지고 있습니다.

이것은 위치나 장소를 말하는 것이 아니라 지위나 신분을 말하고 있습니다. 우리가 이땅에 살고 있는 동안에도 하늘나라의 그 자리에 그리스도와 함께 앉아 있다고 되어 있기 때문입니다.

이것은 이 세상의 왕이 왕좌에 앉아 있든, 전쟁에 나가 있든, 아니면 친구들과 산책을 하고 있든, 머무르고 있는 장소나 위치에 관계없이 왕으로서의 지위와 신분을 가지고 있는 것과 비슷합니다. 이처럼 당신과 나도, 어디에 있든, 예수님과 함께 영예로운 지위를 공유하고 있습니다. 우리는 주님께서 사탄과 그 졸개들에 대해 가지고 계신 권세를 함께 갖고 있으며, 만물에 대한 주님의 통치권도 함께 공유하고 있습니다. 주님의 은혜로, 우리는 매일의 삶에서 왕 노릇할 수 있으며, 닥쳐오는 모든 상황에서 승리자가 될 수 있습니다(로마서 5:17, 8:35-37).

우리는 십자가와 빈 무덤의 오른쪽으로 옮겨졌기 때문에 얼마나 영예로운 존재가 되었는지 모릅니다. 우리는 하나님께 선택받은 사람들이요, 왕족의 일원이며, 거룩한 나라요, 하나님의 소유된 백성이며, 하나님의 권속입니다(베드로전서 2:9, 에베소서 2:19).

무궁한 사랑으로 하나님께서는 우리에게 존귀를 돌리셨는데, 그 존귀는 단지 현세만을 위한 것이 아니요, 앞으로 올 영원한 세상을 위한 것이기도 합니다. 베드로전서 1:6-7에서 보면, 하나님께서 시련을 주시는 목적은, 우리 믿음이 참된 것인지 입증되어, "예수 그리스도의 나타나실 때에 (우리에게) 칭찬과 영광과 존귀를 가져오도록" 하기 위함입니다. 주님께서 재림하실 때 우리를 칭찬하시고 영예롭게 하실 것입니다! 우리는 주님의 존전에서 영원히 거할 때, 주님과 함께 다스리며 그분의 영원한 존귀와 영광을 함께 나누는 특권을 누리게 될 것입니다. 우리의 상상을 초월하는 놀라운 영광과 존귀가 우리 것입니다. C. S. 루이스는 "우리는 '영원히 영광스런 존재'가 될 것이며, 너무나 영광스러워서 우리가 그러한 존재들을 지금 본다면 그들에게 예배하고

픈 마음이 일어날 것이다"라고 했습니다. 필립스 역으로 로마서 8:19을 보면, "모든 피조물은 그 가운데 나타날 하나님의 아들들의 놀라운 모습을 보려고 발끝으로 서 있습니다"라고 되어 있습니다.

하나님께로부터 오는 영광

하나님께서 주시는 존귀나 영광은 우리가 추구해야 하는 것이기도 합니다. 사무엘상 2:30에서, 하나님께서는 "나를 존중히 여기는 자를 내가 존중히 여기고"라고 말씀하셨습니다. 우리가 하나님을 이땅에서 존중히 여긴다면, 하나님께서는 천국에서 우리를 존귀히 여기실 것입니다. 그리고 하나님께서는 이땅에서 우리를 존귀케 하실 것입니다. 올림픽에서 금메달을 따거나, 노벨상 수상자가 되거나, 하버드 대학이나 예일 대학을 수석으로 졸업하거나, 혹은 기타 다른 어떤 이땅의 영예를 얻는 것보다 그분 보시기에 더 의미 깊은 방법으로 말입니다.

그 사실로 인해 참으로 도전을 받았습니다. 앞에서도 말했지만, 나는 종종 하나님께 "영광을 우리에게 돌리지 마옵소서. 우리에게 돌리지 마옵소서. 오직 주의 인자하심과 진실하심을 인하여 주의 이름에 돌리소서"라고 기도하곤 했습니다. 나는 어떤 영광이 하나님께 돌아가야 할 때, 이땅의 다른 사람들로부터 내가 영광을 받고 싶지는 않습니다. 나는 "이 일로 제가 영광을 받지 않게 하소서. 주님께서 영광을 받으소서"라고 하나님께 말씀드립니다. 그러나 하나님께로부터 오는 영광은 참으로 받고 싶습니다. 유일하신 하나님께로부터 오는 영광을 구하라는 주님 말씀처럼 말입니다(요한복음 5:44 참조). 그 영광만이 우리가 추구할 만한 가치가 있는 유일한 영광입니다.

그리고 우리는 하나님께 영광과 존귀를 돌리는 삶을 삶으로써 하나님께로부터 오는 영광을 구합니다. 늘 하나님을 영화롭게 하는 사람은 없을 것입니다. 우리는 너무나 쉽게 이생의 자랑, 즉 사람들에게 좋은 인상을 주려는 열망 속으로 빠져듭니다. 그러나 하나님께서는 완전한 사랑으로 말미암아, 우리가 좀더 일관성 있게 그분을 영화롭게 하는 삶을 살 수 있도록 훈련시키시고, 인도하시며, 능력을 주십니다.

우리는 하늘나라의 지극히 높으신 왕께서 주시는 영광을 가지고 있습니다. 그렇다면 우리는 사람들로부터 오는 이땅의 영광을 구하는 것에 대해 어떤 태도를 취해야 합니까?

앞에서 나는 우리가 잘 아는 한 부부와 우리 사이에 생긴 장벽에 대해 이야기한 적이 있습니다. 우리는 그 장벽이 생긴 이유도, 그들에게 용서를 구해야 할 어떤 잘못도 알아 내지 못했습니다. 내 머리로는 그 문제를 해결할 수가 없었습니다. 그러나 뭔가 잘못된 것이 있기는 있는 것 같고, 그래서 괴로웠습니다. 나는 그 문제와 관련하여 매우 주관적이었습니다. 나는 어떻게든 이 부부에게서 호의와 영광을 얻고 싶었고, 우정이 깨어지지 않기를 바랐습니다.

그때 하나님께서는 나를 다시 시편 84:11 말씀으로 이끄셨습니다(지금쯤 당신은 이 구절이 내 삶에서 특별한 의미를 갖는 구절임을 알게 되었을 것입니다). "여호와께서 은혜와 영화를 주시며, 정직히 행하는 자에게 좋은 것을 아끼지 아니하실 것임이니이다." 내가 새롭게 깨달은 사실은, 하나님께서 주시는 은혜와 영광은 언제나 내게 충분한 수준 그 이상이라는 것이었습니다. 그리고 또 깨닫게 된 것은, 이땅의 은혜와 호의와 영광도 하나님께로부터 오며, 하나님께서는 자신의 목적에 따라, 놀랍고 그러나 때로는 감추어져 있는 목적에 따라, 그런 것을 주시기도 하고 안 주시기도 한다는 사실이었습니다. 창세기에서 만약 요셉이 형들에게 은혜와 영광을 얻었다면, 애굽에 노예로 팔려 가지 않았을 것이요, 결코 하나님께 쓰임받아 그 끔찍한 7년 기근에서 이스라엘(자기 식구들)을 구하지 못했을 것입니다. 만약 예수님께서 이 땅에 계실 때 누구나 예수님께 경의를 표하고 영광을 돌렸다면, 우리 죄를 위한 제물이 되지 않으셨을 것이요, 그렇다면 우리를 하나님과 화목하게 하지 못하셨을 것이며, 우리에게 복음은 없었을 것입니다.

그러므로 하나님께서는 사람들에게서 은혜와 영광을 얻게도 하시고, 유보하시기도 합니다. 은혜와 영광을 얻게 하고 말고는 하나님의 소관이지 내 소관이 아닙니다. 내 소관에 속하는 일은, 다시 말해 나의 에너지를 집중해야 할 일은, 하나님 앞에서 정직하게 행하는 것입니다. 그래서 하나님의 소관에서는 손을 떼고 그분의 손에 맡기기로 결심했습니다. 이렇게 기도했습니다. "하나님, 제 소관이 아니라 하나님의 소관인 것에 관여한 것을 용서해 주소서. 그 문제를 하나님께 내맡기지 못한 것을 용서해 주소서. 그들과의 친구 관계를 하나님께 맡깁니다. 하나님의 뜻이라면 그 부부와의 친구 관계를 회복시켜 주소서."

시간이 흐르자 그들과의 관계에 변화가 일어났고, 그 장벽을 더 이상 느끼지 않게 되었습니다. 그러나 그 문제를 다루는 과정을 통해 새롭게 깨닫게 된 것은, 하나님께로부터 오는 영광이 중요하고, 다른 사람들로부터 오는 영광을 잃는 것에 대해 염려할 필요가 없다는 것이었습니다. 하나님의 목적에 맞으면, 하나님께서는 크든 작든 이땅의 은혜와 영광도 허락하십니다.

하나님께 존귀히 여김을 받음

은혜의 의미를 묵상할 때마다 하나님께서는 내 마음에 기쁨을 주십니다. 은혜란 아무 자격이 없는 자에게 베푸는 호의입니다. 흔히 우리는 은혜가 아무 자격도 없고 아무 가치도 없는 자에게 베푸는 것이라는 사실에는 강조를 두지만, 그것이 호의라는 사실에 대해서는 그렇지 않습니다. 우리는 만왕의 왕께 인정을 받는 위치에 있으며 그 위치는 영원히 변치 않습니다. 그 왕의 은혜는 우리에게 차고 넘치며, 더구나 그것은 우리 노력으로 얻어낼 필요가 없습니다.

"여호와께서 자기를 위하여 경건한 자를 택하신 줄 너희가 알지어다"(시편 4:3). 모든 면에서 매력적이고 모든 사람 위에 뛰어나신 우리 왕께서, 우리에게 은혜를 베푸시며, 우리를 가치 있게 여기시고, 존귀하게 여기시기까지 합니다!

한번 생각해 보십시오. 우리는 거지와 같았으며, 하나님 보시기에 결코 천국에 걸맞지 않은 자들이었습니다. 그럼에도 하나님께서는 우리를 자기 소유로 삼기 위해 전례 없는 대가를 치르셨습니다. 하나님께서는 우리를 원하셨으며, 우리를 찾으셨으며, 자신을 위해 우리를 얻으셨습니다. 하나님께서는 우리를 자기 우편에 있는 자기 아들의 자리, 최고로 영광스런 자리, 우리가 생각할 수 있는 이땅의 어떤 자리보다 더 좋은 자리까지 높이시고, 함께 소유하게 하셨습니다(에베소서 1:21, 2:6 참조).

하나님께서는 성경 말씀을 통해 우리가 그분께 얼마나 특별한 존재인지 상기시켜 주고 또 상기시켜 주십니다. 데살로니가전서 1:4에서, 바울은 "하나님의 사랑하심을 받은 형제들아, 너희를 택하심을 아노라"고 했습니다. 데살로니가에 보낸 편지에서는 우리가 "택함받았고," "부름받았고," "세움받았다"고 했습니다. 하나님께서 우리에게 확실히 원하시는 게 있습니다. 그것은 우리가 하나님께 사랑받고 택함받은 자로서 놀라운 특권과 엄청난 영광을 가지고 있다는 것을 늘 기억하는 것입니다.

이것은 생각과 태도와 행동에서, 추잡한 것보다는 고상한 것을 택하도록 얼마나 우리에게 동기를 부여해 주는지 모릅니다. 골로새서 3:1-2은 이렇게 말합니다. "그러므로 너희가 그리스도와 함께 다시 살리심을 받았으면 위엣 것을 찾으라. 거기는 그리스도께서 하나님 우편에 앉아 계시느니라. 위엣 것을 생각하고, 땅엣 것을 생각지 말라."

하지만 정말로 우리가 대단한 특권을 가지고 있다고 여기고 있습니까? 의구심이 듭니다. 우리 자신을 그리스도와 함께 살리심을 받은 사람으로 여깁니까? 하늘에 계신 가장 높으신 왕으로부터 굉장한 은총을 받고 있는 사람으로 여깁니까? 자신을 하나님께서 대단한 호의를 가지고 계신 사람으로, 그리고 아들과 연합되었기 때문에 하나님께서 언제나 호의를 가지고 바라보시는 사람으로 봅니까? 하나님께로부터 매주 존귀하게 여김을 받는 사람으로 봅니까?

우리가 하나님의 사랑에 파묻혀 살고 있으며 그리스도 안에서 가지고 있는 놀라운 특권들을 누리면서 살고 있다는 것을 다른 사람들이 보면 알 수 있습니까?

이것이 우리의 신원이요, 진정한 신분인데, 왜 우리는 흔히 곤궁한 사람처럼 살며, 거지처럼 삽니까?

아마도 과거에 일어났던 어떤 일 때문일 것입니다. 우리로서는 어찌할 수 없었던 일 말입니다. 그러나 그런 일은 일어났습니다. 그리고 그 일을 생각할 때면 자신이 뭔가 부족한 사람이라는 느낌이 듭니다.

한 그리스도인 상담자로부터 들은 이야기입니다. 그에게 상담을 받으러 온 어떤 사람이 있었는데, 그 사람은 성장 배경이 너무나 좋지 않았습니다. 아버지가 정신 분열증 환자인데다 그를 신체적으로 학대했기 때문이었습니다. 그리스도인이 된 그가 도움을 청하러 온 이유는, 자기는 갓 태어난 어린 아들에게 상처를 주는 아버지가 되고 싶지 않았기 때문입니다. 그는 자신이 본받을 만한 경건한 아버지가 없었던 것을 매우 아쉬워했습니다.

상담자는 골로새서 2:10 말씀을 보여 주었습니다. "너희도 그 안에서 충만하여졌으니"라는 말씀이었습니다. 그 사람이 이 말씀을 읽고 잠시 생각해 보더니, 이렇게 외쳤습니다. "이 구절은 내가 필요한 모든 것을 가지고 있다는 말이군요!"

그리스도께 속한다면, 어떤 면에서도 곤궁한 사람이 아닙니다. 아무것도 부족한 것이 없습니다. 우리가 가난하고 궁핍하다는 것은 사실입니다. 원래 그렇게 만들어졌기 때문입니다. 이는 마치 공장에서 바로 나온 최고급 자동차라도 휘발유가 필요하다는 의미에서는 궁핍한 것과 같습니다. 그 차는 휘발유 없이는 달릴 수가 없습니다. 마찬가지로 우리도 채워야 할 필요가 있습니다. 그러나 우리는 왕의 가족이 되었고, 필요한 모든 자원들을 언제나 공급받을 수 있게 되었습니다.

그러므로 우리는 곤궁한 사람들이 아니며, 하나님께서는 우리가 마치 곤궁한 것처럼 살기를 원치 않으십니다.

때로는 우리의 과거가 아니라 현재 때문에 곤궁한 느낌을 갖습니다. 삶에서 받는 요구들은 너무나 많고, 불확실한 것도 너무 많아, 우리가 대처하기에는 역부족인 것 같습니다. 그리하여 환경적인 짐에 눌려서 요동하고, 비틀거리고, 압도된 듯한 삶을 삽니다. 긴장이 되고, 염려가 되며, 낙심이 되고, 자신이 매우 큰 특권을 가진 존재라고는 꿈에도 생각지 못합니다.

그러나 하나님께서는 우리를 영광스럽게 하셨습니다. 하나님께서는 우리를 천국의 영광스런 신분으로 높여 주셨습니다(로마서 8:30 참조). 하나님께서는 우리 머리로는 상상도 되지 않는 영광과 최고로 높은 신분을 우리에게 주십니다.

내가 워렌과 결혼한 것을 영광으로 생각하는 것은, 그가 하나님의 사람이요, 강인하고, 부드럽고, 그 밖에 좋은 성품을 많이 가지고 있기 때문입니다. 이처럼 그와 결혼한 것이 큰 영광이기는 하나 하나님을 나의 생의 동반자로 모시고 있는 영광과는 비교도 안 됩니다. 나는 언제든지 하나님의 존전에 담대히 나아갈 수 있고, 하나님께서는 기뻐하시면서 따뜻한 사랑으로 나를 맞이해 주신다는 것을 알기 때문입니다. 그리고 이러한 영광, 이러한 놀라운 특권은 이땅에서 사는 마지막 날까지, 그리고 영원한 세상에서도 내 것임을 알기 때문입니다.

하나님의 눈에는 우리가 보배롭고, 존귀하고, 사랑받는 자들입니다. 이보다 더 큰 영광은 없습니다!

주님, 나라와 권세와 영광이 영원히 주님의 것입니다. 하늘에 계신 왕이신 주님, 만세의 왕이시고, 썩지 아니하고, 보이지 아니하고, 홀로 하나이신 주님, 만유의 머리이신 주님을 찬양하고 송축합니다. 오직 주님만이 모든 영광을 받기에 합당하십니다.

주님께서 제게 영원하고 변치 않는 영광을 주시니 제 마음은 감사로 넘칩니다.

제가 예수 그리스도와 함께 죽게 하심으로, 죄와 지배와 수치로부터 벗어나게 해주시니 감사드립니다. 그리고 그리스도의 부활에 동참하게 하사, 그와 함께 일으키심을 받고 새 생명을 얻게 하심을 감사드립니다. 또한 그리스도와 함께 승천하여 하나님의 우편에 앉게 해주셔서, 현재와 그리고 앞으로 만세에 걸쳐 하나님의 영광과 권세와 통치를 함께 경험하며, 이에 참여하게 하시니 감사드립니다.

주님께로부터 오는 영광에 비하면 이땅의 영광은 아무것도 아닙니다. 그 사실이 얼마나 감사한지 모릅니다. 저는 이미 모든 영광 중에 가장 큰 영광을 가지고 있기 때문에 더 이상 사람들로부터 영광을 구할 필요가 없습니다. 이로 인해 감사드립니다. 이땅의 삶에서 은혜와 영광을 얻는 일에 대해서는, 주님께서 완전한 사랑과 지혜로 주관해 주시도록 맡길 수 있으니 참으로 기쁩니다.

제게 눈길을 주시고 제게 마음을 쏟으시니 감사드립니다. 그리고 저는 주님 보시기에 보배롭고, 존귀하고, 사랑받는 자이며... 이 모든 것은 결코 변치 않습니다. 이 깜짝 놀랄 만한 사실로 인해 기쁨을 감출 수가 없습니다.

예수님의 이름으로 감사하며 기도드립니다.

묵상, 기도, 그리고 적용을 위한 질문

이 장에서 하나님께서 당신에게 특별히 말씀해 주신 성경 구절이나 진리는 무엇입니까? 이로부터 최대의 유익을 얻기 위해 무엇을 하겠습니까?

제 15 장

하나님의 완전한 사랑 안에서
나는 만족을 누린다

C. S. 루이스는 역사를 "하나님을 떠나서 행복을 찾으려고 시도하는 인간의 길고도 끔찍한 이야기"라고 정의한 적이 있습니다. 너무나 많은 사람들의 개인적인 역사도 마찬가지입니다.

하나님께서는 "너희는 나와 나의 완전한 사랑을 떠나서는 진정한 행복을 찾을 수 없다"고 하십니다.

그리고 "너희가 마침내 내 안에서 행복을 발견했을 때라도, 그 행복은 나와의 관계를 발전시켜 나갈 때만 지속되고 깊어진다"고 말씀하십니다.

그리고 부드러우면서도 단호하게 우리에게 이렇게 확신시켜 주십니다. "나를 더 지속적으로 의지하는 것을 배우면(그리고 배우기만 하면) 이 행복을 날마다 순간마다 경험할 수 있다."

내가 알게 된 것은, 하나님과 그 사랑을 의식적으로 의지하지 않으면, '취약하고 희생이 될 수도 있는 처지'에 놓이는 것을 기뻐하기보다는 자기를 보호하려고 하기가 쉽다는 것이었습니다. 나는 알렉산더 맥클러렌의 글에서 몇 줄을 고쳐서 다음과 같은 헌신 기도문을 만들었습니다. 이 기도문은 어떤 환경에서도 하나님으로 인해 즐거워하며, 더 빨리 하나님께 응답하도록 동기를 부여해 줍니다. 나와 함께 이 기도문으로 기도하고 싶지 않습니까?

> 저의 힘이 되신 하나님, 제가 천국보다 불안정하고 주님보다 불충분한 것에서 행복을 찾는다면, 머지않아 그 행복을 잃어버리고 말 것입니다. 제 삶의 덩굴이 이땅의 것을 지지대로 삼아 휘감고 올라간다면, 언젠가 그 지지대는 뽑히고, 저의 가련한 덩굴은 끊어지며, 수액이 흘러나오게 될 것입니다. 그러니 제 삶의 덩굴로 주님을 휘감겠나이다.

나는 "놀라우신 하나님, 점점 더 단단히 휘감도록 저를 도와주소서"라고 덧붙이기를 좋아합니다.

마음에서 만족을 누리는 비결은 만족이나 행복을 추구하는 것이 아닙니다. 만족과 행복은 부산물입니다. 마음의 만족을 얻는 비결은 하나님을 추구하는 것입니다. 머리로만 아니라 실제 삶에서 하나님과 그 사랑을 알아 가는 것. 이것이야말로 삶에서 진정한 기쁨을 누리는 토대가 됩니다. 그것은 또한 진정으로 그리스도를 닮아 가기 위한 토대가 되기도 합니다. 그리스도를 닮아 가면 더 큰 기쁨을 누리게 됩니다.

시편 16:2,5-6이 이 진리를 잘 표현하고 있습니다. 이 시편 말씀을 통해 우리 부부는 기쁨을 누리고 또 누립니다. 어떤 번역에서는 다음과 같이 되어 있습니다. "주님은 나의 주님이십니다. 내게 있는 모든 좋은 것이 다 주님께로부터 옵니다… 주님께서는 내게 필요한 모든 것입니다. 주님은 나를 돌보십니다. 지금까지 삶에서 나의 분깃은 즐거움을 주었고, 나의 몫은 아름다웠습니다."

개인적이고 넘쳐흐르는 사랑을 가진 우리 하나님께서는 자기 자신을 삶에서 우리의 분깃으로 주셨습니다. 하나님께서는 모든 좋은 것의 원천이요, 모든 것이 넉넉하십니다. 하나님께서는 아름답고 귀한 선물로 우리를 만족하게 하십니다.

그럼에도 곰곰 생각해 보면, 우리 삶에서 만족이 없고 성품의 계발이 되지 않는 영역이 발견될지도 모릅니다. 실제로 그렇다면, 시간을 내어 그 문제를 생각해 보십시오. 그러한 영역을 적고, 그 목록을 하나님 앞에 가지고 나아가십시오. 어떤 유혹이나 어떤 사람과의 관계 때문에 또는 어떤 책임이나 어떤 환경 때문에 계속 어려움을 당하고 있다고 말씀드리십시오. 그리고 나서 "하나님, 이제 그 치유책을 보여 주소서"라고 기도하십시오. 그리고 응답을 기다리십시오. 당신이 구하고 싶은 것을 가지고 몇 번이고 하나님께 나아가십시오. 말씀 안에서 시간을 보내십시오. 하나님께서 당신의 마음을 시험하며 그 사랑을 당신에게 표현하시기에 충분할 정도의 시간이어야 합니다. 당신을 염려하게 만드는 문제를 해결하기 위해, 해결의 '실마리'를 말씀에서 찾도록 하십시오. 그것은 당신에게 해방을 가져오거나, 동기를 부여해 주거나, 위로해 주거나 지침을 주는 구절이나 단락입니다. 그리고 나서 그 말씀을 몇 번이고 사용하며, 감사하는 마음으로 그 진리를 묵상하십시오.

완전한 사랑을 가진 우리 하나님 안에서, 당신은 염려를 해결하는 데 필요한 치유책을 발견할 것입니다.

> 주님께서는 지극히 놀라운 분이요, 온전하면서도 완벽하게 기쁨을 주는 분이기 때문에, 우리 인간 본성 깊숙한 곳의 요구들을 만족시키고 흘러 넘치게까지 하실 수 있습니다. 비록

그 본성이란 이해하기 어렵고 깊은 곳에 감추어져 있을지라도 말입니다. 이로 인해 주님을 찬양합니다.

풍성한 삶은 주님께서 주시는 분깃이요, 아름답고 즐거움을 주는 분깃입니다. 이러한 삶을 한껏 누릴 수 있게 하시니 감사드립니다! 주님의 완전한 사랑으로 말미암아, 자유롭고 안전한 삶을 살아갈 수 있으며, 제 자신이 중요하며 존귀하다는 것을 마음속 깊이 느낄 수 있으니 기쁩니다. 주님께서 제 삶 속에서 역사하셔서 제가 더욱더 그리스도를 닮아가게 하고 계십니다. 저는 살아가면서 그 사실을 확신할 수 있습니다. 시작하신 그 일을 도중에 중단하지 않으실 주님을 찬양합니다.

시편 90:14에서 모세가 무엇을 위해 기도했는지 기억하십니까? "아침에 주의 인자로 우리를 만족케 하사, 우리 평생에 즐겁고 기쁘게 하소서"라고 기도했습니다. 그는 '우리 평생'이라고 했습니다. 우리는 형통할 때나 곤경에 처해 있을 때나, 기쁨을 누릴 수 있습니다. 하나님의 변치 않는 사랑에 만족하는 마음속에 있는 기쁨입니다.

하나님으로 만족하고, 삶에서 일어나는 모든 것에 만족하는 것. 이것말고 삶에서 진정으로 필요한 것이 있겠습니까?

토저의 말을 기억하십시오. "하나님을 자신의 보배로 소유하고 있는 사람은 모든 것을 한꺼번에 소유하고 있는 것이며, 그 보배를 전적으로, 합법적으로, 그리고 영원히 소유하고 있다."

사실입니다. 그래서 시편 기자는 다음과 같이 권면합니다. 참으로 지혜로운 권면입니다. "또 여호와를 기뻐하라. 저가 네 마음의 소원을 이루어 주시리로다. 너의 길을 여호와께 맡기라. 저를 의지하면 저가 이루시고"(시편 37:4-5).

　하나님을 기뻐하고 그 사랑의 향기를 다른 사람들에게 나타낼 때, 당신은 하나님께서 모든 가족을 본향 집에 모으셨을 때 하게 될 천국 식사의 즐거움과 같은 즐거움을 지금 이곳에서도 맛보기 시작할 것입니다.

　그리고 하나님과의 관계에서 가지고 있는, 독특하고도 굉장한 이점을 늘 기억하십시오. 그것은 그 관계가 내적인 관계라는 것입니다. 사람들과의 관계는 어떤 것이든 거리 때문에 영향을 받지만 하나님과의 관계는 거리의 영향을 전혀 받지 않습니다. 하나님과 당신의 관계는 그 어떤 관계보다 더 뜨겁고, 더 친밀하고, 더 즐거운 것이 될 수 있습니다. 하나님께서 당신 속에 계시면서 당신의 마음을 자신의 사랑과 충만함으로 채우고 넘치게 하시기 때문입니다.

　　영원하신 주님, 주님께서는 저의 참된 기쁨입니다! 주님을 아는 것은 경이로운 일입니다. 주님은 저의 주님이요, 저는 주님의 것이니 너무나 기쁩니다. "나의 사랑하는 자는 내게 속하였고, 나는 그에게 속하였구나… 그가 나를 사모하는구나"라는 말씀처럼 말입니다. 주님의 놀라운 사랑이라는 흙 속에 날마다 깊이 뿌리내리게 하소서.
　　　제 영혼은 주님께서 영원히 기쁨이라는 물을 얻으실 수 있는 거대한 저수지와 같다니 감사드립니다. 그리고 제가 주님의 영원한 열망이 실현된 것이라는 사실로 인해 주님을 찬양합니다.
　　　주님, 좋은 날에도 힘든 날에도, 고통의 순간에도 평화와 즐거움의 순간에도, 늘 제 마음은 주님께 사로잡히고, 주님으로 말미암아 만족하기 원합니다. 제 마음속에서 역사해주셔서 제가 그런 사람이 되게 해주소서. 주님의 변치 않는 사랑으로 아침에 저를 만족케 해주시고, 속히 저를 만족케 해주시고, 날마다 만족케 해주소서.

대개 우리는 집이 좀 비좁다는 생각이 들 때까지는 집을 넓히기 위해 돈을 쓰지 않습니다. 마찬가지로, 우리는 현재의 영적 상태에 대해 참으로 초조함을 느끼고 불만족을 느낄 때까지는 영적으로 더 성장하고 싶어하거나 하나님과 더 친밀한 관계를 갖고 싶어하지 않습니다.

누구나 성장해야 할 영역이 있습니다. 우리의 삶에는 미성숙한 영역, 그대로 있어서는 안 되는 영역이 있습니다. 우리는 그런 영역에서 성숙할 수 있으며, 계속 발전해 나가야 합니다.

당신은 어떤 영역에서 하나님께서 어느 정도 이상은 접근하시지 못하게 막아 당신을 향한 그분의 개인적인 사랑과 열망을 표현하시지 못하게 할 수가 있습니다. 그런 영역이 있습니까? 하나님의 사랑에 대해 마음을 닫고 있는 영역이 있습니까? 마음을 더 활짝 열기를 두려워해 왔습니까?

하나님께서 하라고 하실지 모르는 것에 대해 두려워하고 있습니까? 그 두려움이 무엇인지 정확히 알아내고, 당신의 말로 적어보고, 기도로 하나님께 가지고 나아가십시오. 이 두려움에 대한 하나님의 해결책을 주시도록 요청하고, 말씀을 통해 주시는 그분의 답변에 귀를 기울이십시오. 당신 안에서 역사하셔서, 하나님을 기쁘시게 하는 것을 행하고 싶어하며 그것을 행하게 해달라고 기도하십시오. 자원하는 마음을 달라고 기도하십시오. 그렇게 될 때까지 계속 기도하십시오.

짐 엘리어트는 "평생에 걸친 것은 평생에 걸쳐서만 드릴 수 있다"라고 했습니다. 당신이 처음으로 "제 삶을 주님께 드리겠습니다. 제 삶을 다스려 주옵소서"라고 말씀드렸을 때가 있을 것입니다. 나는 그 순간에 당신의 삶이 완전히 드려졌다고는 믿지 않습니다. 오늘 새롭게 드리도록 요구하고 계신 것은 무엇입니까?

주 하나님, 오늘 주님 앞에서 다짐합니다. 주님의 은혜에 힘입어 제 평생에 걸쳐 부지런히 주님과 주님의 사랑을 알아가겠습니다. 이것이 제 마음속에 가지고 있는 목표입니다. 주님께서는 보배로운 분이시기 때문입니다.

주님께서 저를 지으신 목적이, 제 속에 거하시고 다스리시기 위함이라는 사실이 기쁩니다. 주님께서 저를 다스리시도록 해드리지 않고는 만족한 삶을 살 수가 없습니다. 이를 알게 해주시니 감사드립니다. 주님께서는 저의 주인이시며, 제게 유익을 주시고자 하십니다! 이를 위해 주님께서는 제가 순종하기를 원하십니다.

주님같이 놀라우신 분이 저의 전적인 사랑을 원하신다니요! 놀랍고, 감격스럽기까지 합니다. 사랑하는 주님 저의 사랑을 받으소서. 제 마음을 열기 위해 필요하다면 어떤 것이라도 행하소서. 제 마음을 더 온전히 주님께 드릴 수 있게 해주소서.

저의 환경에서 제일 중요한 요소는 언제나 주님이시며, 주님께서는 제 마음속의 가장 큰 기쁨이 되실 것입니다. 주님께서 장래에도 계시고 장래를 주관하신다는 사실이 제 마음에 쉼을 줍니다.

독자들은 이렇게 두꺼운 책에 있는 많은 가르침에 압도되는 듯한 느낌을 받기가 쉬울 것입니다. 너무나 많이 읽어서 좀 멍하고, 그 가르침에 대해 어떻게 해야 할지 모를 수가 있습니다.

그래서 마지막으로 조언을 한 마디 하도록 하겠습니다. 장마다 끝 부분에는 적용 부분이 있는데, 그 부분에서 적용한 것들을 다시 살펴보도록 하십시오. 그리고 본문을 읽으면서 표시를 해둔 것이 있으면 그런 것도 살펴보는 것이 좋습니다. 정말로 당신의 마음을 사로잡았던 것, 당신의 마음에 주님께서 말씀해 주셨던 것 몇 가지를 찾아보십시오. 그 몇 가지를 가지고 날마다 기도하십시오. 깊이 생각하며, 그 가운데 어느 것에 초점을 맞추고 실행에 옮겨야 할지 하나님께 여쭤 보십시오. 바로 그 진리가 당신의 삶에 영향을 미치게 해주시도록 기도하십시오. 그 진리로 말미암아 잠시 기쁨을 누린 것으로 끝나지 않고 그 이상이 되게 하십시오. 당신에게 영속적인 변화를 가져오게 하십시오.

특히 그 주제에 관해 언급하고 있는 성경 말씀들을 살펴보십시오. 그 말씀의 진리들을 깊이 묵상하십시오. 당신에게 지금까지 개인적으로 진정으로 깊은 의미를 주고 있는 말씀이어야 합니다. 그 진리들에 푹 잠기도록 하십시오. 자주 그 진리들로 돌아가십시오. 그 말씀들을 암송하고, 그 의미를 생각하십시오. 성령께서 그 진리로, 사랑의 하나님으로부터 온 메시지로, 당신의 마음을 사로잡게 해드리십시오. 성령께서 당신의 마음속을 하나님의 사랑으로 차고 넘치게 하시도록 해드리십시오.

사랑의 주님, 위엄이 있으시면서도 다정하시며, 한이 없…

늘 사랑으로 가득 찬 주님께 경배드립니다. 한 번도 저의 기대를 저버리거나 실망시키지 않으실 주님을 찬양합니다. 그러므로, 세월이 흘러가도 저는 계속 찬양하면서 주님께 나아갈 수 있습니다. 그 찬양은 계속 발전해 가고, 점점 더 기쁨을 줍니다.

주님의 사랑이 완전한 사랑임을 날마다 더 깨닫아 가게 하시고, 저를 향한 주님의 개인적이고, 남겨호르고, 끝을 모르는 사랑 안에서 시간마다 쉼을 누리게 해주소서.

주님께서는 저의 첫째가는 사랑이요, 저의 최고의 사랑이요, 저의 완전한 사랑이십니다. 주님께서는 저의 최상의 목표요, 지금 현재뿐만 아니라 영원히 저의 주된 기쁨이 되십니다.

사랑의 주님께 영원 무궁히 영광이 함께하기를 원합니다. 아멘.

완전한 사랑

초판 1쇄 발행 : 2001년 7월 15일
초판 5쇄 발행 : 2021년 5월 20일

펴낸곳 : 네비게이토 출판사 ⓒ
주소 : 03784 서울시 서대문구 연희로 16 (창천동)
전화 : 334-3305(대표), 334-3037(주문), FAX : 334-3119
홈페이지 : http://navpress.co.kr
출판등록 : 제10-111호(1973년 3월 12일)
ISBN 978-89-375-0247-7   03230

본 출판사의 서면 허락 없이는 본서의 전부 또는
일부의 무단 복제, 또는 원문에 대한 무단 번역을 금합니다.